New Energy
And
The Fourth Industrial Revolution

新能源与第四次产业革命

邓彤◎主编

中国经济出版社
CHINA ECONOMIC PUBLISHING HOUSE
北　京

图书在版编目（CIP）数据

新能源与第四次产业革命/邓彤主编．
—北京：中国经济出版社，2019.9
ISBN 978-7-5136-5792-1

Ⅰ．①新…　Ⅱ．①邓…　Ⅲ．①生物能源—技术发展—研究—中国　Ⅳ．①F426.2

中国版本图书馆 CIP 数据核字（2019）第 166104 号

责任编辑　姜　静　郑　潇
责任印制　马小宾
封面设计　任燕飞工作室

出版发行　中国经济出版社
印 刷 者　北京富泰印刷有限责任公司
经 销 者　各地新华书店
开　　本　710mm×1000mm　1/16
印　　张　23.25
字　　数　424 千字
版　　次　2019 年 9 月第 1 版
印　　次　2019 年 9 月第 1 次
定　　价　98.00 元
广告经营许可证　京西工商广字第 8179 号

中国经济出版社　**网址** www.economyph.com　**社址** 北京市东城区安定门外大街 58 号　**邮编** 100011
本版图书如存在印装质量问题，请与本社销售中心联系调换（联系电话：010-57512564）

编委会

总 顾 问： 常毅军

主　　编： 邓　彤

副 主 编： 杨　婷　李振华　徐占军　苗茂谦

编写人员： 常毅军　崔君鸣　冯栋斌　杨　婷
王社龙　田晓红　田晓东　李建凯
庞起发　李　超　武志平　张　媛
霍吉平　郄丽丽　袁文娜

前言

《新能源与第四次产业革命》是在汾渭能源第十个战略研究课题《新生态与新能源》理论基础上的社会化拓展与应用研究。《新生态与新能源》于2013年成书，2014年初由煤炭工业出版社出版，其核心理论和观点表述如下：

“地球生物及其化石能源的发展史，同时也是光合作用在地球上产生、发展及周期性波动的历史。

生命诞生前，地球上基本没有氧气，是有机生命的光合作用，使大气中的二氧化碳（CO_2）转化为生物质并放出氧气（O_2），从而使大气中的CO_2不断降低，O_2不断增加。在此过程中地球不断演绎出生命的奇迹，屡屡创造繁盛富饶的生态系统并积累了丰富的化石能源。

迄今为止，人类工业化发展的过程也就是通过集中氧化（燃烧）地下的化石能源获取其中储备的太阳能后，重新将CO_2返还到大气碳循环系统中的过程，在这一过程中，不仅创造出了伟大的现代工业文明成果，造就了我们今天的生活模式，而且为地球生物质的再次繁荣与全面实现能源的可持续发展创造了重要的物质基础——碳。

石炭—二叠纪、侏罗纪、第三纪……当地球再次进入生物质繁荣的富饶期时，它形成的将不再是大量沉积并保存的化石能源，而是一个在人类调节下的全新的生态系统：撒哈拉沙漠将褪去往日的黄衣，黄土高原将一展绿色风采；中国的大西北戈壁将成为世界最大的粮仓；沙尘暴一词将只能在历史教科书中查询；丰富、低廉而多样性的生物质将为各种能源与材料等提供用之不竭的可再生资源。”

自2014年至今，地球环境与生态的发展与《新生态与新能源》一书的理论预测高度一致：植被覆盖面积快速扩大，沙漠降水大幅增加，高寒地区的气候与生态明显改善，粮食产量屡创新高……

这一局面的出现是阶段性的气候波动，还是正如《新生态与新能源》

一书中所论述的，是地球碳循环导致的大循环的必然结果？山西是全球化石能源生产与消费最集中的地区之一，面对这种事关人类命运的大是大非问题，山西一群长期致力于能源、环境与产业经济研究的学者们再次会聚一堂，对这些最新的理论与现象进行了深入研究与讨论，最终决定以汾渭能源第十一个战略研究课题立项，成立了专门的课题组。

课题组经过一年多的深入研究和艰苦工作，充分肯定并再次重申了汾渭能源第十个战略研究课题《新生态与新能源》的理论与观点，在此基础上，本书重点研究了上述新生态与新能源环境对今天及未来的社会、经济、环境、产业的影响，提出了由此必将产生的新的产业革命，即碳环境推动下的第四次产业革命，并对第四次产业革命发生、发展的内因、外因与过程进行了情景分析，进而得出了如下结论：

第一，在 CO_2 的推动下，地球植物体系将再次繁荣，生物质保有量将快速增长，在 21 世纪内生物能源的成本将低于化石能源的成本，并再次成为人类的主体能源。

第二，丰富的化石能源将继续为人类能源向生物质过渡与新生态下的碳平衡做出贡献，直至地球生物质保有量可充分满足人类可再生能源需求。届时，如继续使用化石能源将不利于地球的碳平衡，过剩的二氧化碳会对人类的生存环境造成威胁。

第三，生物工程、互联网与区块链、生物质转化等技术将全面推动生物质能源的发展，并成为需求最大的应用科学与技术。

第四，水利工程、能源种植园、荒漠改造工程等将替代房地产与交通运输业成为最大的基础产业。

第五，一个新的基于生物质的制造业体系，将补充完善或替代现有的工业体系，伴随着农业重新成为第一大产业和去中心化的社会结构的形成，目前正在进行中的许多革命性的新兴产业将再次面临淘汰。

第六，人类社会的生活模式、生产模式、商业模式将发生巨大的变化，进而将促进社会、经济、法律体系产生变化。

本书所论述的第四次产业革命是基于地质历史上碳循环导致的地球生物质繁荣与枯竭的大循环以及人类工业化导致的地下碳资源以数千倍于自然环境下的碳氧化速度共同作用的结果，其趋势在今天的人类活动情境下是不可逆转的，顺应该趋势发展，人类将获得美好的未来；任何试图控制甚至改变该趋势的发展模式都是劳民伤财，也是徒劳的。

本书全面分析对比了中国与其他经济体的自然、经济、技术、产业与人文条件，得出了中国将全面推动并引领第四次产业革命的结论。

由于已有上一课题的 CO_2 驱动理论作为基础，因此本课题在选择专家时更侧重于产业、经济与技术方面，主要包括：山西省焦炭集团副总经理兼总工程师、高级经济师邓彤，原山西化工设计院总工程师徐占军，太原理工大学煤化工研究所教授苗茂谦，山西省环境污染损害司法鉴定中心总工程师李振华以及山西农业大学资源环境学院教授田晓东等。

在课题推进过程中，汾渭能源的领导给予了高度的重视：汾渭能源名誉董事长、美国麻省理工学院物理学博士白波先生从基础科学的角度对全书进行了把关；汾渭能源董事长、美国西弗吉尼亚大学石油地质学博士邹向东先生从成油期与成油环境的角度对该书的理论基础提出了多项建议；汾渭能源总经理、煤田地质勘探高级工程师常毅军先生全程参与了该课题的组织与撰写工作。

此外，汾渭能源共派出了包括首席地质专家王社龙在内的十余名专业研究人员协助主编开展研究与撰写工作，他们高度的责任心和废寝忘食的工作态度获得了课题组全体专家的高度评价。

在此一并予以感谢！

邓 彤

2019 年 8 月

目录

第1部分　能源、环境与产业革命

1　能源与产业革命 …… 2

1.1　能源转型是产业革命的动力 …… 2

1.1.1　能源转型的定义、分期及标志 …… 2

1.1.2　产业革命的定义、特征及分期 …… 3

1.1.3　能源转型是产业革命的动力 …… 4

1.2　能源与经济发展 …… 9

1.2.1　能源消费与经济发展作用机理 …… 9

1.2.2　能源转型与国际经济关系 …… 11

1.2.3　能源价格与经济发展 …… 12

1.2.4　中国经济发展和能源消耗的特点 …… 13

1.3　能源更替与人类生活需求 …… 15

1.3.1　人类能源发展阶段回溯 …… 15

1.3.2　产业革命依次满足不断升级的人类需求 …… 18

1.3.3　现阶段能源结构存在诸多问题 …… 19

2　能源与环境 …… 26

2.1　CO_2、植物发展与气候变化 …… 26

2.1.1　CO_2 在大气圈、生物圈的转化 …… 26

2.1.2　CO_2 与温室效应 …… 27

2.1.3　CO_2 浓度与地球植物的发展 …… 29

2.1.4　从地球历史的角度看今天的气候变化 …… 31

2.2 人类或有能力调节大气圈、生物圈的碳平衡 …… 33
2.2.1 岩石圈、生物圈、大气圈的碳总量及循环模式 …… 33
2.2.2 人类必须在地球碳循环的过程中找到一个新的平衡点 …… 36
2.2.3 重视化石能源的清洁使用，赢得绿色能源发展的时间与空间 … 38
2.2.4 人类有能力调控大气中的碳平衡并不断优化人类生存环境 … 39
2.3 生物质能源主导人类能源需求 …… 41
2.3.1 生物工程与大气碳含量的增加决定了生物质能源必将替代化石能源 …… 41
2.3.2 光合速率与最佳 CO_2 含量 …… 42
2.3.3 绿色地球与人类生存环境的根本改善 …… 43
2.4 只要太阳依然存在，地球能源就永不枯竭 …… 45
2.4.1 太阳与地球的太阳能 …… 45
2.4.2 光合作用是收集、储存、应用太阳能的最佳途径 …… 50
2.4.3 化石能源是地球历史上太阳能的储备 …… 51

第2部分 化石能源的保障能力及经济寿命

3 传统化石能源的保障能力评估 …… 60

3.1 传统化石能源完全满足中国能源过渡期的充分使用 …… 60
3.1.1 中国传统化石能源的资源储量及分布特征 …… 60
3.1.2 中国传统化石能源的可使用年限分析 …… 63
3.2 传统化石能源的开发现状及经济寿命分析 …… 66
3.2.1 煤炭开采技术相对成熟，油气开发技术要求越来越高 …… 66
3.2.2 传统化石能源的相对开采成本逐年升高 …… 67
3.3 传统化石能源的保障体系正面临挑战 …… 71
3.3.1 开发难度加大，供给能力偏弱 …… 71
3.3.2 以煤炭消费为主，环境压力加大 …… 72
3.3.3 人类化石能源规模化使用尚有空间与时间，是堵还是疏 …… 75
3.3.4 新能源快速崛起 …… 76

4 中国潜在化石能源的发展潜力评估 …… 81

4.1 非常规天然气快速发展 …… 81

4.1.1 非常规天然气资源的潜力可观 …… 81
4.1.2 非常规天然气的开采技术发展迅速 …… 85
4.1.3 产业政策不断完善，我国对非常规天然气的重视度显著提升 …… 87
4.2 煤炭地下气化的前景良好 …… 88
4.2.1 煤炭地下气化原理 …… 88
4.2.2 国内外产业研究进展 …… 89
4.2.3 煤炭地下气化能效及经济性 …… 92
4.2.4 煤炭地下气化市场前景 …… 94
4.3 新型煤化工技术发展对煤炭应用的优化 …… 95
4.3.1 新型煤化工发展历程 …… 95
4.3.2 新型煤化工产业现状 …… 95
4.3.3 新型煤化工发展趋势 …… 102
4.4 油页岩等潜在资源的开发和应用 …… 103
4.4.1 潜在资源产业现状 …… 103
4.4.2 潜在资源发展趋势 …… 105

第3部分 碳环境推动下的生物质能源

5 能源植物 …… 110
5.1 生物质能源的成分 …… 110
5.2 能源植物的分类 …… 112
5.2.1 生产燃料乙醇的能源植物 …… 112
5.2.2 生产燃料油的能源植物 …… 113
5.2.3 木质纤维素能源植物 …… 114
5.2.4 水生藻类生物质能源 …… 115
5.3 生物质能源的特点 …… 116
5.4 决定生物质能源未来的关键——CO_2、阳光和降水 …… 117
5.4.1 CO_2 …… 117
5.4.2 阳光 …… 117
5.4.3 降水 …… 117
5.4.4 一个新的适宜植物生长的环境正在形成 …… 117

6 生物工程技术发展对生物质能源应用的关键作用 …… 119

6.1 基因工程技术发展与光合作用效率的提高 …… 119

6.1.1 通过改变 C_3 与 C_4 植物的基因提高光合作用效率 …… 120

6.1.2 通过延缓叶片衰老提高光合作用效率 …… 121

6.1.3 通过提高氮同化效率提高光合作用效率 …… 121

6.1.4 通过修饰植株株型提高光合作用效率 …… 122

6.1.5 通过提高水分利用率提高光合作用效率 …… 122

6.2 转基因生物质能源原料的改良与发展 …… 123

6.2.1 转基因技术对淀粉和糖类作物的改良 …… 123

6.2.2 转基因技术对纤维素类植物的改良 …… 123

6.2.3 转基因技术对油脂类能源植物的改良 …… 125

6.2.4 转基因技术对藻类能源植物的改良 …… 127

6.3 生物工程技术领域的研发与投资 …… 128

6.3.1 国际重要战略与政策规划 …… 128

6.3.2 国际重大科技进展与趋势 …… 130

6.3.3 对我国的启示与发展建议 …… 132

7 未来50~100年生物质资源分布情景分析 …… 137

7.1 碳环境的改善与碳平衡的过程分析 …… 137

7.2 生物工程及生物总量的培育与成长过程 …… 139

7.3 新型气候与碳环境下植物光合作用效率与生长速度评估 …… 140

7.3.1 现有环境条件下的再生能力评估 …… 140

7.3.2 CO_2 增加一倍时，在上述基础上的生物质的增长规模 …… 142

7.3.3 在新的碳环境下现有沙漠与戈壁的绿化前景及再生能力 …… 142

7.3.4 未来生物质可再生能力评估 …… 142

7.4 新型气候与碳环境下生物质生长的空间与规模 …… 143

7.4.1 现有森林可利用生物质经济评价 …… 143

7.4.2 芒属植物替代草原经济规模 …… 144

7.4.3 部分草原升级为森林的经济规模 …… 145

7.4.4 灌木升级为乔木的经济规模 …… 145

7.4.5 森林换代与林木品种升级的经济规模 …… 146

8 生物质能源应用技术现状与应用工程示范 …… 148
8.1 生物质液化技术——液体燃料 …… 149
8.1.1 燃料乙醇 …… 150
8.1.2 生物柴油 …… 152
8.1.3 生物质热解油 …… 153
8.1.4 巴西的生物质液体燃料产业 …… 154
8.2 生物质制沼气 …… 161
8.2.1 欧洲沼气工程技术现状 …… 161
8.2.2 我国沼气工程技术现状 …… 162
8.2.3 持续高速发展的德国沼气工业 …… 163
8.3 生物质发电 …… 166
8.3.1 全球生物质发电产业进展 …… 166
8.3.2 生物质发电技术现状及示范工程 …… 168
8.3.3 我国燃煤耦合生物质发电技术应用情况 …… 171
8.4 生物质固化成型——颗粒燃料 …… 172
8.5 生物质气化 …… 174

9 其他可再生能源与清洁能源是新能源结构体系的有益补充 …… 178
9.1 太阳能利用现状及前景分析 …… 179
9.1.1 太阳能利用的主要影响因素 …… 181
9.1.2 太阳能应用前景分析 …… 188
9.2 风能利用现状及前景分析 …… 190
9.2.1 风能利用的主要影响因素 …… 192
9.2.2 风能利用前景分析 …… 197
9.3 地热能利用现状及前景分析 …… 200
9.3.1 地热能利用的主要影响因素 …… 202
9.3.2 地热能应用前景分析 …… 209
9.4 海洋能利用现状及前景分析 …… 214
9.4.1 海洋能利用的主要影响因素 …… 215
9.4.2 海洋能应用前景分析 …… 222

9.5 核能利用现状及前景分析 …… 224
9.5.1 核能利用的主要影响因素 …… 225
9.5.2 核能应用前景分析 …… 238
9.6 氢能利用现状及前景分析 …… 242
9.6.1 氢能利用的主要影响因素 …… 242
9.6.2 氢能应用前景分析 …… 250

10 2019年启示录 …… 258

10.1 CO_2 排放量再创新高，减排措施远水不解近渴 …… 258
10.2 多地突破高温纪录，全球变暖不断加速 …… 258
10.3 冰盖崩塌加速，海平面上升不可逆转 …… 259
10.4 全球绿地面积快速增加，森林覆盖面积增长 …… 260
10.5 高纬度地区湿度增加，年降雨量成倍增长 …… 261
10.6 沙漠面积快速退化，生物多样性再创生机 …… 261
10.7 粮食产量再创纪录，全球潜在可耕种面积不断增加 …… 262
10.8 生物燃料产量进一步增长，生产成本不断降低 …… 263
10.9 植物生长速度明显加快，吸碳及储碳功能不断增加 …… 264

第4部分 新能源应用与发展的技术保障

11 储能技术在新能源领域大有可为 …… 266

11.1 储能技术是分布式能源体系建立的关键 …… 266
11.2 储能技术应用现状及进展 …… 268
11.2.1 机械类储能 …… 268
11.2.2 电气类储能 …… 270
11.2.3 电化学类储能 …… 271
11.2.4 热储能 …… 272
11.2.5 化学类储能 …… 273
11.3 不同储能技术适用性比较 …… 273
11.4 储能技术前景展望 …… 275

12 分布式能源系统已经萌芽 ······ 277

12.1 分布式能源发展现状 ······ 277

12.1.1 分布式能源供应在发达国家迅猛发展 ······ 277

12.1.2 我国分布式能源发展滞后 ······ 280

12.2 分布式能源对储能的要求 ······ 281

12.2.1 并网运行的一般要求 ······ 281

12.2.2 独立运行的一般要求 ······ 281

12.2.3 特殊要求 ······ 282

12.3 分布式能源发展趋势展望 ······ 282

13 互联网与去中心化的能源格局 ······ 284

13.1 互联网的发展阶段分析及趋势展望 ······ 284

13.1.1 发展阶段分析 ······ 284

13.1.2 趋势展望 ······ 285

13.2 区块链技术的应用 ······ 287

13.2.1 区块链技术发展现状及未来展望 ······ 287

13.2.2 区块链技术在能源格局中的应用 ······ 288

13.2.3 区块链在能源方面的应用处于初级阶段 ······ 291

13.3 一个新的多元化能源保障系统的建立 ······ 292

13.3.1 可再生能源比重正在不断提高 ······ 292

13.3.2 能源区块链技术已经在快速发展 ······ 293

13.3.3 新的能源保障系统正在形成 ······ 294

第5部分 生物质能源将全面推动第四次产业革命

14 生物质将全面破解能源困境 ······ 298

14.1 化石能源继续利用的瓶颈 ······ 298

14.2 可再生能源的局限性 ······ 298

14.2.1 太阳能 ······ 298

14.2.2 风能 …… 299
14.2.3 潮汐能 …… 300
14.2.4 地热能 …… 300
14.3 生物质能源替代化石能源的必然性 …… 301
14.3.1 生物质能具有禀赋优势 …… 301
14.3.2 生物质的增长潜力极大 …… 302
14.3.3 生物质能源将全面破解能源困境 …… 302
14.4 生物质及其能源体系将全面推动第四次产业革命 …… 303

15 农业革命与社会财富的再分配 …… 304

15.1 基因工程推动下的生物质能源 …… 304
15.1.1 转基因作物已经带来农业产品的20年快速增长 …… 304
15.1.2 生物质能源是基因工程未来发展的主要领域 …… 305
15.1.3 气候变暖，CO_2 和水分增加，生物质能源体量增加巨大 …… 306
15.1.4 未来十年全球生物质能源产量将翻番 …… 306
15.2 生物质能源产业化即将来临 …… 306
15.2.1 快速发展中的能源农业 …… 306
15.2.2 生物质能源种植园 …… 315
15.2.3 新技术与规模化为生物质能源产业带来了契机 …… 317
15.3 向沙漠进军 …… 319
15.3.1 沙漠气候的改善与灌溉技术的普及 …… 319
15.3.2 沙漠生物品种的研发与普及 …… 320
15.3.3 沙漠生物质能源的经济性与商业推广 …… 320
15.3.4 生物质能源在沙漠领域的无限前景 …… 321
15.4 农业重新回归第一大经济产业地位 …… 321
15.4.1 高科技指导下的新型农业 …… 322
15.4.2 规模化与自动化 …… 322
15.4.3 现代农业、循环经济推动生物质能产业发展 …… 323
15.4.4 最大社会财富的生产者和拥有者 …… 324

16 水利与灌溉工程将成为最大的基础产业 …… 326

16.1 重新定义水利与灌溉工程 …… 326

16.2　转基因产品与碳环境的改善将使水利工程获得巨大的经济效益 …… 326
16.2.1　生物技术将使相同耗水量下的生物质生产量成倍提高 …… 326
16.2.2　近30年来碳增长已使陆地植物增长迅速 …… 327
16.3　新型节水灌溉技术对单位水资源应用效率与经济性的影响 …… 327
16.3.1　现代节水灌溉技术与传统渠灌应用效率比较 …… 328
16.3.2　现代节水灌溉技术与传统渠灌技术经济性比较 …… 328
16.4　水利工程将成为最大的基础产业 …… 332
16.4.1　水利工程将由目前的公益行为转化为盈利性的商业工程 …… 332
16.4.2　水力与灌溉工程建设将成为最大的基础产业 …… 333

17　新能源与新型工业体系的建立 …… 335

17.1　能源体系的变革 …… 335
17.1.1　电力供应与保障体系 …… 336
17.1.2　生物燃料替代化石燃料 …… 337
17.1.3　能源技术的变革 …… 338
17.2　化工与原材料 …… 339
17.3　生物质建筑材料与应用 …… 340
17.3.1　木质建筑材料 …… 340
17.3.2　竹藤建筑材料 …… 341
17.3.3　秸秆建筑材料 …… 341
17.4　新的工业体系的建立 …… 341
17.5　逆城市化与就业变革 …… 342
17.5.1　逆城市化 …… 342
17.5.2　就业变革 …… 343

18　中国将全面引领第四次产业革命 …… 346

18.1　生物质能源产业将在中国快速发展 …… 346
18.1.1　中国是碳排放总量最大和绿化面积增长最快的国家 …… 346
18.1.2　丰富有效的土地资源为生物质能源产业发展提供了物质基础 …… 346
18.1.3　巨大的农业人口红利与就地产业化 …… 347
18.1.4　现有产业布局有利于生物质能源产业的发展 …… 347
18.1.5　生物质能源技术需要政策大力倾斜 …… 347

18.2 互联网等新技术体系将全面推动生物质能源产业的发展 ……… 348
18.2.1 人工智能 …… 348
18.2.2 新一代通信技术 …… 349
18.2.3 量子通信 …… 349
18.2.4 能源替代 …… 349
18.3 巨大的产业与市场优势 …… 350
18.3.1 巨大的市场与阶梯化发展 …… 350
18.3.2 中国是当今世界上内生创新活力最大的国家 …… 350
18.3.3 中国具备发达国家没有的发展新能源的市场优势 …… 351
18.3.4 中国具备走向新能源创新的低成本优势 …… 351
18.4 中国将全面引领第四次产业革命 …… 352
18.4.1 第四次产业革命迫在眉睫 …… 352
18.4.2 中国是第四次产业革命条件最充分的经济体 …… 352
18.4.3 中国将全面引领第四次产业革命 …… 353

第1部分

能源、环境与产业革命

自18世纪第一次产业革命以来，传统化石能源为全球经济社会持续快速发展提供了源源不断的动力，推动了三次产业革命，创造了灿烂的人类文明，体现了化石能源在这一历史时期的先进性。

与此同时，继续依靠化石能源发展给人类带来的问题和危机也逐步显现：不可再生与不可持续性问题，严重的环境污染问题，CO_2 排放与气候变化问题等，特别是 CO_2 排放导致大气中 CO_2 浓度增加的速度，是地球历史上前所未有的。因此，地球温度上升的速度也是前所未有的。

面对此类关乎人类前途命运的问题，人类必须做出正确的判断与选择。而这一正确的选择，必将带来一场新的产业革命。

1 能源与产业革命

历史上的产业革命与能源革命几乎是同时发生的。能源革命促进了产业革命，促进了社会生产力的极大提高，也促进了人类文明的进步。

1.1 能源转型是产业革命的动力

1.1.1 能源转型的定义、分期及标志

“能源转型”一词最早出现于德国，中文词汇中的“能源转型”“能源变革”“能源革命”等本质上指的是同一概念。20 世纪 80 年代初，为应对石油危机以及反对核电，德国应用生态学研究所提出了能源转型这个概念。关于能源转型的定义，经历了一个不断争议和发展的过程。加拿大学者瓦茨拉夫·斯米尔将能源转型定义为“从一种具体的能源形态转变为另一种能源形态的过程”，布鲁斯·波多尼克将能源转型定义为“通过新技术发明或新能源种类的发现，使一种新的一次能源大量运用于人类消费的过程”，中国学者朱彤将能源转型定义为“能量原动机推动的、伴随着能源体系深刻变革的一次能源长期结构变化过程”，史丹将能源转型定义为“能源生产和消费结构发生根本性的改变，并对一国社会经济发展乃至全球地缘政治格局产生深刻影响”。2014 年 10 月，世界能源理事会与科尼尔咨询管理公司联合发布了《全球能源转型》，将能源转型定义为“一国能源结构的根本性转变，如可再生能源比重的上升、能源效率的提高以及化石能源的逐步淘汰”。

综合以上多种能源转型的定义，可以明确两个核心：一是能源结构，二是能源利用技术。为了使能源转型的定义更加具体化、明晰化，本书将能源转型中的能源结构具体化为能源消费结构。同时，为了便于进行量化分析，本书采用瓦茨拉夫·斯米尔划分能源转型的量化标准——“在一种能源转向另一种新能源的过程中，新能源在能源消费结构中占比达到 5%，则可认为是

能源系统开始转型的标志，如果占据最大比例甚至占比超过一半，则可认为是转型完成的标志”。最终，本书将能源转型定义为：在一定的经济技术条件下，一次能源消费结构中居主导地位的能源种类被其他能源种类所取代的过程。

关于能源转型分期的界定，同样经历了论争不断的过程。如前所述，瓦茨拉夫·斯米尔从自己界定的能源转型的概念出发，认为人类历史上发生过四次能源转型，其阶段性标志分别是驯养役畜和使用火、风车和水车的出现、蒸汽机和内燃机的发明、发电机的发明和天然气原动机的使用。瓦茨拉夫能源转型的时间跨度非常大，涵盖了整个人类能源利用史。布鲁斯·波多尼克从技术应用的角度定义能源转型，缩小了能源转型的时间跨度，将能源转型限定在了近现代，即工业革命之后。因此，他认为人类历史上只经历了三次大的能源转型，其阶段性标志能源分别是以煤炭、石油和天然气、水电和核能以及风能和太阳能为代表的可再生能源。朱彤认为人类只经历过两次能源转型，即从植物能源依次向化石能源以及可再生能源转型两大阶段。史丹认为：“全球曾发生过两次能源转型，第一次是煤炭取代薪柴成为主导能源，第二次是油气取代煤炭成为主要能源。当前正在进行第三次能源转型，现在处于初期阶段。”

尽管关于能源转型分期的争论还在继续，但是已经基本达成一些共识，史丹的观点就是这种共识的体现。人类利用能源的历史非常悠久，如果不对能源转型做一个时间界定，则会使其因过于宽泛而失去研究的意义。因此，本书将能源转型的时间限定在近现代，即人类从农业文明向工业文明转型发展的时期。以这个时间界限为前提，根据本书的能源转型定义，笔者认为近现代国际能源利用史已经完成了两次能源转型，即从薪柴转向煤炭，再从煤炭转向油气，当前正经历着第三次能源转型，即从油气转向清洁能源和可再生能源，但第三次能源转型仍然处于起步阶段。

1.1.2 产业革命的定义、特征及分期

“产业革命”由恩格斯在其1845年出版的《英国工人阶级状况》一书中首次提出。一百多年来，众多学者对产业革命的内涵、次数划分等做了许多的深入研究，但结论不尽相同。本书将产业革命定义为：以科学发现为基础，以爆发技术革命为重要标志，再将新技术广泛应用于人类生产生活，从而引发产业结构、经济增长以及社会分工体系、全球政治经济格局变化并深刻改变社会文化价值观、心理状态的过程。一般来说，产业革命有三个典型特征：一是以重大科学发明的应用为基础和前提，以爆发技术革命为重要标志，这些

标志性技术是极具渗透性、高关联性的，对经济社会的发展影响巨大；二是根本性的变革，即质的飞跃，包括生产效率提高，生产方式和经济结构以及人类的生活、消费方式发生了重大变化等；三是变革具有规模化及可持续性。

关于产业革命分期的界定，也经历了不断争论的过程。从最大尺度的时间范围来看，有学者认为，人类历史上有三次产业革命：第一次产业革命是农业革命，人类从采集和狩猎的劳动方式到定居农业生活；第二次是工业革命，工业化兴起，工业生产体系建立；第三次是信息革命（知识革命），包括信息化、智能化和绿色化等，这次革命至今仍在继续。从18世纪开始的三次革命说，认为第一次产业革命发生在18世纪中叶到19世纪中叶，标志性事件为蒸汽机的发明和改进，生产方式由机器取代手工，工厂成为生产组织的新型方式，即“蒸汽时代”。第二次产业革命发生在20世纪初期，以电气化、化学应用和内燃机三项技术的发明和使用为标志，电力的大规模使用、更高效的钢铁冶炼法和合金、流水线生产方式带来了产业结构、经济增长和社会结构的巨大变化，即“电气时代”。第三次产业革命则各有各的说法，有学者认为其是信息革命；里夫金则认为新型信息技术与全新的能源系统的结合将会带来重大产业革命的产生，是为“第三次产业革命”；英国《经济学人》的理论可以概括为“制造业数字化”，即智能软件、新材料、灵敏机器人、新制造方法以及基于网络的商业服务将形成合力，推动经济社会发展进程，产生重大产业变革。

21世纪以来，随着新能源、物联网、生物工程等得到广泛应用，产业革命的界定再次成为热点，本书依据上文中对能源转型研究时间的限定，认为产业革命的分期从近现代开始，即人类从农业文明向工业文明转型发展的时期。本书第一、第二产业革命与众多学者的划分方法一致，第一次为机械化，第二次为电气化，第三次为自动及信息化，即计算机技术与多种能源的联合保障体系相结合，实现了工业自动化，网络与通信技术的结合带来了信息产业化，并首次提出第四次产业革命将是以生物质能源作为主体能源，结合信息技术、物联网、分布式、区块链等技术的产业革命。

1.1.3 能源转型是产业革命的动力

技术革命是生产技术的重要发展和进步，是人类对物质世界本质认知的重大进步，往往会引起社会生产方式和生活方式的巨大改变，产生新的技术和产业，即引起物质生产技术的重大进步和诞生全新的产业。就能源结构而言，新的能源系统与其他新技术相结合，可以为新的产业革命提供强大的动力支持。

剖析以往历次产业革命的成因，新的能源结构、技术革命为产业革命提供基础和先导，产业革命则是能源转型的成果展现。第一次产业革命是以煤炭为动力的蒸汽系统与工业制造相结合，开启了人类的大机器时代；第二次产业革命是以煤、油为动力的内燃机技术与电信技术相结合，使人类进入了电气化时代；第三次产业革命是新能源与互联网等新技术有机结合，使人类进入了信息化时代。四次产业革命中的能源转型见图 1-1。

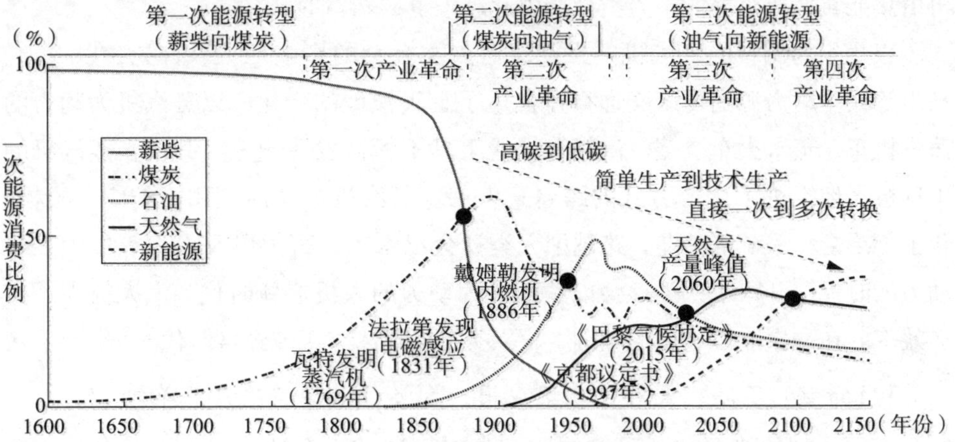

图 1-1　四次产业革命中的能源转型

在以往的产业革命中，化石燃料与相应的蒸汽机、内燃机等动力设备有机结合，在提供动力的同时将二氧化碳等废弃物排放到大自然，构成碳经济形态。人类使用化石燃料创造了辉煌的碳工业文明，但也付出了沉重的代价。在即将到来的第四次产业革命中，能源革命将成为主旋律，生物质能源将作为能源供应主体，而化石燃料将逐渐变为补充能源。这种趋势是必然的，因为可再生能源技术可为人类提供无限能量，将人类从有限的化石能源中解救出来，而且其意义是不可估量的。

1.1.3.1　煤炭等一次能源直接使用，人类进入第一次产业革命

在新航路开辟及海外贸易的推动下，16 世纪、17 世纪英国经济获得了快速发展，人口显著增加，传统手工业（如冶炼业、煮盐业、啤酒业、砖瓦烧制、玻璃制造等）迅速发展，使得英国原本就紧张的柴薪供应雪上加霜，最终导致森林资源消耗殆尽，引发了“柴薪能源危机”。“从 1500 年到 1630 年的 130 年间，英国木柴价格上涨了 7 倍”，“1666 年伦敦大火之后，重建所需的

木料竟然全部需要进口”，柴薪危机迫使英国人将目光转向了廉价而丰富的煤炭资源。

英国17世纪完成第一次能源转型时，以蒸汽为代表的工业革命尚未发生。但是在瓦特改造出真正意义上的蒸汽机后，技术进步和能源转型相互促进并产生了巨大的影响。蒸汽机为机器提供了更加便利的动力来源，极大地推动了机器的普及和发展，实现了从手工业到机器工业的转变，推动了人类社会的进步。第一次产业革命本质上是对煤炭的直接利用，使自然界中的生物能转换成热能，再由热能转换成机械能，人类社会由此进入了“蒸汽时代”。

以煤炭为燃料的蒸汽机的发明，对人类社会的影响巨大。首先，以人力、马力等作为动力源的传统交通行业发生了翻天覆地的变化，以蒸汽机为动力的蒸汽机车、蒸汽火车、蒸汽汽船等交通工具不断被发明出来。其次，蒸汽机的出现极大地推进了生产方式的跨越式发展。蒸汽机被广泛应用于纺织、机械、化工、冶金、采矿等工业，跨越了人类社会以水力、畜力以及人力等作为主要动力的时代，开辟了人类社会以蒸汽机为动力的大机器新时代，大大提高了生产效率。在一次能源利用的基础上，人类社会进入了工业经济时代。

1.1.3.2 石油、天然气广泛应用，人类步入第二次产业革命

不同类型的能源在开采和使用中具有不同的生产功效。人类对自然资源不断深入地探索与研究，使得各类能源使用率提高，提供燃料与动力的同时催生出不同形式的产业。改变传统的能源利用方式，研发和使用不同类型的能源，可以促进不同产业经济的发展。

汽油更高的热值和效能使得内燃机较蒸汽机更轻便，更高效；以汽油为燃料的机械比以煤炭为燃料的机械优势明显。这种优势在第一次世界大战当中得以明显体现。英国皇家海军放弃本国优质充足的煤炭燃料而转向燃油动力是最具说服力的典型案例。继煤炭资源的开发和使用之后，人类对天然气和石油的开采力度不断加大，为汽车、飞机和其他化工类产业的发展提供动力。19世纪末20世纪初，柴油、汽油等石油炼制技术的进步以及内燃机、汽车的发明与改进是推动石油得到广泛应用并成为主导能源的关键因素。这也解释了从1859年到1910年的50多年中，石油主要作为照明的煤油来使用，需求量和销售量都非常有限，直到1910年以后，石油的需求量才开始飙升。1910年，与美国的能源转型同步，石油在世界能源消费结构中的比例也占到了5%；到1965年，石油在世界能源消费结构中的比重为39.4%，首次超过煤炭，跃居世界能源消费结

构首位。因此，1965 年成了现代国际能源体系的转折点，即国际能源体系完成了由煤炭向石油的转型。

就技术而言，在蒸汽机推动人类社会不断进步的进程中，法拉第发现了电磁感应现象即电力。电力的产生、传输以及使用方式更加便捷高效，电能在工业中取代了蒸汽机。由于二次能源电能的出现，发电机和电动机广泛应用于工业及其日常生活，推动了人类社会进入电气时代。首先，电动机把电能转化成机械能，电力替代蒸汽成为带动机器的新动力。在制造业中，电气机械设备，包括机床、冲床切割机等自动化生产线，在电动机的带动下，生产效率更高，生产精度更准确。其次，电力技术照亮了世界，推动了电信事业的空前发展。人类社会出现了五光十色的霓虹灯；留声机给人类社会带来了音乐；电话机拉近了人类之间的距离；电影更是多种艺术的综合，是视觉和听觉上的艺术享受。由此可见，电能等二次能源的利用，革新了人类社会的生活方式，改变了社会的面貌。

第二次产业革命工业形态的主要特征是生产方式以标准化、自动化和规模化为主流，产业组织以垂直结构、中央集权的大企业集团为主，这些都是由当时的产业革命背景以及技术经济特征所决定的。

1.1.3.3 传统能源、新能源与计算机技术有机结合，开启人类第三次产业革命

20 世纪 70 年代的两次石油危机和国际社会对气候变化问题的关注是第三次能源转型的两大背景。20 世纪 70 年代，世界经济遭遇了两次石油危机。在遭受沉重打击后，西方发达经济体逐渐认识到能源独立的极端重要性，提出了能源安全的概念，并且建立了国际能源机构以协调发达经济体之间的能源政策，共同应对产油国的石油冲击。为了寻求能源独立，保障能源安全，西方发达国家开始调整国内能源政策，千方百计减少对中东石油的依赖。此外，气候变化上升为国际政治和全球经济的重要议题，与石油危机一起推动了新一轮能源转型。

早在 20 世纪 50—60 年代，国际社会就开始研发核能，以期摆脱化石能源的局限。第二次世界大战期间，交战双方竭尽全力发展核工业，企图将其用于战争。1939 年，人类首次发现铀的“核裂变”，是由德国科学家哈恩主导完成的。1942 年，人类首先点燃和控制“核火”，揭开原子时代的序幕，由意大利科学家费米主持建成了世界上第一座核反应堆。此次工程，美国动

用了15万人，耗费20亿美元巨资，并于1945年7月16日成功引爆了世界上第一枚原子弹，核能从此崭露头角。

相较于普通化学能，核能的威力要大百万倍。在第二次世界大战后，人类回归和平时期，核能作为高效和环保的新能源登上历史舞台，如何友好地利用核能被提上研究日程。1954年6月，苏联建成了世界上第一座发电功率为5000千瓦的核电站，伴随核能技术、装备的不断提升与完善，核电站如雨后春笋般迅速发展起来，成为电力工业的新军。之后核能应用拓展到供热、炼钢等行业，揭开了第三次产业革命的序幕。

核能的问世具有划时代意义，这是因为人类找到了新的“火种”，从过去生产所需的能量几乎全部来自太阳变为从地球自身蕴藏的核燃料中获取，而且这种能源取之不尽、用之不竭。20世纪60年代，西方国家一度认为核能有望接替石油成为新的能源主导，但之后事态的发展却出乎人们的预料，核污染及核事故时有发生，国际社会开始反思核能危险，反对核能的呼声越来越高，核电发展受到诸多制约。

1973年第一次石油危机爆发，西方国家经济受到重创，为减轻对石油的依赖，开始大力开发替代能源，并着手对新能源进行大规模研发。20世纪70年代末，第二次石油危机的爆发进一步加强了人类发展替代能源的意愿和决心。两次石油危机让人类对能源供应产生了前所未有的紧迫感，联合国于1981年8月通过了《促进新能源和可再生能源发展与利用的内罗毕行动纲领》，并在全球范围内推动新能源和可再生能源的发展与应用。之后各个国家加大资金及政策支持来探寻太阳能、风能、海洋能、地热能等新能源和可再生能源，技术成熟的核能再次进入人类视线，迎来了核能第二个发展热潮。

同期，计算机技术在工业体系的大规模应用也标志着第三次产业革命正式拉开帷幕。其间，布雷顿森林体系的瓦解和两次石油危机导致全球经济衰退，以及大规模化的产品生产使产能过剩，在一定程度上破坏了标准化产品的消费市场，市场需求开始走向多元化、个性化。新技术的出现和市场不同的需求为新一轮变革提供了强大的动力。此时，企业主要以股份制为主，分工与协作能力突出，技术创新主要以大企业领导的系统性和集成性创新为主，劳动生产效率较高。在新能源与传统能源联合保障体系下，互联网、信息技术、数字化智能化技术和新的能源体制都逐渐迎合全球日益个性化的需求，催生了第三次产业革命。

1.2 能源与经济发展

能源是人类发展、社会进步的物质基础，是社会经济活动的主要原料供给。人类文明不断进步，能源与经济之间的联系越来越密不可分，经济发展对能源的依赖日益加重，尤其是第一次产业革命之后，能源成为支撑工业生产发展壮大的重要物质，并逐渐成为判断一国经济是否健康以及能否持续发展的重要指标。能源对经济的影响主要体现在两个方面：一方面，从需求的角度看，能源消费推动了经济的发展。社会生产、经济发展都需要投入一定的能源生产要素，没有能源就不可能形成现实的生产力，能源供需问题与经济发展是密不可分的。另一方面，经济水平的提高对能源消费结构也可以起到优化作用，进一步提升人类对能源的利用水平。当前传统化石能源依旧是能源消费主体，由于其不可再生特性，能源储存量呈下降趋势。此外，化石能源带来的环境污染问题更是引起了人们的关注。经济发展过程中，能源供应、消费与环保问题的矛盾日益突出，如何平衡能源、经济与环境的问题值得深入思考。

1.2.1 能源消费与经济发展作用机理

能源消费与经济发展呈相辅相成、互相制约的关系。从促进需求的角度来说，能源消费会推动经济的发展，反过来经济的进步需要与之相匹配的能源，对能源利用也会提出更高的要求，间接推动开发利用能源的技术水平的提高，同时为新技术的研发利用奠定了经济基础。然而，人类生产技术有限，对发展过程中的环境污染、资源浪费的问题束手无策，这在一定程度上会部分抵消经济发展的成果。

1.2.1.1 能源消费对经济增长的影响

（1）能源消费推动生产发展。能源的开发利用贯穿人类的整个发展进化历史，工业化时代人类利用能源的技术突飞猛进，带动了整个社会的经济发展。18 世纪以煤炭为原料的蒸汽机的发明与广泛应用，引发了资本主义的工业革命。19 世纪中叶，石油资源的发现开拓了能源利用的新时代。这是继薪柴向煤炭转化后能源结构演变的一个重要转折，对促进世界经济的繁荣和发展起到了非常重要的作用，世界上许多国家依靠石油和天然气在短时间内创造了人类历史上空前的物质文明与精神文明。19 世纪末，电力进入社会的各个领域，在工业制造中，电动机逐渐取代了蒸汽机，电力成为社会生产生活的主要能源，社会生产力实现了质的飞跃。

（2）能源消费推动经济规模的增长。由增长理论可知，经济发展的必要条件是具备劳动、资本技术及资源等生产要素。但是，生产要素要转化为生产力，脱离不开能源消费的支持。在一定的时间范围内，当能源供应相对充足时，能源消费的促进作用并不明显，然而当能源对经济存在约束时，这种制约作用便会显现出来。例如 20 世纪 70 年代爆发石油危机后，能源短缺造成美国 GNP 大幅度缩水，而据有关研究结果表明，能源短缺对一个国家 GDP 造成的损失量相当于能源短缺量价值的 20~60 倍。

（3）能源消费推动技术进步。每次推动人类文明发展的重要技术发明实质上是人类对能源利用方式的转变。蒸汽机的发明是人类对煤炭利用方式的重大转变；电动机的使用首先是人类将热能转化为电能的过程；交通工具的演变也与人类对煤炭、石油、电力的利用直接相关。同时，能源在开发利用过程中也不断推动着人类技术水平的提升。煤炭化工、石油化工等以矿石能源为原材料的能源工业的崛起，也带动了与之密切相关的一批新兴产业的兴起，为传统工业的技术进步以及生产规模的扩大提供了充足的动力支持。

（4）能源消费推动生活水平的提高。能源消费会推动技术进步，而技术进步及其应用不仅存在于工业生产行业，也存在于人们的日常生活和消费中。具体而言，人类生活与能源消费的相互关系在两个方面得到突出体现：一方面，人类的日常生活离不开能源所提供的热量供应，比如要依靠能源取暖做饭，很多交通工具也是以能源作为自身的动力支持；另一方面，随着工业化进程的加快，人类用于消费的产品在不断地更新换代，物质产品和精神产品更加丰富和多样化。

1.2.1.2 经济增长对能源消费的影响

（1）经济增长推动了能源需求。经济的增长会促进社会对能源需求的增加，同其他行业一样，以能源为主要原材料的产业规模是由能源的供求双方达到均衡时的状态所决定的。经济的快速发展使人类对能量的需求增加，这就促进了与能源相关的上下游相关产业的快速发展。主要能源的变更在人类发展史上是最为重要的历史事件，而在人类社会的发展过程中，经济的发展总是会带动能源的消费，二者在多数情况下都会保持固定的比例。

（2）经济增长促进了能源利用水平的提高。经济增长促进科技进步，科技的发展又为能源利用水平的提高提供了技术支持。经济的发展为能源科学研究奠定了物质基础，很多高效的能源利用方式不断被发现，并不断推广到实际应用中，最终导致更多的能源得以被广泛开发并推广应用。

（3）经济增长为能源发展提供了保证。工业化以来，对水电、核电甚至矿物资源的开发工作需要投入巨大的财力，而且资金的回收期往往比较漫长，当物力、资金与技术水平存在局限性时，能源的开发利用就会受到阻碍。因此，经济增长决定了能源技术开发的水平。

1.2.2 能源转型与国际经济关系

能源是推动人类文明发展进步的重要物质基础，与人类社会的发展息息相关。仅从产业革命、经济发展等角度阐释能源转型的巨大贡献远远不够。从国际关系的角度看，两次能源转型还成就了两个世界霸主。这不是一种历史的巧合，能源不仅是重要的经济资源，更是非常重要的战略资源，是国家权力的重要组成部分。英国、美国的能源转型为两国成为世界霸主提供了巨大的权力支撑。

18 世纪，能源转型与工业革命一起推动英国从农业文明时代进入了工业文明时代，并且把英国从一个农业小国推到称霸世界的“日不落”工业帝国的巅峰。一方面，蒸汽机所产生的机械能代替了人工挖掘，大大提高了煤炭开采的规模和效率；另一方面，煤炭又为蒸汽机等机械能装置提供源源不断的能源动力，推动各行各业实现机械化生产。“充足的煤炭供应使许多工业部门的大规模扩张成为可能”，也为“工业革命首先垂青英国”奠定了基础。

到了 19 世纪末 20 世纪初，电的发现和内燃机的发明引领了人类历史上的第二次产业革命，引发了以美国为代表的第二次能源转型。汽油更高的热值和效能使得内燃机较蒸汽机更轻便，更高效；以汽油为燃料的机械比以煤炭为燃料的机械优势明显。当然，内燃机和炼油技术的进步不仅推动了人类交通运输的飞速发展，还形成了庞大的石油化工产业体系。此外，电力技术的进步更使人类从一次能源利用转向二次能源利用。而技术要成功应用于产业发展，必须依赖科技成果的转移转化。第二次产业革命中，虽然最早发现电磁感应现象的是英国的科学家法拉第，但是最早且大规模将这一科学技术应用于生产的却是德国和美国；再如，虽然英国的科研历史更悠久，但德国和美国更加重视理工类应用科技以及应用类研究机构，如贝尔、爱迪生、西门子等，再加上强势的政府“产业政策”主动引进和资助应用，又使德国和美国的科研转化周期比英国至少快 3～5 年。因此，美国在第二次能源转型中脱颖而出，成为世界霸主。

前两次能源转型对国际社会产生了深远影响。虽然前两次能源转型时现代国际能源体系尚未形成，但是英美两国能源转型的成功经验与产业革命的空前影响一起随着国际社会的学习仿效而逐步扩散。以英国为代表的第一次能源转型扩散到国际社会发生在19世纪。推动国际能源转型的主要动力来自第一次产业革命的全球扩散。德国从1815年开始向煤炭能源转型，到1853年才完成；美国在1850年之后才开始向煤炭能源转型，但是仅仅到1885年就完成了第一次能源转型。第一次能源转型与第一次工业革命一道，共同推动着世界主要国家从农业文明转向工业文明，并且推动着帝国主义的形成。以美国为代表的第二次能源转型扩散到国际社会发生在20世纪，对国际关系造成的重大影响就是20世纪70年代的两次石油危机以及中东石油权力的崛起。在20世纪近50年的时间中，“中东一直是国际能源体系的主导力量和国际能源权力中心”，而海湾危机对美国在建立世界新秩序的过程中谋求新的霸权地位的全球性战略提出了挑战，也对西方发达国家以对中东石油资源的渴求为表现形式的经济利益构成了威胁，因此，以美国为首的多国部队积极参战，并以较小的代价取得决定性胜利，在一定程度上加强了美国的霸主地位，增强了其干预别国事务和扰乱国际秩序的信心。

1.2.3 能源价格与经济发展

能源价格是调节能源资源配置最重要的市场机制，但由于能源的基础性，决定能源价格的因素除供需外，还存在大量的经济、社会、政治、军事以及自然因素，尤其是随着能源金融化发展，能源价格的波动越来越表现出金融时间序列复杂的特征，有时甚至完全脱离供需基本面，这也使得能源价格对能源市场的调节作用大为减弱。

能源作为一种基本生产要素，其价格波动通过价格链极易产生成本推动型通货膨胀，进而对宏观经济各个方面产生影响。能源价格对通货膨胀以及宏观经济的影响机制非常复杂，在不同时期、不同国家，其影响是不一样的。一般来说，发展中国家经济增长以能源大量投入的粗放式增长为主，比较容易受到能源价格波动的影响，抗能源价格波动风险的能力相对较弱；而发达国家由于能源强度较发展中国家小，经济增长对能源的依赖程度相对较低，抵御能源价格波动风险的能力则相对较强。因此，研究能源价格波动对通货膨胀以及其他宏观经济影响，对我国具有重要意义。

经济系统中各部门之间具有密切联系，构成一个复杂系统。如果将国际能源价格作为一国经济系统的一个外生变量，该外生变量的变化将对一国经济系统产生冲击。这个冲击首先影响与能源密切相关部门的生产，然后通过产业链影响能源产业的下游产品部门的生产，最后对经济系统的各项宏观经济指标产生影响。其影响大小受各行业的主要原材料在产业链上距离能源的远近、相互间的关联性等因素制约，影响程度存在差异。

因为能源价格对能源市场运作效率及宏观经济两方面具有重要作用，所以必须规范能源价格形成机制，使能源价格更加充分地反映能源资源价值，更好地调节能源供需，减少能源价格的不合理波动，避免能源价格频繁剧烈波动对经济增长和居民生活产生的不利影响。

1.2.4 中国经济发展和能源消耗的特点

进入21世纪，我国的政治、经济、社会、文化、人民生活等各方面得到了快速健康的发展，经济实力大幅提升，经济效益明显提升，人民生活水平明显提高。但是，仍然存在一系列的问题，在经济上的表现为：经济实力虽然显著增强，但生产力水平总体上还不高，长期形成的结构性矛盾和粗放型增长方式尚未得到根本改变；经济增长的资源环境代价过大，高耗能、低效率的能源消费方式造成了对能源的巨大浪费，而能源消费造成的某些环境破坏甚至是不可逆的。

科学发展观的基本要求是全面协调可持续，根本方法是统筹兼顾。可持续发展就是指既满足现代人的需求，也不损害后代人满足需求的能力。换句话说，就是指经济、社会、资源和环境保护协调发展，它们是一个密不可分的系统，既要达到发展经济的目的，又要保护好人类赖以生存的大气、淡水、海洋、土地和森林等自然资源和环境，使子孙后代能够永续发展和安居乐业。可持续发展与环境保护既有联系，又不等同：环境保护是可持续发展的重要方面；可持续发展的核心是发展，但要求在提高人口素质和保护环境、资源永续利用的前提下进行经济和社会的发展。坚持全面协调可持续发展，就需要坚持生产发展、生活富裕、生态良好的文明发展道路，建设资源节约型、环境友好型社会，实现速度和结构、质量、效益相统一，经济发展与人口、资源、环境相协调，使人民在良好生态环境中生产生活，实现经济社会永续发展。坚持统筹兼顾，就需要统筹城乡发展、区域发展、经济社会发展、人与自然和谐发展、国内发展和对外开放，统筹中央和地方关系，统筹个人利益和集体利益、局部利益和整体利益、当前利益和长远利益，充分调动各方面积极性。

但就我国目前经济、能源和环境三者的关系来看，能源的有限性、环境的恶化与经济增长之间的矛盾已使我国调整能源消费结构和产业结构及经济增长模式成为必要。如果不尽快扭转目前大量开采和使用国内资源，并造成严重环境污染的局面，不仅会使我国国民经济的持续稳定发展受到环境污染、动力不足等不利条件的严重制约，还会影响到子孙后代对资源的可持续利用，损害子孙后代的长远利益。针对我国经济发展和能源消耗的特点，要从多个方面着手解决目前的矛盾：

（1）改变经济增长方式和调整经济结构，加快发展第三产业。必须调整产业政策，转变高耗能传统发展模式，把经济增长的立足点转移到内涵扩大再生产的轨道上来，使经济结构、体制改革和环境保护紧密结合。一是趁产业规划和结构调整之际，按照环境保护法的要求，对现存的高消耗、高污染工业结构采取限制发展的政策；二是合理调整第一、第二和第三产业结构比例，提高基础产业在整个产业结构中的比重，加强环境保护和基础设施建设，提高可持续发展能力，加速发展第三产业，特别是发展低能耗的第三产业，促进结构节能、降耗和治污。

（2）改变能源消费结构。逐步调整以煤为主、立足国内的能源发展政策，转变为多种能源并举、因地制宜、内外并重的能源发展政策。要建立多元化的能源结构战略，首先要将煤炭使用的社会成本、环境成本、生态成本计入煤炭使用价格中，利用市场手段引导社会合理使用煤炭，鼓励企业主动使用替代能源；其次要大力开发新能源、可再生能源，优化能源消费结构。

（3）增强环境保护意识，提高环保水平。如果还继续走“先污染、后治理”的发展道路，结构性污染会成为产业结构的主要矛盾，而且治理成本也会非常高。制定相应的环境税收政策，根据资源使用者的污染物排放量、排放方式和排放位置等主要因素，以环境税和污染税等方式提高其资源外部成本，通过经济手段刺激企业提高生产率和污染物治理程度，刺激消费者改变消费模式。对因从事环境保护活动而造成利润损失的产业，要制定优惠政策和补偿机制，促使环境资源的配置朝着有利于产业结构调整的方向发展。

（4）推行清洁生产工艺，实现两个根本性的转变。一是针对我国资源利用率低的现状，必须尽快转变经济增长方式，变粗放型为集约型。二是积极推行清洁生产工艺，从根本上解决生产污染问题。要加强清洁生产技术和科研成果的推广和使用，将其及时转化为现实的污染治理能力。此外，还要积极培育和扶持环境保护产业这个新经济增长点，作为调整结构性污染的突破口。大力扶持和发展我国的绿色科技产业，使其成为我国经济发展新的增长点。加强环境科学领域的基础研究，加大清洁生产技术、污染治理技术和环境管理的研究与开发力度。

（5）努力建设生态文明，基本形成节约能源资源和保护生态环境的产业结构、增长方式、消费模式。形成较大规模的循环经济，提升可再生能源比重，有效控制主要污染物排放，改善生态环境质量，并在全社会树立生态文明观念。

1.3 能源更替与人类生活需求

从人类能源发展历史看，在能源获取方面，经历了从薪柴利用到大规模化石能源开发，再到新能源的不断涌现的过程，人类能源获取朝着高密度化的方向发展；而在利用形式方面，从热能、机械能到电能，能源的利用效率（包括转化率和传输效率）不断得到提升。在能源结构不断变化过程中，社会生产方式和生活方式的巨大改变，催生出新的能源技术和产业，进而推动下一次能源结构的调整和更替。现今的能源结构存在一些问题，诸如环境污染、碳排放等。但不可否认其在特定历史时期具有一定的先进性，是人类经历多个能源发展阶段后的必然结果。

1.3.1 人类能源发展阶段回溯

能源存在于自然界，并随着人类智力的发展而不断被发现和开发，又强有力地推动了人类文明的发展。回顾人类的能源发展，可划分为工业革命前的火与薪柴阶段、工业革命时期的化石能源阶段及多种能源并举的电气能源阶段，各阶段具有鲜明的特征。

1.3.1.1 薪柴能源时代：火是原动力

地球上原始人类出现初期只能依赖大自然中的野果、植物，捕获野生动物、鱼类及太阳的热效应维持自身生存和繁衍。人类有意识地利用能源的开始以火的发现和利用为代表。火的发现是人类文化的起源。最初人类使用明火是为了驱赶猎兽，之后逐渐演化为吃熟食，至此人类在进化的过程中实现了质的飞跃。熟食的长期食用既可以补充营养，进一步促进大脑发育，又可以防止疾病，让人类成为唯一在生产时需要外界帮助的物种，最终把人和动物区别开来。火还被用于寒冬取暖、夜晚照明，被运用于生产劳动中，形成“刀耕火种”原始农业的主要技术，所以火又是人类智慧产生的原动力。

在人类享受火带来的安全感和便利的同时，火也在改造着人类的组织形式。围绕篝火分享食物和各自的故事，促进了人类社会的形成；烹饪后的熟食的食用时间较食用生食大大减少，而渐渐充裕的时间又促进了族群内分工的形成，增强了原始社会的凝聚力。因此，人类更需要语言，需要共鸣，需要分享，而这些都是社会、沟通、群体的重要构成要素。

火还促使人类进入金属时代。大约7000年前，人们发现很多矿物可以熔化、分解，并以其他形式继续存在，于是人们点起更大的火，并试图在火中寻找更重要的发现。在铜中加入锡形成的青铜是一种十分强大的金属，它促使人类发明出新的武器，而这也被看作是一个新时代的开始——青铜时代。长达近250万年的石器时代结束，人类在火的帮助下创造出了更轻便、更结实的新材料，从铜到青铜，再到铁、钢，火以非凡的方式改变着我们的世界。正是在火的光辉照耀下，人类才迈开了大发展的步伐。

人类对火的利用一直延续到前资本主义时期，取火的燃料是自然生长的草木（见图1–2），后期畜力、风力、水力等新型能源得以发现和利用，但规模较小。随着人类不断进化，物质水平提高，人口急剧增多，造成了木材供不应求的局面。早在16世纪文艺复兴时期，由于农业、手工业、商业、远航贸易的发展，对木材的砍伐量大大增加，原始森林破坏程度大大超出修复程度。到16世纪后期，一方面，英国甚至整个欧洲的木材资源匮乏，价格暴涨；另一方面，森林被大面积砍伐，自然环境和生态平衡被破坏且难以恢复，引发了很大的社会舆论，使得欧洲文明一度出现停滞局面。

图1–2　原始人类用火场景复原

1.3.1.2 化石能源时代：技术创新是关键

16 世纪发生于欧洲的“木材危机”迫使人们用煤代替木材作为主要能源。煤炭这种新兴矿物质燃料能源的开采使用，引发了社会生产力、生产技术、生产结构的一系列变革。17 世纪到 18 世纪，煤炭作为新能源大规模开发、利用，使得生产力进入了大机器时代。机械师詹姆斯·瓦特对蒸汽机进行改良，使蒸汽机成为工业上可用的发动机，用机械动力代替人力和畜力，使得资本主义大机器生产取代了工场手工业。蒸汽机作为动力机械，被迅速推广到化学、冶金、采掘、机器制造等工业部门。当然，大机器生产的飞速发展是以巨大的能源消耗为前提保障的，因而，作为当时主体能源的煤炭工业就更大规模地发展起来，煤炭被誉为“黑色的金子”。19 世纪上半叶，以煤干馏制取页岩油的工厂生产煤油、石蜡，为城市和家庭照明。煤炭工业彻底改变了国家的面貌，并以前所未有的速度推动历史发展，它塑造了新型的人类，开辟了看待世界、生活、社会与人际关系的新角度。

从 19 世纪 70 年代开始，随着石油、天然气的开采、加工和提炼，煤炭作为世界能源主体的地位开始动摇。电动机、内燃机、汽轮机的发明和应用，促使机器大工业进一步发展。20 世纪 50 年代，世界能源进入以石油、天然气为主的时代。由于石油热量高，比煤炭洁净，使用方便，转换效率高，特别是价格低廉，因此从 20 世纪 50 年代开始，各主要资本主义国家纷纷把燃煤电厂改为燃油电厂，用廉价石油取代高价煤炭。石油成为世界的主要能源以及廉价石油的大规模开采利用，使得世界经济取得了突飞猛进的发展，各主要资本主义国家依靠廉价石油，实现了经济发展的“黄金时代”。石油被称为“工业的血液”，以美国为首的资本主义国家，依靠大量消耗廉价石油而发展了强大的生产力，国民经济均以每年递增 4%~5%的高速度向前发展，在比较短的时间内，创造了人类历史上空前灿烂的物质文明，使得这些国家从工业化迈入现代化行列。

1.3.1.3 电气能源时代：电力是中心环节

环境污染和气候变暖逐渐凸显，迫使人类不断进行摆脱化石能源的尝试，20 世纪 50—60 年代，核能逐渐兴起。到 20 世纪 70 年代的两次石油危机之后，包括太阳能、风能、水能、地热能等在内的新能源和可再生能源得到极大发展，核能也进入第二个发展高潮。其间，计算机技术在工业体系的大规模应用推动标准化市场逐渐走向多元化、个性化，人类社会生产效率进一步提高。

电力作为一次能源的新的载体和放大器，成为人类能源利用的主要形式。现阶段，在最发达的经济体中，通常近一半的一次能源都会转化成电力，再通过输电线路输送给最终用户。虽然以风能、太阳能为代表的清洁能源的开发利用在一定程度上缓解了日益严重的环境问题，但仍然可以看到，煤、石油、天然气等化石能源仍是能源结构的主体，在能源消费量的快速增长阶段，能源系统清洁化的压力日益增大，预计更多能源将转化为电力，电力在预测期内仍将成为人类能源供应的主要形式。

电力既是生产资料，又是消费资料，遍布经济社会各领域和生产消费各环节，这种属性独一无二、不可替代，使得电网成为“万物互联”即物联网的基础和依托，成为连接工业互联网和打通工业互联网与消费互联网的唯一“入口”。电网与新一代互联网和信息化、人工智能、大数据、融媒体等相互融合、相互促进，将给经济社会方方面面带来重大变革，人们的生产方式和生活方式将会发生重大变化。可以预见，未来很多新产业、新业态必将产生于能源革命和信息革命两大转型和深度融合之中。

过去全球能源结构以化石能源为主，决定了其设施越来越大型化和能源系统越来越集中化。但现在，风能、太阳能、生物能等新能源本身就具有分散的特点。人类能源发展的方向应该是研究如何让分散的多种能源在其发生地更好地被直接利用，提高能源利用率。未来，新能源的利用技术将逐渐成熟，从实验室走向工厂和市场。全球广泛应用价格经济的可再生能源不仅有助于改善环境，而且会惠及发展中国家无法享受电力或无稳定供电的居民，在扭转20世纪工业排放对环境的影响方面被寄予厚望。

在能源传输方式方面，分布式电网将逐渐取代集中式电网，成为人类能源供给方式的未来方向。与现有能源体系中超级电网（集中电网）更加关注传输技术相比，分布式电网更加关注本地控制与减少外部依赖。从理论上看，更成熟的本地控制和分散式技术可以让网络更加稳定，从而惠及用户。用户享有更多控制，可以加强或发挥当前电力系统中薄弱或潜在的市场力量。利用清洁和可再生资源，分布式能源有助于减少化石燃料的消耗，从而间接减少与化石燃料开采和运输活动相关的能源消耗和生态系统破坏。这也是分布式能源未来最大的意义所在。

1.3.2 产业革命依次满足不断升级的人类需求

每次产业革命的发生都必须符合人类（特指大规模人群，而非某地域、某阶层）追求更好生活的需要，都是出于人类提高物质生活水平、满足精神生活的需要。产业革命期间，人们研制不同的机械、电器，在提高劳动生产率的同时也提高了生活质量水平。在农业革命解决了人类吃饱的需求后，机械化革命、电气化革命、自动及信息化革命先后满足了人们穿暖、住与行、社交等需求，并带来生产方式、生活方式的极大改变，给人类带来全新的体验和满足。第四次产业革命对低碳能源经济的探索和追求，是满足人类更舒适便捷、更有尊严和更有价值的生活需求的重要依托。历次产业革命与人类主要需求见表 1-1。

表 1-1　历次产业革命与人类主要需求

产业革命	主要产业	成效	满足人类主要需求
机械化革命	纺织业、服装业	北美地区、印度的棉花+英国的纺织厂+世界范围的航海贸易，使棉纺业生产效率大大提高	穿暖
电气化革命	电气化、汽车工业、重工业	发电厂+电网+铁路网+公路网+电气站+汽车+飞机航空，建立社会教育与保障体系	居住、出行
自动及信息化革命	信息工业	卫星网、光纤网、互联网、电脑、手机等信息技术和设施完善，生活沟通更便捷，经济贸易全球化	社交

1.3.3　现阶段能源结构存在诸多问题

目前，世界能源结构仍呈现以化石能源为主，多种能源共同发展的局面。可再生能源的发展前景让人类看到了曙光，但对于现阶段能源结构面临的诸多问题及潜在危机，人类必须面对并做出预判。

1.3.3.1　化石能源供给高度集中化，能源格局供给严重错位

传统化石能源储量分布呈现两个特点，即储采比有限及分布不均。

石油：全球石油资源分布很不均衡，中东地区资源丰富，亚太国家储采比低，欧佩克组织石油产量继续保持第一。分国家看，委内瑞拉和沙特阿拉伯的石油储量最为丰富，前十位国家的石油探明储量占全球储量的 85%；分地区而言，中东地区石油储量包揽了全球储量的 50%，且储采比远远高于全球平均水平。

天然气：全球天然气资源分布也不均衡，且北美地区储采比也较低。天然气资源最丰富的国家为伊朗和俄罗斯，前十位国家的天然气探明储量约占全球储量的 80%；分区域看，天然气也主要集中于中东地区，储量占全球的

42.7%，且储采比大于100，远远高于其他地区。

煤炭：煤炭是化石燃料中储采比最高的能源，资源分布高度集中。分国家看，美国储量最多，其次是俄罗斯和中国，前十位国家的煤炭探明储量占比超过65%；分地区而言，欧洲和苏联的煤炭资源最为丰富，储量占比约为35%，储采比是全球平均储采比的两倍多，亚太地区煤炭资源并不充足，但产量稳居全球前列，储采比远低于全球平均水平。

化石燃料也被称为"精英能源"，主要是由其属性决定的。从它们被发现、开采、加工到运输以及后期应用都需要动用大量人力、物力及财力。因此，聚集资本的能力对资源开采与利用体系的有效运作是至关重要的。反过来，高度集中的能源基础结构又可以为其他经济产业的发展创造条件、提供样板。规模化和集中化的好处是阶段性降低了能源获取成本，但存在的隐患也会导致更大危机的到来。

能源供需可分为能源生产和消费。在能源生产端，产量格局在很大程度上取决于资源禀赋格局，其分布的不平衡性造成各地区产量相差很大。同时，生产成本和开采技术影响也不可忽略，它们对生产也有一定影响。在能源需求端，需求与经济发展水平和人口数量息息相关，从而导致全球供需格局严重错位和不平等。

尽管在世界范围内能源供需总体上保持平衡，供大于求，但这一平衡十分脆弱，区域性和时段性紧张带来的供给失衡长期存在。受世界人口增长、工业化、城市化等诸多因素拉动，全球能源消费呈现总量和人均能源消费量持续"双增"态势。世界各国对资源垄断程度日益加剧，争夺的方式也更加复杂，甚至不惜以战争形式予以控制。

1.3.3.2 化石能源局限性越发明显

以化石能源为代表的传统能源发展至今，面临诸多的问题，21世纪以来，这些问题越发突出。

（1）不可再生。虽然以化石能源为代表的传统能源的开发与利用促进了人类文明的进步，但是，化石能源都是亿万年前远古的生物质随着地壳的变迁，受到特定的地质压力和温度条件的影响而逐渐形成的矿物燃料，这些化石能源在人类的发展历程中起到了至关重要的作用。然而，这些化石能源的形成时间以千万年为单位，在短时期内难以形成，所以说现在的煤炭、石油、天然气及非常规油气资源都是不可再生的能源。无论化石能源濒临枯竭论调是否成立，可以确定的是，人类大规模的开发利用必然导致化石能源总量（已知的和未知的）的减少。

（2）开采成本持续走高。从煤炭的使用到石油、天然气的大规模开发，从常规油气的大力普及到非常规油气的不断尝试，人类对化石能源的利用已经逐渐成熟，但不得不面对一个现实：化石能源开采成本持续走高。随着煤、油、气勘探开发逐步由开采条件相对简单区域向地形条件复杂区域转移，开采难度逐步加大，开采成本持续走高。而从形成角度看，非常规油气本来就是受限于开采技术的常规油气的低品位矿，开采成本必定高于同期常规化石能源。（后文会详细阐述）

（3）短期内不可替代。所有的能源更替都有一个共同点——都是耗时数十年的长期进程。现行能源的使用规模越大，替代能源的转换规模越大，更替的时间将越长，短期内通过能源替代技术改变能源结构的作用有限。低碳或无碳的替代能源技术仍有很大的提升空间，但受认知水平和科学技术的限制，未来道路较为曲折。

长期以来，世界上各个国家基本形成了以油、气、煤为主的能源结构，对化石能源的依赖程度较高。现阶段开发的新型能源尚不能替代传统能源的地位。

体量方面：目前应用的新型能源与化石能源不在一个数量级；而从工业体系看，煤和石油作为化工原料，可以制成发展石油化工不可或缺的基础原料，如乙烯、苯、二甲苯等。通过产业链的不断延伸，下游化工产品种类也不计其数，如塑料、合成纤维、合成橡胶、合成洗涤剂、染料、医药、农药、炸药和化肥等，这些与国民经济发展紧密相关。因此石油动荡将影响国民经济的稳定性。

经济性方面：没有任何一个行业是必须依赖石油的，无论是液体燃料，还是各种石油化工产品、精细化工产品，都可以依靠非石油资源来生产。实际上，通过 CO_2 来合成乙烯以及各种烃类的技术早就存在，有了这些基础化工原料，整个石油化工行业都可以被替代。问题在于，使用替代资源在成本上是否可以接受。目前来看，原油是一种相对廉价的能源，资源丰富，易于开采。但是，一旦原油因为逐渐稀缺和开采成本增加而逐渐失去优势，人们将可以承受替代能源的价格，化石燃料就会被逐渐替代。

在可以预见的未来，碳氢化合物将继续保持当前的主导地位。而天然气作为碳氢化合物中最清洁的一种，则会在短期内争取做大，并最终占有全球能源蛋糕的更大份额。基于目前的科技现状和工业体系，化石能源替代还需要较长时间。

（4）环境污染和温室效应。传统化石能源带来的最大问题是严重的环境污染和温室效应。这一问题已经困扰人类上百年。从生产端看，煤炭开采深度随着开采时间的延长逐渐加深，对自然环境及地层结构造成很大破坏，如矿山生态环境、生物栖息环境，以及对地表的破坏、引起岩层的移动、矿井酸性排水、煤矸石堆积、煤层甲烷排放等。而且，石油、天然气在开采过程中会带来地下水污染、土壤盐渍化、硫化氢排放等环境问题。从消费端看，受处理技术有限约束，化石能源利用过程中产生的大量 SO_2、CO_2、NO_x、CO、烟尘和汞等污染物未能被有效综合利用，大量排放到空气中，而这些气体是造成大气污染和酸雨的主要原因。清洁化利用技术虽取得了极大的进步，但温室效应的罪魁祸首 CO_2 的排放量并不会因此减少。

为了抵消化石能源的副作用，很多国家和地区已经或正在考虑征收资源税、碳税、环保税，或开展碳排放权交易等，但这些措施会进一步推动化石能源资源供应成本上涨。未来，世界能源消费量仍会持续增长，在 2050 年左右达到峰值并长期保持。在以化石能源为主体的现有能源供应体系下，CO_2、硫氧化物、氮氧化物及粉尘颗粒物等污染物的排放量将继续增长，对环境的污染和全球气候的影响将日趋严重；温室效应带来的全球变暖加剧，将给人类文明带来一系列灾难，在后文中将详细论述。能源利用下的环境环染见图 1-3。

图 1-3 能源利用下的环境污染

1.3.3.3 可再生能源发展面临瓶颈

随着化石能源的日益枯竭和环境压力的日益增大，各国政府纷纷提出低碳减排目标，倡导大力开发利用可再生清洁能源，将其作为缓解能源供应矛盾、减少温室气体排放和保护生态环境的重要措施。从现阶段可再生能源发展特点看，风能、太阳能和生物能等新能源的输出受地理、天气等外界因素影响，与大电网功率交换特性复杂，交换功率波动范围大，具有间歇性和不可预知性。

由于多数新能源发电需要依赖自然资源，大容量的可再生能源发电厂往往建设在偏远地区，如大型风电场多建于多风的近海或草原等地，太阳能电厂则多建于光照充裕的沙漠或高原等地，然而日益增长的负荷中心却多位于人口密集的城区。为满足不断增长的电力需求，需要及时将可再生能源所发电能远距离传输至负荷中心。

除上述技术问题外，发电成本是太阳能、风能等可再生能源面临的最大问题，数倍于燃煤发电成本，让其在与传统化石能源的竞争中处于弱势地位。

1.3.3.4 超级电网虽有所发展，但已不可能支撑人类发展进程

近年来，全球性能源供应与消费的逆向分布愈加明显，推动了超级电网的快速发展。超级电网是指依托长距离输电设施将多个不同种类的发电系统连接，以最小损失和最大效率将大量电能传输至几千千米外负荷中心的智能交直流混合广域电力传输网络。基于能源管理系统，超级电网可对电力消费者、输电网、微网和多种发电单元进行控制、管理、优化，从而实现电力系统的快速响应与安全稳定。超级电网的优势在于：中央电站和长距离电力线的性能大幅提高（如中国运行着世界上最大的百万伏电力线网络），增加了集中式电网的可靠性和成本效益。

从理论上说，“大机组、大电网、特高压”的超级电网是高效率的，然而这仅仅是在能量转换环节和输送环节。如果从整个能源系统分析，电力传输仍是损耗很高的能量传输方式，这一点通过简单的推算可以看出来。通过铁路将4000cal的煤运输1000km，单位万吨公里油耗为25kg，1万t煤仅消耗25t油，按照热量，能耗约为0.6%；而电力机车的效率更是比燃油机车高出几倍，即使按照等价热值（测算相应电的燃煤等量热值），其能耗也会小于0.2%。而目前直流电力传输的线损率普遍在5%以上，比铁路运输高一个甚至几个数量级。

从技术上讲，更大范围或更高电压等级的输电线路在一定范围内不存在技术性的障碍，更多的争论体现在必要性与可行性上。超级电网支持者的论

据包括资源的更大范围传输与电力的互济与平衡，以及发挥电网的网络效应。一个地区由于事故或者装机不够导致缺电，其原因往往被归结到电网覆盖范围不够大，不能从远处调电予以解决。这种思路其实有点类似金融“庞氏骗局”论证的特点，如果一个“集资”活动资金链断裂，其永远可以解释为资金规模不够大。可事实上，这种论证难有说服力。超级电网扩大的过程，是对各项资源消耗与占用增加的过程，所需要的巨大的协调必要性与复杂程度，早就超过了可得与可能的范围。这也是很多超级电网项目耗时多年却几无进展的基本原因。

参考文献

[1] 吴磊，詹红兵．国际能源转型与中国能源革命［J］．云南大学学报，2018，17（3）.
[2] 谭国武，邱建忠．能源与人类文明［J］．现代物理知识，2016.
[3] 王济武．中美之争：人类第5次科技与产业革命的终极竞争［J］．战略前沿技术，2018.
[4] 黄晓勇．世界能源发展报告（2018）［M］．北京：社会科学文献出版社．
[5] 魏一鸣，焦建玲，廖华．能源经济学［M］．北京：科学出版社，2011.
[6] M. B. 麦克尔罗伊．能源展望、挑战与机遇［M］．王聿绚，郝吉明，鲁玺，译．北京：科学出版社，2011.
[7] 陈瑞珍．经济与能源的关系［D］．厦门大学，2008.
[8] 赵宏图．国际能源转型现状与前景［J］．现代国际关系，2009（6）.
[9] 赵宏图，黄放．奥巴马能源新政的战略含义［J］．世界知识，2009（16）.
[10] 于宏源．初析全球清洁能源治理的趋势［J］．联合国研究，2014（1）.
[11] 戚聿东，刘健．第三次工业革命趋势下产业组织转型［J］．财经问题，2014（1）.
[12] 邹力行．第三次工业革命与中国发展战略研究［J］．中国科技产业，2013（7）.
[13] 黄静．能源革命及其对经济发展的影响［J］．当代经济，2017（11）.
[14] 刘民钢．人类历史上的三次科学革命和对未来发展的启迪［J］．上海师范大学学报（哲学社会科学版），2018（6）.
[15] 姜江．对新一轮产业革命内涵和特征的几点认识［J］．中国经贸导刊，

2013 (7).
[16] 马丁·雅尼克，克劳斯·雅各布，黄丽梅．第三次产业革命的内涵［J］．国际研究参考，2013 (6).
[17] 范松丽，苑仁峰，艾芊，贺兴，徐意婷．欧洲超级电网计划及其对中国电网建设启示［J］．电力系统自动化，2015.
[18] 苗淼．全球主要化石能源供需格局浅析［N］．中国矿业报，2016-12-16.
[19] 苗淼．2014年全球主要化石能源供需格局浅析［J］．现代商业，2015 (26).
[20] 张树伟．我们需要什么样的电网［J］．中国西部，2014 (14).
[21] 王瑞平．火与人类文明起源的关系［N］．光明日报，2005-12-13.
[22] 桂衡．新一轮能源革命趋势与电力变革创新［N］．中国工业报，2018-01-12.
[23] 程晨辉．西宁市制造业与新型工业化协调发展研究［D］．青海师范大学，2018.
[24] 刘波．试论20世纪中东能源地缘政治中心地位的确立［J］．河南大学学报(社会科学版)，2004 (6).
[25] 陈柳钦．我国分布式能源发展探讨［N］．中国能源报，2013-10-28.
[26] 陈柳钦．分布式能源发展轨迹与前景展望［J］．价格与市场，2014 (3).
[27] 熊焰．经济能源替代昂贵能源的驱动力［J］．能源，2017 (7).
[28] 赵春雷．第三次工业革命与企业培训理念的转型——杰里米·里夫金的企业管理思想研究［J］．继续教育研究，2014 (10).
[29] 冯伟明．探秘森林形成与成煤作用［N］．江苏科技报，2019-09-18.
[30] 娄方炬，顾尚义．磷块岩中磷灰石铈异常与地球大气氧演化［J］．矿物学报，2019 (4).
[31] 何奕工．温室效应气体［J］．世界环境，1988 (1).
[32] 李华，陈飞平，曹建华．森林碳汇发展对策研究［J］．供应安全与环保，2011 (3).
[33] 王丹华．能源消费与经济发展的关系研究［D］．北京外国语大学，2017.
[34] 张斌．德国能源转型战略及启示［J］．中国电力企业管理，2014 (15).

2 能源与环境

能源是人类社会赖以生存和发展的重要物质条件。随着人类文明不断向前推进，大规模工业化的开展加剧了对能源的索取，能源工业无论从数量还是质量上都取得了空前的快速进步。然而，在传统能源开发和利用的生命周期中，从最初的能源资源的开采、加工和运输，到二次能源的生产（发电），再到后期电力的传输和分配，直至消费终端，各阶段都会对环境造成压力，引起局部的、区域性的，乃至全球性的环境问题。正确认识及处理能源与环境的关系，是各国长远发展的战略问题，也是经济可持续发展的必要条件。

2.1 CO_2、植物发展与气候变化

2.1.1 CO_2 在大气圈、生物圈的转化

绿色植物在不停地吸收大气 CO_2 进行光合作用，通过光合作用来制造养料，以维持植物的发育与生长。动物的生命活动或有机体的腐烂过程，是吸收 O_2、放出 CO_2 的过程；而植物的生命过程却是吸收 CO_2、放出 O_2 的过程。两者之间以及两者与岩石圈、大气圈、水圈之间经过亿万年的演化达到了某种平衡，形成了今天这样的大气圈。

正是由于光合作用使得 CO_2 转化为 O_2，一些生物演化的重大事件才得以产生。如20亿年前左右，真核生物出现，使得氧含量增加，可能达到了现有水平的1%；5.4 亿~5.8 亿年前，后生动物出现，氧含量达到现有水平的6%~7%；5.3 亿年前，带壳生物出现，氧含量达到现有水平的 10%；到了脊椎动物登陆的4亿年前，氧含量就已经达到了现在的水平。大约在志留纪和泥盆纪的界限上，即约4亿年前，氧含量的增加大大加强了臭氧的屏蔽效应，臭氧层吸收了一部分对动物体有害的紫外线，使海洋和大陆表面变得安全

了，所以这一时期在大陆上出现了原始的植物形态，进而出现了浮游植物和动物。植物和陆地生物迅速占领了大陆，原始的林地里发生了蓬勃的光合作用。泥盆纪和石炭纪 CO_2 的减少、氧含量的增加和植物的繁盛相一致。植物不仅占领了大陆空间，海洋里浮游植物的产量也大大增加。但是，二叠纪和三叠纪时期，地球所处的干旱环境使得大批植物消亡，导致大气圈氧的总含量减少。大气中的 O_2、CO_2 随时间推移及其与生物演化的关系图如图 2-1 所示。

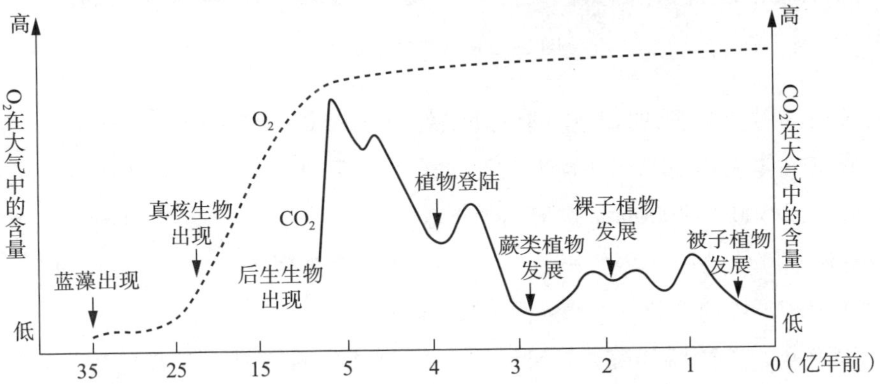

图 2-1 大气中的 O_2、CO_2 随时间推移及其与生物演化的关系

2.1.2 CO_2 与温室效应

温室气体是指大气中那些在阳光下几乎是透明的，但却强烈吸收地表发射的红外热辐射、对地表有遮挡作用的气体。我们知道，地表平均温度变化在-50～40℃，即 223～313K，按物理辐射定律 E=σT4 分析，可将地球视为该温度范围内的黑体，它的辐射绝大部分是长波的红外线（地面长波辐射）。这些红外线波长较长，能量较小，因此不像阳光那样容易穿过大气，向外散发。于是这部分热量就在低层大气中像个罩子一样覆盖在地球表面近空，使地球气温升高。大气中温室气体的增暖效应首先是由法国科学家傅里叶于 1827 年发现的。他指出，大气中温室气体的增暖效应与花房温室玻璃的作用相似，这就是“温室效应”名称的由来。温室效应是地球上许多生命赖以生存的必要条件，正是温室效应的存在改变了地球表面-18℃左右的辐射平衡温度，使得地球表面的实际平均温度为 15℃，适宜生物生存。图 2-2 为温室效应示意。

CO_2 是较为重要的温室气体，既可以吸收太阳短波辐射，又可以吸收和

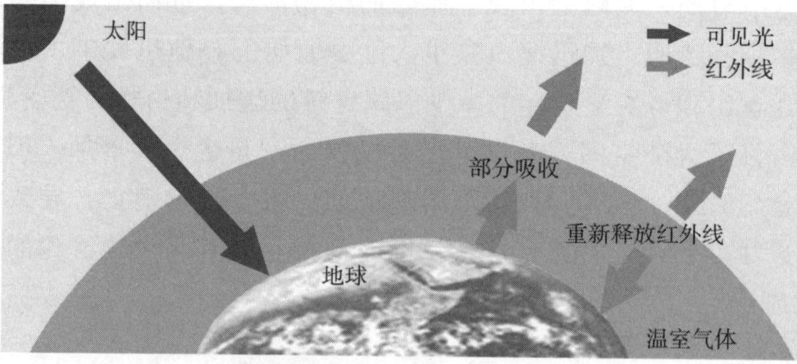

图 2-2　温室效应示意

发射长波辐射。透射到大气中的红外辐射 70%~90%都在 7000~13000nm 范围内，温室气体吸收地球红外辐射的谱带范围为 7000~18000nm，CO_2 吸收辐射的范围为 12500~17000mm，CO_2 对全球气候变化的贡献率达到 60%。由于 CO_2 等温室气体会引起温室效应，如果它们在地球大气中的含量剧增，则必将引起全球环境的变化——气温上升、地球变暖。

1979 年，美国科学院委托麻省理工学院著名的气象学家查尼建立了一个特别工作组对 CO_2 与气候变化的关系进行评估，发表的评估报告认为：CO_2 浓度增加 1 倍会引起 3℃的升温（不确定性范围为上下各 1. 5~4. 5℃）。在此之后的 30 多年来，全球各地的科学家利用各种模型对气候敏感性进行了大量的计算，政府间气候变化专门委员会（IPCC）从 1990 年发布第一次评估报告到 2013 年发布第五次评估报告，所有研究得出的结论基本上相差不大。到 21 世纪中叶，大气中 CO_2 含量将增加 1 倍，达到 560~600ppm，全球平均气温升高 1. 5~4. 5℃，变暖的速度是过去 100 年的 5~10 倍。

所有现存的模型都表明了一个更暖的未来世界。随着全球变暖，多年冻土融化，导致活动层厚度明显增大。海平面上升，全球沿海低洼地区和海岛被淹没，三角洲地区被淹，海水倒灌；固体水库——冰川逐渐消融（见图 2-3）。同时，降水带和降水量发生变化，普遍发生降水带北移。相关资料表明，在北纬 20°~80°，每移动 10 个纬度，温度相差 7℃。若全球气温升高 4. 5℃，那么降水带整体北移 6°，每北移 1°，相当于地面距离北移 110km，那么降水带将北移 660km 以上。再者，CO_2 浓度倍增，海水蒸发量增加，更多的水汽输送到大陆，植物生长更快，蒸腾量增加，大气中水汽丰富，降水增加。

图 2-3　冰川融化

2.1.3　CO_2 浓度与地球植物的发展

2.1.3.1　地球大气中的 O_2 起源于植物对 CO_2 的转化

（1）植物是地球生态变化的基础。根据地质学记录，O_2 最早在 24 亿年前出现于地球大气层。科学家能够达成这样的共识，主要是由于在具有相同年代的沉积岩中找到了最古老的能够完成有氧光合作用的微生物遗迹。并且，从那时起，铁与大气中的 O_2 反应形成的赤铁矿晶体开始变得很普遍。根据这一理论，在此之前，地球上的海洋和大气中都不存在 O_2，因此像赤铁矿这样与生命进程有关的矿物质是无法形成的。

（2）海洋生物诞生阶段的地球环境。地球形成初期是一个没有生命的世界，地球大气中没有游离氧，氧原子均以 CO_2、水等稳定的化合物形式存在，强烈的紫外线使生命的诞生只能在海洋中进行。大约距今 35 亿年前，地球上的原始生命——蓝藻便诞生了。蓝藻是微小的单细胞低等植物，是原核生物，正是由于它通过光合作用大量吸收光能及 CO_2，产生 O_2，海洋生物的进化便拉开了序幕。由于海洋生物不断进行光合作用，地球大气中的 O_2 含量不断增加，并在高空形成臭氧层，阻挡了紫外线的直接辐射，为陆地生物的产生创造了条件。

海洋生物最繁盛的时期是距今 5.4 亿年前的寒武纪时期，这一时期地球上气候温暖潮湿，CO_2 浓度达到 7000ppm，相当于现在的 20 倍，十分有利于海洋植物进行光合作用，因而这一时期海洋藻类植物空前繁荣，同时出现了丰富多样且比较高级的海生无脊椎动物，发生了进化史上的一个重要事件——“寒武纪生命大爆炸”，在很短的时间内（地质意义上的很短，其实也有数百万年），海洋生物种类突然丰富起来，呈爆炸式增加。但是，寒武纪还没有真正的陆生生物，大陆上缺乏生气，荒凉一片。

2.1.3.2　陆生植物繁衍阶段地球的 CO_2 含量

陆生植物出现于志留纪（4.38 亿年前）。晚志留纪末期，除了能进行光合作用的海生藻类仍然繁盛以外，陆生植物中的裸蕨植物首次出现，植物终于开始从海洋向陆地发展，这是生物演化的又一重大事件。伴随着这一重大事件的发生，CO_2 的浓度急剧下降，下降幅度达到 37.5%左右。由于剧烈的造山运动，地球表面出现了较大变化，海洋面积缩小，大陆面积扩大，海生藻类植物大大减少，能进行光合作用的蕨类植物开始繁盛。

在石炭纪时期，陆地面积逐渐扩大，植物开始从滨海地带向大陆内部延伸，并且得到空前发展，大规模的森林和沼泽得以形成，为煤炭的形成创造了天然的有利条件。在石炭纪的森林中，乔木和灌木较为普遍。乔木中的木贼根深叶茂，喜爱潮湿环境，广泛分布在河流沿岸和湖泊沼泽地带。石松是另一类乔木，它们挺拔雄伟，成片分布，最高的石松可达 40m。石炭纪时期，早期的裸子植物（如苏铁、松柏、银杏等）非常引人注目，但蕨类植物的数量最为丰富。蕨类植物是灌木林中的“望族”，它们虽然低矮，但大量占据了森林的下层空间。经过数千万年的持续发展，地球植物保有量规模空前，大量植物死亡堆积形成了地球上最大的成煤期，至今保留的储量仍占全世界总成煤量的 50%以上。与此同时，大气中的 CO_2 持续下降至地球历史的最低点 380ppm，氧气含量快速增加至最高点，为现在的 3 倍。

CO_2 增加是促使地球植物繁荣，实现生物质能源满足人类能源需求，并最终改善地球生态的关键。蒙大拿大学的 Steven Running 和 NASA 的 Ramakrishna Nemani 博士分析了卫星拍摄到的照片数据，发现过去 20 多年里，地球整体上变得更加富饶，地球生物数量增加了 6.2%。其中 25%的大陆（大约 1.1 亿 km^2）享受着增长的成果，只有 7%的地区显示出下降的趋势。近期的研究表明，地球变暖和 CO_2 促进了生物圈的繁荣，因而 CO_2 是地球走向繁荣的支撑。

2.1.3.3　大气中 CO_2 总含量的波动性降低与地球聚煤作用逐渐减弱的关系

已有研究表明，地史上地球聚煤作用的发生和终止与植物赖以生存的地质环境和大气环境密切相关。地质环境为植物生长和泥炭堆积提供了场所，大气环境中的 CO_2 中的碳固定于植物中，因此，大气中 CO_2 含量的变化对植物的生长速度和生长量，进而对地球聚煤作用产生重要的影响，地史上，大

气圈中 CO_2 含量的变化与聚煤作用始终相伴相随。

在地球演化至今的整个历史过程中，大规模的成煤期有 3 个，分别是石炭—二叠纪、侏罗纪和第三纪。其中最大的成煤期为石炭—二叠纪，泥盆纪及石炭纪早期 CO_2 浓度较高，接近今天的 12 倍，而成煤期结束后的二叠纪晚期至三叠纪，CO_2 达到历史最低点。在之后的成煤期中，CO_2 含量再未能达到石炭—二叠纪成煤期初期的浓度，因此地球上成煤强度逐渐减弱。

对人类影响最大的是第三纪成煤期，该成煤期早期的 CO_2 是自石炭纪之后第三个峰值，该期成就了地球上 80%左右的褐煤，成煤期结束后，地球 CO_2 重新降至与石炭—二叠纪相近的最低点，而氧气则达到地球史上的最低点，随后形成了分布全球的第四纪黄土和第四纪冰川。

进入 21 世纪以来，尽管没有新的假说被认可，但是，科学家们对 CO_2 对气候的影响及温室效应的研究却是空前的和卓有成效的，特别是应用了计算机及数字模拟技术。研究表明，CO_2 对气候的关键性影响已经是毋庸置疑的。今天我们生活在第四纪冰期的间冰期之中。第四纪冰期属于由太阳的宇宙周期决定的每隔 1.5 亿年出现的大冰期。而从影响冰期强度与恢复速度的地球大气中 CO_2 含量来看，今天地球大气中 CO_2 含量与历史上最严酷的石炭—二叠纪大冰期的 CO_2 含量相比，是地球历史上的第二个低点。石炭—二叠纪大冰期之前地球植物呈爆发式增长，将大气中大量的 CO_2 转化并通过各个聚煤盆地埋入地下，形成今天地球上最主要的煤炭资源，第四冰期之前的第二纪成煤期，产生了地球现存一半以上的煤炭储量，固化了大气中的碳，从而使第四纪至今 CO_2 降至最低。

以往的冰期总是出现在聚煤作用的后期，大气中 CO_2 减少，O_2 含量增加，温室效应降低，气温快速降低。各成煤期后需要经过上千年的时间才能将泥炭、褐煤及被再次隆起暴露地表的化石能源氧化，从而再次排放到大气中，补充 CO_2 的不足，使地球回暖。而在今天，人类通过化石能源的开发与再利用，导致大气中的 CO_2 稳定增长。

2.1.4 从地球历史的角度看今天的气候变化

2.1.4.1 中国华北黄土高原的形成与第四纪冰川

由于缺乏温室效应，气候难以及时回转，使得石炭—二叠纪冰期成为一个漫长的大冰期，而更为严酷的是，由于碳含量太少，氧气含量多，在冰期结束后，地球进入一个炎热干燥的氧化环境，从二叠纪晚期至三叠纪早期的数千万年，地球植被退化，风沙蔓延，形成大面积的红色（氧化环境）细沙沉积物，成为自石炭纪陆生植物繁荣之后地球仅有的无煤沉积的地史时期。与其相似：第四纪冰期紧随地球上最后一个大的成煤期——第三纪成煤期，在世界各地均形成了大量的褐煤，从而使地球大气中的 CO_2 含量又一次大幅下降，直至创最低纪录。

科学家们对古气候的研究发现，第四纪时期氧化作用增强，各地形成了不同类型的风化壳，比如，干旱地区的风沙堆积，半干旱区的黄土和古土壤交互层，温湿地区的红土风化壳。第四纪黄土在世界各地广泛分布，在中国的华北和西北更是形成了典型的黄土高原地貌。亚洲、欧洲和北美地区荒漠和分布着冰积物的地方外围也有分布，其显著特征是黄土和古土壤交替出现。黄土—古土壤是季风气候下的产物：冬季风相对强盛时期，气候干冷，粉尘堆积速率高，风化成壤作用较弱，形成了黄土层；夏季风相对强盛时期，气候温暖湿润，风化成壤作用强，就形成了褐红色的古土壤。

2.1.4.2 地球气候正进入温暖期

100 多年来，全球平均气温经历了冷→暖→冷→暖四次周期波动，整体呈现上升趋势。1980 年以来，工业化加快，能源消耗大幅攀升，全球气温明显上升。但是，根据有仪器记录的数据，1860 年至 1900 年，全球陆地与海洋的平均温度上升了 0.75℃；自 1979 年开始，陆地温度上升幅度约为海洋温度上升幅度的两倍（陆地温度上升了 0.25℃，而海洋温度上升了 0.13℃）。同年，人类开始利用卫星来量度对流层的温度，发现对流层的温度每十年上升 0.12~0.22℃。2000 年之后，多方组织对过去 1000 年的全球温度进行了研究，对这些研究成果进行对比和讨论后发现，最近 50 年的气候转变过程十分清晰。此外，其他的研究报告显示，20 世纪初至今，地球表面的平均温度增加了约 0.6℃；在过去的 40 年中，平均气温上升了 0.2~0.3℃；20 世纪，全球变暖的程度更是超越过去 400~600 年中任何一段时间。IPCC 根据气候模型预测，到 2100 年，全球气温估计将上升 1.4~5.8℃。1860 年以来全球平均气温距平变化见图 2-4。

全球气候变暖的原因有两个：一是造成地球冰期的人类尚未充分认识的宇宙因素已经结束，地球进入了恢复期；二是大量燃烧煤炭、石油和天然气等，产生了大量温室气体。近百年来，全球气候变暖，同期大气中的温室气体含量也在急剧增加，许多科学家都认为温室气体与气候变暖有一定的联系。

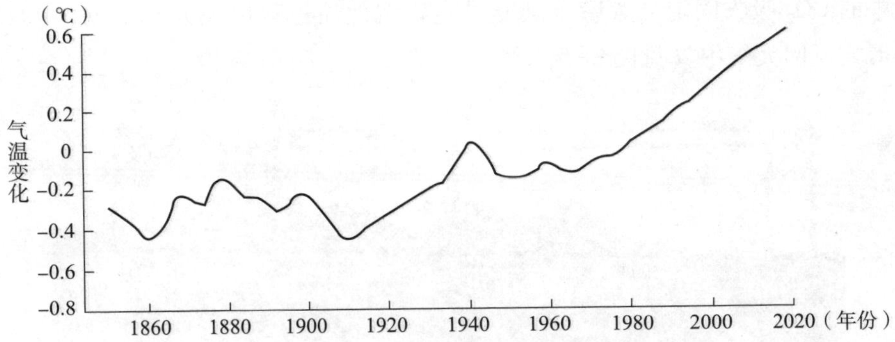

图 2-4 1860 年以来全球平均气温距平变化

后期经过大量的试验证明，温室气体的大量排放可能是全球变暖的基本原因，主要是因为这些温室气体对地球反射出来的长波辐射具有高度的吸收性，而对来自太阳辐射的短波具有高度的透过性。

2.2 人类或有能力调节大气圈、生物圈的碳平衡

2.2.1 岩石圈、生物圈、大气圈的碳总量及循环模式

2.2.1.1 岩石圈（化石燃料）、生物圈与大气圈的碳总量

地球上最大的碳库为岩石圈（含化石燃料），其含碳量占地球上碳总量的比重接近 99.9%，总量为 2.7×10^{16}t，以碳酸盐的形式存在于大理石、石灰石、白垩等岩石中的碳一般不参与大自然的碳循环；而仅煤、石油、天然气等化石燃料的含碳量就相当于全球生物含碳量的 50 倍，目前在人类活动的干预下，每年向大气中释放 CO_2 约 5.7Gt，已参与到大自然的碳循环中。

生物圈（包含海洋生物）存在着几千种被生物合成的有机物，其中森林是大自然碳循环的主要参与者，它固定的碳相当于其他植被类型的 2 倍，而且，森林是生物库中碳的主要贮存者，贮存量大约为 4.82×10^{11}t，相当于大气含碳量的 2/3。

大气圈中 CO_2 是含碳的主要气体，也是碳参与物质循环的主要形式，含碳量为 2×10^{12}t，占空气体积分数的 0.03%，虽然其总量不大，但非常活跃，实际上起着交换库的作用。

2.2.1.2 岩石圈（化石燃料）、生物圈与大气圈的碳循环模式

自然界碳循环的基本过程如下：陆地和海洋中的植物通过光合作用将大

气中的 CO_2 吸收固定，然后碳又通过生物或地质过程以及人类活动，以 CO_2 的形式返回大气中（见图 2-5）。

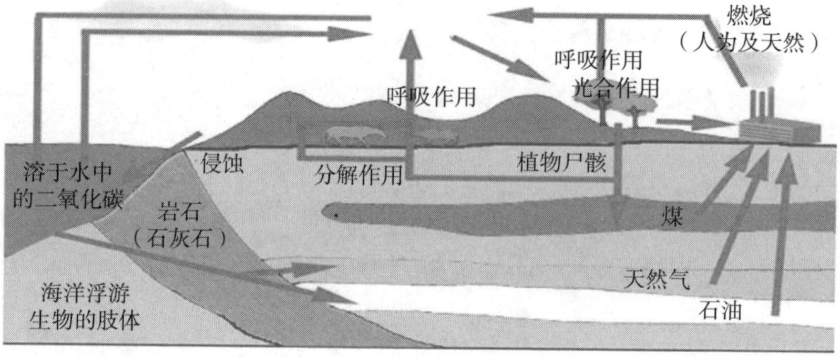

图 2-5　自然界的碳循环

（1）岩石圈（化石燃料）与大气圈的碳循环模式。

大气圈中的 CO_2 溶解于雨水和地下水中成为碳酸，碳酸能把石灰岩变为可溶态的重碳酸盐，并被河流输送到海洋中。海水中接纳的碳酸盐和重碳酸盐含量是饱和的，新输入多少碳酸盐，便有等量的碳酸盐沉积下来。不同的成岩过程形成了石灰岩、白云石和碳质页岩，构成了岩石圈，但在化学和物理作用（风化）下，这些岩石被破坏，所含的碳又能以 CO_2 的形式释放到大气中。此外，火山爆发也可使一部分有机碳和碳酸盐中的碳再次进入碳循环。这些在短时期内对碳循环的影响不大，但对几百万年中碳量的平衡却是重要的。

化石燃料由于存在于岩石圈中，正常情况下是通过地壳运动及风化剥蚀重新裸露于地表，通过风化氧化，再次进入大气循环中。但是，由于煤的有机特性，其较碳酸盐等无机岩更易氧化风化，甚至自燃，因此，即使在自然状态下，煤中所含的碳也更易返回大气中。而工业革命后，人类开始大量开采化石能源，将碳氧化成为 CO_2 排入大气，人类消耗大量化石燃料对碳循环产生了重大影响。

（2）生物圈与大气圈的碳循环模式。

绿色植物从空气中获得 CO_2，经过光合作用转化为葡萄糖，再综合成为植物体的碳化合物，然后经过食物链的传递，成为动物体的碳化合物。各种生物通过呼吸作用把摄入体内的一部分碳转化为 CO_2 释放入大气，另一部分则构成生物的机体或在机体内贮存。

森林作为生物圈与大气圈中最重要的碳调节主体，在碳循环中起着非常重要的作用。全球森林面积为41.61亿hm^2，其中热带森林、温带森林、寒带森林分别占32.9%、24.9%和42.1%。全球陆地生态系统地上部分的含碳量为562Gt，其中森林生态系统地上部分的含碳量为483Gt，占86%；全球陆地生态系统地下部分的含碳量为1272Gt，而森林地下部分的含碳量约为927Gt，占整个世界土壤含碳量的73%。

森林生态系统在碳循环中所起的作用主要取决于以下几个方面：

第一，生物量。森林生态系统的生物量贮存着大量的碳素，如按植物生物量的含碳量为45%~50%计，那么整个森林生态系统的生物量将近一半是碳素含量。森林的生物量与其成长阶段的关系最为密切，一般森林据其年龄可分为幼龄林、中龄林、近熟林、成熟林/过熟林，其中碳的累积速度在中龄林生态系统中最大，而成熟林/过熟林由于其生物量基本停止增长，其碳素的吸收与释放基本平衡。从森林的年龄结构来估算吸收碳素的潜力是决定森林生态系统碳汇功能的一个主要方面。

第二，林产品。森林生态系统中，林产品的固碳量是一个变化很大的因子。一般林产品根据其使用寿命可分为短期产品和长期产品。像燃料用木、纸浆用木等属于短期产品，而胶合板、建筑用木则属于长期产品。林产品使用寿命的长短在很大程度上决定着森林生态系统的碳汇功能。使用寿命长的林产品可以延缓碳素释放，缓解全球大气碳浓度的增加，一般来说，耐用林产品的使用寿命可达100~200年，在这么长的时间里，通过再造林完全可以实现碳素的良性循环。因此，应尽量加工耐用的、使用寿命长的林产品。

第三，植物枯枝落叶和根系碎屑。这一部分含碳量在整个森林生态系统中占的比例虽少，但也是一个不容忽略的碳库，减缓它的沉淀和分解对于增加森林生态系统的固碳量也能起到一定的作用。

第四，森林土壤。这是森林生态系统中最大的碳库。不同森林的土壤含碳量具有很大的差别，在北部森林中，土壤含碳量占其总碳量的84%；在温带森林中，土壤含碳量占其总碳量的62.9%；在热带森林中，土壤含碳量占其总碳量的一半。全球森林土壤的含碳量是森林生态系统地上部分的2~3倍，国内外很多学者都认识到森林土壤碳库的重要作用，纷纷对其展开研究。

表2-1为森林植物与土壤中的碳元素储藏量以及碳的流通量（吸收量、释放量）。

表 2-1　森林植物与土壤中的碳元素储藏量以及碳的流通量（吸收量、释放量）

纬度带区分	碳元素储藏量/0.1Gt		碳元素的流通量/($0.1Gt \cdot a^{-1}$)
	植物	土壤	
高纬度地域			
苏联等	460	1230	3~5
加拿大	120	2110	0.8
阿拉斯加	20	110	包含在美国的统计数据中
小计	600	3450	4.8±2
中纬度地域			
美国	150	210	1~2.5
欧洲	90	250	0.9~1.2
中国	170	160	−0.2
澳大利亚	180	330	少量
小计	590	950	2.6±1
低纬度区域			
亚洲	410~540	430	−9~−5
非洲	520	630	−4.5~−2.5
南美洲	1190	1100	−7~−5
小计	2120	2160	−16.5±4
合计	3310	6560	−9±5

2.2.2　人类必须在地球碳循环的过程中找到一个新的平衡点

2.2.2.1　化石能源的快速氧化（消耗）与地球植物的快速增长

碳的化学性质非常特别，在有机化学中，只有碳能够与 O_2、H_2、N_2 和其他元素生成无限多的无机化合物和有机化合物。

大气中的 CO_2 一部分进入海洋，形成大气—海洋 CO_2 循环；一部分被绿色植物吸收，在阳光下进行光合作用，形成大量的有机物质——植物组织，再经过食物链，变成动物的机体。而动植物又通过呼吸作用把摄入体内的一部分碳转化为 CO_2 释放到大气中。动植物死后，残体或者沉积湖底、海底，被泥沙埋没成为泥炭；或者与 H_2O、O_2 发生反应逐渐发酵腐烂，在微生物作

用下放出 CO_2，释放到大气中。

动植物死后残体的很少一部分（大约千分之一）在被细菌分解前，被沉积物所掩埋，压在厚厚的沙和黏土底下成为沉积物。这些沉积物经过漫长的地质年代，在高温高压下与空气隔绝，经过复杂的化学变化，分解形成固态形式的碳——无烟煤、烟煤、褐煤。那些极简单的植物体和它们的孢子就成了一种液态形式的有机物——石油和天然气，被封闭在地底下。

今天的化石能源是地球历史上数亿年间积累的结果，伴随着化石能源的积累，大气中的 CO_2 总量减少，而人类的活动将使数亿年间积累的碳在数百年中通过燃烧重新返回到大气中，这种人工作用下的集中排放对地球大气而言无疑是一个重大事件，将使植物吸收 CO_2 的速度滞后于排放速度，从而影响人类的正常生存。

因此，与人工排放相对应的人工吸收促进工作，包括基因工程、能源农业、水利工程、灌溉工程的快速发展，以及大气中 CO_2 增长后导致的植物的快速增长，不仅成为实现生物质能源替代化石能源的关键，而且成为确保人类生存环境与生态优化的关键。

2.2.2.2　生物能替代化石能源与新的碳平衡的形成

从现在起，人类需要 30~100 年或更长的时间才能从化石能源时代过渡到绿色能源时代，这主要由两方面原因决定：一是地球目前还存在大量的化石能源，够人类按现有的水平使用 50 年以上，而且还在不断发现大量新的化石能源；二是绿色能源代替化石能源的条件还不成熟，化石能源燃烧所产生的 CO_2 还不能为绿色能源发展提供足够的原料。要想使生物质能源成功替代化石能源，就必须形成新的碳平衡空间（见图 2-6）。

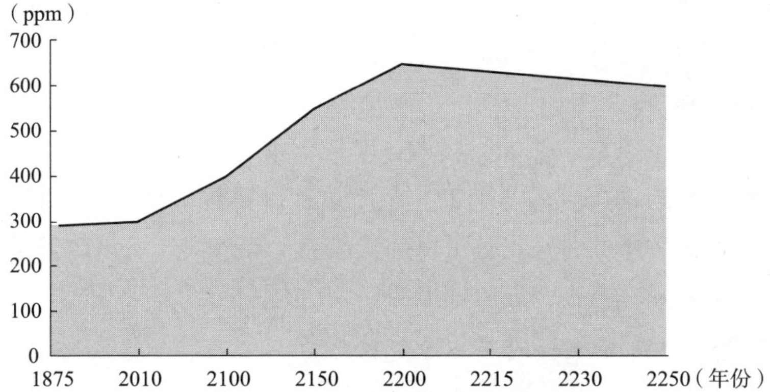

图 2-6　后化石能源时代下的碳平衡

（1）未使用化石能源时的碳平衡阶段。工业化革命之前，人类对能源需求较少，化石能源消耗量增长缓慢，CO_2 的低排放量不支持植物大规模快速增长，人类在这一时期面临的主要问题是生态环境差、沙漠化扩大现象严重。

（2）大量使用化石能源碳增长阶段。在人类大量使用化石能源后，CO_2 快速增加，气候变暖，降雨增加，植物生长速度加快，森林及植被面积快速增加，生物质能源快速发展。

（3）后化石能源时代下的碳平衡阶段。此阶段大气中的 CO_2 含量趋于平稳，生物质体量巨大，再生能力增加，生物质能源技术设施及产能逐步满足人类需求，化石能源失去经济性与适用性。

2.2.3　重视化石能源的清洁使用，赢得绿色能源发展的时间与空间

2.2.3.1　CO_2 是清洁气体

CO_2 在常压下无色、无味、无毒性，是一种清洁气体。它既可产生温室效应，使大气温度升高，又可促进植物生长，从而调节（降低）温度。它对地球及生物环境的影响是多方面的，但从地球生命发展史及生态原理的角度来看，CO_2 无论是在生命的诞生、繁荣过程中，还是在对人类生存条件的影响等方面，无疑都起到了积极的和关键性的作用。它显然不是有害气体。

2.2.3.2　严格控制燃煤污染，科学高效地使用化石能源

虽然燃烧有污染，但污染物不是 CO_2，而是粉尘、碳化物与氮氧化物等，如何科学使用化石能源，防止化石能源造成的环境污染是确保化石能源科学、高效使用的关键。

转变化石燃料结构和燃烧方式。采用新工艺，制造和使用高效能转换设备，提高热效率，实行节能降耗，或采用热电共生系统，新技术使用已使煤的热效率达到60%~70%。

工业生产中采用新工艺和新技术，实现低能耗。材料工业、冶金工业等是能耗大户，是污染严重的行业，其生产过程中排放大量废气、粉尘等污染物。提高生产过程中的科技含量可以降低能耗；此外，还可以改进运输工具，降低油耗或采用以非石油为原料的能源作为动力。

2.2.3.3　今天要美好，明天要更好

化石能源创造了工业化和信息化，使我们的生活应有尽有，但是，我们

今天的美好生活总是笼罩在阴影之中。有学者呼吁，能源即将枯竭，我们要为子孙万代考虑。还有人以碳污染的故事，调动政治、法律和舆论手段来限制人类发展，特别是限制发展中国家使用化石能源。故事编得动情又完美，唯独没有从最基础的生物学和化学角度，更没有从历史唯物主义的哲学角度做出简单的解释。

退一步讲，即使这些故事或科学模型有道理，我们也绝不允许出现以下情景：私家车禁止上路，飞机停飞，交通基本处于瘫痪状态；粮食、肉类、蔬菜等各种食品定量供应；每户每天只能用 15W 照明电力 2 小时；所有网络、计算机、电视机全部停止使用；等等。

地球第二大成煤期——第三纪成煤期结束后，地球进入地球史上大气中 CO_2 浓度的第二低点及第二大冰期，以及随后的以沙漠化为代表的氧化阶段。由于之前人类几乎没有使用过化石燃料，而自然氧化化石能源时间过于漫长，使人类长期处于与沙漠化及饥荒、严寒的斗争过程中。工业化与现代文明的进步使人类有了更多的选择，重要的是我们已经能够正确认识地球生态与碳平衡的规则。因此，如果我们今天正确合理使用化石能源，将保证人类生活得更美好。而且，不仅使今天的人类过得美好，更要让明天的人类过得更美好。

2.2.4 人类有能力调控大气中的碳平衡并不断优化人类生存环境

2.2.4.1 使用化石能源是碳环境正调节的关键

研究表明，植物进行光合作用的多少与大气中 CO_2 的含量基本成正比，也就是说，大气中的 CO_2 含量对陆地植物来说还不足。但今天大气中碳增量的主要来源是人类使用化石燃料产生的 CO_2，是人类可调控碳的正调节的关键点。若化石能源可采储量全部使用完毕，可使大气中 CO_2 增加 30%~50%，可见人类掌握的正调节能力是巨大的。

2.2.4.2 生物与农业工程的发展将可实现碳的负调节

随着地球碳环境的改善，人类将有能力实现光、温、水、肥、种的最佳搭配，促使植物生长体量与速度成倍增长，从而吸收更多的 CO_2，并使其固化在生物质能源体系中，从而实现地球大气中 CO_2 的负调节。

伴随着 CO_2 的增加，地球生物质在现代人类的意愿下具有更大的调节余地，光合作用效率的提高、生物技术的推广、现代灌溉与种植技术，可以使沙漠、水藻、物质产量及体量提升 10 倍或更多。

2.2.4.3 人类将有能力实现地球岩石圈、生物圈、大气圈的新的动态碳平衡

地球上的碳总量是固定的，除远古时代 CO_2 形成的碳酸盐沉积外，大气圈、生物圈、土壤圈的碳都是要通过光合作用和氧化分解作用进行交流的（见图 2-7），其形态的变化主要表现为 CO_2、生物质和化石能源，而化石能源属于被地质封存的生物质。

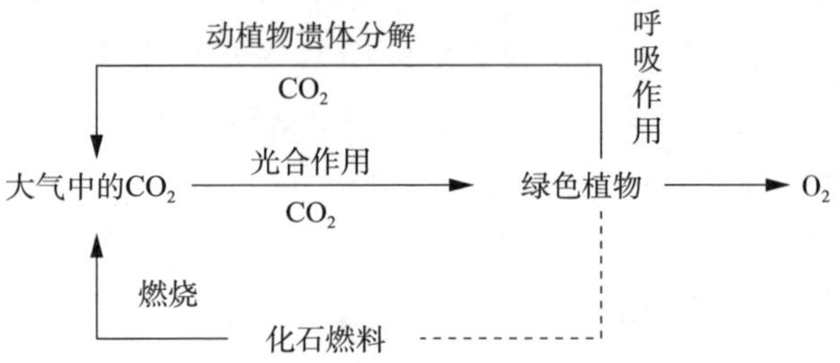

图 2-7　CO_2 在空气、植物与岩石圈中的循环

在地球有机历史中，大气与生物质的交流是通畅的，但其规模也是波动的，其中造成波动的最大因素是化石能源的沉淀，即过剩的生物质被地质因素封存于地下，暂时停止参与循环，当生物质被大量掩埋时，大气中的 CO_2 减少，光合作用降低，植被退化，氧化作用增加。

随着氧含量增加，死亡的植物堆积包括被掩埋的泥炭、沼泽、浅部风化剥蚀后的褐煤以及随地壳波动重新上升至地表的化石能源逐步被氧化而重新回归到大气循环中，造成 CO_2 增加，植被快速增长。

今天人类的工业化生产，已经把上述数千万年到上亿年的循环过程，缩短到数百年甚至更短的时段中。我们可以通过对化石能源的挖掘与使用快速实现 CO_2 的正调节，也可以通过生物与农业工程快速实现 CO_2 的负调节，关键是我们必须用历史唯物主义的哲学观和科学务实的态度认识地球的生态轨迹，进而发挥我们的智慧和力量。

我们不可能改变地球生命发展轨迹，但是我们可以研究并顺应地球的生态规律，顺势调节，使之加快向更有利于人类生存的状态过渡。

今天，我们找到了调节地球生态的手柄——碳，我们将有能力通过碳的调节，实现绿色能源的无限循环和生态环境的不断改善。

2.3 生物质能源主导人类能源需求

2.3.1 生物工程与大气碳含量的增加决定了生物质能源必将替代化石能源

2.3.1.1 地球生物质的增长潜力与速度不可估量

生物工程技术的突破已使地球生物质的快速发展具备了强劲的内在动力，而地球大气中 CO_2 的快速增长则使生物质发展拥有了无限的物质基础与发展空间。研究表明：在 19 世纪中期以前，大气中的 CO_2 浓度处于一个相对稳定的状态，为 270～290ppm；之后大气中的 CO_2 浓度增速加快，目前已超过 410ppm，并以每年 0.4%的速度快速增加。照此速度，22 世纪中期，大气中的 CO_2 浓度将达到 700ppm。在全球都在热切讨论如何减少 CO_2 排放的时候，我们也不得不面对一个现实：全球工业化的持续发展将需要更多的能源来做基础支持，这必将会导致大气中的 CO_2 进一步快速持续增长。

生物学实验表明，大气中 CO_2 增加一倍时，植物光合速度将大大提高，而生物工程技术、水利与灌溉技术以及生物质能源的应用与转化技术的飞速发展也必将进一步推进生物质体量的增加以及再生速度。因此，不久的将来，我们将看到粮食作物、能源作物及所有地球生物质的增长速度逐步加快，其意义与作用也将不可估量。

2.3.1.2 生物质能源必将取代其他能源

在数亿万年的历史累积中所形成的化石能源可供人类使用几百年，但是，化石能源终有枯竭的一天。与此同时，煤炭、石油、天然气等化石能源燃烧时产生的有害物质已经严重破坏了环境。

从元素分析的角度讲，生物质与常规的化石燃料，如石油、煤炭等是同类。生物质的特征和利用方式与化石燃料有很大的相似性，因而可以充分利用已经发展起来的常规能源体系开发利用生物质能。除此之外，相对于化石燃料，生物质的挥发组分高、碳活性高，含硫量和灰分却都比煤炭低。其利用过程中的 SO_2、NO_X排放较少，造成的空气污染与酸雨会明显减少。因此，绿色植物能源作为一种再生能源，不仅美化了人类的生存环境，促进了生态环境的碳氧平衡，还可以成为安全能源的典范。

生物燃料与化石燃料的不同点在于，生物燃料既是 CO_2 的排放者，也是 CO_2 的吸收者。生物质的功能就是碳汇，吸收大气 CO_2，把碳融入植物组织。

据相关学者分析，每年光合作用总固碳量为200~300Gt，远远超过全球每年消耗的煤和石油总量。因此，种植生物燃料原料，有助于降低大气CO_2水平。生物燃料燃烧时，再将CO_2释放回大气中。相比于化石燃料，虽然燃烧过程均放出CO_2，但是生物质可以将燃烧后的CO_2吸收成为自身物质，可有效调节空气中CO_2的浓度。

综上所述，生物质能源持续可再生，有利于环境保护，还可调节大气中CO_2的浓度。不论是与可再生能源相比，还是与化石能源相比，生物质能源都拥有较多优势。在不久的将来，生物质能源的数量和质量都将会突飞猛进，它不仅将逐步替代化石能源，而且对整个人类及地球生态环境均有重大的意义。

2.3.2 光合速率与最佳CO_2含量

2.3.2.1 光合作用的最佳条件与CO_2浓度

以下三个环境条件决定了光合作用的速率（光合速率）：

（1）光照强度。太阳是光合作用的能量来源，光合速率的高低直接取决于光照强度。在保持其他条件相对稳定、一致的前提下，在适当的区间内，光合速率随光照强度提高而加快。但当光照强度超过一定阈值后，光合速率不再随着光照强度提高而变化，这就是光饱和现象。开始达到光饱和现象的光照强度称为光饱和点。

（2）CO_2浓度。CO_2是光合作用中除光能以外必不可少的原料，因此，大气中的CO_2浓度对光合速率的高低有一定影响。在自然条件下，植物通过吸收空气中或水中的CO_2补充碳源，而空气中CO_2含量占空气体积的0.033%左右，浓度较低。据科学家试验研究，在CO_2含量低的条件下，植物光合效率较慢。例如，将棉花、玉米放在CO_2含量0.064%的空气中，与含量0.033%的自然条件相比，棉花的光合速率提高了1.5倍，玉米的光合速率提高了15%。因此CO_2在空气中的含量成为植物光合作用的关键因素。

（3）水分。水分是光合作用必要的物质条件，光合作用利用太阳的能量将水分分解出氢，氢与碳合成碳氢化合物，放出氧气。地球从产生生命之前至今，一直存在丰富的水资源，其对生物发展的影响主要表现在大气圈水循环的频率、范围与规模。

在以上三个条件中，阳光是由太阳决定的，自地球有生命以来是相对稳定的。而 CO_2 一直呈周期性波动，阳光和 CO_2 共同控制了地球的温度和大气圈的水循环，因此，地球大气中 CO_2 浓度及碳循环体系就成为决定光合速率及地球生物生长速度的关键。

对于有利于光合作用的最佳 CO_2 浓度，世界各国的科学家做了多方面的研究与试验，得出的比较一致的结果是 1000ppm，即接近于今天浓度的 2.5 倍。

2.3.2.2 人类理想的 CO_2 浓度及其对光合作用、气候的影响作用

大气中 CO_2 浓度增加会引起全球气候变化，进而引起区域的温度、湿度、生长季长度、降水和蒸发的变化。科学试验表明，当大气中 CO_2 浓度超过 1000ppm 时，人会产生轻微的不适，而 CO_2 低于 1000ppm 时，不会影响人类的生活。中国东北林业大学的杨金艳、范晶、刘思秀等的研究表明，到 2030 年，CO_2 浓度将达到 0.055%，是 100 年前的两倍，从而可能导致全球增温 1.5~4.5℃，降水增加 7%~11%。当 CO_2 浓度升高一倍时，地球植被将会大量增加，大面积的森林植被将会在一定程度上缓解气温的升高，对温度急速升高进行有效调控。因此，无论从植物光合速率还是从人类的舒适度来看，大气 CO_2 较现在提升一倍，即达到 600~700ppm 时，地球环境即可实现良性循环。

森林在夏季具有降温作用，主要体现在 5~9 月，在冬季具有保温作用，主要表现在 11 月到次年 2 月，保温效果不如降温效果明显。山东交通学院的冯海霞、张丽彩曾于 2006 年在山东地区进行的研究表明，夏季上午 10:30，森林类样点的温度比城镇低 3℃ 左右；到了 13:30，两者的温差更大，达 3.89℃。森林在夏季温度越高时降温效果越明显。在冬季，森林类样点的温度比城镇温度高，主要体现在 11 月到次年 2 月。例如，1 月上午 10:30，城镇类样点的温度是 0.17℃，森林类样点温度是 3.10℃，温差为 2.93℃，这说明森林在冬季具有保温的效果，且在温度最低的月份，保温效果也最明显。

以上研究表明，大气 CO_2 的增加会导致气温升高，但同时也促进了植物的生长，而植物的快速增长，尤其是森林植被覆盖率的提高又会吸收和固化大气中的 CO_2，使 CO_2 含量减少，从而抑制气温的升高，有效地调节地球温差。

2.3.3 绿色地球与人类生存环境的根本改善

2.3.3.1 地球气候的均一化趋势与极端气候的缓解

随着 CO_2 的增长，全球气温将升高，但由于受地表的地理地貌特性不同、

地表物理化学结构不同、植被和气候带不同以及水陆差异等因素影响，全球各地变暖程度不同，在不同季节变暖程度也不同。设在奥地利的国际应用系统分析研究所（IIASA），于1993年在全球范围内选择了11个区域（6个半旱区，5个北半球中纬度地区），进行CO_2浓度增加对地区气候、经济影响的研究，结果表明：CO_2浓度倍增会使地表平均温度升高2.01℃，且冬季增温明显，约2.9℃，夏季只有冬季的一半，为1.5℃；在高纬度地区更明显，年平均增温2.5℃，中纬度地区为2.2℃，而低纬度（0°~30°）地区仅为1.6℃。因为冬季高纬度（60°~90°）地区增温大于低纬度地区，使得极地—赤道之间的热差发生变化，而使东亚冬季风强度减弱。IPCC运用大气环流模型预测，也得出相似的结论：随着CO_2倍增，热带地区升温较少，极地升温较多。

除此以外，地球上没有月球等星球的极大温差，还得归功于CO_2等保温气体。众所周知，在月球上，在阳光垂直照射的地方，温度高达127℃；夜晚，月球的温度可降低到-183℃。这主要是因为月球上没有大气层。而地球上的CO_2就犹如温度的调节剂，当太阳直射在地面上时，CO_2吸纳了太阳部分热量，从而有效降低了太阳直射处的地温；同时CO_2通过气体流动，将吸纳的热量注射到没有太阳直射的地方，从而提升了当地的温度，整体上降低了地球各地的温差。

综上所述，CO_2具有调节（减小）温差的作用。当CO_2含量倍增、温度适度上升时，原本温度较高的地区升温较少，极地等地区升温较多，从而使全球的气候更加均衡，也能减少因温差大而引起的强对流极端天气。

2.3.3.2　CO_2排放与生物吸收平衡，地球重回温暖宜居的生态环境

也许有一天，无论走到哪里，呈现在眼前的都将不再是黄沙和荒漠，阳光、雨露、充足的氧气，将成为最宝贵的无价资源。作为大自然的一分子，人类享受着绿树成荫、蓝天白云、小河涓涓，也将重新理解“和谐发展”的深层含义。也许撒哈拉沙漠将会褪去它的黄衣，一展绿色的风采；黄土高原将从地球上消失，地球被绿色植被覆盖。

人们的生活将与绿色植物息息相关：每天闻着绿草的芬芳醒来，驾车于绿树成荫的大路上，到办公室后开始潜心研究植物能源的应用；假期生活是城市森林一日游，孩子将不再看着书本认识各种植物，而是在教师的带领下到真实的生态环境中发现地球的奥妙。

大家都能充分感觉到植物的重要性：植树造林、提高植物光合效率等已经

不只是为了满足人类对环境的需求，而是成为经济发展的核心竞争力。在新的世纪，各国的核心竞争力将会逐步转化为生物技术，新的革命即将拉开序幕。

2.4 只要太阳依然存在，地球能源就永不枯竭

2.4.1 太阳与地球的太阳能

2.4.1.1 太阳质量与核反应能量

太阳的直径约为 1.4×10^{6}km，是一个巨大的灼热气体球。太阳的质量约 2.0×10^{27}t，是地球质量的 33.3 万倍，占太阳系总质量的 99.87%。太阳的表面温度约 6000K（5726℃），据科学家推测，中心部分温度可高达 1.5×10^{7}K。太阳的密度大概是水的 160 倍。从太阳的构成元素看，3/4 太阳物质是氢元素。在高温、高压条件下，氢元素会很容易失去外层电子，仅剩的内部原子核称为质子。质子之间存在静电力，通过极大速度运动克服彼此间的相互作用力。当质子发生剧烈的碰撞时，由 4 个氢原子核聚变为 1 个氦原子核，即热核反应。这种化学反应持续、不间断进行，使太阳成为一所巨大的天然原子能工厂。太阳内部结构和太阳能量如图 2–8 所示。

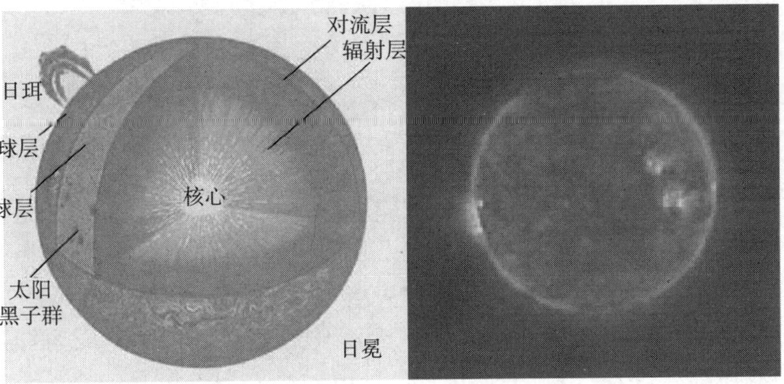

图 2–8　太阳内部结构（左）和太阳能量（右）

太阳内部的核聚变反应方程式：$4H\rightarrow He+m$。

太阳内部发生的核聚变中，质量和能量的转化关系可用爱因斯坦的狭义相对论详尽说明，即著名的“$E=mc^2$”公式。在核聚变前，1 个氢原子核的质量为 1.0079m0，4 个氢原子核的总质量为 $4\times1.0079=4.0316$m0（m0 为原子质量单位，以碳原子的 1/12 为标准），1 个氦原子核的质量是 4.0026m0。当热核反应发生时，每发生一次核聚变，过程中亏损 0.029m0 的质量。由于

真空中光的速度达到约 3×10^5 km/s，所以很少一点质量产生的动量很大，转化后的能量也是巨大的。根据推算，1g 氢核聚变为氦核产生的热能大约为 6.3×10^{11} J 或 1.5×10^{11} J，相当于燃烧 15t 石油或 2700t 煤所产生的能量。

电磁波是由同相振荡且互相垂直的电场与磁场在空间中以波的形式移动，其传播方向垂直于电场与磁场构成的平面，可以有效地传递能量和动量，包含可见光、紫外线、红外线、无线电波、X 射线和 γ 射线等。太阳内部无时无刻不在发生热核反应，而且其体积巨大，能源不断地以电磁波的形式向周围放射能量，是整个太阳系光和热的主要源泉。

2.4.1.2 太阳的年龄与寿命

按爱因斯坦质能方程计算，太阳的寿命为 100 亿年，目前正处于稳定而旺盛的中年时期，为 50 亿年。

主序星是内核只发生氢聚变的恒星，太阳现在就处于主序星阶段。它的内核每秒燃烧 6 亿多吨氢燃料并释放能量。氢聚变的产物——氦元素在此阶段不发生任何核聚变，只是沉积在太阳的内核深处，主序星阶段的太阳内核温度大概在 1500 万℃，表面温度大概在 6000℃。太阳的主序星阶段会持续 90 亿年左右。

当太阳内核的氢燃料逐渐耗尽时，引力会逐渐占据上风。核聚变反应的扩张力逐渐减小，挤压恒星内核的引力逐渐凸显，太阳的内核被引力更加猛烈地挤压，温度会逐渐从 1500 万℃上升至大约 7000 万℃。当太阳内核达到 7000 万℃时，原本沉积在内核深处的氦元素会猛然发生核聚变，并释放出大量的能量，这一现象称为氦闪燃。氦聚变的反应过程十分猛烈，比氢聚变的反应速率要大得多。氦聚变释放的能量将迅速使太阳内核的温度从 7000 万℃飙升至 1 亿℃以上。太阳因为受热膨胀，会演化成一颗红巨星。成为红巨星的太阳体积会比现在膨胀 100 万倍以上，足以吞没包括火星在内的四个内行星，届时我们的地球也将在劫难逃。但由于太阳膨胀，热量散发得更快，太阳表层的温度会降低，大概只有 3000℃，太阳的红巨星阶段大约只持续 10 亿年。

大约再过 50 亿年，太阳将毁灭，即太阳将进入白矮星期。当太阳成为红巨星时，它的内核会燃烧氦燃料，氦聚变形成的产物是碳元素。这些碳元素同样会沉积在比氦更深的内核深处。成为红巨星的太阳的体积因为受热而无休止地膨胀下去，直至完全瓦解。当太阳的外层结构瓦解后，沉积在内核深处的碳核心会逐渐裸露出来。当氦聚变完全停止时，内核会再次塌缩，温度飙升至数亿度以上。但由于塌缩产生的热量无法引发比氦元素更重的碳元素的核聚变，所以太阳的内核只有继续忍受塌缩。碳元素的内核会塌缩至只有地球大小，但密度是地球的100万倍以上，这时太阳就已经死亡了，残留下来的就是一个炽热、浓缩的内核。这就是白矮星。白矮星借助太阳死亡之前的余热仍能够持续燃烧数十亿年，但自身不再产生能量，直至热量完全散发后，太阳会成为一颗冰冷、毫无热量的黑矮星。白矮星保存着太阳的大部分质量，所以它依然有足够的引力控制着剩下的四颗外行星绕着自身公转，但四颗内行星已经在太阳膨胀的过程中被燃烧殆尽了。这就是太阳，以及太阳系的最终结局。

2.4.1.3　进入地球的太阳能量与分布

太阳辐射指太阳以电磁波的形式向外传递能量，是指太阳向宇宙空间发射的电磁波和粒子流。太阳辐射传递的能量，称太阳辐射能。地球接受到的太阳辐射能仅为太阳向宇宙空间放射的总辐射能的二十二亿分之一。

到达地球大气上界的太阳辐射能称为天文太阳辐射量。太阳辐射通过大气时，由于受到大气中的水汽、二氧化碳、微尘、氧和臭氧以及云滴、雾、冰晶、空气分子的吸收、散射、反射等作用，使得投射到大气上界的太阳辐射不能完全到达地面。地球表面在吸收太阳辐射的同时，又将其中的大部分能量以辐射的方式传送给大气。地球表面这种以其本身的热量日夜不停地向外放射辐射的方式，称为地面辐射。地面辐射是长波辐射，除部分透过大气射向宇宙外，大部分被大气中的水汽和二氧化碳所吸收。大气吸收地面长波辐射的同时，又以辐射的方式向外放射能量。大气这种向外放射能量的方式，称为大气辐射。由于大气本身的温度低，放射的辐射能的波长较长，故也称为大气长波辐射。太阳辐射传递过程示意见图2-9。

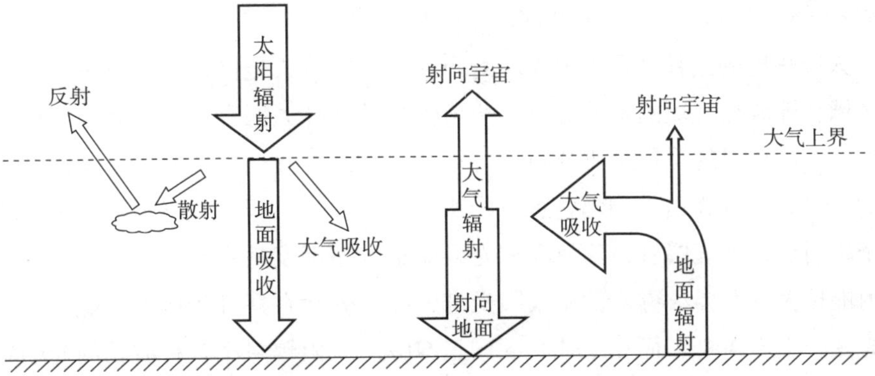

图 2-9　太阳辐射传递过程示意

由于地球以椭圆形轨道绕太阳运行，因此太阳与地球之间的距离不是一个常数，而且一年里每天的日地距离也不一样，这意味着地球大气上方的太阳辐射强度会随日地间距离不同而异。然而，由于日地间距离太大（平均距离为 1.496×10^{8}km），所以地球大气层外的太阳辐射强度几乎是一个常数。因此，人们采用所谓“太阳常数”来描述地球大气层上方的太阳辐射强度。

太阳常数（见图 2-10）是指在日地平均距离上，地球大气层上界垂直于太阳光线的单位面积上每秒接受的太阳辐射。1981 年，世界气象组织公布的太阳常数值是 $1367W/m^{2}$，地球的最大截面积是 $1.274\times10^{8}km^{2}$，因此每秒地球接收到的太阳辐射能约为 1.753×10^{17}W，一年中太阳给地球的热量累计相当于发电量 1.36×10^{18}kW · h，是目前全世界总发电量的几万倍。

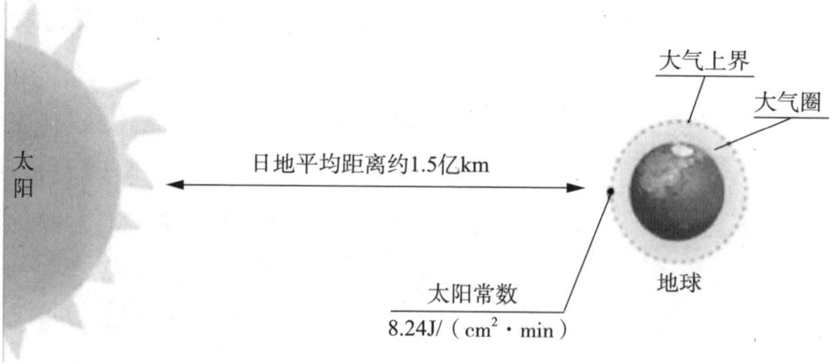

图 2-10　太阳常数

从太阳系角度看，地球吸收到的热量仅占太阳辐射总量中的二十二亿分之一。太阳向宇宙空间放射的总辐射能量可以作如下计算：以日地平均距离为半径的球面上，每秒每平方米获得的太阳常数乘以整个球面积，其值为 $1367\times4\pi\times(1.496\times10^{11})^{2}=38.45\times10^{25}$W。

太阳辐射的波长范围在 0.15～4μm。在这段波长范围内，又可分为三个主要区域，即波长较短的紫外光区、波长较长的红外光区和介于二者之间的可见光区。太阳辐射的能量主要分布在可见光区和红外光区，可见光占太阳辐射总量的 50%，红外光占太阳辐射总量的 43%，紫外光区只占太阳辐射总量的 7%。太阳辐射通过大气层后，其强度和光谱能量分布都发生变化，到达地面的太阳辐射能比大气上界小得多，在太阳光谱上能量分布在紫外光区几乎绝迹，在可见光区减少至 40%，而在红外光区增至 60%。太阳辐射中各种波长的光的辐射能力见图 2-11，太阳辐射中各种波长的光通过大气层的吸收情况见表 2-2。

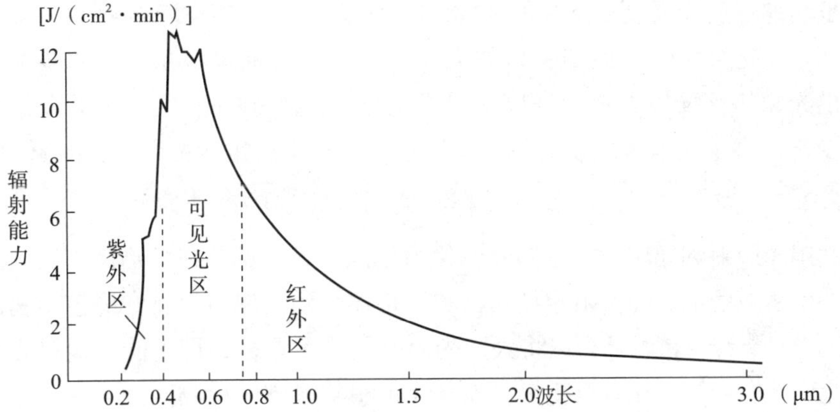

图 2-11 太阳辐射中各种波长的光的辐射能力

注：能量分配——紫外光占 7%，可见光占 50%，红外光占 43%。

表 2-2 太阳辐射中各种波长的光通过大气层的吸收情况

波长范围（μ）	吸收情况
紫外线：<0.12	全部被高空 100km 的氧气及氮气吸收
0.12~0.18	全部被高空 50km 的臭氧吸收
0.18~0.30	全部被高空 25~50km 的臭氧吸收
0.30~0.34	全部被臭氧吸收
0.34~0.40	几乎无损失地到达地球
可见光：0.40~0.71	几乎无损失地到达地球
红外线：0.71~3.00	大部分被低于 10km 的二氧化碳及水汽吸收

太阳辐射是地球表层能量的主要来源。太阳辐射在大气上界的分布是由地球的天文位置决定的，称此为天文辐射。由天文辐射决定的气候称为天文气候。天文气候反映了全球气候的空间分布和时间变化的基本轮廓。太阳辐射随季节变化呈现有规律的变化，形成了四季。在地球大气上界，北半球夏至时，日辐射总量最大，从极地到赤道分布比较均匀；冬至时，北半球日辐射总量最小，极圈内为零，南北差异最大。南半球情况相反。春分和秋分时，日辐射总量的分布与纬度的余弦成正比。南、北回归线之间的地区，一年内日辐射总量有两次最大，年变化小。纬度愈高，日辐射总量变化愈大。

到达地表的全年太阳辐射总量的分布基本上遵循由低纬度向高纬度递减的规律，只是在赤道地区，由于多云，年辐射总量并不是最高。在南北半球的副热带高压带，特别是在大陆荒漠地区，年辐射总量较大，最大值出现在非洲东北部。

虽然地球所接受到的太阳辐射能量仅为太阳向宇宙空间放射的总辐射能量的二十二亿分之一，但却是地球大气运动的主要能量源泉。太阳辐射为地球提供光和热；维持着地表温度，促进地球上的水循环、大气运动和生物活动和变化，决定了地理环境的基本特征；为人类生产生活提供化石能源。①

2.4.2 光合作用是收集、储存、应用太阳能的最佳途径

太阳光照射到地球后，一部分转化为热能，另一部分在生物体内转化为化学能。生物中最主要的太阳能吸收器和储存器分别是绿色植物和绿色植物的果实。因为只有绿色植物才可以将太阳光的能量（太阳能，即光能）通过光合作用转化成化学能储存在有机物里，而且绿色植物是整个生物圈绝大部分生物的能量来源，最终来源是太阳能，所以绿色植物是最主要的吸收器。又因为有机物储存在绿色植物的果实里，所以绿色植物的果实是最主要的储存器。

光合作用是地球上最大规模利用太阳能把 CO_2 和水等无机物合成有机物并放出氧气的过程。每年地球上通过光合作用合成的有机物约为 2200 亿吨，相当于人类每年所需能耗的 10 倍，是作物及生物能的物质基础。

如以地质纪年为跨度，地球接收太阳光的主要方式是各种植物通过光合作用中细胞内的叶绿体细胞色素的转换将太阳能固化在体内。当植物死去的时候，一方面可能作为食草动物的食物将能量带入动物体内，另一方面如果被深埋入地下，经过很长的时间，将会变成煤炭，动物则变为石油，这是太阳能的主要储存方式——化学能，具体说是化学键之间的能量。地球也在向外部辐射能量，其中热辐射是主要方式，地球上大部分物体的运动都涉及能量的转移和热量的散失。

生物质能源是植物通过光合作用将太阳能以化学能的形式固定，并贮存在生物体内的一种能量形式，是地球上最普遍的可再生能源。狭义的生物质一般是指植物体在生长过程中，将太阳能转化为化学能，并存储在植物体各个器官内的能源物质形式。广义的生物质还包括以植物体或某器官为食物而转化为动物、微生物等生命体获得的能源物质形式，包括利用现代技术加工生物体或器官后剩余的废弃物等。因此，从根本上说，生物质能源来自太阳能，将所存储的能量转移至生物质依赖于光合作用，作用过程如下：

$$XCO_2+yH_2O \xrightarrow{\text{植物光合作用}} C_x(H_2O)_y+xO_2$$

① 煤和石油都是地质历史上由生物遗体形成的，而生物的生长需要吸收大量的太阳辐射能，从这个意义上说，煤和石油中固定了大量的太阳辐射能。

因此生物质主要为含碳和氢的有机物，具有硫和氮含量少、CO_2 排放几乎为零的优点，一般还含有少量的钾、钠等金属元素。

2.4.3 化石能源是地球历史上太阳能的储备

2.4.3.1 地球上的所有生命均来源于光合作用

光合作用是绿色自养植物合成有机物并维持其生命的重要途径。光合作用即光能合成作用，是植物、藻类和某些细菌在可见光的照射下，经过光反应和暗反应，利用光合色素，将二氧化碳（或硫化氢）和水转化为有机物，并释放出氧气（或氢气）的生化过程。光合作用是一系列复杂的代谢反应的总和，是生物界赖以生存的基础，也是地球碳氧循环的重要媒介。在地球上，绿色植物对所有生命活动起关键作用，这主要体现在：人和绝大多数动物的生命活动都依赖于氧气；绿色植物自身是食物的第一级来源，通过食物网的传递为异养生物提供能量。

地球上最初并没有生命存在，在生命起源时大气中以 CO_2 为主，同时含有氢、氨、硫化氢和一些简单的碳水化合物。随着地球的逐步演化，在雷电和太阳光紫外线的作用下，逐渐形成了一些较复杂的有机化合物，如氨基酸、多肽和卟啉等。

有生命的物质出现后，它们要继续生存，就需要不断地消耗当时存在的、由非生物形成的有机物。然而，靠化学演化所形成的有机物质远远不能满足它们的需要。因此，在那些有生命的原始生物中便逐渐产生了能够直接利用太阳光能的“突变体”，这对于生物的生存和发展具有决定性作用。但是，这些具有光合功能的自养生物（可能是光合细菌）在利用太阳光能同化 CO_2、制造有机物时，只能依赖由化学演化形成的还原剂——硫化氢或氢这类还原性气体，这同样不能满足它们生存和发展的需要。因此，在演化过程中，便出现了既能直接以太阳光能为能源，又能直接以水为氢源来还原 CO_2，制造有机物的新的“突变种”，这就是植物。植物的出现使地球的演化和生物的进化都完成了巨大的飞跃，这是因为植物突破了依赖氢气或硫化氢还原 CO_2 的限制，使能够合成有机物的光合作用可以规模化进行。植物在光合作用过程中不断分解水，满足了还原 CO_2 时所需要的氢源，而且释放出大量氧气，为生物的演化提供了足够的物质和氧气，从而大大促进了生物的进化。

地球大气层中氧气的积累，不仅使生物从利用能量效率很低的无氧呼吸进化到利用能量效率很高的有氧呼吸，为进化出需要更多能量、结构复杂的生物创造条件，而且使大气中有足够的氧气转化为臭氧。而臭氧的出现和大量形成，在大气上层形成一个天然屏障。这个天然障碍可以有效地滤去太阳辐射中对生物有强烈损伤和破坏作用的紫外线，这对生物的进化具有极为深刻的意义。由于臭氧层对生物具有良好的保护作用，使它们不再像过去那样依赖水层（水可以大量吸收紫外线）的保护而局限于生活在水中，而是开始登上陆地生活、繁殖和进一步演化，结果使地球上逐渐形成了种类繁多的植物界和动物界。

可见，如果没有植物以及它们的光合作用为生物演化提供所需的物质和能量以及氧气，生物的进化就会受到极大限制，也许至今地球上的生物还处于极其原始的阶段，地球表面也不能演变出现存的千姿百态的地貌和形成丰富多彩的各种生物品种和化石能源。

绿色植物是生物圈中有机物的制造者以及生物圈中的碳—氧平衡器（见图 2-12、图 2-13）。

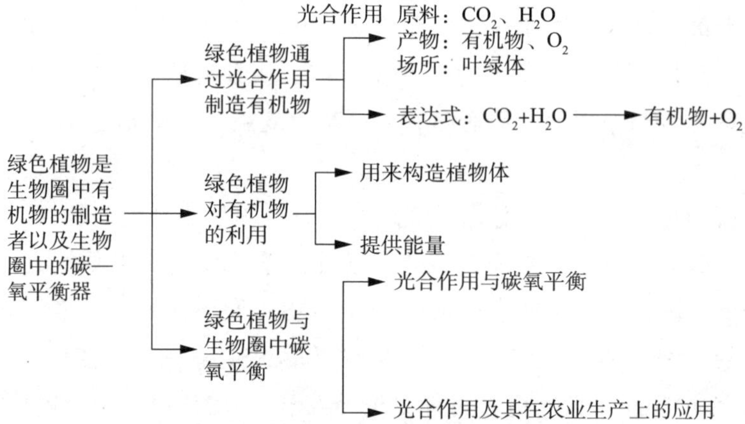

图 2-12　绿色植物光合作用体系

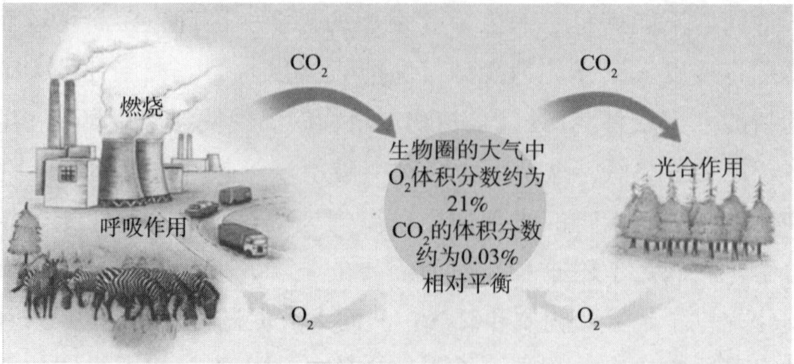

图 2-13　绿色植物通过光合作用调节碳氧平衡

2.4.3.2 生物发展过程伴随着化石燃料形成过程

生命的演化过程大致为：约 38 亿年前生命诞生，随后进行不断的演化，但未能出现质的飞跃。到了距今 5.5 亿年前的古生代寒武纪，生命才迎来了真正的大爆发性的演化。过了几千万年，生命才逐渐从海洋登上了陆地。

4.4 亿年前至 4 亿年前时期，生物主要是浮游植物，其所形成的耐碳氢化合物是石油源岩的主要成分。同期，在海岸近处羊齿类植物生长茂盛，以陆上植物为原料的石油源岩在这个时期也出现了。

2.9 亿年前，由裸子植物组成的森林大片大片出现在陆地上，并到处形成被沼泽地包围的湖沼。此阶段，大量陆生植物形成煤炭，藻类也在湖沼中开始繁殖，由此也产生了以陆生藻类为原料的新种石油源岩。从 9000 万年前开始，被子植物和针叶树林开始逐渐扩张到高纬度地区和高地，大量植物死亡形成煤炭，同时出现了以陆地木材为原料的石油源岩。另外，树木的树脂成为轻质原油的原料，形成新的石油源岩。

2.4.3.3 生物掩埋过程与石化能源的形成

大量生物质死亡后，只有其中的一小部分转化为石油、煤炭等化石能源。以煤为例，其条件为：

（1）堆积封存。①所堆积部位是一个不断下降的地区，否则将在地面氧化分解，重新以 CO_2 形式返回大气中。②有足够的地下水能够及时掩埋堆积物，使之不被氧化，但又能保证植物生长并继续堆积。③当堆积到一定的资源量时，适逢地表快速沉降或其他无机沉积物快速堆积使之密封储存，并开始进入变质过程。而未封存部分则被氧化分解后再以 CO_2 形式返回大气中。④变质成煤后，又有大部分在地壳波动升降中重新上升至地表，被风化剥蚀，重新以 CO_2 形式进入大气。只有少部分煤储存在适宜人类开采的深度范围内而被利用。

（2）变质成煤。植物堆积封存后，开始进入变质成煤阶段。决定其变质程度及变质品种的因素为：①时间。变质程度与时间成正比。②压力。变质程度及变质品种与埋藏深度成正比。③地温。变质程度及变质品种与所在地区温度梯度及深度成正比。

在经历了以上两个过程后，我们得到了今天的多品种、多用途的煤炭产品，包括褐煤、动力煤、炼焦煤、无烟煤四大类十四个煤炭品种。

2.4.3.4 不同的生物环境形成了不同的化石能源品种

煤是由远古植物遗体大量堆积，并经过一系列长期的生物化学反应和物理演化而形成的固体可燃性矿物，是一种固体可燃有机岩，俗称煤炭。煤被人类誉为黑金，工业的食粮，它是工业革命以来人类世界使用的主要能源之一，地位仅次于石油。而在中国这个70%以上能源依靠煤炭提供的国家，煤炭的作用甚至还要强于石油。在地质历史上，煤炭形成年代主要是石炭纪、二叠纪、三叠纪以及侏罗纪等地球植物生长繁盛的时期。

不同的成煤地质历史时期，地球的地质、气候、生态环境以及植物的进化程度并不相同，形成的煤层也各有特点。早石炭纪时期，由于陆地面积不断扩大，大量浅水植物逐渐适应陆生生活，并在陆地上蓬勃发展。这一时期我国华北、华南地区处于赤道附近，为热带潮湿气候，为植物的迅速登陆并大范围快速扩展提供了极其良好的外部条件。这一时期是中国重要的聚煤时期。在晚石炭纪之后的二叠纪早中期，地球古气候环境进入多变期，剧烈的气候变化对于加快自然选择进程，促进植物进一步适应陆生环境起到了相对积极的作用，使植物种类日益繁盛。但是，这对于需要大量植物遗体积累的煤的形成过程的打击无疑是巨大的，在整个晚石炭纪和二叠纪早中期，煤炭形成数量和质量都极其稀少。之后的三叠纪早期，由于全球范围内的干旱和气候变迁，植物生长缓慢，没有形成大规模的聚煤时期。及至三叠纪晚期及侏罗纪早期，全球气候转向湿热，植物生长重新繁盛，范围也大大扩展，中国北部在这一时期形成了大量的煤层，因此这一时期也是中国最为重要的聚煤时期。到了侏罗纪中晚期，由于中低纬度地区持续干旱且气候变化剧烈，高纬度地区植物生长速度加快，因此这一时期煤层主要集中于高纬度地区。堆积作用、生物作用、化学作用、物理作用是煤炭形成所需的条件。

关于石油的形成，科学家们提出了两种观点：一种观点是“无机成因说”，认为石油是由地下深处的岩浆等物质发生一系列化学反应形成的。然而，石油中富含的生物成因信息则支持了另一种观点——石油的“有机成因说”，即各种动物、植物，特别是低等的藻类、细菌、蚌壳、鱼类等动植物死后的尸体，埋藏在不断下沉缺氧的海湾、泻湖、三角洲、湖泊等地，经过长期的物理、化学作用，逐渐形成了石油。油气形成的首要条件是形成有机质的物质，从地球上出现生命开始，生长、生活在海洋或湖泊里的动植物死亡后，其“遗体”伴随着水中的泥沙一起慢慢沉入水底并逐渐堆积起来，而后在微生物的参与下发生腐烂分解形成沉积有机质。在这一过程中，部分有机质被微生物直接分解，形成以甲烷为主的生物气。只是具备了丰富的有机质沉积，还是不能生成石油，还必须具备缺氧环境、温度、压力、时间、催化剂等因素，形成演变为油气的物理和化学条件，为油气的形成提供良好的环境。

现代的生油理论还认为，生物体中的有机质先要转化成一种特殊的叫作"干酪根"的有机质，再由干酪根转化成石油。这种转化要在一定的物理化学条件下才能实现，其中地下温度起到了决定性的作用。干酪根开始变成石油的温度范围大致是100～130℃。除了温度的因素以外，油气的形成还与埋藏的时间长短有关。随着油气在泥岩有机质中不断生成，它们在泥岩的微小孔隙中越积越多，积聚的压力也越来越大，最终突破泥岩阻力，通过泥岩的微小孔缝运移出来。于是，这些油气从泥岩中进入到砂岩等孔隙较为发育的地层（"储集层"）中。在浮力的作用下，它们在连通孔隙或断裂、裂缝等通道中继续向上移动（称为"运移"），直至遇到致密地层不能再移动时，便在这些孔隙或裂缝中聚积起来。如果在向上运移过程中没有遇到致密的阻隔地层，它们便会到达地表散失掉。这些油气运移到孔隙度合适、渗透性良好的岩石孔隙和裂缝中时，形成常规油气资源，进入比较致密的砂岩中便形成致密油气藏，而那些残留在富有机质页岩中的油气则形成页岩油气。

天然气的形成物质非常广泛，其形成原理与石油相似。关于天然气的成因，有两种观点：一种是"有机成因说"。煤系列的有机物质最主要的来源是植物的腐烂，它存在于沼泽地域或者是海陆相交的地带，主要由多含烷基侧链以及含氧官能团的缩合多核芳香结构组成。镜质组和惰质组是我国煤系显微组分的主要部分，所以在各个不同的阶段都主要是生气，同时也存有生油。另一种是"无机成因说"。非生物原因形成的天然气就是无机形成天然气，作为天然气最为主要的形成类型，它的形成原因主要有两个：①岩石的化学变化，也就是碳酸盐岩在高温下会变质从而产生二氧化碳；②地底的岩浆活动或者其他活动产生的二氧化碳。科学家们已经研究出了二氧化碳的主要存在形式：气体中存在；与其他有机成因的气体共同存在；以气苗的形式存在于泉水中；在岩石的包裹层隙中存在。天然气中富集了有机物质被菌化或分解后形成的分散碳氢化合物，成为可燃气体。油页岩是水藻炭化后形成的，含灰分过多，多半不能自烯。页岩气是植物和动物死亡之后与其他物理沉积物混合堆积并在缺氧环境下分解，但被页岩体内巨大的表面积吸附而未被位移，从而富集形成的天然气。

地下各种能源层示意如图 2-14 所示。

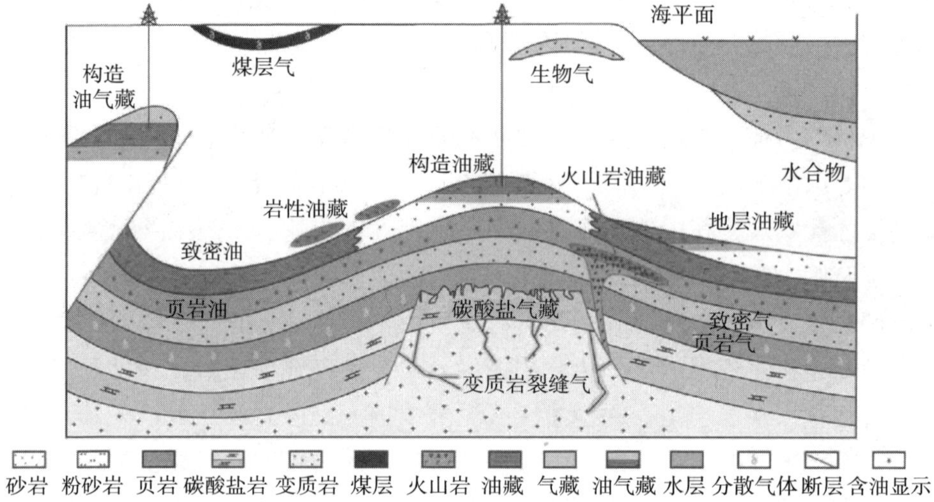

图 2-14　地下各种能源层示意

参考文献

[1] 刘广文. 森林与碳循环 [J]. 现代农业科技, 2007 (19).

[2] 董文福, 管东生. 森林生态系统在碳循环中的作用 [J]. 重庆环境科学, 2002 (3).

[3] 梁峰, 张瑞, 刘秀花. 生物质能源技术进步与产业发展观察 [J]. 河南科技, 2016 (3).

[4] 王义祥. 福建省主要森林类型碳库与杉木林碳吸存 [D]. 福建农林大学, 2004.

[5] 马明. 秦岭火地塘林区几种主要天然林碳素空间分布规律的研究 [D]. 西北农林科技大学, 2009.

[6] 王会勤, 杨慧玲, 梅世秀, 宋安东. 绿色能源植物的研究进展 [J]. 安徽农业科学, 2009 (13).

[7] 杜青松. 黄土高原黄土—古土壤序列古气候代用指标综述 [J]. 西北地质, 2011 (2).

[8] 杨林. 红外探雷理论模型的研究 [D]. 西安电子科技大学, 2008.

[9] 张勇．西北日光温室传热学简化模型构建及温光高效新结构初探［D］．西北农林科技大学，2009.
[10] 秦晓春．光合作用及光合膜蛋白PSI-LHCI超分子复合物高分辨率晶体结构解析［J］．科技导报，2016（13）.
[11] 王雨生，傅建祥．生物质能源的应用技术研究［J］．青岛农业大学学报（自然科学版），2015（3）.
[12] 陈津．小学科学课程“地球与空间科学”领域的概念及教学研究［D］．首都师范大学，2014.
[13] 匡廷云．光驱动生命世界［J］．科学世界，2010（5）.
[14] 李志学．天然气开采企业操作成本动因研究［J］．会计之友，2016（4）.
[15] 张文英．煤炭企业原煤生产成本影响因素探析［J］．煤炭经济研究，2008（4）.
[16] 杜学智．五十年，五百年，山西煤炭还能开采多少年？［J］．科技创新与生产力，2010（9）.
[17] 王杰．基于PSO-SVR模型的原煤生产成本预测研究［D］．河北工程大学，2013.
[18] 蔡振禹．基于粗集—小波神经网络的煤炭企业管理研究［D］．天津大学，2007.
[19] 李昭，马亮．我国油气田开发现状及未来发展趋势［J］．化工设计通讯，2017（6）.
[20] 秦荣军．我国煤炭开采现状及政策研究［J］．煤炭经济研究，2019（1）.
[21] 曲艺．去年新增油气探明储量止跌回升［N］．中国电力报，2019-07-16.
[22] 薛洁琼．石油经济要闻［J］．国际石油经济，2019（7）.
[23] 王少勇.2018年我国油气探明储量止跌回升［N］．中国自然资源报，2019-07-18.
[24] 张思玮．我国油气开采呈现“油稳气升”态势［N］．中国科学报，2019-07-29.
[25] 黄晓芳．去年我国石油新增探明储量9.59亿吨［N］．经济日报，2019-07-16.
[26] 自然资源部．我国新发现矿产地153处，新增资源量很大［J］．黄金技术科学，2019（3）.
[27] 崔君鸣．山西能源地位不可动摇［J］．科技创新与生产力，2010（9）.
[28] 李辉．转化甲烷，为缓解能源和资源问题而努力——单永奎教授研究成果记［J］．世界科学，2012（1）.
[29] 闫绍恭．浅论煤矿开采技术与工艺发展［J］．科学资讯，2012（30）.

[30] 王少勇. 我国油气资源勘查开采呈现新格局 [N]. 国土资源报, 2018-07-16.

[31] 林琨, 张鼎华. 胁迫环境对植物光合作用的影响 [J]. 安徽农业科学, 2014 (31).

[32] 赵美. 煤的形成过程 [J]. 学园, 2013 (35).

[33] 张丽. 探讨我国天然气地质理论进展 [J]. 中国石油和化工标准与质量, 2014 (14).

第2部分

化石能源的保障能力及经济寿命

能源是人类社会生存发展的重要物质基础。当前，世界能源格局深刻调整，气候变化进入新阶段，能源转型任重道远。深入推进能源革命，着力推动能源生产利用方式变革，建设清洁低碳、安全高效的现代能源体系，是能源发展改革的重大历史使命。

3　传统化石能源的保障能力评估

化石能源是人类生存和发展的重要物质基础，煤炭、石油、天然气等化石能源支撑了19世纪以来人类文明的进步和经济社会发展。然而，化石能源的形成周期较长，且人类对其的消耗巨大，因此对传统化石能源的保障能力的评估迫在眉睫。

3.1　传统化石能源完全满足中国能源过渡期的充分使用

3.1.1　中国传统化石能源的资源储量及分布特征

3.1.1.1　煤炭

从成煤期看，各成煤期形成的煤炭量差别较大，其中以侏罗纪成煤最多，占总量的近40%，其余主要为二叠纪、白垩纪、第三纪及三叠纪，与全球性主要聚煤期的储量分布基本一致。从地域上看，煤炭资源相对比较集中，在全国形成了几个重要的煤炭分布区，主要包括北方太行山到贺兰山之间（包括晋、陕、蒙、宁、豫）新疆塔里木河以北，以及南方川南、黔西、滇东的富煤区。在东西方向上，分布在大兴安岭—太行山—雪峰山一线以西地区。从煤类上看，从褐煤、烟煤到无烟煤，各种煤类的资源都有，但其数量和分布却极不均衡。另外，中变质烟煤，即传统上称为“炼焦煤”的资源量较少，而且大多数为气煤。

根据自然资源部通报的2018年地质勘查数据，煤炭查明资源储量16964亿t，连续多年保持增长（见图3-1）。其中煤炭新增查明资源储量297亿t，包括内蒙古陈巴尔虎旗特兰图勘查区新增51.42亿t，准格尔煤田三道敖包勘查区新增46.05亿t，陕西榆林市府谷矿区高石崖勘查区新增25.69亿t，陕北侏罗纪煤田拧条梁勘查区新增21.42亿t，等等。

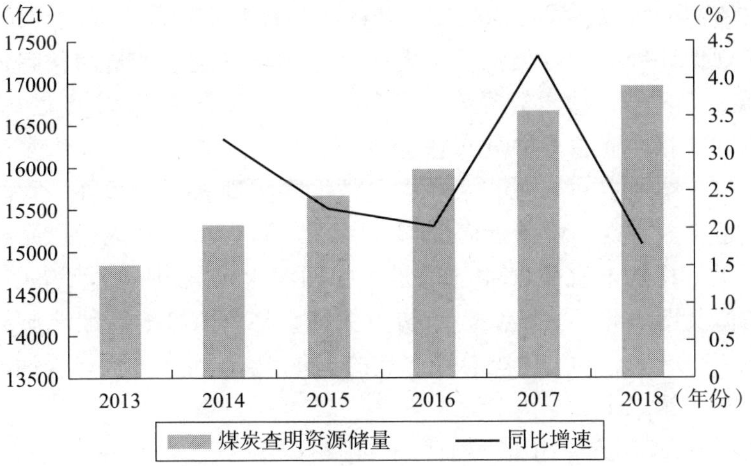

图 3-1 2013—2018 年煤炭查明资源储量及同比增速

3.1.1.2 *石油*

根据自然资源部发布的《中国矿产资源报告 2018》数据，截至 2017 年底，石油查明资源储量 35.42 亿 t（见图 3-2）。石油勘探投资不断加大，新增储量逐年增加。2018 年，石油新增探明地质储量 9.59 亿 t，同比增长 9.4%，继两年连续下降后实现再增长。其中，新增探明储量大于 1 亿 t 的盆地有 3 个，分别是鄂尔多斯盆地、渤海湾盆地（陆上）和准噶尔盆地；新增探明储量大于 1 亿 t 的油田有 1 个，为鄂尔多斯盆地的合水油田。

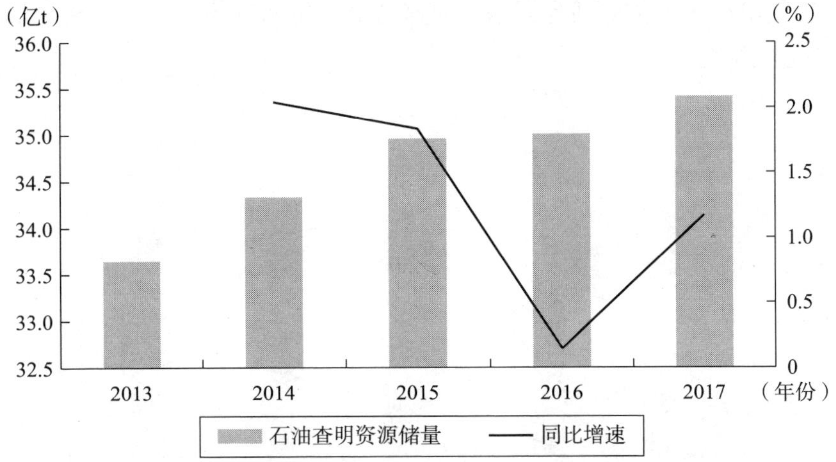

图 3-2 2013—2017 年石油查明资源储量及同比增速

2017 年，自然资源部组织开展了“十三五”全国油气资源评价工作。在评价油气资源的数量、质量的同时，开展经济性和生态环境风险评价，全面、科学、客观地评价我国各类油气资源潜力，预测储量、产量增长趋势。截至2017年底，全国石油地质资源量达1257亿t、可采资源量达301亿t。

我国陆地石油资源集中分布在渤海湾、松辽、塔里木、鄂尔多斯、准噶尔、珠江口、柴达木和东海陆架八大盆地。除陆地石油资源外，我国的海洋油气资源也十分丰富。中国近海海域发育了一系列沉积盆地，总面积达近百万平方公里，具有丰富的含油气远景。中国海上油气勘探主要集中于渤海、黄海、东海及南海北部大陆架。经初步估计，整个南海的石油地质储量大致在230亿~300亿t，约占中国总资源量的1/4，属于世界四大海洋油气聚集中心之一，有“第二个波斯湾”之称。

从资源分布深度看，中国石油可采资源有80%集中分布在浅层（<2000m）和中深层（2000~3500m），而深层（3500~4500m）和超深层（>4500m）分布较少；从地理环境分布看，石油可采资源有76%分布在平原、浅海、戈壁和沙漠；从资源品位看，中国石油可采资源中优质资源占63%，低渗透资源占28%，重油占9%。

3.1.1.3　天然气

根据自然资源部发布的《中国矿产资源报告2018》数据，截至2017年底，天然气查明资源储量5.52万亿m^3（见图3-3）。2018年，天然气新增探明地质储量8311.57亿m^3，同比增长49.7%。其中，新增探明储量大于1000亿m^3的盆地有2个，分别为鄂尔多斯和塔里木盆地；新增探明储量大于1000亿m^3的气田有3个，分别为鄂尔多斯盆地的苏里格气田和米脂气田、塔里木盆地的克拉苏气田。

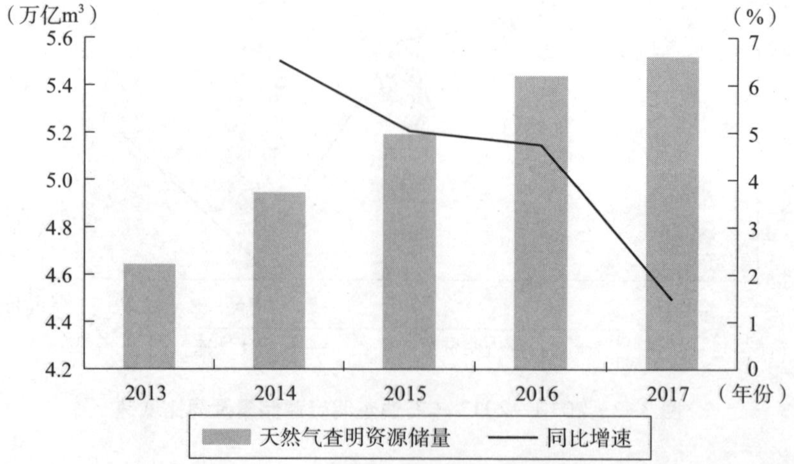

图3-3　2013—2017年天然气查明资源储量及同比增速

我国常规天然气储量比较丰富，2017年，自然资源部组织开展的“十三五”全国油气资源评价工作成果显示，全国陆域和近海100多个盆地共有天然气地质资源量90万亿m^3，可采资源量50万亿m^3。中国常规天然气探明储量集中在渤海湾盆地、四川盆地、松辽盆地、准噶尔盆地、莺歌海—琼东南盆地、柴达木盆地、吐哈盆地、塔里木盆地、鄂尔多斯盆地等多个大型盆地。其中，塔里木盆地、四川盆地天然气资源最丰富，共占资源总量的40%以上。值得注意的是，中国气田以中小型为主，大多数气田的地质构造比较复杂，勘探开发难度较大。

3.1.2 中国传统化石能源的可使用年限分析

以山西省的煤炭资源为例，仍可开采500多年。本书从保有查明资源储量、2000m以浅资源总量及2000m以深资源总量分析山西煤炭使用寿命。

（1）当前保有查明资源储量分析意义不大。

山西现有保有查明资源储量2709亿t，是经过地质部门勘查后，可供煤矿建设使用的资源量。假设从现在起，停止所有的煤炭地质勘查工作，按“十三五”期间规划产量10亿t/a、资源回收率预计平均50%计算，则保有查明资源储量可供煤矿开发年限为：

$$N_b=\frac{Q_b\times C_p}{p}=\frac{2709\times 50\%}{10}\approx 135\ （年）$$

式中：N_b代表保有查明资源储量可供煤矿开发年限；Q_b代表保有查明资源储量；C_p代表平均资源回收率；p代表“十三五”期间规划煤炭产量。

但事实上，山西的煤炭地质勘查工作正在加速进行，因此这一预测是没有实际意义的。

（2）2000m以浅资源总量对煤炭开采的充分保障。

2000m以浅的资源量包括查明储量和预测储量。如前所述，由于山西成煤环境的特点，预测资源具有较高的可靠性。从历年勘探后的结果来看，实际勘探后的资源量均大于原先预测的资源量。山西2000m以浅资源量为6552亿t，仍按“十三五”期间规划产量10亿t/a、资源回收率50%计算，则可供开发年限为：

$$N_q=\frac{Q_q\times C_p}{p}=\frac{6552\times 50\%}{10}\approx 328\ （年）$$

式中：N_q代表2000m以浅资源储量可供煤矿开发年限；Q_q代表2000m以浅资源储量；C_p代表平均资源回收率；p代表“十三五”期间规划煤炭产量。

（3）2000m以深资源埋藏极为丰富。

2000m以深资源全部为潜在资源储量。从开采技术的角度考虑，由于地温、地质等问题，2000m以深资源开采难度增加，目前尚无成熟的开采技术、设备与方法。从经济角度考虑，由于开采深部煤层生产成本大幅增加，在浅部资源能满足市场及开采需要的情况下，深部资源的开发肯定是不经济的，也是没有必要的。

但是，我们无法预测几百年后世界的能源形势与科学技术的发展水平，也许某一新型能源规模化应用的成本低于2000m以深资源的开采成本，导致人类放弃对煤炭的利用；也许煤炭将作为一种可以获得更高的使用价值的资源，从而使2000m以深资源的开采经济价值得到提升；也许煤炭可以通过地下气化的方法转化为气体能源，使开采成本大幅降低。

山西2000m以深的煤炭资源是一种客观存在。在此，我们权且将其作为一种概念进行讨论。山西2000m以深潜在资源量约为1417亿t，仍按“十三五”期间规划产量10亿t/a（或相当热量的煤气）、资源回收率50%计算，则可供开发年限为：

$$N_s=\frac{Q_s\times C_p}{p}=\frac{1417\times 50\%}{10}\approx 71\text{（年）}$$

式中：N_s代表2000m以深资源储量可供煤矿开发年限；Q_s代表2000m以深资源储量；C_p代表平均资源回收率；p代表“十三五”期间规划煤炭产量。

（4）呆滞与残留煤可满足“三下”采煤及地下气化生产年限。

呆滞与残留煤资源量合计为3980亿t，仍按“十三五”期间规划产量10亿t/a（或相当热量的煤气）、资源再回收率30%计算，则可供开发年限为：

$$N_{zc}=\frac{Q_{zc}\times C_p}{p}=\frac{3980\times 30\%}{10}\approx 120\text{（年）}$$

式中：N_{zc}代表呆滞和残留煤炭资源储量可供煤矿开发年限；Q_{zc}代表呆滞和残留煤炭资源储量；C_p代表平均资源回收率；p代表“十三五”期间规划煤炭产量。

（5）山西煤炭资源对产能发展的总体保障年限分析。

由以上分析可见，在充分考虑现有条件下能够考虑到的各种因素，特别是采用比较现实的资源回收率等关键参数后，山西煤炭资源可供开采年限为：

$$N_q+N_s+N_{zc}=328+71+120\approx519 \text{（年）}$$

综合来看，资源利用率和勘探程度都是人为可以解决的问题。不管是维持现有产量与回收率，还是回收率的提高与产能的提高同步，又或是生产规模迅速增长而服务年限减少，可以肯定的一点是，单就煤炭资源而言，我们认为在煤炭有效的生命周期内，山西的资源是可以为山西煤炭工业的竞争与发展提供充分的支持与保障的，从国内化石能源供应看，中国煤炭完全可以满足中国能源过渡期的充分使用。

未来的人类能源体系中，生物质能源是所有可再生能源中唯一可以作为化学品或石油替代品的能源。若在所有可再生能源中追溯碳源，由 CO_2、水合成的生物质能是特有的可作为化石能源替代品的可再生能源。如果地球达到最佳生态优化状态，即具备适合植物最佳生长条件时，光合作用效率可增加 100%~300%，实现 1%~5%的光能利用率，生物燃料将得到大力发展，现有的化石能源将退出历史舞台，仅作为战略储备资源。图 3-4 为未来全球能源结构比例。

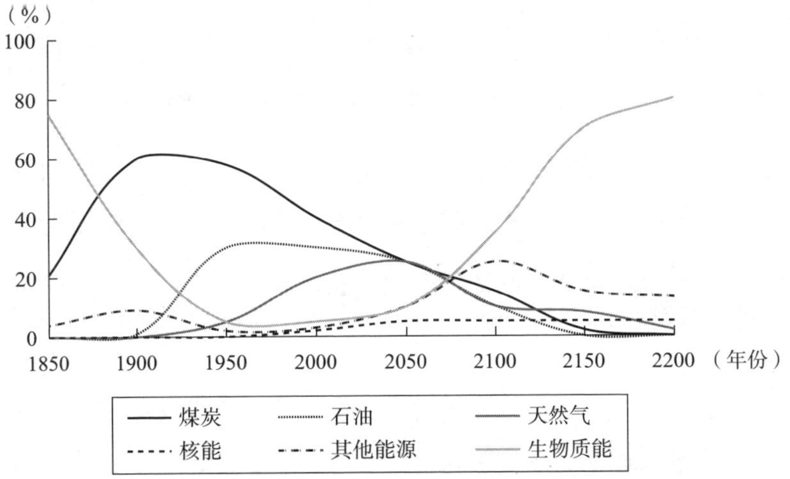

图 3-4　未来全球能源结构比例

3.2 传统化石能源的开发现状及经济寿命分析

3.2.1 煤炭开采技术相对成熟，油气开发技术要求越来越高

近年来，随着中国科技的不断进步，安全高效矿井数量从 1993 年的 12 处增加到 2017 年的 763 处，对促进我国煤炭资源的开发利用发挥了很大的作用。首先，建设安全高效矿井使得矿井设计、施工建设、煤矿装备、采煤工艺、矿井管理等技术水平大幅提升，培育出较高素质的职工队伍，使煤炭行业的整体科技水平有了显著提高。其次，建设安全高效矿井使煤矿生产技术水平得以逐步提升，矿井采掘机械化程度、单产单进及劳动效率增幅明显，尤其是原煤工效，单井产能由 2012 年的 31 万 t/a 增长至 2018 年的 98 万 t/a（见图 3-5）。

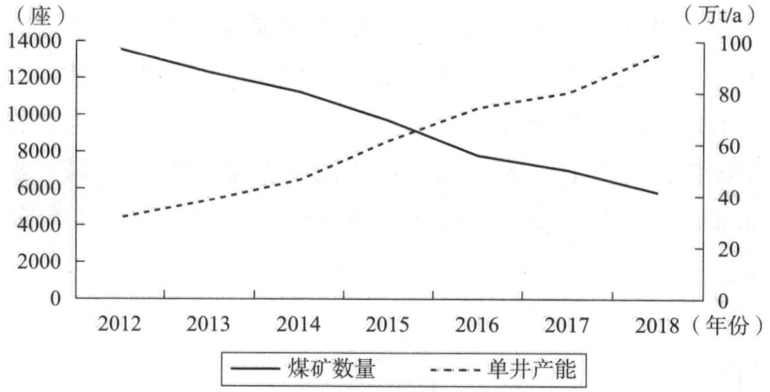

图 3-5 2012—2018 年煤矿数量及单井产能

煤炭企业通过建设安全高效矿井，提高采掘机械化程度，减头减面，简化环节，提升生产集约化程度，提高单产水平和劳动效率，促进经济发展方式转变，增强企业盈利能力和市场竞争能力。煤矿趋向大型化，落后产能逐步淘汰，截至 2018 年，年产 120 万吨以上的大型煤矿产量占全国总产量的比重提高到 80%。

从采煤工艺的发展方面看，随着理论与技术应用水平的逐步提高，煤矿采煤工艺的发展主要呈现两个发展趋势，即壁式体系采煤技术和煤机方面的创新。

当前中国油气田的开发主要以陆地油田为主，以往油气田的开发主要集中于东部地区，随着科学技术及生产工具的不断发展，在西部地区发现了大

量的油气田。

中国油气田开发的地质现状是陆相的碎屑岩沉积，所以应结合陆地和海洋沉积的条件，通过精细的地质研究，掌握油气田的发育规律，采取必要的技术措施，以更好地开发油气藏，对油气沉积盆地进行研究，通过打探井的方式，勘探开发油气储量，提高油气田的开发程度；结合油田的含水情况，控制含水上升速度，有效地解决油井的结蜡、出砂等问题；进行稠油热采试验，大大降低稠油的黏度，提高稠油油田的开发效率。对于天然气藏的开采，经过气井的自喷阶段后，当井下出现积液的情况时，要优化设计排水采气的工艺技术措施，保证天然气井的产能，适应天然气田的生产需求。

中国油气田的类型比较复杂，存在断块油气藏、活岩性油气藏以及构造油气藏等，应依据油气聚集的情况，采取相应的开发方式，尽可能提高油气的产能，控制油气田产量的递减，掌握油气田生产的规律，不断开发新的工艺技术措施解决油气产量降低的问题。地下的油气资源是不可再生的，依据现有的工艺技术条件，能够开采的地质储量也基本固定。当前，油气田开发进入后期阶段，如何增产是一个技术性难题。

3.2.2 传统化石能源的相对开采成本逐年升高

3.2.2.1 煤炭开采成本测算

开采条件及开采深度对煤炭开采成本影响较大，从而对煤炭企业的竞争力造成影响。图 3-6 为煤矿开采条件影响因素。

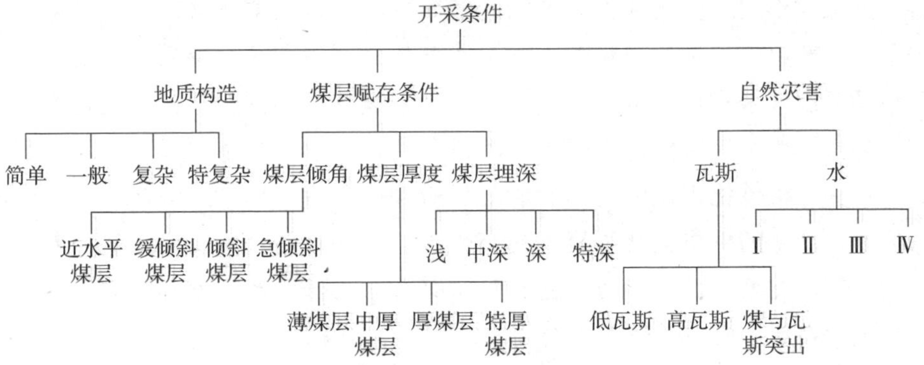

图 3-6 煤炭开采条件影响因素

中国煤炭资源主要分布于内蒙古、山西、陕西、新疆等区域，经汾渭能源测算，平均生产成本约为 240 元/t，主要受煤炭储量、开采条件、地质构造、技术工艺、矿井维护、环保限制等因素影响。

煤炭储量及开采条件是煤炭生产成本的重要影响因素。一是不同的煤矿储量不同，储量大的井田服务年限相对较长，分摊在每年的固定资产折旧也相对较少，成本相对较低。二是地质构造的复杂程度与原煤成本呈正比关系，地质构造复杂势必导致原煤成本增加。煤层条件包括：①厚度，煤层厚度与成本之间呈双向增长趋势，煤层变薄或变厚均使成本增加，开采厚度适中使成本降低；②倾角，煤层倾角较小对成本影响小，倾角增大开采难度增大，这是因为倾角的进一步增大将改变开采方式，导致成本变化明显；③稳定性，煤层处于稳定或较稳定的情况，对成本的影响较小，当处于不稳定或极不稳定情况时，成本变化明显。此外，煤炭生产是在几百米甚至上千米的地下作业，要与岩石、水、瓦斯、粉尘、地温等恶劣的自然条件作斗争。灾害越重，成本越高。

技术工艺对煤炭开采成本的影响是先天性的，是成本控制的起点。受地质条件及构造影响，不同的矿井，煤层开采难度、工艺过程都有所不同，采煤方法的选择、工作面布置、设备配备、机械化程度等都会影响煤炭开采成本。在某种意义上，煤矿的开采成本是由技术工作决定的。当开拓系统、井巷布置、设备选型、开采方法等技术方案确定以后，煤炭生产过程中需要多少料、工、费基本上已确定。采用技术的先进性、可靠性、适用性、可得性与预测方案发生重大变化将导致生产能力利用率降低，生产成本增加，产品质量达不到预期要求。因此，技术因素是影响煤炭成本的重要因素。此外，各矿井根据不同地质条件采用不同的采煤方法，井工生产常用的是长壁后退式采煤工艺，根据地质条件的不同又可分为炮采、普采、综采三大类，综采又包括分层开采和放顶煤等工艺。而且，采煤方法不同，其机械化程度也不同。随着煤矿生产机械化程度的不断提高，原煤生产成本在一定程度上受到影响：一是机械化程度的提高有利于提劳动生产率，增加原煤产量，降低产品成本；二是随着机械化程度的提高，机电设备日益增多，使得折旧费、配件消耗等呈逐渐增长的趋势，这又对原煤成本的降低产生不利的影响；三是电力消耗在成本中占有较大比例。

煤炭生产由于处于特殊的地下作业环境，经常受到水、火、瓦斯、冒顶、断层、煤尘等自然条件的威胁。煤矿要实现安全生产，必须投入一定的人力和物力，采取更多的安全设施、手段等，对水、火、瓦斯、煤尘、顶板五大灾害进行治理，以创造一个良好的生产环境，因此安全投入在生产成本中占有相当大的比例。同时，为了避免事故的发生，保证生产的正常进行，必然会发生一些辅助生产和安全保护费用，如通风、排水、消防、照明、防尘等支出，这必然会提高矿井的生产成本。

严格的环保政策法规使得生产投入被迫增加，成本提升。一方面，随着国家环保标准的不断提高、去产能政策的深化和环保限产政策的严厉执行，煤炭开采所使用的原材料产能和供应都出现较大幅度收缩；对原料制造业生产过程中除却有害气体、固体粉尘和进行净化处理的要求越来越高，直接导致煤炭成本中材料费用的增加、电力价格和人工成本的上涨。另一方面，由于原煤资源的不可再生特性以及特殊的开采方式，未来难选煤的生产成本和环保治理的善后工作将直接导致生产成本及严格环保达标费用的增加。

3.2.2.2　油气开采成本测算

中国的油气资源多分布于地形地貌复杂、气候恶劣的自然环境中，操作成本高、开发投资巨大。加之近年来常规油气资源不断减少，使得以低渗透资源为主的一大批特种天然气资源成为开采的主流，进一步增加了油气资源开采的操作成本，严重影响到中国油气资源的规模开发。如何有效地控制操作成本，成为困扰中国资源开发利用的新难题。根据相关机构测算，当前中国天然气开采成本为0.7~1.1元/立方米，石油开采成本为50美元/吨左右。

油气上游生产过程主要包括取得、勘探、开发、生产等环节，根据成本所发生环节不同，将油气成本分为矿区取得成本、地质勘探成本、油气开发成本和油气生产成本四个部分。操作成本是天然气开采企业成本的重要组成部分，加强其控制和预算管理，对企业开展精细化管理和增强生产竞争力具有重要的现实意义。

操作成本主要包括将油气从地下开采到地面并对其进行聚集、处理、加工和储存等的成本，由直接材料费、直接燃料费、直接动力费、直接人员费、井下作业费、测井试井费、维护及修理费、运输费和其他直接费用构成，并且，随着开发时间的延长和开发难度的增加，操作成本呈递增趋势。相关研究表明，在其他因素不变的前提下，开发成本随单井新增可采储量增大、井深增大而降低，呈指数变化趋势。

通过对开采企业操作成本影响因素的分析可知，操作成本的增长与人员费、材料费、维修费等有很强的关联性。具体如下：

（1）直接人员费用近年来处于上升趋势。近几年职工人数的增加和工资水平的不断提高，使得直接人员费用处于不断增长的状态，导致操作成本不断增加。

（2）直接材料费占操作成本比重不断增加，原因主要有：①近年来，开采规模不断增加，开采力度不断加大，致使应用的处理装置增多，费用进一步加大，并且处理装置上所采用的材料对安全系数、质量要求非常高，绝大多数材料都要依赖进口，而进口材料的价格远高于国产材料的价格。②随着开采的不断深入，需要对油气集输工艺进行调增，对井口压力较低的井实行增压措施，使油气田的产量增加。这导致压缩机需要消耗更多的材料费用，以满足正常运行需要，从而使得直接材料费直线上升。③由于绝大多数油气处于沙漠、戈壁等恶劣的气候环境中，致使许多开采设备老化、损坏严重，存在着安全隐患。为此应计项目增多，日常耗材逐年增加。

（3）维护修理费用不断加大。原因包括：①近年来油气井数不断增加，相应地，各种设备的投入也越来越多，维修费也不断增加。②开采周期一般较长，随着开采的不断深入，设备的使用年限不断增加，维修费用也相应增加。除上述两点外，污染处理及污染源处理也使维修费增加不少。

从油气田发展历程看，油气田的开采要经历高产、稳产及减产三个阶段。在开采初期，油层自身的压力大，自喷能力强，单井的操作成本比较低，开采的利润相对较高；随着开采的深入，产气量骤减，操作成本不断增加。为了减缓产气量的递减速度，保证稳定的采气率，需要采取水力压裂、酸处理及爆炸压裂等人工增产措施，这就使得各种材料消耗和费用支出较开采前期进一步增加，操作成本不断加大，开采利润相对较低。

传统能源供应成本逐年升高，包括内部成本和外部成本。内部成本表现为化石能源的开采难度逐步加大，成本增长。随着油气勘探开发逐步向深海、极地等复杂地质地理条件地区转移，开采成本持续走高。同时，外部成本也在不断增加。传统化石能源开发利用会造成大量污染物排放，不仅对大气、水、土壤等造成严重破坏，而且危害人类健康。同时，化石能源燃烧所导致的 CO_2 等温室气体排放，还造成了全球气候变暖等系统性灾害。为了纠正化石能源的巨大环境负外部性，很多国家和地区已经或考虑征收资源税、碳税、环保税，或开展碳排放权交易等，这些措施无一例外地将导致化石能源资源供应成本进一步上涨。

与之形成对比的是，可再生能源的内部成本在逐步下降，开始表现出竞争力。从经济性角度来看，可再生能源的竞争力正在提高，如果进一步考虑其较低的环境外部成本，则综合效益更大。据德国专家计算，燃煤电厂每发 1

度电都应该计算外部成本每度 9~12 美分，而太阳能发电的外部成本仅为每度 0. 9~1. 5 美分。

3.3 传统化石能源的保障体系正面临挑战

3.3.1 开发难度加大，供给能力偏弱

中国化石能源的资源储量大，但由于过度开采、能源利用率低、能源的品种结构不合理，能源消费问题不断增长。在能源资源储备中，煤、石油、天然气等属于不可再生资源。这些资源从数量上看，储备丰富，但中国人口众多，人均资源量少，并且存在很多问题，如资源储备分布不均匀，煤炭资源大多分布在北方，北煤南运的问题将长期存在。而且中国能源价格低廉，导致粗放型经济长期存在，能源消费以煤炭为主，煤炭占比达 59%，这对环境产生了极其恶劣的影响。因此有效利用有限的能源储备合理开发，同时大力开发可再生资源，已成为首要的任务。

中国石油主要依赖进口（见图 3-7），依存度达 70%，且对进口依赖度近年来呈逐年增长趋势（见图 3-8）。随着经济的发展，中国对石油进口的依赖程度还会增加。过分依赖国际市场，必然会对中国的经济发展造成不利的影响。同时，石油的进口额增长幅度大于石油的进口量增长幅度，致使运用国外资源的成本不断攀升。中国石油过分依赖进口，受到国际市场的制约，造成成本不断增加。自身能源供需失衡时有发生，供给能力偏弱。大力提升生物质能、风能、太阳能、潮汐能、核能等清洁能源消费占比迫在眉睫。

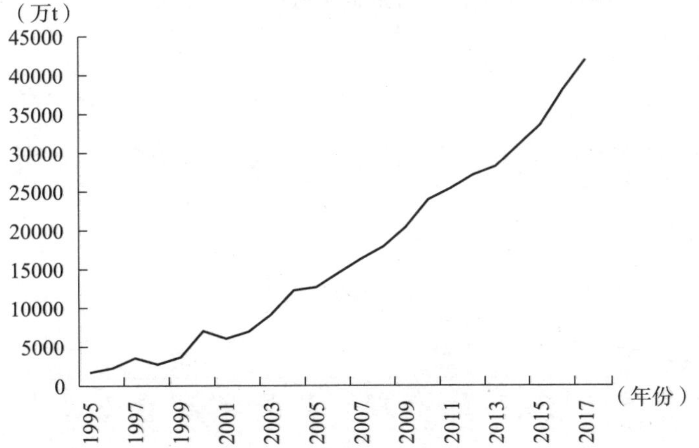

图 3-7　中国历年进口原油量

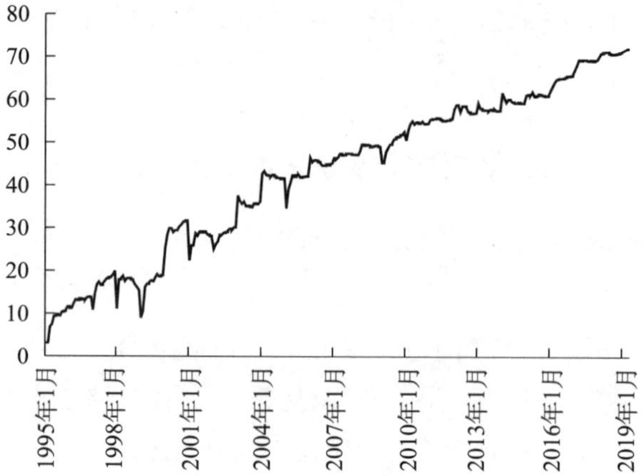

图 3-8　中国的石油对外依赖度

3.3.2　以煤炭消费为主，环境压力加大

我国能源消费以煤炭消费为主，环境压力加大，有必要大力发展低碳经济。低碳经济是低排放、低能耗，经济效益、社会效益和生态效益相统一的新的经济发展模式。目前我国虽已非常重视发展低碳经济，但传统的高耗能、高排放的产业仍占据主体地位，这些产业仍旧在污染环境，危及我们的生态平衡。同时，我们还面临巨大的国际压力，如美国在《清洁能源与安全法案》中规定，从 2020 年起将对不接受污染减排标准的国家实行贸易制裁，征收关税。中国出口美国的机电产品，就存在高耗能、低排放的特点，如果受到美国的经济制裁，无疑将大大影响我们的外贸出口。因此高耗能产业成为我们经济进一步发展的障碍。中国历年碳排放量如图 3-9 所示。

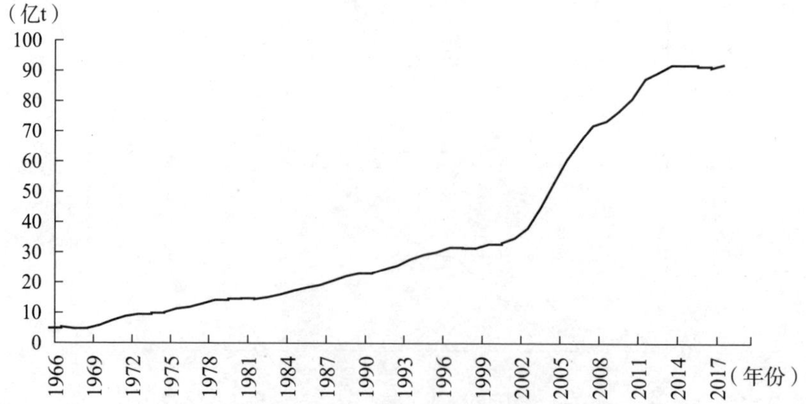

图 3-9　中国历年碳排放量

现阶段，化石能源应用最大的阻碍就是污染问题。众所周知，除 CO_2 外，煤和石油在燃烧过程中还会向大气排放出大量的 SO_2、NO_x 及碳氢化合物等污染气体，随着空气流动扩散至其他地区，从而造成全球性的大气污染。

目前，全球性大气污染主要有以下三类：

第一类是由 SO_2 和 NO_x 造成的酸雨危害。形成酸雨的主要物质是由 SO_2 和 NO_x 组成的污染物，主要是化石燃料的燃烧排放造成的。在降雨过程中，SO_2 和 NO_x 可通过化学反应生成硫酸和硝酸。中国的酸雨以硫酸为主，硝酸含量不足10%；而国外酸雨中硫酸和硝酸的比例一般为2∶1。

呈酸性的雨水，即pH值小于5.6的雨水，我们称之为酸雨。硝酸和硫酸两种酸类在酸雨成分中所占的比重较大。人们在日常生活中和工业生产上利用煤炭提供热能，煤炭在燃烧过程中会释放大量有害物质，SO_2 就是其中危害比较大的一种。石油在生产生活中的应用范围比较广泛，而石油在燃烧过程中会释放出 NO_x，NO_x 上升到云层中并与水汽相凝结后形成硫酸根和硝酸根。这两种物质发生液相氧化反应之后，就会产生酸性雨滴，雨滴在条件较为成熟的情况下会降落到地面，这就是酸雨形成的过程。化石燃料燃烧产生的有害物质，是造成酸雨的重要因素，而酸雨会对环境产生严重影响。酸雨的形成途径包括：NO、SO_2 等物质经过一定的光照，能够形成酸雨的主要组成部分；臭氧可以氧化一部分有机污染物，氧化之后生成的物质能够与水结合，并在一定条件下形成酸雨或者酸；大气中的氧化性物质和其他还原性物质在一定条件下发生反应，再和水结合，就能够生成酸雨。

对土壤的影响：酸雨含有一定成分的有害物质，这些物质会对植物的生长发育产生一定影响。土壤中的微量元素有铜、锰、锌等，能够使土壤保持一定营养状态。酸雨中的某些成分能够使土壤中含有的微量元素溶解，使土壤失去原有的营养物，变得越来越贫瘠。酸雨也能够作用于土壤中的铝并对铝的性质产生一定影响，对微生物以及微生物的活动产生一定影响。此外，酸雨在损害土壤的同时，还对根植于土壤中的植物造成影响。植物和森林以及成片的植被都会在酸雨的危害下难以生存，进而导致整个自然环境和生态系统的正常循环出现问题。酸雨的pH值低于5.6时，能够使植物、森林和土壤失去生命力。土壤中含有的有机物会在酸雨影响下失去分解能力，还会生成氮，致使整个土壤在有害物质的影响下逐渐丧失生长能力。此外，土壤中的有害物质能够渗入地下，使地下水的质量也受到一定程度的影响。有些酸雨的浓度太高，还会损害建筑物。酸性化合物能够影响湖泊中湖水的质量，影响植物的生长结果，从植物的根部到植物的叶片，都会出现不同程度的损害。酸雨作用于土壤，使土壤的性质发生改变，土壤中以往正常的物质循环系统不能够正常运转，整个生态系统都受到影响。土壤中所含氢氧化物，会跟酸雨中的某些成分发生中和反应，根植于土壤的植物长期吸收这些化合物后很可能会中毒，严重时甚至会死亡。没有植物调节的土壤，其营养物质的流失速度会越来越快，长此以往，整个土壤的结构会发生变化，而植物生长起来更加困难，或者植物能够生长，但是生长情况不容乐观，容易受到病虫害侵扰。

对水和水生动植物的影响：落入湖泊和河流的酸雨，能够使水体的性质发生根本变化，水中的动植物会在污染的水体中逐渐死去。在酸雨的影响下，有些河流的水生动植物已经出现濒临灭绝的情况。

对建筑物的影响：建筑物中经常使用到的金属、石材、油漆等，会被酸雨侵蚀。比如乐山大佛在酸雨的影响下，某些部位已经出现较为严重的腐蚀情况。酸雨腐蚀建筑物和一些价值较高的露天雕塑艺术品，会给人们的生活带来不良影响，也会让艺术品的维护、修复变得更加困难。

第二类是臭氧层的破坏。臭氧是人类的保护伞，在地面上空 20~50km 的大气同温层中的臭氧层对来自太空的紫外线有遮挡作用。臭氧层变薄，甚至臭氧空洞的形成，会使更多的紫外线辐射到地面，引起人类视力损害、皮肤癌和皮肤老化等病症。氟利昂是破坏臭氧层的罪魁祸首，同时也是当今电冰箱行业不可缺少的物质。据联合国环境规划署推断，在大气中氟利昂气体正以 5%的速度增长。如今臭氧的浓度下降到 1987 年以来的最低水平。南极上空的臭氧层遭到破坏，形成了臭氧空洞。据估测，南极地区紫外线照射比其他地区高出 10 倍左右。目前，各国一方面呼吁减少氟利昂的排放量，另一方面在寻找氟利昂的代用品。

第三类是固体颗粒物对大气的污染，即 PM2. 5。PM2. 5 是指大气中直径小于等于 2. 5μm 的颗粒物，也称为可入肺颗粒物。它的直径还不到人的头发丝粗细的 1/20。虽然 PM2. 5 只是地球大气成分中含量很少的组分，但它能够对空气质量和能见度等产生重要的影响。细颗粒物粒径小，比表面积大，活性强，易附带有毒、有害物质（如重金属、微生物等），且在大气中的停留时间长、输送距离远，因而对人体健康和大气环境质量的影响较大。

PM2. 5 主要由硫和氮的氧化物转化而成。这些气体污染物往往是人类对化石燃料（如煤、石油等）和垃圾的燃烧造成的。在发展中国家，煤炭燃烧是家庭取暖和能源供应的主要方式。另外，没有先进废气处理装置的柴油汽车也是颗粒物的来源。

进入20世纪80年代后，国内经济增长对能源、钢铁、有色金属等高能耗、高污染排放的产品的依赖性越来越强，大量开采、大量生产、大量废弃的发展模式加速了环境资源的消耗。而环境资源的稀缺程度的直接反映便是环境成本。首先，污染治理的边际成本迅速上升，目前治理成本较低的阶段已经过去，进一步控制污染的成本将迅速上升。比如，需要控制的颗粒物的粒径越来越小，从原来的小于100μm到现在的小于10μm，控制技术的要求越来越高。其次，土地开发强度越来越大，环境容量资源越来越少，抵抗破坏的能力也越来越弱，需要我们削减更多的污染物排放，而这必然带来投入成本的增加。最后，环境容量的稀缺导致环境管理成本也相应增加。随着城市化率的迅速提高，资产的密度、人口的密度、经济规模的密度越来越大，这些高密度会导致很高的环境风险。这是一个非常复杂的系统，为了降低环境风险，势必需要增加人力、资金来进行管理和治理，成本自然会大幅增加。因此有必要对资源利用效率低、污染严重的企业采取强硬措施，加强对资源的合理使用以及污染物产生和排放的监督和管理。同时，通过产权明晰的制度安排和合理的环境资源定价，以及资源税、污染税等经济杠杆，调节人们的生产和消费行为，使其向着有利于环境保护的方向转变。

3.3.3 人类化石能源规模化使用尚有空间与时间，是堵还是疏

如今，全球每年燃烧化石能源排放到大气中的碳达到约36Gt，造成大气CO_2逐年增加，温室效应日趋明显。于是相关国际组织提出要在2050年实现零排放，否则人类将面临灭顶之灾。

但是，世界上最发达的美国至今还是第一排放大户，而新兴国家正紧步发达国家的后尘，利用化石能源快速发展经济以享受现代工业的文明成果。而替代化石能源的主要希望——新能源产业，还在光伏、核能、风能哪个最可行的争论中艰难行进。这时如果有人要求第三世界国家的公民们放弃利用化石能源的机会，一律建设镶满单晶硅晶片的住宅，从而实现能源自给并将发出的多余电能用于公共事业，是不切实际的。

而所谓的疏，就是一方面鼓励人们科学合理地使用化石能源，另一方面积极解决使用化石能源造成的碳排放问题，或者充分利用化石能源产生的碳，使其转化成新的能源，以吸收消化多余的CO_2。

在这方面，现有的、成熟的方法已经存在，那就是化石能源的原生物质——生物质及生物质能源。一方面，人类活动导致的大气 CO_2 的增加短期内是不可逆转的；另一方面，地球生物质繁荣与发展所需要的 CO_2 是严重不足的。研究地球生物质被动发展的历史，不难发现，植物的快速增长总是以高浓度 CO_2 为基础，也就是说，伴随着 CO_2 的增长需求，今天的地球植物可实现快速的增长，并可替代化石能源，满足人类能源的增长需求。生物质能源的使用必须以足够的生物质保有量为基础，这就需要足够的碳作为生物质不断增长的物质基础。大部分 C_3农作物进行光合作用时 CO_2 的最适浓度约为1000ppm，但我们认为 CO_2 达到 700ppm 时即可既满足植物快速生长的需求，又不影响人类的正常活动，而目前 CO_2 浓度约为 400ppm，化石能源规模化使用尚有一定的时间与空间。

《斯特恩报告》中提到："在过去的两个世纪，将近 2000Gt 的 CO_2 通过人类活动而排放进大气层（主要通过化石燃料），地球上的土壤、植物及海洋估计吸收了这些排放量的60%，剩下积存在大气中的 CO_2 约有 800Gt。这对应着大气 CO_2 浓度的 100mg/kg 的增加，也就是说，每 8Gt 的 CO_2 对应着 1mg/kg 的浓度增加。"

以目前大气中的 CO_2 浓度为基准，增长率按 0.4%计算，可计算出我们需要一百多年方可达到 CO_2 理想浓度 700ppm，即我们仍可使用化石能源一百多年。

3.3.4 新能源快速崛起

植物能够通过光合作用将太阳能转化为化学能存储在体内，形成可为人类所利用的重要能源，并可转化为常规的固态、液态和气态燃料，取之不尽、用之不竭，是一种可再生能源，同时也是唯一一种可再生、可储存的碳源，也就是所谓的生物质能。因而，能源农业也就是以开发生物质能为目的的非粮型的种植业。农业是人类以固定、转化太阳能，获取农产品为目的的生产活动。传统农业以种植业为主，即利用农作物进行光合作用，将水、CO_2 等无机物合成为葡萄糖、淀粉、脂肪和蛋白质等有机物，为人类提供赖以生存的粮食。随着科学水平的提高，人类培育了高产、高效、优质的农作物品种，为植物生长创造了良好的生产条件，使农业生产中植物固定太阳能的效率大幅提高。

从市场能源消耗的品种及速率分析，利用生物技术提高不可再生能源的开采率及创造更多可再生能源将是 21 世纪提高产能的有效技术之一。因而生物技术与能源的研究及开发已经日益受到各国的重视，并已投入大量的人力及物力。显然，在不远的将来，能源主要来自生物技术的说法将成为现实。生物工程在开发能源和环境保护等方面有着广泛的应用。如在石油勘探中，地球地层结构的复杂性常常使勘探结果的可靠性降低，甚至有时会造成一定比例的钻探及开采失误，既耗能又耗财。为了尽可能地减少损失，除了对所获得资料进行综合分析之外，人类设法研发新的勘探技术，其最终的目的是求得较可靠的结论，确定钻井及开采位置。20 世纪 60 年代以来，在石油勘探技术中，微生物勘探石油这项生物工程一直受到国内外的重视。近十几年来，微生物在石油工业上的应用发展迅速，并已经取得一定的经济效益。1937 年，地质科学工作者在直接分析底土（原生风化土）中的烃含量（气测法），并用于判断地下油气的储存量时，发现油区底土中的重烃含量与季节变化存在一定联系，而这种变化是由微生物活动引起的，于是提出了油气田中的气态烃可借扩散方式抵达地面，以及地表底土中存在能利用气态烃作为碳源的微生物等看法。此外，这些微生物在土壤中的含量与底土中的烃浓度可作为勘探地下油气田的指示菌。从 20 世纪 40 年代到 60 年代期间，随着微生物培养技术及菌数测定方法的不断改进，利用微生物勘探石油的技术快速发展。美国、苏联、捷克斯洛伐克、波兰、匈牙利和日本等国家都用此法进行油区及非油区、已知油区及未知油区的勘探及普查，而且取得了可喜的效果。虽然随着计算机应用的普及和先进分析技术的不断涌现，勘探石油的技术也随之日益更新且准确率不断提高，但利用微生物勘探石油这项生物工程技术仍是一项行之有效的辅助性并具有科学性的技术。

生物质能最大的特点：一是数量巨大；二是属于可再生性质；三是 CO_2 零排放。生物质能源产业不仅可延长农业产业链，显著增加农业效益，而且可以拓展农业的功能。今后的农业领域还会扩大，即种植业将不仅局限于种植传统的农作物，还要利用和种植目前被称作野生植物的植物，例如所谓能源植（作）物。这样，农业就不仅仅是食物生产的源头，更是能源原料生产的源头，农业作为社会经济发展的基础和根本命脉地位就更加突出了。

全球能源正在向高能量密度、绿色化、多元化方向发展。在经济全球化和应对全球气候变化的背景下，为解决气候变化、供应安全等问题，全球能源生产和利用正在向更高效、更方便、更清洁、更安全、更可持续的方向发展。互联网及其他前沿信息技术将是本次能源变革中的重要技术平台及方法，能源互联网可充分利用清洁、高效能源。能源生产者和消费者均是网络的节点，从而能够实现双向转换。新一轮产业革命对能源产生新的需求，技术创新将为能源革命提供工具，同时能源革命支撑经济社会变革。

中国经济社会发展受到能源供应安全、专利技术纠纷等各种制约。新能源的兴起为中国实现强国梦、民族复兴带来了重大历史机遇，中国正积极推动向高能量密度、绿色化、多元化方向发展的第四次能源革命，力争占据能源转型和经济发展的制高点。

历史也印证了能源转型的长期性。一次成功的能源转型至少经过半个世纪以上的时间。但在技术进步的不断推动下，能源演替的速度不断加快。在1640—1880年长达240年的时间里，薪柴作为最主要的世界能源；19世纪，煤炭作为世界最主要能源；进入20世纪，石油、天然气开始主导世界能源；未来，伴随传统化石能源污染重、资源消耗殆尽，各国将大力提倡清洁能源，可再生资源或将统领整个能源消费领域。

新能源代替传统能源，没有一次是由于能源的枯竭，煤炭代替薪柴、石油替代煤炭等能源变革过程，均是由科技的进步和突破所推动完成的。本次能源革命不同于以往之处在于不依赖新能源的发现（煤炭、石油、天然气），而是将依靠科学技术的突破实现变革，同时，新能源的变革和发展可能也会因面临传统能源利益的纠葛而受到挑战。

参考文献

[1] 刘铭昌. 关于微电子工业和第二次产业革命问题 [J]. 国外社会科学，1981(1).

[2] 钱学森. 第六次产业革命和农业科学技术 [J]. 农业技术经济，1985(5).

[3] 钱学森. 运用现代科学技术实现第六次产业革命 [J]. 生态农业研究，1994(3).

[4] 刘民钢. 人类历史上的三次科学革命和对未来发展的启迪 [J]. 上海师范大学学报（哲学社会科学版），2018，47(6).

[5] 解读我国煤层气分布情况及资源量 [EB/OL]. 矿道网，2018-01-04.

[6] 中国煤层气资源量及分布 [EB/OL]. 中国矿业报网，2017-12-07.

[7] 陈和渭. 中国非常规天然气资源潜力及开发前景 [J]. 现代国企研究，2018(9下)：178-179.

[8] 潘继平，胡建武，安海忠. 促进中国非常规天然气资源开发的政策思考 [J]. 天然气工业，2011 (9)：1-6.

[9] 张洪涛，张海启，祝有海．中国天然气水合物调查研究现状及其进展［J］．中国地质，2007（6）．
[10] 国土资源部油气资源战略研究中心．全国煤层气资源评价［M］．北京：中国大地出版社，2009.
[11] 刘成林，范柏江，葛岩，等．中国非常规天然气资源前景［J］．油气地质与采收率，2009，16（5）：26-29.
[12] 王建龙，齐昌利，陈鹏，等．长水平段水平井高效钻井关键技术研究［J］．石油化工应用，2018，37（3）：95-97.
[13] 杨智，邹才能．“进源找油”：源岩油气内涵与前景［J］．石油勘探与开发，2019，46（1）：1-12.
[14] 付亚荣．未来采油工程新技术——纳米机器人［J］．石油钻采工艺，2016，38（1）：128-132.
[15] 付亚荣．石墨烯在油气田开发工程领域应用前景［J］．工程研究——跨学科视野中的工程，2017，9（2）：199-204.
[16] 自然资源部．中国矿产资源报告［M］．北京：地质出版社，2018.
[17] 李志学．天然气开采企业操作成本动因研究［J］．会计之友，2016.
[18] 张文英．煤炭企业原煤生产成本影响因素探析［J］．煤炭经济研究，2008.
[19] 杜学智．五十年，五百年，山西煤炭还能开采多少年？［J］．科技创新与生产力，2010.
[20] 王杰．基于PSO-SVR模型的原煤生产成本预测研究［D］．河北工程大学，2013.
[21] 李昭，马亮．我国油气田开发现状及未来发展趋势［J］．化工设计通讯，2017（6）．
[22] 秦荣军．我国煤炭开采现状及政策研究［J］．煤炭经济研究，2019（1）．
[23] 曲艺．去年新增油气探明储量止跌回升［N］．中国电力报，2019-07-16.
[24] 薛洁琼．石油经济要闻［J］．国际石油经济，2019（7）．
[25] 蔡振禹．基于粗集—小波神经网络的煤炭企业管理研究［D］．天津大学，2007.
[26] 王少勇．2018年我国油气探明储量止跌回升［N］．中国自然资源报，2019-07-18.
[27] 张思玮．我国油气开采呈现“油稳气升”态势［N］．中国科学报，2019-07-29.
[28] 黄晓芳．去年我国石油新增探明储量9.59亿吨［N］．经济日报，2019-07-16.
[29] 自然资源部．我国新发现矿产地153处，新增资源量很大［J］．黄金技术科

学，2019（3）.
[30] 崔君鸣．山西能源地位不可动摇［J］．科技创新与生产力，2010（9）.
[31] 李辉．转化甲烷，为缓解能源和资源问题而努力——单永奎教授研究成果记［J］．世界科学，2012（1）.
[32] 闫绍恭．浅论煤矿开采技术与工艺发展［J］．科学资讯，2012（20）.
[33] 王少勇．我国油气资源勘查开采呈现新格局［J］．国土资源，2018（8）.
[34] 林琨，张鼎华．胁迫环境对植物光合作用的影响［J］．安徽农业科学，2014（31）.
[35] 赵美．煤的形成过程［J］．学园，2013（35）.
[36] 金春爽．石油是如何形成的？［J］．资源导刊（地质旅游版），2015（12）.
[37] 张丽．探讨我国天然气地质理论进展［J］．中国石油和化工标准与质量，2014（14）.
[38] 毕彩芹．中国煤层气资源量及分布［J］．石油知识，2018（2）.
[39] 陈和谓．中国非常规天然气资源及开发前景［J］．现代国企研究，2018（18）.
[40] 李佳鹏．环境成本上升当如何遏止［N］．经济参考报，2005-07-02.
[41] 杜德春．环境成本上升当如何遏制［J］．商场现代化，2006（35）.
[42] 孟凡君．天然气水合物成为我国第173个矿种［N］．中国工业报，2017-11-17.
[43] 牛宏莉．有效转变经济增长方式［J］．河南商业高等专科学校学报，2006（4）.
[44] 程序．绿色农业与生物质能源［J］．科学中国人，2007（4）.
[45] 张英珊．能源农业的发展前景［J］．西部资源，2006（4）.
[46] 张智超．营口地区秋冬季PM2.5变化特征及其与能见度的关系［J］．现代农业科技，2019（4）.
[47] 闫海．中国能源革命加强法制建构［J］．中国能源，2017（2）.
[48] 吕志才．酸雨的危害及其防治措施的探讨［J］．环境与生活，2014（12）.
[49] 姜晓刚．浅析酸雨的成因、危害及防治措施［J］．农业科技与信息，2016（15）.
[50] 翁伯琦．试论生物质能源开发与绿色大农业发展［J］．中共福建省委党校学报，2009（2）.

4　中国潜在化石能源的发展潜力评估

由于持续不断地开采，化石能源的储量逐年减少，开采难度越来越大，成本越来越高。煤、石油、天然气的直接消耗，在导致能量损失的同时造成了环境污染，排放的温室气体导致温室效应，对环境的不良影响短期内难以修复。出于保障能源安全和保护生态环境的考虑，新能源、潜在能源的开发和利用刻不容缓。

4.1　非常规天然气快速发展

4.1.1　非常规天然气资源的潜力可观

近年来，中国不断加大天然气资源勘探资金投入，塔里木盆地、鄂尔多斯盆地、四川盆地和海域的非常规天然气探明储量不断增加，“十二五”期间中国在非常规天然气的勘探开发方面取得了巨大的突破。新一轮全国油气资源储量调查与评价已于2017年5月正式启动，调查期间将对中国非常规天然气进行系统的勘查和评估，明确中国非常规天然气资源的发展潜力，同时更好地预测中国非常规天然气的发展趋势。

4.1.1.1　煤层气

煤层气俗称“瓦斯”，是煤的伴生气体，是优质、清洁、高效的燃料。煤层气是近一二十年在国际上崛起的洁净、优质能源和化工原料，也是我国最现实、最可靠的非常规清洁能源。我国煤层气在“十一五”期间实现商业化，“十二五”期间实现产业化，“十三五”期间煤层气有望成为非常规天然气资源开发的主战场。国家“十三五”规划将加快煤层气开发放在了突出地位，国家能源局确定了2020年煤层气产量达到$400\times10^8m^3$的战略目标等，以加快培育和发展煤层气产业，推动清洁型能源生产和消费革命。

据统计，我国煤层气地质资源量位居世界第三，仅次于俄罗斯、美国。世界煤层气地质资源量为 $268\times10^{12}m^3$，主要分布在独联体国家、北美地区和中国等煤炭资源集中区。仅俄罗斯、美国、中国、加拿大、澳大利亚五国煤层气地质资源量就占世界煤层气总量的 90%，其中中国占世界煤层气总量的 12%。

自然资源部发布的《煤层气资源潜力评价报告》显示，我国 42 个主要含煤盆地埋深 2000m 以浅的煤层气地质资源量 36. 81 万亿 m^3，资源丰度 0. 998 亿 m^3/km^2，埋深 1500m 以浅的煤层气可采资源量达 10. 87 万亿 m^3，3000m 以内的远景资源量达 55. 2 万亿 m^3。

我国煤层气资源主要可划分为东北、华北、西北和南方四大煤层气聚集区。东北气区主要集中于内蒙古东部的海拉尔盆地（群）、二连盆地（群）以及东北三省的松辽盆地（群），该区经济地理条件优越，煤层气资源较丰富，煤与煤层气勘探研究基础较好，是我国煤层气勘探开发的重要战略地区。华北气区主要分布在横跨陕西、甘肃、宁夏、内蒙古四省区的鄂尔多斯盆地，山西的大同—宁武盆地、沁水盆地，华北北部的渤海湾盆地以及华北南部盆地等。中国最具煤层气勘探开发前景的目标区多分布于华北气区，该气区是我国目前煤层气勘探开发最为活跃的地区。西北气区分布在新疆的准噶尔、三塘湖、焉耆、吐哈、塔里木等盆地以及青海的柴达木盆地等，并以准噶尔盆地和塔里木盆地最为集中。该区煤层厚度大、物性好，煤层气丰度高，煤层气富集可采条件较好，已建成了白杨河—阜康煤层气示范区。南方气区主要分布在川南—黔西—滇东地区的四川盆地、楚雄盆地、十万大山盆地、三水盆地等，因集中分布煤层厚度大、层数多、含气量高的晚二叠世含煤地层而成为煤层气勘探开发重要战略接替区（见图 4-1）。

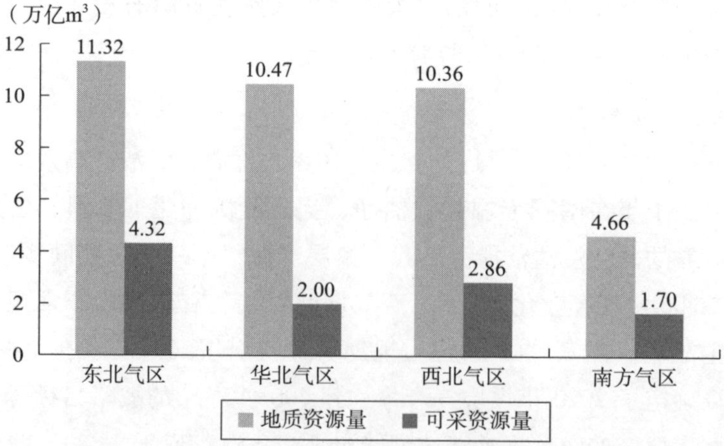

图 4-1　中国四大煤层气区资源量分布

中国煤层气资源具有主要含气盆地集中分布的特点。煤层气地质资源量大于 $1\times10^{12}m^3$ 的含气盆地有鄂尔多斯、沁水、准噶尔、滇东黔西、二连、吐哈、塔里木、伊犁和海拉尔 9 个盆地，其中鄂尔多斯盆地资源量最大，达 $9.86\times10^{12}m^3$，占全国总量的 26.79%，其次为沁水盆地，资源量为 $3.95\times10^{12}m^3$，占全国总量的 10.73%。内蒙古、新疆、山西、贵州和云南三省两区因得天独厚的煤层气地质资源条件，是我国最有可能规模化开采煤层气、发展煤层气产业的地区。根据自然资源部发布的《中国矿产资源报告2018》，截至 2017 年底天然气查明资源储量 3025 亿 m^3，主要分布在山西、鄂尔多斯盆地东部等。在优质高效洁净能源需求日益增长的今天，国家及有关省区已出台了多项政策来积极扶持、推动发展煤层气产业。

4.1.1.2 页岩气

页岩气是指赋存于以富有机质页岩为主的储集岩系中的非常规天然气，是连续生成的生物化学成因气、热成因气或二者的混合，可以游离态存在于天然裂缝和孔隙中，以吸附态存在于干酪根、黏土颗粒表面，还有极少量以溶解状态储存于干酪根和沥青质中，游离气比例一般在 20%~85%。页岩气成分以甲烷为主，是一种清洁、高效的能源资源和化工原料，主要用于民用及工业燃料，其开发和利用有利于缓解油气资源短缺问题，增加清洁能源供应，是常规能源的重要补充。

据中国自然资源部和美国能源部信息署估计，中国埋深 4500m 以浅的页岩气地质资源量达 122 万亿 m^3，可采资源量达 22 万亿 m^3。在中国政府主管部门和中国石油、中国石化等油气企业的共同努力下，页岩气资源开发已经取得了初步成效。在七八年时间里，中国页岩气产量不断提高，2017 年产量达到 90 亿 m^3，中国现已成为继美国、加拿大之后世界第三大页岩气开发国，也是北美地区之外唯一实现页岩气规模化商业开发的国家。按照国家《天然气发展“十三五”规划》提出的“天然气仍应以国内供应为主”的基本原则，到 2020 年页岩气产量力争达到 300 亿 m^3。

4.1.1.3 致密气

致密气也称致密砂岩气，是指渗透率小于或等于 0.1md 的砂岩地层天然气，与煤层气、页岩气同为世界公认的三大非常规天然气。据 2015 年油气资源统计，全球致密气可采资源量达到 7.2 万亿 m^3，其中，中国致密气探明可采资源量约 1.8 万亿 m^3，占世界总量的 25%，主要分布于鄂尔多斯和四川盆地，其次是塔里木、准噶尔和松辽盆地，约占总量的90%。目前，在我国非常规天然气开发进程中，致密气发展步伐遥遥领先；随着含油气盆地地质认识程度的提高和勘探开发技术的进步，海域将成为未来致密气勘探开发的重要接替领域。

截至2017年底，中国致密气产量达340亿m^3（见表4-1）。据《能源发展“十三五”规划》，2020年我国天然气产量将达到2200亿m^3，其中，据中国工程院预测，致密气产量将达到800亿m^3，占比高达36.36%。致密气的加入，显著增加了非常规天然气的体量及其在天然气总量中的占比。

表4-1 中国致密气产量

单位：亿m^3

年份	中石油致密气产量	中石化及其他致密气产量	合计
2013	249	91	340
2014	260	110	370
2015	262	88	350
2016	276	79	355
2017	282	58	340

4.1.1.4 天然气水合物

天然气水合物俗称“可燃冰”，是水和甲烷在高压、低温条件下混合而成的一种固态物质，存在于海底或陆地冻土带内，可像固体酒精一样直接点燃。天然气水合物具有使用方便、燃烧值高、清洁无污染等特点，被誉为“后石油时代”重要的战略资源，已经受到国内外的高度关注。据估计，在中国215万平方公里的冻土区下，可燃冰的远景资源量可达350亿toe，中国海域可燃冰控制资源量可达40亿toe。按照中国战略规划的安排，2006—2020年是调查阶段，2020—2030年是开发试生产阶段，2030—2050年，中国可燃冰将进入商业生产阶段。

2017年，国务院批准同意将天然气水合物列为我国第173个矿种。确立天然气水合物为新矿种具有重大意义，包括以下五个方面：一是有利于保障国家能源资源安全。我国海域天然气水合物分布广、类型多、资源量大，可用于民用和工业燃料、化工和发电等，是我国重要的战略后备资源，其开发利用将为国家能源资源保障提供新的方向，降低我国油气资源对外依存度，提升我国能源资源安全保障程度。二是有利于优化能源生产和消费格局。确立天然气水合物为新矿种，可以推动天然气水合物资源早日实现开发利用步伐，满足经济社会发展对清洁能源的需求，控制温室气体排放，对于构建资源节约、环境友好的生产方式和消费模式，推进绿色发展具有重要意义。三是有利于放开天然气水合物矿业权市场。确立天然气水合物为新矿种，有利于推进天然气水合物勘查开发投资主体多元化，鼓励国内外具有资金、技术实力的多种投资主体进入天然气水合物勘查开发领域，极大地激发市场活力。四是有利于促进天然气水合物勘查开采科技创新。确立天然气水合物为新矿种，有利于加大科技攻关力度，通过自主创新掌握天然气水合物勘查开采的核心技术，形成适合我国地质条件的天然气水合物资源调查与评价技术方法、勘查开采关键技术及配套装备，促进天然气水合物领域技术全面进步。五是有利于带动相关产业发展。加快天然气水合物资源勘探开发，有利于拉动钻采装备制造业、管网建设、工程施工、液化天然气船、非常规天然气勘探开发特种技术及装备制造业等加快发展，可增加就业，培育新的经济增长点，形成上游勘探开发、中游运输储备、下游综合利用的完整产业链。

4.1.2 非常规天然气的开采技术发展迅速

4.1.2.1 国外非常规天然气研究现状

截至2015年，全球致密气、煤层气和页岩气三类非常规天然气可采资源量约920万亿m^3，水合物天然气可采资源量达2000万亿~3000万亿m^3，是常规气的8倍以上。中国、北美、澳大利亚以及中亚等地区都有非常规天然气分布，可谓遍布全球，发达国家在科学技术上的领先为他们对非常规天然气的开采创造了条件。

美国能够站在商业化开采页岩气的前列，得益于水平井技术、多段压裂技术、微地震储层预计技术以及有效的完井技术等一系列先进技术的成功应用。国际上通常将页岩气气田开发分为五个阶段：一是评估阶段，即对页岩气及其储层潜力进行评估；二是启动阶段，开始钻探试验井，测试压裂并预测产量；三是早期开采阶段，开始迅速开发，建立相应标准；四是成熟开采阶段，进行生产数据对比，确定气藏模型，形成开发数据库；五是产量递减阶段，为了减缓产量递减速度，通常需要实施再增产措施，如重复压裂等。

1965年，在苏联的麦索亚哈气田发现了第一个陆地冻土带具有商业开采价值的天然气水合物藏，引起了世界各国对水合物研究的重视。20世纪80年代以来，美国、日本、俄罗斯、德国、加拿大、挪威、英国及印度等国都着手开展天然气水合物的调查和研究工作，先后制定了相关长远发展规划和实施计划，对于天然气水合物的研究也取得了一系列新进展和技术进步，主要有：①水合物地质学和地球化学研究在气源、运移和成藏模式上有新发现和新见地，高分辨率三维地震勘探和其他新的地球物理调查技术使确定井位的成功率提高，钻井取样技术趋于成熟。②在室内实验模拟和陆上永冻土区开采试验（包括钻井、试井、测井和完井试验）基础上，成功进行了加热法、减压法、化学试剂法、CO_2 置换法以及组合法等开采方式的试验。加拿大麦肯齐三角洲 Mallik3IJ-38、Mallik4L-38 和 MallikSIJ-38 井组于 2002 年完成了永久冻土带水合物的试验性开采，经过 5 天的加热开采试验，共生产天然气 $468m^3$；于 2008 年再次进行降压和注热联合开发试验，用了大约 5.5 天时间，累计生产天然气约 $13000m^3$，平均每天 $2400m^3$ 左右。日本开展了海洋水合物试验性开采，于 2013 年 3 月在爱知县渥美半岛附近约 1000m 的海底钻入 330m，采用压降法试采，在约 6 天时间里，累计生产天然气产量约 12 万 m^3，平均每天约为 2 万 m^3，为海洋水合物开发积累了一定的经验。

4.1.2.2　国内非常规天然气研究现状

20 世纪 70 年代，中国开始开发利用致密气，但当时受“重油轻气”思想以及其他种种因素的影响，致密气的开发之路一度受挫。改革开放之后，市场经济繁荣发展，油气藏开发技术不断提高，科研人员越来越追求低渗透、低丰度和低孔隙度，开采质量有了很大提升。在地质科学家的不断探索下，目前致密气年产约 350 亿 m^3，约占中国天然气总产量的 22%，产气量仅次于常规气，标志着中国的致密气开发技术渐趋完善。根据中国工程院的预测，2020 年中国致密气产量有望达到 800 亿 m^3，2020 年以后致密气产量稳定增长，2030 年致密气产量有望达到 1000 亿 m^3。

中国的煤层气开发最早可追溯到 20 世纪 80 年代初，但几十年来，由于资金不足、技术落后、市场经济发展潜力不够等因素，煤层气开发的进展并没有如预期那样快速。近年来，在市场经济发展的大背景下，这一趋势有所好转，政府陆续出台了一系列关于煤层气资源开发的优惠政策，对将煤层气用于发电、产业发展、煤矿瓦斯抽采等给予财政补贴。截至 2009 年底，在鄂尔多斯、沁水等盆地地区勘测出煤层气储量 0.16 万亿 m^3，还发现了多处煤层气田，建成煤层气产能 27 亿 m^3，中国逐渐形成了一套完整的煤层气开采技术。

国内从 20 世纪 80 年代末开始开展天然气水合物研究。2008 年，在祁连山木里地区钻获了天然气水合物实物样品，成为世界上第一个在中低纬度冻土区发现水合物的国家；2011 年，进行了天然气水合物开采试验，采用的是加热+降压开采法，但效果不理想，2007 年 5 月，中国首次在南海北部神狐海域成功钻获天然气水合物实物样品；2013 年 6 月，在珠江口盆地东部海域首次钻获高纯度天然气水合物样品，并评价了南海北部陆坡资源潜力，预测了含水合物层的厚度和资源远景。在水合物勘探技术方面，中国地调局等单位集成了一套成熟的“地质、地球物理、地球化学”组合勘探技术，即“天然气水合物综合探测系统”，已成为应用于海域天然气水合物的常规勘探的主打技术，并得到推广应用。此外，我国还自主研发了“天然气水合物可控源电磁探测、孔隙水流体地球化学原位探测、热流探测、保压取心”等多项辅助探测技术。关于水合物开采技术研发，虽然中国比美国和日本等国家起步稍晚，在实验室模拟、基础理论、钻探技术和钻探装备、实验区选择、工业化开采和新技术开发等多个方面还有一定差距，但是随着近年来攻关力度的加大，我国在这方面取得了一些突破：吉林大学科研团队研发出陆域天然气水合物冷钻热采关键技术，总体达到国际先进水平；2017 年 5 月，在南海北部神狐海域试采水合物获得成功，试采一个月内平均日产气约 6800m^3。

4.1.3　产业政策不断完善，我国对非常规天然气的重视度显著提升

中国天然气消费一直存在明显的季节性峰谷差。2017 年，中国政府鼓励工业企业和冬季供暖以气代煤，加剧了天然气供应缺口，北方地区也出现了严重的气源供应紧张现象。2014 年国务院办公厅印发的《能源发展战略行动计划（2014—2020 年）》就明确指出，要降低煤炭消费比例，大力发展可再生能源等。然而，这一转变是一个长期的过程，中间必然需要一种良好的过渡性能源。而天然气由于其相对成熟的开发技术、相对低碳的环境排放、相对丰富的资源禀赋等，被众多学者和机构认为是推进这一能源转型实现的最佳过渡性或桥梁性能源。

国家能源局发布的《能源发展“十三五”规划》中，则将天然气定位为“转型过程中的主体能源”。随着城市经济高速发展，非常规天然气作为常规天然气的重要补充，必将会在满足能源供需、缓解能源危机中扮演越来越重要的角色。目前，天然气在中国一次能源消费结构中的占比越来越大，为降低天然气对外依存度，国内非常规天然气的大规模开发势在必行，急需国家相关部门制定非常规天然气发展规划战略，给予强大的政策、资金支持，通

过相关政策文件明确非常规天然气发展前景，鼓励国内有资质、有实力的企业、社会主体参与到非常规天然气开发领域中。未来，随着国家政策的逐步到位及非常规天然气开发技术的不断完善，中国有希望成为亚太地区非常规天然气的开发首创者。目前，中国非常规天然气产业化开发虽然面临诸多挑战，但通过与世界各国非常规天然气开发公司的合作并共同分享技术和经验，必将会打破制约非常规天然气开发的技术瓶颈，推动非常规天然气取得大发展。

2018 年 8 月 30 日发布的《国务院关于促进天然气协调发展的若干意见》（以下简称《意见》）明确提出，“研究将中央财政对非常规天然气补贴政策延续到‘十四五’时期，将致密气纳入补贴范围”。众所周知，之前国家认可的非常规天然气只有页岩气和煤层气，并对其制定了 0.2～0.4 元/m^3 的补贴政策。而这次突然将储存量与产量颇大的致密气从常规天然气中剥离出来，划入非常规天然气范畴并享受国家财政补贴，着实给业界带来了巨大影响。

由于我国致密气的勘探程度较高，储量情况相对清楚，开发技术相对成熟，体量颇大，开发前景十分广阔，但是多年来一直因为开采成本高于常规天然气而影响开发进度。现在国家明确了致密气的非常规天然气身份，并且对其给予财政补贴，发展瓶颈问题迎刃而解，我国致密气必将迎来快速发展的宝贵机遇，进而成为我国主体天然气之一。

《意见》刚出台不久，四川致密气开发就传来好消息，专家审查通过中石油四川金华—中台山致密气开发试验区的一批开发评价井位，即将展开致密气开发技术攻关，目标是 2020 年建成 10 亿 m^3 致密气产能。同时，中石化鄂尔多斯盆地北部开发的东胜致密气气田也传来佳音，目前日产量已逾 300 万 m^3，预计年底将接近 400 万 m^3，全年产量将达 11 亿 m^3，2019 年产量计划达 15 亿 m^3。由此可见，在国家补贴政策的鼓励下，我国致密气正在进入一个新的发展阶段。

4.2　煤炭地下气化的前景良好

4.2.1　煤炭地下气化原理

煤炭地下气化是煤炭开发技术之一，是将处于地下的煤进行有控制的燃烧，通过煤的热及化学作用产生可燃气体的过程，变物理采煤为化学采煤，实现“采煤不见煤”的能源洁净开采和利用。煤炭地下气化集建井、采煤及转化等多种工艺为一体，不仅可以回收老矿井遗弃的煤炭资源，而且可以用于开采井工矿难以开采的或开采经济性和安全性差的薄煤层、深部煤层和“三下”压煤，以及高硫、高灰、高瓦斯煤层等。煤炭地下气化大大提高了煤炭资源的利用效率和利用水平，深受世界各国重视，被誉为新一代采煤方法，是从根本上解决传统开采方法存在的一系列技术和环境问题的主要途径。

4.2.2 国内外产业研究进展

4.2.2.1 国外煤炭地下气化研究进展

煤炭地下气化的设想首次由门捷列夫于 1888 年提出，随后众多学者及研究机构在煤炭地下气化领域做了大量的基础性工作。截至目前，国外实施的地下气化项目有 30 多个，主要集中在俄罗斯、美国、澳大利亚、南非、加拿大和欧洲地区。

（1）俄罗斯南阿宾斯克气化站。

南阿宾斯克气化站位于俄罗斯库兹巴斯矿区。气化煤层厚 2~9m，深 50~300m，煤种为气肥煤。1955 年建成试验性气化站，设计年产气能力为 5 亿 m^3，采用井（筒）气化工艺。到 1991 年累计气化煤炭 3Mt，产气 90 亿 m^3，煤气平均热值 3.82MJ/m^3（1600Kcal/m^3）。煤气为附近 12 个工矿企业供应燃料。

（2）乌兹别克斯坦安格兰气化站。

安格兰气化站的设计能力为 200×10^4t，相当于每天消耗 1900t 褐煤，煤气供火力发电锅炉使用，燃气热值为 3.18~3.56MJ/m^3。该站于 1961 年投产，煤层厚度为 2~30m，埋深为 120~200m。该气化站直至目前仍在生产中，国内新奥集团参股该地下气化站。

（3）欧洲国家煤炭地下气化研究。

欧洲主要致力于深层煤炭地下气化技术研发，并与碳捕捉与存储（CCS）等产业发展相结合。数值模拟表明，煤炭在高温（高于 1000℃）、高压（高于 10MPa）气化条件下，更倾向于选择甲烷化反应，CH_4 比例大幅增加，CO 和 H_2 比例大幅减少，由于对地面 CO 变换和甲烷化装置的需求降低，地面装置能耗大幅下降，与地面煤制气相比，成本显著下降。不过，深层煤炭地下气化项目容易实现这种高温高压条件，浅层煤炭地下气化项目则无法达到这个条件。20 世纪 80 年代的比利时图林试验项目（埋深 860m）、90 年代的西班牙特鲁埃尔试验项目（埋深 500~700m）等多个矿场试验已经取得重大突破，证实与浅层相比，深层煤炭地下气化（800m 以深）的气化效率更高，单井产气量更高，产气品质更高，环境影响更小。

2009年，英国政府批准了福斯湾河口深层煤炭地下气化项目（埋深1000~2000m），计划从海岸钻大位移水平井，在陆地上进行地面处理，并将CO_2通过天然气管道输送到北海气田或福斯湾深处进行封存。

在欧盟煤和钢铁研究基金程序（RFCS）支持下，保加利亚东北多布罗加（Dobrudzha）煤田煤炭地下气化+碳捕捉与存储项目于2014年完成了基础研究，力求针对埋深1200m以下煤层建立深层煤炭地下气化+碳捕捉与存储技术经济可行的商业模型。同期，欧盟资助的煤炭地下气化制氢第二阶段研究也已经完成，大幅度提高氢气产量用于燃料电池发电，将对未来欧洲能源结构产生巨大影响。总体来看，欧洲深层煤炭地下气化技术研究和试验已经取得了丰富的经验，现代钻完井和气化过程测控等技术已实现商业化应用，余下的障碍主要来自公众态度和碳排放约束等因素。

（4）美国煤炭地下气化试验。

在20世纪七八十年代，美国的劳伦斯国家实验室等科研部门在几个项目基地进行了38次试验，研究出了“后退式煤炭地下气化”技术。

其间，美国能源部拉勒米能源技术中心在怀俄明州汉那附近进行地下气化试验。气化煤层为次烟煤，煤层厚度为9m，埋深为49~122m。气化试验首次采用反向燃烧法，注空气，气化煤炭15741t，煤气热值为4.0~6.6MJ/m^3。

此外，美国罗林斯煤炭地下气化试验和森特雷利亚煤炭地下气化试验也已获得成功。

（5）加拿大煤炭地下气化试验。

在加拿大艾伯塔省政府资助下，2011—2012年，天鹅山煤炭地下气化矿场试验项目利用欧洲相关技术，在平均埋深1400m的煤层成功进行了高压气化试验。该试验项目U型井水平段长1600m，采用L-CRIP工艺，纯氧气化，实现了粗煤气稳定日产量约11万m^3，其中CH_4含量最高达到37%。该项目首次验证了在地下10~12MPa压力下的烟煤气化反应能够比浅层低压气化增加约2倍的CH_4含量，投资经济性得到明显提升。

加拿大公司地下气化技术基本代表了目前西方国家地下气化技术的主流，并已直接或间接应用到澳大利亚、南非、印度、中国等国家的地下气化试验中。加拿大公司自称已经实现了该技术的工业化。

（6）澳大利亚煤炭地下气化试验。

澳大利亚煤炭地下气化工作是在引进加拿大技术的基础上发展起来的。

截至目前，澳大利亚的煤炭地下气化工业性试验的产业链相对完整，代表项目有 Linc 公司的庆奇拉地下煤气化制油项目。

英国北海深层煤炭地下气化项目工程方案示意见图 4-2。

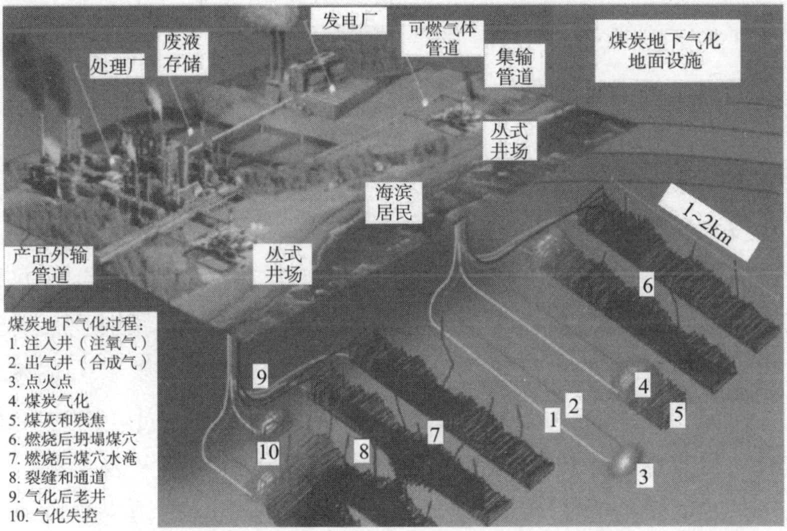

图 4-2 英国北海深层煤炭地下气化项目工程方案示意

美国首创的两种水平井地下建炉方案示意见图 4-3。

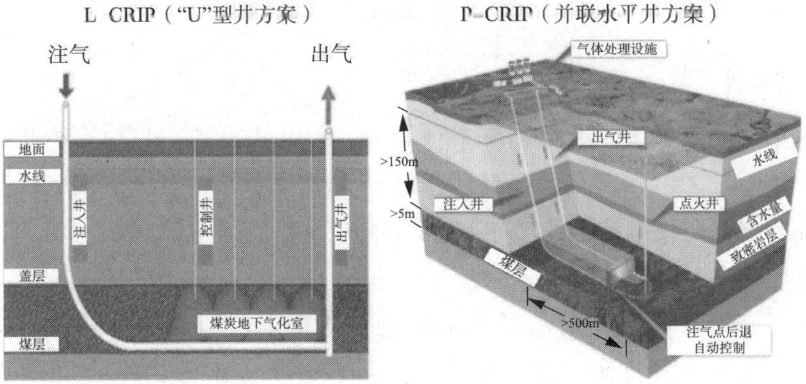

图 4-3 美国首创的两种水平井地下建炉方案示意

4.2.2.2 国内煤炭地下气化研究进展

中国早在 20 世纪 50 年代就开始相关研究，90 年代开始积极开展相关研究试验，在国家“八五”科技攻关项目、“863”课题支持下连续开展了十几个浅层煤炭地下气化矿场试验项目，但多在人工采煤巷道和浅煤层进行。

新汶矿业集团从1999年开始进行自然条件下煤炭地下气化试验的研究。2000年3月，孙村气化站点火出气；同年7月，正式向1万户居民供应生活用燃气，日产气30000m^3，且所产煤气除民用之外，在工业利用方面也取得突破。至2005年，新汶矿业集团成为首家将煤炭在地下一次性气化后大规模投入民用及工业的集团。

2006年，新奥集团和中国矿业大学（北京）开始合作进行无井式煤炭地下气化技术研究。2007年4月，国内第一个气化采煤发电/甲醇甲烷联产工业性试验项目在乌兰察布开工建设，于当年10月实现了点火并稳定出气。2008年，试验项目遭遇煤层渗水、气化通道堵塞、煤层顶板冒落等难题，成为推行项目进展的瓶颈。合作双方经共同攻关克服了上述困难，日产煤气15m^3，稳定运行两个月以上，富氧煤气运行达一周。2009年6月16日，试验项目实现了低热值煤气示范性发电，至今500kW发电机一直稳定运行，每月发电量约为11×10^4kW·h。该项目标志着中国煤炭地下气化技术取得突破性进展，为中国开展无井式煤炭地下气化技术研究提供了良好示范。该项目极具成本优势，造气成本仅为地面气化造气的40%左右，具有较高的经济效益。

4.2.3 煤炭地下气化能效及经济性

4.2.3.1 煤炭地下气化能效分析

煤炭地下气化（UGG）的主要产品为CO和H_2，所以该技术在提高资源回收率的同时，还可以有效提高能量的转化效率。相关研究表明，煤炭常规开采和常规发电仅得到了约23%的综合能效，即使采用超超临界机组，其综合能量转化率也仅为30%；若采用UCG-IGCC方式，在采矿回收率大大提高的同时，燃气联合循环发电能效也能进一步提高，理论综合能效可提高到50%；若能充分发挥碳—化工的优势，UCG—煤化工理论综合能效将达到63%，是超超临界机组综合效率的两倍多（见表4-2）。根据预测，未来几十年，世界47%的能源将以电能的形式被消费，若能解决IGCC前端制煤气过程中的环境污染问题，便可进一步实现综合能效的提高。

表 4-2　煤炭物理开采和地下气化各自后续过程转化效率对比

能源转换方式	采煤—常规发电	采煤—超临界发电	UGG—IGCC	UGG—煤化工
采矿回收率（%）	66	66	90	90
能源转化率（%）	34	45	55	70
综合效能（%）	23	30	50	63

煤炭地下气化物料平衡表见表 4-3。

表 4-3　煤炭地下气化物料平衡表

产出				投入				效率	
计划产气量（亿 m^3）	煤气热值（MJ/m^3）	产气率（m^3/t）	总热值（10 万亿 J）	气化原煤量（万 t）	原煤热值（MJ/kg）	耗水量（万 t）	耗纯氧量（亿 m^3）	吨煤耗氧量（m^3）	吨煤耗水（t）
3. 78	6. 28	2700	237	14	21. 77	2. 9	0. 43	307. 19	0. 25
15. 12	6. 28	2700	950	56	21. 77	11. 6	1. 72	307. 19	0. 25
37. 8	6. 28	2700	2374	140	21. 77	28. 9	4. 3	307. 19	0. 25

4. 2. 3. 2　中国煤炭地下气化经济性分析

采用煤炭地下气化技术，煤炭无须开采、运输，也不需要使用地面洗选、加工、转化设备，可节约大量的井建、采煤、选煤工程投资，大大减少煤炭运输费用，减少地面建气站设施的投资。据统计，与地面气化生产相同下游产品相比，地下气化成本大幅下降：生产合成气成本下降 43%；生产天然气代用品成本下降 10%~18%；发电成本下降 27%。据苏联列宁格勒火力发电设计院计算，地下气化热力电厂与燃煤电厂相比，厂房空间可减少 50%，锅炉金属耗量降低 30%，运行人数减少 37%。

从投资、收入、资源利用率及发展方式几个方面比较，在 100 万 t 产能的原煤销售、原煤发电、地下气化发电、气化后 CH_4化这几种能源利用方式中，煤炭地下气化发电的建设成本只占原煤销售和原煤发电的 50%~75%，气化后 CH_4化也仅仅与销售原煤的投资相当，而能源利用率明显优于原煤销售或原煤发电，并可充分发挥滚动投资的优势。就单位投资的收益而言，气化发电及气化后 CH_4化的收入明显优于原煤销售或原煤发电。宏观投资回报的分析也进一步证明，规模化煤炭地下气化具有良好的经济前景（见表 4-4）。

表 4-4 煤炭不同利用方式的概略投资收益比较

开发方式	投资（亿元）	年收入（亿元）	资源利用率（%）	发展方式
原煤销售	20	3.5	50	一次到位
原煤发电	30	7.78	50	分次到位
地下气化发电	15	4.43~6.15	70	滚动发展
气化后 CH_4 化	20	7.08	70	分次到位

4.2.4 煤炭地下气化市场前景

中国“缺油、少气、煤炭资源相对丰富”的资源禀赋，决定了现阶段以煤为主体的能源结构，能源供应安全保障、能源结构转型升级都离不开煤炭资源的清洁开采和利用。从 2017 年中国矿产资源报告数据看，以热值当量计算，中国煤炭总资源量规模为石油和天然气资源量总和的 14 倍，已查明资源则为 142 倍，煤炭产量约为油气总产量的 8 倍。2014 年自然资源部重大项目“全国煤炭资源潜力评价”成果显示，全国埋深 2000m 以浅的煤炭资源总量达 5.9 万亿 t，其中鄂尔多斯盆地煤炭资源量约 2 万亿 t，约占全国总量的 35%。目前，中国仅对埋深 1500m 以深的煤炭资源进行了不同程度的勘察，且详查和勘探面积比例很小。根据鄂尔多斯盆地油气勘查钻遇煤层资料初步估算，全盆地埋深 4000m 以浅的煤炭预测总资源量高达 6.9 万亿 t，其中埋深 1000~3000m 的资源量为 4.4 万亿 t。可见，全国深层煤炭资源量规模可能远超出目前的认识。

仅以鄂尔多斯盆地 4.4 万亿 t 深层煤炭资源量为例，按照保守的资源查明率 30%，筛选其中适宜进行地下气化的探明储量 5%，按照气化率 60%、吨煤转化 $250m^3CH_4$ 初步测算，相当于 10 万亿 m^3 天然气可采资源量，已超过鄂尔多斯盆地常规和非常规天然气可采资源量的总和。若以每年 2000 亿 m^3CH_4 计算，足够连续生产 50 年。如果全国的巨量深层煤炭资源得到有效解放，则有望逐步替代进口天然气，实现天然气自给自足，甚至可以有效替代原油消费，降低原油对外依存度，实现“能源独立”。

地面煤制气项目需要依赖煤炭井工开采或露天开采，而煤炭地下气化项目，尤其是对井工开采无法触及的深层煤炭而言，不仅可以大幅增加煤炭可采资源量，创造资源价值，而且能够避免地表塌陷、浅层地下水污染等环境风险。

众多研究表明，煤炭地下气化项目与地面煤制气相比，具有很多明显优势。这些优势包括但不限于以下五方面：一是深层煤炭资源量巨大，煤质适应性广，可节省煤炭井工开采成本，而且不与煤电、煤化工争煤；二是可用地层盐水进行气化，淡水消耗很少，基本不受水资源限制；三是不破坏、不污染浅层地下水，没有灰渣等固体污染物排放，环境友好；四是地面配套设施简单，对于同等规模项目，资本性支出可以降低到地面煤制气项目的1/3；五是气化形成的煤穴空间无须回填，并可以用来埋藏大量CO_2，对于优质煤穴还可以极低成本建设天然气储气库，不仅库容大，而且运行成本低廉。

若煤炭地下气化产业化能够实现，必将有力促进和推动中国新一轮煤化工的发展，有可能成为实现煤炭资源综合利用的一种新方法和新途径。

4.3 新型煤化工技术发展对煤炭应用的优化

4.3.1 新型煤化工发展历程

20世纪六七十年代是石油化工飞速发展的年代，其产品数量和产量成倍增长，约90%的有机化工产品来自石油化工，装置规模化、炼化一体化逐渐成型，煤化工大量被石油化工所取代。在此背景下，除炼焦工业随钢铁工业的发展而不断发展外，煤化工发展几乎停滞，工业上大规模由煤制取液体燃料的生产也几近中止，民用煤气也逐渐被天然气所取代。只有南非因实施种族隔离政策，担心贸易制裁导致国内石油供应不足，为充分利用国内煤炭资源丰富的优势、解决油气资源贫乏的问题，南非政府大力推动煤制油的发展，并于1954年建成了SASOL煤制油Ⅰ期工厂。

1973年和1979年的两次石油危机，导致国际油价大涨，使煤化工的发展又重新受到重视，欧美等国对煤化工技术开始了新一轮的研发，南非也继续其煤制油产业的发展。中国此时已具备一定工业基础和研发能力，也开始对煤化工技术进行研发。石油危机后发展的煤化工大多以先进的煤气化技术为基础，通过将煤气化为合成气（有效成分为$CO+H_2$），再进一步生产下游产品，习惯上称为现代煤化工，目前主要包含煤制油、煤制天然气、煤制乙二醇、煤制烯烃、煤制芳烃几大类。

4.3.2 新型煤化工产业现状

煤化工是以煤为原料，经化学加工生产化工产品的工业，是化学工业的重要组成部分，与石油（天然气）化工具有替代性和互补性。习惯上将煤化工分为传统煤化工和现代煤化工，传统煤化工多指以炼焦工业为基础，对炼焦副产物（焦油、焦炉气）进行利用和以焦炭为原料生产碳化钙制乙炔发展下游产品，以及以水煤气和半水煤气为原料，生产传统化工产品，如合成氨、甲醇等的煤化工产业；现代煤化工多指以煤为原料，经过煤气化制合成气生产石油化工替代产品（煤代油），或以煤生产清洁燃料（煤制油气）的煤化工产业，主要包含煤制油、煤制天然气、煤制乙二醇、煤制烯烃和芳烃等。

4.3.2.1 煤制烯烃（MTO）

煤制烯烃是先将煤制成中间物甲醇，再通过甲醇制取乙烯、丙烯等产品的技术，该过程由煤气化、合成气净化、CH_3OH 合成、CH_3OH 制烯烃四部分组成。目前，工艺路线相对成熟且基本实现了商业化。煤制低碳烯烃（乙烯、丙烯）技术发展历史较短，但在国内取得了较大的成功。煤制低碳烯烃目前主要采用煤经甲醇间接法工艺，包含 MTO 和 MTP 技术，其中 MTO 技术运用更为广泛。20 世纪 80 年代初，中国科学院大连化学物理研究所开始了甲醇制烯烃（DMTO）技术的研究，并于 2004 年建成了当时世界上第一套万吨级工业试验装置，且于 2006 年通过考核验收。在国外，1992 年美国 UOP 公司和挪威 Hydro 公司合作开发 MTO 技术，并于 1995 年在挪威建成示范装置。2010 年，国内采用大连化物所 DMTO 技术的神华包头 60 万 t/a 煤制烯烃工业示范装置打通全流程，次年实现商业化运营，各项指标先进，经济效益显著，标志着煤制低碳烯烃技术工业化运用的成功。此后煤制低碳烯烃在我国进入了快速发展期，10 年间其产能已达到约 1000 万 t/a。目前中国煤制烯烃项目多数采用中科院 DMTO 技术（见图 4-4）。

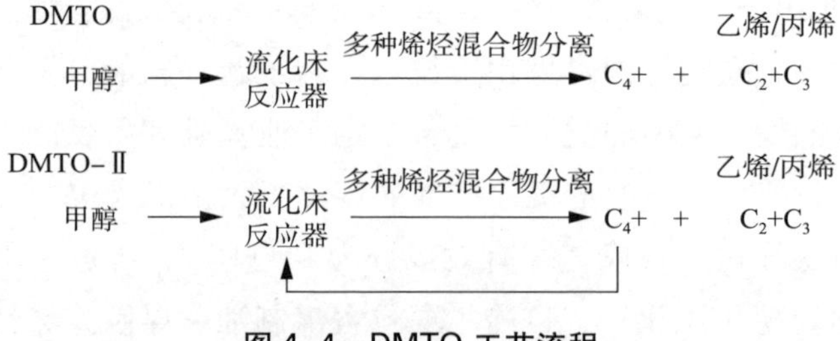

图 4-4 DMTO 工艺流程

2010 年前，国内煤质烯烃装置较少，2010—2014 年，神华包头煤制烯烃项目投产后，中国煤制烯烃迅速发展，在建及拟建煤制烯烃项目较多，主要集中于中国的内蒙古包头、新疆准东、陕西榆林。据统计，截至 2018 年，中国已建成的煤制烯烃产能达 1200 万 t/a，预计 2020 年产能将达2000 万 t/a。

2018—2019年，延安能化、中安联合、鲁西化工、久泰能源、宁夏宝丰等多个项目建成投产。

近几年，我国煤制烯烃催化剂方面实现了多项突破，例如中科院大化所包信和院士团队在无氧条件下，通过硅化物晶格限域的单铁中心催化剂的使用，实现了合成气选择转化低碳烯烃和其他化学品；中科院上海高等研究院在煤经合成气直接制烯烃浆态床技术研发方面，完成了实验室层面低甲烷高烯烃选择性的FTO催化剂的验证，总烯烃选择性高达80%以上，目前正在中试验证。甲醛制烯烃MTO流程如图4-5所示。

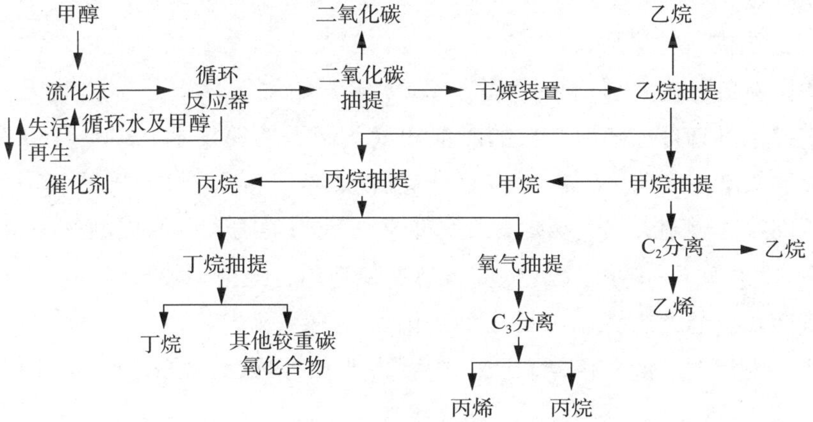

图4-5　甲醛制烯烃MTO流程

煤制烯烃主要是与石油、天然气开采和加工产品竞争。由于煤制烯烃起步晚，市场份额相对较小，定价权较弱，经济性成为制约其发展的重要因素。在煤炭资源丰富的地区，具备建设条件和运输条件的情况下，单从经济可行性考虑，煤制烯烃项目可以建设，但生产1t烯烃需要约5.5t煤，且会带来运输压力和水资源的巨大消耗。

4.3.2.2　煤制天然气

煤制天然气指用褐煤等低品质煤种经过气化、变换、净化、甲烷化等步骤制取天然气。煤制天然气技术分为间接制气技术和直接制气技术。间接制气技术是指煤经合成气（$CO+H_2$）甲烷化反应制取天然气，直接制气技术是指煤催化气化一步法制取天然气。

（1）国外研究进展。

美国最早开始对煤制天然气的研究，20世纪70年代的石油危机促使了其进一步加快发展。德国在煤化工方面技术积淀深厚，Lurgi 公司最先掌握了合成气甲烷化反应制天然气技术。美国 Exxon 公司从 1976 年开始煤催化气化制天然气技术的相关研究，开发了煤、水蒸气催化气化制取甲烷工艺。产业方面，1980 年，在美国政府贷款担保的支持下，美国大平原气化联营公司开始建设大平原煤制气工厂，项目采用间接制气技术，于 1983 年底建成，1984 年 7 月 28 日开始商业化运行，但 1985 年 8 月 1 日大平原煤制气工厂因气价下跌造成严重亏损而宣布破产。德国、日本、澳大利亚、新西兰、英国和加拿大等国也曾进行过许多煤制天然气的研究，但都停留在实验阶段，没有进行商业规模的量产。

（2）国内研究进展。

中国新奥科技发展有限公司于 2008 年开始研发煤催化气化制天然气技术，掌握了具有自主知识产权的煤催化气化制天然气技术。2009 年 8 月，国家发改委核准了大唐国际内蒙古克什克腾旗 40 亿 m^3/a 煤制天然气项目，项目采用间接法煤制天然气技术，全厂工艺流程与美国大平原煤制气项目相似，2013 年 12 月项目一期投运，但实现达产稳定运行经历了较长时间，且存在环境污染问题。继大唐克旗项目之后，国家发改委又先后核准了大唐阜新、新疆庆华、内蒙古汇能、伊犁新天、内蒙古北控等项目，据统计，年产能达到 211 亿 m^3。

目前中国煤制气项目中的甲烷化装置，还主要依靠引进国外各个专利商的循环工艺技术，存在需配置高温循环压缩机、核心装备及催化剂也需引进、甲烷化反应温度不易控制而造成飞温、系统易发生故障停车等问题，长期困扰煤制气产业。

2016 年，北京华福工程有限公司联合大连瑞克及中煤龙化历时 8 年研发成功“无循环甲烷化技术”。创新点是无循环甲烷化工艺、氢碳比分级调节、耐高温型甲烷化催化剂及内置废热锅炉甲烷化反应器四大方面。目前，该工艺技术已通过了由中国石油和化学工业联合会组织的中试装置 72 小时现场标定、科技成果鉴定，并已将该项工艺技术应用于内蒙古、新疆等多个项目中，实现了从研发到工程化的转化，为推动中国煤制气产业更好、更快发展奠定了有力的科技基础。

在投资与能耗方面，由于无循环甲烷化工艺取消了循环压缩机及其配套的厂房、管道、控制等附属系统，较传统工艺可节省投资 20%以上，节约能耗 25%以上，具有显著的成本优势。

(3) 前景分析。

从中国“富煤、贫油、少气”的能源结构和发展战略角度来看，以煤为主的能源消费格局短期内难以改变，然而这种能源消费结构带来了巨大的环境压力，温室效应、雾霾、气候变化异常等成了当今社会亟待解决的问题，煤制气能源转化率高达60%~65%，水耗较低，CO_2 排放量较少，技术相对成熟，有望成为煤炭清洁高效利用的一个重要途径。

煤制天然气流程与不同气化流程方式见图4-6和图4-7。

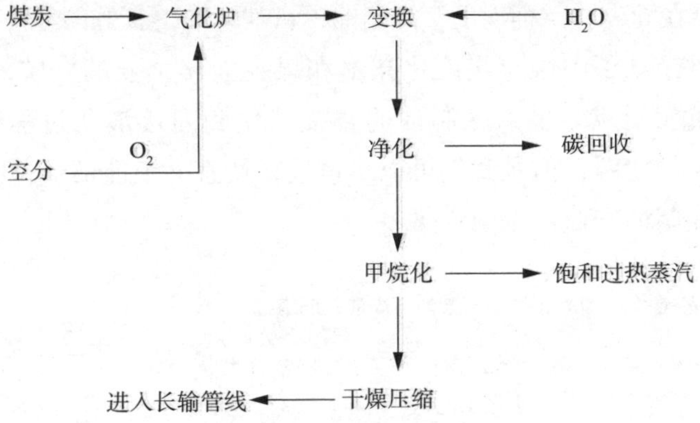

图4-6 煤制天然气流程

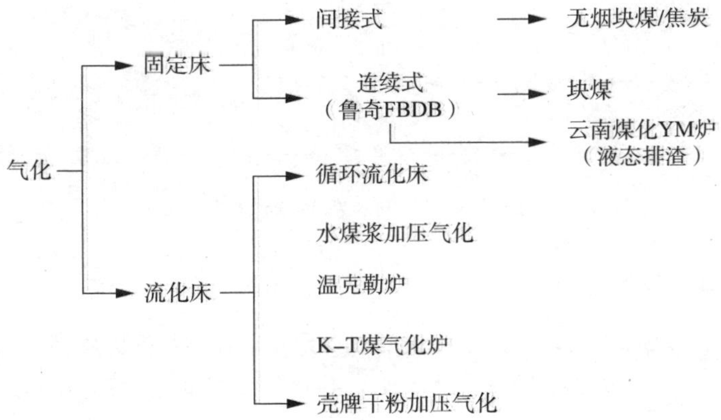

图4-7 不同气化流程方式

4.3.2.3 煤制油

煤制油技术发展较快，建成的工业装置均实现了长周期稳定运行。南非SASOL在其煤制油Ⅰ期工厂建设和运行经验基础上，分别于1980年和1984年建成了煤制油Ⅱ期和Ⅲ期工厂，最终制油总产能约500万t/a。

20世纪80年代初，中科院山西煤化所开始了煤制油技术研发，2000年至2002年建立了一套700t/a的中试装置，并于2005年9月通过国家科技部验收。从2006年开始，国内伊泰、潞安、神华、兖矿等分别开始建设示范工厂并取得成功。目前中国已掌握了具有自主知识产权的煤间接液化和直接液化技术，于2016年底建成投产的神华宁煤400万t/a煤制油项目，是目前全球最大的煤制油单体项目。目前国内拥有煤制油工业化示范产能近700万t/a，首次超越南非，成为世界最大的煤制油生产国。煤制油项目的经济性直接受国际油价影响，一般国际油价在60美元/桶以上，煤制油项目就可取得较好的经济效益。

这些项目带动了中国煤炭液化技术和煤炭液化企业的发展，为国家能源安全做出了重大贡献。虽然煤制油的直接液化和间接液化过程都比较复杂，需要消耗大量的能源，但是我们可以尽量选择便宜又节能的煤种制油。

石油及煤制油产业链见图4-8。

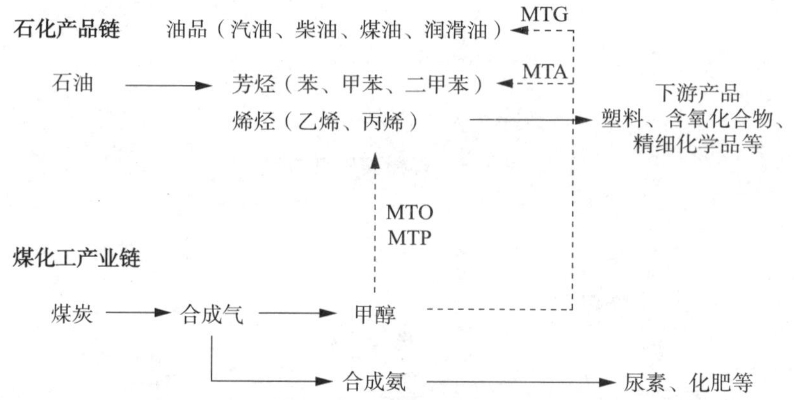

图4-8 石油及煤制油产业链

4.3.2.4 煤制乙二醇

乙二醇，又称“甘醇”、EG，是无色无臭、有甜味的液体。主要应用于制聚酯涤纶、聚酯树脂、稀释剂、增塑剂等，是目前最重要的大宗有机化工原料之一，也是当今消费量较大的多元醇。

(1) 研究进展。

煤制乙二醇技术发展稍晚，国内外研究进展相差不大，但中国的工业化较为成功。煤制乙二醇多采用合成气经草酸酯间接法工艺。

20世纪80年代，日本宇部兴产株式会社开始了合成气制乙二醇的技术研发，并建设了试验装置。几乎同时，中科院福建物构所也开始了合成气制乙二醇的研究。2006年福建物构所与江苏丹化集团、上海金煤化工新技术有限公司合作，开展了300t/a煤制乙二醇中试，2008年完成了万吨级工业试验。2009年通辽金煤在通辽市建成了200kt/a煤制乙二醇工业示范项目，成功制得工业级乙二醇，在世界范围内率先实现了全套煤制乙二醇技术的工业化应用。同年，日本高化学株式会社获得了宇部兴产株式会社合成气制乙二醇技术的全权代理权，并与中国东华工程科技股份有限公司、浙江联盛化学股份有限公司签订了联合开发协议。2010年5月，该联合体共同出资在浙江台州建成了1500t/a乙二醇中试装置。此外，国内华东理工、天津大学、中石化等多家机构均开展了煤制乙二醇技术的研究。

目前已建成煤制乙二醇产能近300万t/a，但运行效果和经济效益参差不齐。国内还有大量在建、拟建的煤制乙二醇项目，据统计，中国已投产的煤制乙二醇项目合计产能285万t/a，单套装置规模最大的是鄂尔多斯新杭能源，产能30万t/a，其他多数规模为20万t/a，在建的煤制乙二醇项目有12个，合计产能305万t/a，拟在建项目呈上升态势，近期还有几个乙二醇项目提上日程，单个项目规模高达100万~200万t/a。如果这些项目都按计划实施，未来3~5年，中国乙二醇产能将大幅增长，国内乙二醇的市场供需格局将发生重大转变。

（2）技术路径。

煤制乙二醇一般是指煤经气化、变换、净化及分离提纯后先得到合成气，再获得乙二醇。目前主要有三条技术路径：

直接法：以煤气化制取合成气（$CO+H_2$），再由合成气直接制取乙二醇，该技术关键在于催化剂的选择，较短时间内难以工业化。

烯烃法：以煤为原料，通过气化、变换、净化后得到合成气，经甲醇合成、甲醇制烯烃得到乙烯，再经乙烯环氧化最终获得乙二炔。该技术将煤制烯烃与传统石油路线合成相结合，技术较为成熟，但成本较高。

草酸酯法：以煤为原料，通过气化、变换、净化及分离提纯分别得到CO、H_2，其中CO通过催化偶联合成及精制生产草酸酯，再经H_2加氢反应并通过精制后获得聚酯级乙二醇。该工艺流程短，成本低，是目前研究及应用较多的工艺。

4.3.2.5 煤制芳烃

煤制芳烃是煤先生成甲醇，再在催化剂作用下，将甲醇脱氢、环化生成芳烃。目前煤制甲醇、芳烃分离技术已经实现工业化应用，关键技术在于甲醇制芳烃。中国具有自主知识产权的甲醇制芳烃技术主要有中科院山西煤炭化学研究所与赛鼎工程有限公司合作的固定床甲醇制芳烃技术（MTA）、清华大学的循环流化床甲醇制芳烃技术（FMTA）和中石化技术以及河南煤化集团研究院与北京化工大学合作开展的煤基甲醇制芳烃技术等，这些技术多数处于实验室及中试阶段，只有少数进入工业化生产。将来，甲醇制芳烃反应器设计和放大、反应热平衡和工程优化、PX 催化剂工业化应用等问题还需要重点解决。总体来看，受煤炭和石油价格的影响，煤制芳烃项目生产成本较高，但作为石油芳烃的重要补充，发展煤制芳烃能够减少中国 PX 进口量，具有良好的市场前景。

4.3.3 新型煤化工发展趋势

中国传统煤化工发展较早，但因受到环保政策限制，加之盲目发展且下游市场低迷，未来需要走整合优势资源、淘汰落后产能、集约发展的道路。而新型煤化工产品作为清洁能源和石油化工替代品，需求空间相对较大，发展前景广阔。

鉴于前期发展过程中出现的盲目发展、污染严重、资源浪费等问题，煤化工在未来产业发展上，应注重以下方面：一是优化示范工程技术，创新发展。当前，中国的现代煤化工产业仍处于起步阶段，大部分关键技术刚刚实现工业化生产，技术路线和工艺需要进一步调整，未来应重点通过加强产业体系化、减少资源消耗增加成本优势、改进工艺路线提高能效、减少污染排放等方面创新发展，实现首创技术产业化。

二是实现煤炭与能源化工大型化、一体化生产，延长产业链。目前中国新型煤化工产业链相对较短，终产物品类少，且产品同质化严重，未来应合理结合煤炭资源状况和化工技术知识，破除产业格局，跨行业、跨地区配置资源，形成煤炭—能源—化工一体化产业链，提高煤化工技术的利用效果，加速革新换代，降低开发及加工成本，加强相关企业之间的联合，形成新型产业。

三是推动煤化工与关联产业融合发展。目前，传统煤化工和新型煤化工均存在资源利用率低的问题，未来发展将朝向多联产技术，通过煤化电热一体化推动煤化工与石油化工等产业融合，充分利用资源，提高综合能效。例如，煤化工与石油化工融合，将液化的中间产物作为原料应用到炼油厂，通过相互优化调和，不仅可以提高石油化工产品的质量，也可以减少机动车尾气中污染物（CO_2、NO_x 等）的排放；煤制天然气与煤制甲醇、煤制烯烃等产业融合，可以充分发挥各产品的优势，取长补短，提高整体的经济效益和抗风险能力。

4.4 油页岩等潜在资源的开发和应用

4.4.1 潜在资源产业现状

非常规油主要包括油页岩、油砂及重油、致密油（含页岩油）等资源。2015 年，全球非常规油产量为 4.8×10^{8}t，占原油总产量的 11%。油页岩开发的成本和污染问题尚未解决，产量规模有限；油砂及重油资源分布高度集中，加拿大和委内瑞拉是主产国；致密油开发在美国率先取得突破，引领非常规油产量快速增长。

4.4.1.1 产业规模

西加拿大盆地聚集了全球 70%以上的油砂资源。1968 年，加拿大采用地面开采技术实现油砂油产量 86000t，沥青作为原油资源进入储量序列，当年新增原油探明储量 10 亿 t。1982 年，加拿大采用热采法实现沥青产量13 万 t，2015 年产量增长至 1.4 亿 t。据 IHS 预测，受低油价影响，2020 年油砂产量约 40 万 t/d。美国引领全球致密油资源规模开发。2008 年，应用于页岩气开发的水平井分段压裂技术广泛用于致密油资源的开发，使其产量进入快速增长阶段，实现了致密油的商业开发，助推美国原油产量再创高峰。2015 年，美国致密油产量达到 2.1 亿 t，与 2008 年相比增长了 7.2 倍。1970 年美国常规原油产量达到峰值 5.3 亿 t 之后呈现递减趋势，2008 年递减至 3.0 亿 t。致密油成功开发使其原油产量快速增长，2015 年达到 5.7 亿 t，实现了原油产量的二次高峰，并仍然具有持续增产的潜力。

中国的页岩油主要分布在准噶尔盆地二叠系、三塘湖盆地二叠系、鄂尔多斯盆地三叠系、四川盆地侏罗系、松辽盆地白垩系、渤海湾盆地古近系、苏北盆地古近系、江汉盆地古近系、南襄盆地古近系。20 世纪 60 年代，在常规油气钻探过程中，济阳坳陷偶然发现了页岩油，称之为泥岩裂缝油气藏；在济阳坳陷勘探阶段，页岩段频繁出现气测异常和油气显示；1973 年钻探河 54 井，日产油 91.4t，日产气 2740m^3，济阳坳陷第一口页岩工业油流井由此诞生。之后陆续在泌阳凹陷、古龙凹陷、东濮凹陷、辽河坳陷、济阳坳陷及沧东凹陷等陆相泥页岩层系中发现了工业油流。

4.4.1.2 技术应用

重砂和重油的形成需要烃源岩、原油储集层和防止原油扩散的盖层。重砂和重油在形成过程中很容易受到水洗、构造、生物降解的影响，其分布面积普遍偏大，具有比较大的开采潜力。重砂和重油的密度比较高且流动性特别差，这给对其的开采和利用带来很大的难度，需要在开采过程中投入较高的成本。

重油和油砂最主要的特点是流动性差，主要开采方式为露天开采和巷道开采。当油砂的埋藏深度在 120m 以内时应该采用露天开采，当深度超过 120m 时应该采用巷道开采。目前外国出现了一种水平井和蒸汽辅助重力相结合的方法，可以大大提高石油的开采效率。

页岩油气和致密油气藏在物性极差的储集层中，因此如果要对其开采，那么必须对储层进行改进，这大大提升了开采的成本。但因其具有连续油气聚集的特点，因此具有较大的开采利用价值。

页岩油气会因为干酪的不同而形成三种状态：第一种是页岩气，第二种是页岩油，第三种是油页岩。页岩气通常处于有机质丰富且渗透率极低的页岩中，包含三种储藏方式：第一种是以游离态存储在天然岩缝中，第二种是以物理或化学方式存在于页岩中的孔隙孔道中，第三种是溶解在沥青当中。我们目前对页岩气的开采主要通过水平井采集和配套压裂方式采集，最先开采出的页岩气属于游离气，随着气压的下降，吸附气将被逐渐开采。

页岩油和致密油的形成有密切的相互关系，它们都生成于烃源岩中，如果运移到页岩储层中就成了页岩油。页岩油和致密油因为储层构造的不同而呈现多样性。我国具有丰富的页岩油储量，但因为页岩油开采技术还不成熟，所以我国对页岩油的开发利用较少。

炼油和发电是油页岩的主要利用途径。干馏法是油页岩炼油的主要方法，分为地上干馏和地下干馏。地上干馏在世界上已有在工业上成功应用的工艺，因而被普遍采用，地下干馏尚在试验阶段，并不成熟。对从油页岩中提取的页岩油进行加氢裂解精制后，可获取汽油、煤油、柴油、蜡和石油焦等多种化工产品。油页岩发电包括直接燃烧产蒸汽发电和干馏后副产的气体燃料燃烧发电两种方式，目前以前一种方式为主。此外，油页岩干馏或燃烧后产生的大量灰渣（占油页岩处理量的 60%~80%）可用于制造水泥、砌砖、建筑陶粒和陶瓷等建材；可提取氧化铝、白炭黑、稀有元素和稀土元素等化学产品；可加工成肥料和用作土壤改良剂等，用于农业生产；还可以做分子筛、吸附剂，处理废气和废水等。世界上69%的油页岩用于流化床锅炉燃烧来发热、发电，25%的油页岩经各种干馏发生炉来提炼页岩油，6%的油页岩用于建筑、农业等。当前世界上以油页岩干馏生产页岩油的国家只有中国、爱沙尼亚和巴西；利用油页岩燃烧产汽发电的国家主要有爱沙尼亚、以色列、德国和中国，其中爱沙尼亚发电量很大，其他国家都很小。

致密气存储在渗透率较低的储层中，它的形成方式和页岩气的有很大不同。致密气经常存在于烃源岩的相邻地层，该地层多为致密的沉积岩层和低孔隙率、低联通率的储集层中。对致密气的开采主要通过钻水平井，然后配合压裂工艺进行生产。致密气因为气压较大，所以其开采难度小于页岩气的开采难度。

4.4.2 潜在资源发展趋势

4.4.2.1 存在问题

（1）基础理论尚需完善。如页岩油赋存机理与微观孔隙结构、页岩油滞留成藏机理、构造保存条件、有效储集体、流动机理、勘探评价体系、资源评价方法、储量和产能评价方法。

（2）勘探开发技术有待提升。夹层型泥页岩非均质性强，黏土矿物含量高，地质导向建模随钻测井、钻井施工难度大；大位移井的随钻地质导向与精细控制技术尚待改进；有机质成熟度较低，原油密度高、黏度大，地层原油处理和井筒举升难度大；采用水平井分段压裂开采时，油井初期有较高产量，但产量递减快，难以取得规模性商业发现。

（3）工程技术瓶颈有待突破。如页岩油“地球物理甜点”综合预测技术、低成本水平井分段多簇压裂技术、无水压裂等新型压裂技术、原油原位降黏技术。

4.4.2.2 发展前景

中国页岩油资源可采资源量大，可采资源量为40亿t，是未来重要的战略性接替资源，页岩油发展经历了早期的泥页岩裂缝型“常规石油”兼探阶段，直井、水平井体积压裂“致密油”主探阶段，油页岩原位加热转化为人造石油探索阶段，积累了丰富的勘探开发经验。中国石油已着手推动页岩油尽快取得革命性突破、实现商业规模开发，加大页岩油科技攻关力度，全力推进“井工厂”模式规模应用和示范区建设。

杨智等揭示了“进源找油”的源岩油气内涵；为夹层型页岩油勘探开发指明了方向的量子超距感应、纳米发电机、纳米机器人等前沿技术为提高页岩油水平井和大位移井的随钻地质导向与精细控制技术和油藏精细描述提供了可能；铁基金属玻璃、石墨烯、黑磷烯、钛合金材料等可为页岩油开发过程中钻井、开采、脱水、防腐等提供更优质的技术保障；纳米机器人还能了解油层岩石特性、井间基质、流体性质，测量储层参数、流体参数、流体和地层的界面空间分布等，有助于增加人们对页岩油藏的认识；同时，常规油气开采的“稠油冷采、分层采油、油井日常维护”等技术已完善配套，也有部分页岩油开采成功应用的范例，为页岩油提高采收率、减缓自然递减提供了可借鉴的技术支持。

页岩油已在美国实现商业开采，中国可以借鉴近年来美国海相页岩油勘探开发实践，为中国页岩油勘探开发提供理论和技术指导。

参考文献

[1] 史丹. 论三次能源革命的共性与特性 [J]. 价格理论与实践，2016 (1).

[2] 潘继平. 促进中国非常规天然气资源开发的政策思考 [J]. 天然气工业，2011 (9).

[3] 刘翔. 天然气水合物勘探开发技术现状与思考 [A] //2017 年全国天然气学术年会论文集 [C]. 2017.

[4] 李杏茹. 我国非常规天然气勘探开发中存在的问题与政策建议 [J]. 中共矿业，2013 (S1).

[5] 周郭先. 中国非常规天然气资源的开发与利用 [J]. 当代化工研究，2018 (5).

[6] 毛飞. 煤炭地下气化是我国化石原料供给侧创新方向 [N]. 中国石油报，2016-05-20.

[7] 王建良. 加快非常规天然气开发 助推中国能源转型 [N]. 中国矿业报，2018-04-17.

[8] 邱中建. 我国致密砂岩气和页岩气的发展前景和战略意义 [J]. 中国工程科学，2012 (6).

[9] 王庆. 国外煤炭地下气化调查 [J]. 中国煤炭，2002 (4).

[10] 常钦. 可燃冰成新矿种 将加快推进产业化 [N]. 人民日报，2017-11-17.

[11] 刘志良．进军可燃冰钻采领域 中国船舶工业应抓住时间窗口机遇［N］．中国船舶报，2017-06-20.
[12] 曾青高．四川盆地致密气储层培育高产井获新进展［N］．中国矿业报，2019-08-21.
[13] 秦宣仁．增强战略相互借重 提升发展合作水平［J］．国别和区域研究，2019（1）.
[14] 宋广喜．国内外天然气水合物发展现状与思考［J］．国际石油经济，2013（11）.
[15] 孔令峰．深层煤炭地下气化技术与中国天然气自给能力分析［J］．国际石油经济，2018（6）.
[16] 王大锐．我国天然气发展成就和前景展望——访中国科学院院士邹才能［J］．石油知识，2018-08-22.
[17] 周明灿．煤化工发展历程及现代煤化工展望［J］．煤化工，2018（3）.
[18] 刘金月．煤化工技术现状及发展趋势［J］．氮肥技术，2018（6）.
[19] 付茜．中国“夹层型”页岩油勘探开发现状及前景［J］．石油钻采工艺，2019（1）.
[20] 贾承造．论非常规油气对经典石油天然气地质学理论的突破及意义［J］．石油勘探与开发，2017（1）.
[21] 杨伟伟，冯渊，杨勇，付晓燕，冯永玖．页岩油藏的成藏条件及中国页岩油藏有利区展布［J］．新疆石油地质，2015（3）.
[22] 王跃霖，杨震．非常规油气地质理论与技术应用研究［J］．石化技术，2018（2）.
[23] 马玲．世界油页岩资源开发利用现状与发展前景［J］．世界地质，2012（4）.
[24] 吉卫华．国内煤制气关键技术获突破［N］．中国电力报，2016-06-01.
[25] 齐中熙．国内煤制气关键技术获突破［N］．中国矿业报，2016-06-01.
[26] 胡益之．浅析煤炭地下气化市场前景［J］．科技创新与生产力，2010（9）.
[27] 邵国荣．中国煤炭企业增强核心竞争力的几点思考［J］．现代工业经济与信息化，2011（11）.
[28] 徐锭明．新奥煤炭地下气化试验给我们带来的启示［J］．中国科技投资，2009（8）.
[29] 梁杰．煤炭地下气化技术［J］．科学中国人，2006（4）.
[30] 向辉．新型煤化工行业的状况与发展［J］．科技风，2018（35）.

[31] 王昌济. 乙二醇生产系统中硝酸回收装置的改造 [J]. 能源化工，2019 (1).

[32] 张振全. 煤制乙二醇产业发展研究分析 [J]. 化工管理，2019 (15).

[33] 管保山. 页岩油储层改造和高效开发技术 [J]. 石油钻采工艺，2019 (2).

[34] 王巧然. 中国石油集团把目光转向页岩油勘探开发 [J]. 中国设备工程，2019 (1).

第3部分

碳环境推动下的生物质能源

地球每年经光合作用产生的物质有 1730 亿～2200 亿吨，其中蕴含的能量相当于全世界每年能源消耗总量的 10～20 倍。生物质能源是世界公认的继煤、石油、天然气之后的第四大能源库，生物质能正成为国际上替代化石能源的主要选择。生物质能直接或间接地来源于绿色植物的光合作用，可转化为常规的固态、液态及气态燃料，取之不尽、用之不竭，是一种可再生能源，同时也是唯一一种可再生的碳源。

5 能源植物

5.1 生物质能源的成分

生物质是由多种高分子有机化合物组成的复合体，主要包括纤维素、半纤维素和木质素以及少量的淀粉、蛋白质、脂质等，其中纤维素、半纤维素和木质素占生物质的85%~95%，也是地球上储量最大的物质。

（1）纤维素。纤维素是地球上最古老、最丰富的天然高分子，是取之不尽、用之不竭的人类最宝贵的天然可再生资源。纤维素是由许多β-D-葡萄糖基通过1，4苷键连接起来的线形高分子化合物，是自然界中分布最广、含量最多的一种多糖，其所含碳量占植物界碳含量的50%以上（见图5-1）。

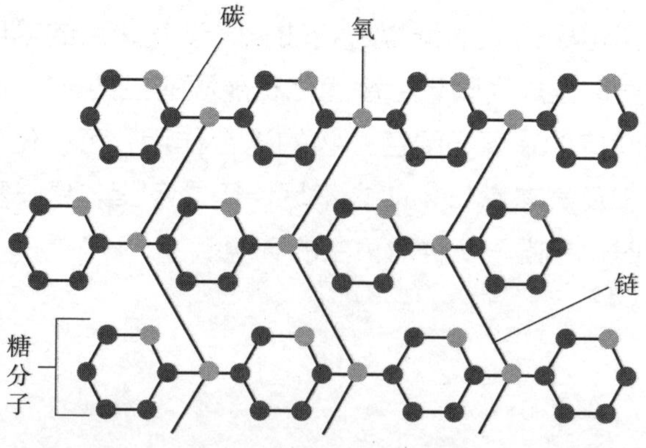

图5-1 纤维素结构

（2）半纤维素。半纤维素是指在植物细胞壁中与纤维素共生、可溶于碱溶液，遇酸后远较纤维素易于水解的那部分植物多糖。半纤维素是来源于植物的聚糖类，它们分别含有一至几种糖基，如D-木糖基、D-甘露糖基与D-葡萄糖基或半乳糖基等构成的基础链，而其他糖基作为支链连接于此基础链上（见图 5-2）。一种植物往往含有数种由两种或三种糖基构成的半纤维素，其化学结构各不相同。植物的茎、枝、根、皮的半纤维素含量和组成也不同。因此，半纤维素是一类物质的名称。半纤维素存在于植物之中，各种植物都含有其特性半纤维素，而且含量各异，如针叶材含 15%~20%，阔叶材和禾本科草类含 15%~35%。

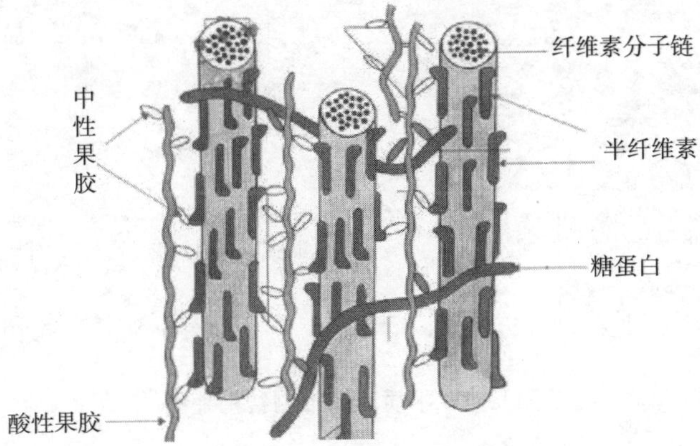

图 5-2　半纤维素结构

不仅如此，其分布也因植物种属、成熟程度、早晚材、细胞类型及其形态学部位的不同而有很大差异，例如：针叶材所含的主要半纤维素是聚半乳糖、葡萄糖、甘露糖，而阔叶材和禾本科草类的却是聚木糖类；针、阔叶材的射线细胞比管胞细胞和纤维细胞含较多的聚木糖类；聚木糖类在针叶材细胞次生壁的中层含量最低，在次生壁外和内层却较高，而聚半乳糖、葡萄糖、甘露糖类的分布则恰恰相反。

（3）木质素。木质素是一种广泛存在于植物体中的无定形的、分子结构中含有氧代苯丙醇或其衍生物结构单元的芳香性高聚物（见图 5-3）。木质素是构成植物细胞壁的成分之一，具有使细胞相连的作用，它是三种苯丙烷单元通过醚键和碳碳键相互连接形成的具有三维网状结构的生物高分子，存在于木质组织中，主要作用是通过形成交织网来硬化细胞壁。木质素主要位于纤维素纤维之间，起抗压作用。在木本植物中，木质素占 25%，是世界上仅次于纤维素的有机物。

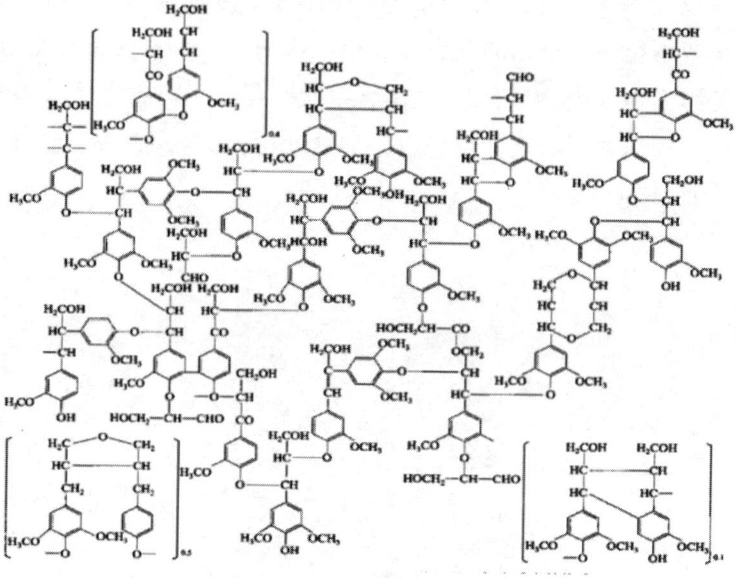

图 5-3 木质素的推测结构举例

（4）蛋白质、脂质与淀粉。蛋白质、脂质与淀粉虽然在生物质中的总体含量不高，但在部分生物结构体如种子、壳体、花粉中含量较高，在一些生物品种中含量也较高。由于该部分生物质更适合用于生产乙醇、生物柴油、燃料油或制氢等，所以，提高该部分生物质的含量和产量也是生物工程技术更为关注的方向。

5.2 能源植物的分类

能源植物除直接燃烧产生热能外，还可通过物理方法、化学方法和生物方法转化成固态、液态和气态燃料。根据能源植物的化学成分及其用途，可以将能源植物分为以下 4 类：

5.2.1 生产燃料乙醇的能源植物

燃料乙醇的生产原料主要有玉米（美国）、甘蔗（巴西）、薯类、谷类等。不同生产原料全生命周期的能量效益也不同，由高到低依次为：甜甘蔗、甜高粱>木薯>玉米、小麦。如巴西甘蔗能量比达到 1∶8 以上，玉米、小麦等粮食作物及木薯、甘薯为 1∶1.4~1∶1.3。

光合作用与燃料乙醇的物质循环过程见图 5-4。

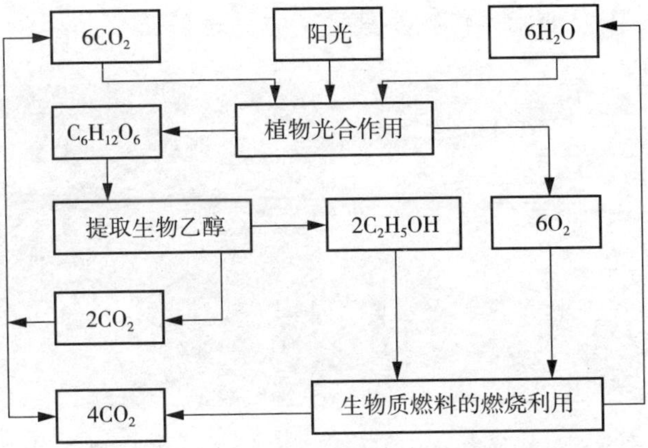

图 5-4　光合作用与燃料乙醇的物质循环过程

淀粉和糖料作物及其乙醇生产力见表 5-1。

表 5-1　淀粉和糖料作物及其乙醇生产力

作物种类	单产（t/hm^2）	糖/淀粉含量（%）	糖/淀粉产量（t/hm^2）	乙醇产量（L/hm^2）
大麦	5.8	58.0	3.36	2150
木薯	9.0	35.0	3.15	2900
饲用甜菜	98.5	8.2	8.08	4923
玉米	6.9	65.0	4.49	2874
马铃薯	32.4	17.8	5.77	3693
菊苣	35.0	16.0	5.60	3248
甜菜	57.4	16.0	9.18	5600
甘蔗	80.0	10.0	8.00	5400
甘薯	12.0	25.0	3.00	2400
甜高粱	90.0	10.0	9.00	5400
小麦	7.2	62.0	4.46	2854

5.2.2　生产燃料油的能源植物

油料植物指主要用于榨取油脂的各种植物的根、茎、叶、果实、花或者胚芽组织等初级产品，如花生、大豆、葵花籽、蓖麻籽、芝麻籽、胡麻籽、茶籽、桐籽、橄榄仁、棕榈仁等。油菜、向日葵、蓖麻和大豆是最主要的一年生油脂作物，已经在商业化生产水平上实现了以生产生物柴油为目的的大田种植（见图 5-5）。目前，全球生产生物柴油的主要原料是大豆、油菜籽、蓖麻籽，欧盟主要以油菜为原料生产生物柴油，美国以大豆为原料，巴西以蓖麻籽为原料。主要油脂类作物及其生产力见表 5-2。

图 5-5　油菜生物柴油原料种植（左）和橡胶树（右）

表 5-2　主要油脂类作物及其生产力

作物种类	籽粒产量（t/hm²）	含油量（%）	产油量（t/hm²）
海甘蓝	2.0~3.5	30~45	0.74
大油菜	1.0~2.5	38~48	0.38~1.20
荠菜	1.5~3.3	30~40	0.72
蓖麻	1.20	50.00	0.60
椰子	4.17	36.00	1.50
棉花	1.20	15~25	0.29
亚麻荠	2.25	33~42	0.88
花生	2.00	45~53	1.00
大麻	0.50~2.00	28~35	0.14~0.70
希蒙得木	2.10	48~56	1.01~1.18
油棕榈	30	26.00	7.80
欧洲油菜	2~3.50	40~50	1.26
向日葵	2.50~3.20	35~52	0.88~1.67

5.2.3　木质纤维素能源植物

除目前广泛使用的淀粉质和糖质原料外，资源丰富的木质纤维素类原料也一直是世界各国研究开发的主要方向，并且已经取得了一定进展。木质纤维素是地球上最丰富的可再生资源，据测算，年总产量高达 150Gt，蕴储着巨大的生物质能。木质纤维素能源植物的主要成分为木质纤维素，可直接燃烧产热或发电，也可转化为乙醇、合成气体和氢等间接利用，其主要作物产量及产能特征见表 5-3。地球上每年光合作用合成的植物纤维资源总量约为 1000 亿 t，是自然界中最丰富的生物质资源。

在木本作物、一年生草本、传统作物和多年生草本作物中，多年生草本木质纤维素植物被认为最适用于生物质能源生产。科学家对约 20 种植物进行了研究，认为芒草—奇岗、柳枝稷、草芦和芦竹是最有潜力的能源作物。

表 5-3 主要木质纤维素作物的产量及其产能特征

作物种类	干物质产量（t/hm^2）	能量产量（GJ/t^1）	能量产出（GJ/hm^2）	能量产投比(%)	能量净收入（GJ/hm^2）
纤维高粱	20~30	16.7~16.9	334~507	13~39	309~494
甜高粱	15~25	16.7~16.9	250~422	10~32	225~409
红麻	10~20	15.5~16.3	155~326	6~25	130~313
大麻	8~15	16.0~18.0	128~270	5~20	103~257
芒属植物	15~30	17.6~17.7	260~530	12~66	238~522
芦竹	15~35	16.5~17.4	240~600	11~75	118~592
荆棘蓟	10~15	15.5~16.8	155~252	7~31	133~244
柳枝稷	10~25	17.4	174~435	8~54	152~427

5.2.4 水生藻类生物质能源

水生藻类（见图 5-6）是由阳光驱动的细胞工厂，通过藻细胞高效的光合作用，吸收 CO_2，将光能转化为脂肪或淀粉等碳水化合物的化学能，并放出 O_2，可用于生产乙醇、生物柴油、燃料油或制氢等。

图 5-6 水生藻类

某些微藻可以大量积累油脂（超过其无灰分细胞干重的 50%），因而具有转化为高能量密度可再生燃料的潜力。其他藻类原料和中间产物也可用于生产可再生燃料，如蓝细菌及大型藻中的淀粉和糖。除可再生燃料之外，利用藻类前体物还可生产多种不同的生物燃料及产品。

微藻中富含的酯类和甘油是制备液体燃料的良好原料，微藻热解制备的生物质燃油热值高，是木材或农作物秸秆的 1.4~2 倍，其干细胞中含油 70% 以上，是合成生物柴油的最佳原料，是理想的可再生能源。不同藻类的含油量及产油速率见表 5-4。

表 5-4　不同藻类的含油量及产油速率

藻株类别	培养条件	含油量（%）	生长速率 [g·（L，d）$^{-1}$]	产油速率 [mg·（L，d）$^{-1}$]
原始小球藻	自养	11.0~23.0	0.002~0.02	0.2~5.4
原始小球藻	异养	50.3~57.8	2.2~7.4	129.6~3701.1
原始小球藻	光合—发酵	58.4	23.9	11800
普通小球藻	自养	33.0~38.0	0.01	4
普通小球藻	混养	21.0~34.0	0.09~0.25	22.0~54.0
杜氏盐藻	自养	60.6~67.8	0.1	60.6~69.8
等鞭金藻	自养	27.4	0.14	37.8
眼点拟微绿球藻	自养	22.7~29.7	0.37~0.48	84~142
路氏巴夫藻	自养	35.5	0.14	50.2
栅藻	自养	21.1	0.26	53.9

5.3　生物质能源的特点

首先，生物质能源具有很强的区域性，表现为：不同地域有不同的优势生物质原料；同一类生物质原料在不同地域的品质和产量表现不同；同一地域的同一类生物质原料也可能因为生长方式（自然生长和人工种植）不同导致品质与产出不同。其次，生物质能源具有经济性，由于生物质原料具有高分散性和低能量密度，所以只有具备可收集性和经济性的生物质原料才能作为原料资源。最后，生物质能源具有生态性，即对生物质原料的生产和开发要与资源循环利用和生态环境保护紧密结合，充分发挥其经济效益、生态效益与社会效益。

5.4 决定生物质能源未来的关键——CO_2、阳光和降水

CO_2、阳光和降水是地球有机生命诞生、演化、发展、繁荣的关键参数；它们不仅导演了地球历史上富饶的成煤期（成油期）和贫瘠的冰川期，而且决定着人类有幸参与的未来的生态环境及生物质能源的未来；小行星、外星物种和人类的活动，其结果最终都将通过影响这三个参数而得到体现。

5.4.1 CO_2

地球 CO_2 总量基本保持不变，除地球早期 CO_2 过剩情况下形成的化学沉积岩等短期内近乎常量部分外，CO_2 主要是在大气圈、生物圈、岩石（化石）圈和海洋中循环，目前地球大气圈和生物圈中的 CO_2 在地球历史上处于较低时期，大量的碳以化石能源的方式存储于地下，而人类的工业化正在将这部分碳开采、利用并重新注入大气圈中，从而使大气中的 CO_2 快速恢复到有利于植物生长并满足人类生物质能源使用要求的水平，在我们可预见的未来，这一趋势是不可逆转的。

5.4.2 阳光

尽管自地球有生命以来，产生了多次气候大循环，但太阳供给地球的热量是基本稳定的，太阳黑子等表面活动并没有对太阳给地球的供热产生持续的影响，地球对太阳能的反射、吸收、扩散能力才是关键，而主要影响这些能力的因素还是来自地球本身，包括温室效应、冰盖面积、火山等极端事故等。在我们可预见的未来，温室效应的增强和冰盖面积的减少已成趋势，地球对太阳能的吸收和储备能力的增强也是不可逆转的。

5.4.3 降水

地球总的含水量也是基本不变的，降水的多少取决于水循环的强度：蒸发、搬运、冷凝。地球变暖促进了蒸发，热空气增加了持水性，温室效应将使热湿气流向沙漠和两极地区推进，在我们可预见的未来，地球降水量增加这一趋势同样是不可逆转的。

5.4.4 一个新的适宜植物生长的环境正在形成

科学家研究认为，CO_2 倍增情况下，许多植物的光合作用都会增加 50%~75%，农作物产量可增加 30%~50%，平均净第一生产力会增加 20%~26%。因为植物体叶片中的气孔是光合作用 CO_2 和蒸腾水汽出入的通道，植物中80%~

90%的水分是由气孔散失的。CO_2 浓度增大后，气孔张开得小一些就能吸收足够的 CO_2，所以植物通过蒸腾所损失的水分减少，从而使植物生长得比过去快。

在人们为全球气候变暖导致冰山消融、海平面上涨担忧时，从非洲撒哈拉和欧洲的阿尔卑斯山脉却传来好消息：这些地带的植被变得越来越绿，森林面积令人惊奇地增长，野生动物也重新归来。中国的变化更为明显：黄土高原披上了绿装，大西北降水显著增长，毛乌素沙漠已不见黄沙。尽管全球热带雨林地带被砍伐的树木有增无减，但森林面积还是出现了可喜的增长。

参考文献

[1] 袁振宏，雷廷宙，庄新姝，周桂雄，刘姝娜，杨树华．我国生物质能研究现状及未来发展趋势分析 [J]．太阳能，2017 (2).

[2] 顾钢．气候变暖，撒哈拉沙漠却多了绿色 [N]．科技日报，2009-09-10.

[3] 洪浩．生物质能源产业的比较优势 [J]．能源，2018 (8).

[4] 张自仕．生物质能源的利用现状与发展 [A] //中国土木工程学会燃气分会．2017 中国燃气运营与安全研讨会论文集 [C]．中国土木工程学会燃气分会：《煤气与热力》杂志社有限公司，2017.

[5] 王雨生，傅建祥．生物质能源的应用技术研究 [J]．青岛农业大学学报（自然科学版），2015，32 (3).

[6] 兰晓玲．铅污染土壤对植物生长固土机制及力学特性的影响 [D]．山西农业大学，2016.

[7] 徐庆福．林业生物质能源开发利用技术评价与产品结构优化研究 [D]．东北林业大学，2007.

[8] 束传军．微生物导电菌毛的进化、结构和电子传递机制研究 [D]．东南大学，2018.

[9] 夏海岸，杨莉．《生物质能源工程与技术》课程教学中的探索和实践 [J]．广东化工，2019，46 (10).

[10] 姜宗姗．牛粪/玉米秸秆混合厌氧发酵特性与微量金属调控特性及其动力学研究 [D]．河北科技大学，2013.

[11] 鹿鸣．农村能源革命助推乡村振兴 [J]．高科技与产业化，2018 (11).

6　生物工程技术发展对生物质能源应用的关键作用

生物工程，即生物技术的统称，是于20世纪70年代初开始兴起的一门综合性应用学科，90年代诞生了基于系统论的生物工程，即系统生物工程的概念。所谓生物工程，一般认为是以生物学（特别是其中的微生物学、遗传学、生物化学和细胞学）的理论和技术为基础，结合化工、机械、电子计算机等现代工程技术，充分运用分子生物学的最新成就，自觉地操纵遗传物质，定向地改造生物或其功能，短期内创造出具有超远缘性状的新物种，再通过合适的生物反应器对这类“工程菌”或“工程细胞株”进行大规模的培养，以生产大量有用代谢产物或发挥它们独特生理功能的一门新兴技术。

生物工程具体分为细胞工程、酶工程、发酵工程和基因工程。在生物工程中，基因工程与绿色能源的发展具有较大的相关性。

6.1　基因工程技术发展与光合作用效率的提高

光合作用是决定作物产量的重要因素之一，作物中90%以上的干重直接来源于光合作用。因此，光合作用效率的高低直接关系到作物的产量。通过提高农作物的光合作用效率来提高产量水平，即高光效育种，一直是国际光合作用研究和作物育种等领域专家关注的热点。

生物技术的发展为人类利用基因工程手段提高植物总的生物量，进而培育高光效作物提供了一条行之有效的途径。研究表明，目前普通植物对于阳光的利用效率不到4%，如果通过改良，使光能利用效率提高到5%，那么只需要现有世界农田面积的10%，就可提供相当于目前人类使用的全部化石能源所提供的能量。通过利用植物基因工程技术调控光合作用这一途径来提高植物对光能的捕获和利用效率已成为能源植物改良的重要目标。随着基因工程的发展，通过光合作用与基因工程原理来提高光合效率的途径已有多种，下文将详细介绍其中几种。

6.1.1 通过改变 C_3 与 C_4 植物的基因提高光合作用效率

根据光合作用碳同化途径中 CO_2 固定的最初光合产物的不同，可把高等植物分成 C_3、C_4（见表 6-1）。C_4 植物是从 C_3 植物进化而来的一种高光效种类，与 C_3 植物相比，具有在高光强、高温及低 CO_2 浓度下保持高光效的能力。而一些主要农作物如水稻、小麦、马铃薯、甜菜等均为 C_3 作物。针对 C_4 植物同化作用的优点，利用 C_4 途径关键基因改善 C_3 植物的光合效率，进而提高产量，已经成为植物高光效基因工程的研究热点。

表 6-1　C_3、C_4 植物对比

植物	分布	结构	功能
C_3	叶肉细胞	典型叶绿体	既可进行光反应，也能进行暗反应
C_4	叶肉细胞	典型叶绿体	能进行光反应，通过 C_4 途径固定 CO_2
	维管束鞘细胞	较多、较大，叶绿体不含类囊体	不进行光反应，能够进行暗反应

C_4 植物的光合途径主要涉及三种关键酶，即磷酸烯醇式丙酮酸羧化酶（PEPC）、磷酸丙酮酸二激酶（PPDK）和 NAD（P）—苹果酸酶（NADP-ME）。目前，这三种关键酶的基因均已从不同的 C_4 植物中克隆出来并分别导入不同的 C_3 植物中。例如，有人将 C_4 植物玉米的 PPDK 基因转入马铃薯中，转基因植株的 PPDK 活性比对照组高 5.4 倍；Hudspeth 等将玉米 PEPC 的 cDNA 与烟草 Cab 基因的启动子和终止子重组在一起并转入烟草中，转基因植株的 PEPC 的活性比对照组高 2 倍；Ku 等将两个 C_4 循环酶基因分别连同上游的特异性启动子同时导入水稻，获得的转基因植株的光合性能和产量分别比对照组提高了 35%和 22%。大多数报道表明，转基因植株的 C_4 酶活性虽然高于 C_3 对照植株，但远远低于 C_4 植物，这可能是由于 C_4 酶只有与 C_4 植物特有的高效固定 CO_2 的细胞组织及路径相结合才能发挥其高光合效率。

光合作用同化 CO_2 经 Calvin 循环后迅速用于合成淀粉等碳水化合物，才能保证光合作用顺利进行。因此，将 Calvin 循环产物加快运向终产物合成，即可提高光合效率。Calvin 循环中的果糖-1，6-二磷酸酶（FBPase）在决定碳元素到最终产物的分配上有重要作用。将来源于蓝藻的果糖-1，6-二磷酸酶（FBPase）/景天庚酮糖-1，7-二磷酸酶（SBPase）基因导入烟草叶绿体中，转基因烟草的干物质量和净光合效率与非转基因对照植株相比分别增加了 1.5 倍和 1.24 倍，Rubisco 活性提高了 1.2 倍，Calvin 循环中间产物及碳水

化合物积累较对照组有所增多。这些研究结果表明，改变植物体内的酶就能显著提高植物进行光合作用的效率，也揭示了通过调控光合作用来提高转基因作物产量的可行性。

6.1.2 通过延缓叶片衰老提高光合作用效率

提高光合产物也可以通过增加植物叶片总光合能力来实现。衰老是成熟细胞有序降解最终导致死亡，代谢产物被重新运输到植物其他组织的过程。延缓叶片衰老可提高总光合能力，从而增加光合产物的积累及其向籽粒分配的比例。Madoka 等通过转基因手段对烟草脂肪酸的生物合成进行修饰，延迟了叶片衰老，结果提高了种子产量。光敏色素是植物感受外界环境变化的重要光受体之一，对红光和远红外光非常敏感。光敏色素的生理功能包括催发种子萌发，发挥去黄化作用，促进茎的伸长、叶的扩展，起庇荫作用，以及进行开花诱导等。在光敏色素基因家族中，phyA 在远红光信号转导中起主要作用，phyB 负责调节短暂和持续红光照射下的大多数反应，phyC 则参与对持续红光的反应。Boccalancro 等将拟南芥 phyB 基因导入马铃薯使其过量表达，提高了叶片气孔导度，改变了马铃薯对光信号的响应能力，使得高种植密度下的转基因马铃薯的光合作用效率大幅提高，块茎数量也得到了显著增加。

6.1.3 通过提高氮同化效率提高光合作用效率

氮素是植物生长发育必需的营养物质，也是作物产量的主要限制因子之一。长期以来，大量使用氮肥是稳产和高产的重要措施，但土壤中仅有 1/3 的氮肥能被植物吸收利用。因此，提高植物的氮素利用率，将对作物产量的提高起到重要作用。结合基因工程和生理生化分析，使氮同化过程中的关键酶过量表达或异位表达来增加植物的氮同化途径，是提高氮素利用率的一个有效方法。

谷氨酰胺合成酶（GS）是高等植物氮同化代谢过程中的关键酶，这类酶的活性是影响植物生长速度的重要因素。它们以两类蛋白质形式存在，分别存在于胞质和质体中。不论是单子叶植物，还是双子叶植物，胞质 GS（GS1）均由一个多基因家族编码，而质体 GS（GS2）则由一个单基因编码。谷氨酸合成酶亦以两种不同的形式存在，一种依赖于铁氧还蛋白，另一种依赖于 NADH 的 NADH-GOGAT，两者都存在于质体中，与 GS 一起同化铵。在铵的再利用中起重要作用的 GDH，也分为两种类型，一类是依赖 NADH 的 GDH，存在于线粒体中；另一类是依赖 NADPH 的 GDH，存在于叶绿体中。现已有许多研究通过对这些酶的遗传修饰来提高氨同化效率，增加作物产量。

在烟草叶肉细胞质中过量表达GS1，不仅影响烟草的生长和光呼吸，还能增加烟草的鲜重、干重和叶片可溶蛋白含量，同时导致叶中游离氨的含量下降6~7倍。小麦的胞质GS1基因在植株体内铵的再利用过程中起关键作用，GS1基因的过量表达使小麦叶片GS1活性增强，氮在植株体内尤其是籽粒中积累增多，根部和籽粒干重也得到提高。Martin等研究证实，玉米茎秆与穗部GS同工酶由谷氨酰胺合成酶基因家族Gin1-3与Gin1-4基因编码，这两个基因具有穗部氨态氮同化酶活性，并分别与玉米籽粒的数目与大小密切相关，直接影响籽粒产量。突变体gin1-3和gin1-4分别表现出籽粒减少和籽粒变小等性状，而在叶片中组成型过量表达Gin1-3，籽粒数增加了30%左右。因此，这两个基因被认为是氨利用效率与产量相关构成因子的关键候选基因。

6.1.4 通过修饰植株株型提高光合作用效率

一般情况下，高密度植株、高氮肥投入的生长环境会促进作物叶片生长和茎秆伸长。植株过高既增加了倒伏风险，也会导致源组织中的碳水化合物和其他营养物质更多地供应茎秆而不是籽粒生长。与之相比，半矮秆品种能抵抗外界环境的危害，不易发生倒伏，同时株高的降低也提高了收获指数以及生物学产量。19世纪60年代，小麦和水稻半矮秆品种的研发引发了“绿色革命”，而调控GA代谢是目前最佳的培育矮秆高产品种的传统育种方法。Sakamoto等使编码GA2氧化酶的基因OsGA2oxl在水稻幼苗中特异过量表达，成功培育出半矮秆转基因水稻，产量明显提高。

分蘖是影响单产的重要农艺性状之一，直接决定作物的穗数和产量，对超高产育种和“量化理想株型”的构建具有重要意义。水稻O_STBI基因负向调控水稻分蘖，过量表达该基因，转基因植株分蘖数显著减少，而侧芽的起始不受影响，幼苗比野生型粗壮。另一个与分蘖相关的基因MOCI，编码GRAS家族的核苷酸转录因子，其突变体植株几乎完全丧失分蘖能力，只有一条主茎，表明MOCI是植物侧向分枝的正调节因子。

6.1.5 通过提高水分利用率提高光合作用效率

大多数情况下，水分利用率低是作物产量的重要限制因素，多年来一直是作物遗传改良的标靶。水分不足迫使植株生长速度、叶片伸展速度减慢，显著地制约叶片的扩大，减少截获光能的总叶面积，从而降低作物的生物学产量和经济产量。利用与抗旱相关的基因对水分利用效率进行遗传改良的研究屡有报道。例如，Sivamani 等将大麦的 HVA1 基因转入小麦，成功使转基因小麦后代的 WUE 提高到 0.66~0.68g/kg，而未转化对照品种的 WUE 仅为 0.53~0.57g/kg；进一步自交纯合后，与对照组相比，转基因小麦在生物产量干重、根鲜重和干重以及茎叶干重等方面也有了显著的增加。Malse 等从拟南芥中克隆了一个富亮氨酸受体激酶基因 ERECTA，该基因能改变叶片气孔数和叶片结构，调控植株的蒸腾效率。海藻粮是一种可溶性的小分子化合物，在细胞中积累可提高渗透势，对蛋白质、膜系统具有很好的保护作用。研究者将海藻糖-6 磷酸合酶基因 TPS1 在烟草叶绿体中过量表达，使海藻糖含量增加了 20 多倍，抗渗透胁迫能力与水分利用率也明显提高，为进一步提高作物的抗寒性和作物产量奠定了基础。

6.2 转基因生物质能源原料的改良与发展

6.2.1 转基因技术对淀粉和糖类作物的改良

尽管以玉米和甘蔗为原料的第一代生物燃料存在“与人争粮”和“与粮争地”的问题，目前世界上大部分的乙醇仍然是以玉米和甘蔗为原料生产出来的。针对生物燃料生产需求，对于玉米和甘蔗的转基因改造重点在于提高淀粉或蔗糖含量、促进原料中糖化酶的表达、降低原料预处理难度等。ADP 葡萄糖焦磷酸化酶在玉米淀粉生物合成的调节过程中起到关键作用，而玉米胚乳中该酶的几个主要单元由 Brittle2（Bt2）基因和 Shrunken2（Sh2）基因调控合成。科学家通过转基因手段控制这两个基因的表达，使玉米胚乳中淀粉含量提高了 65%。玉米的淀粉合成酶由 zsS3a 基因编码，科学家通过转录控制分析发现，该基因主要在胚乳中表达，脱落酸有助于提高 zsS3a 启动子 PzsS3a 的活性，促进 zsS3a 基因表达，从而促进淀粉合成酶的合成，提高玉米胚乳的淀粉含量。还有研究人员应用干扰技术抑制玉米胚乳中淀粉分支酶控制基因 Sbe2（pRSBE2a）的表达，调节淀粉合成，提高直链淀粉含量。这些研究都为作为生物燃料原料的转基因玉米研究提供了线索和方向。

6.2.2 转基因技术对纤维素类植物的改良

纤维素类生物质资源用于乙醇生产存在的最大问题是原料转化问题，一方面，纤维素结构致密，酶解不易；另一方面，纤维素酶存在空间位阻效应，作为植物细胞壁重要组成部分的木质素，会阻碍纤维素酶作用的发挥。此外，部分纤维素类原料中大量存在的五碳糖，无法被微生物利用，亦会对生物燃料生产过程产生不利影响。因此，研究木质素生物合成途径，通过转基因手段降低纤维素类原料中木质素含量，从而提高生物质消化和糊化效率，以及设法利用五碳糖进行乙醇发酵生产等，成为以纤维素乙醇为代表的第二代生物燃料原料开发重点。有报道称，基因改造之后，植物中80%的纤维素可以转化为糖。相比之下，未经处理的普通植物只有18%的纤维素可以被转化。

有研究发现，通过控制苜蓿中的木质素生物合成基因，可提高发酵糖含量，从而促进乙醇生产，由此提出，可以采用控制木质素生物合成基因表达的方法，对柳枝稷、芒草、白杨树等能源作物加以改造。例如，科学家运用反转录技术构建了转基因杨树，使其木质素含量降低40%，纤维素含量提高14%。还有研究人员认为，全面阐明脂类代谢途径将促进细胞壁合成过程中脂肪酸的生物合成，可以通过提高脂肪酸含量，优化植物细胞壁水解，促进发酵糖的释放并使其最终转化为生物乙醇，从而促进生物质能源作物开发。

利用酵母发酵纤维素、半纤维素和木质素生产乙醇的另一个主要障碍是大多数细胞壁多糖都已乙酰化（化学键连有乙酸基团），这些分子在处理过程中释放的乙酸盐会抑制微生物发酵糖类生成乙醇的活性。因此，植物生物燃料研究领域的一个重要目标是减少细胞壁乙酸盐含量，或阻断使细胞壁聚合物乙酰化的酶。美国科学家利用质谱技术，分离出模式植物拟南芥中的一个突变体，其木葡聚糖的乙酰化反应减少了20%~45%。进一步研究发现，拟南芥基因组中突变基因位点为AXY4，抑制AXY4在拟南芥中的表达可消除木葡聚糖的乙酰化反应。这一位点的发现和充分利用有助于提高纤维素生物质转化效率。

近年来，人们对利用生长速率快的短轮伐期林木作为第二代生物质能源原料的兴趣越来越浓。杨树是一种极具潜力的林木类生物质能源作物，对其基因组序列的研究发现，可通过应用基因组学研究应对能源作物优化挑战。此外，科学家还通过改变杨树的基因，达到提高生长速度、降低生长成本的目的。鉴定杨树中有关木材形成的基因，有助于提高作为生物燃料的生产原料的生物能量。除杨树外，研究对象还包括柳枝稷、芒草、甘蔗、高粱和短柄草等潜在生物燃料原料。

韩国培育出能够提高生物质能源产量的杨树品种，比起原有的品种，新品种的树枝量要多3倍以上，大大提高了生物能量的产量（见图6-1）。

图 6-1 韩国转基因对纤维植物的改良

表 6-2 为亚热带主要经济林树种未经改良和优良新品种生产能力对比情况。

表 6-2 亚热带主要经济林树种未经改良和优良新品种生产能力对比

主要经济林树种未经改良生产能力		优良新品种生产能力	
名称	单位面积产量（$hm^2 \cdot a$）	名称	单位面积产量（$hm^2 \cdot a$）
银荆	8t 干物质	银荆优良种源	12t 干物质
黑荆	8t 干物质	黑荆优良种源	12t 干物质
芒草	15t 干物质	芒草高产集中林	20t 干物质

6.2.3 转基因技术对油脂类能源植物的改良

目前，国内外运用基因工程技术生产生物柴油还处于初级阶段，多采用单基因的特异表达提高脂类含量水平。但脂类的积累涉及脂类的生物合成及分解代谢，是一个复杂的系统。大量研究结果显示，通过对任何一种脂肪酸合成酶的上调而使油料植物的含油量大幅度提高都是不可能的，脂肪酸含量的大幅提高要求同时上调多个脂肪酸合成途径中的多个酶，这使得调控整个脂肪酸合成途径的转录因子、蛋白激酶和其他调控因子受到了人们的广泛关注。

同时，来源于作物种子的植物油的工业价值被其脂肪酸的成分所限制。植物中构成油脂的脂肪酸成分有很大区别，这意味着植物在脂肪酸代谢上存在着多样性和可塑性。因此，可以应用基因工程等生物技术对油料植物种子中的脂肪酸成分进行改良，通过转基因生产特殊化工原料需要的主要成分为单一脂肪酸的植物油。利用基因工程改造植物油成分，主要是通过 RNA 干涉等基因沉默技术调控脂肪酸脱氢酶基因和延长酶基因的活性，修饰脂肪酸链的长度和不饱和度，调整脂肪酸分子在三酰甘油酯相关位置上的分布，增加或减少特定脂肪酸成分，或者通过转移外源基因创造出高等植物不能合成的脂肪酸。以上技术已经在高油酸植物油、高硬脂酸油、含有特殊饱和脂肪酸的高月桂酸油等油料植物新品种培育中得到应用。

油菜是中国最主要的生物柴油的原料。中国对于油菜的研究和育种处于世界领先地位。科学家按照当前油菜育种和生物质能源开发的主要目标，利用植物基因组学最新研究成果，克隆了一批重要性状相关的功能基因，开展了基因工程创制油菜种子基生物柴油关键技术的系统研究，并通过代谢工程途径进一步提高含油量，通过功能基因聚合育种培育出具有高油、高产、广适、多抗、适应轻型栽培等多种优异特性的“超级”油菜。由中国农业科学院油料所培育的“中油-0361”油菜新品系，种子含油量高达 54.72%，创国际新高，亩产油量则可提高约 30%，相当于中国一年增种 2800 万~3000 万亩油菜。

目前较为成功的通过基因工程提高油菜种子含油量的技术途径包括：①增加脂肪酸合成底物来提高油脂合成水平，反义 PEP 技术途径，即通过抑制蛋白质合成关键酶 PEP-Case 基因表达以增加脂肪酸生物合成底物 PEP 的供应（含油量提高 25%）。②增强油脂合成途径关键酶基因表达，包括：超量表达脂肪酸合成关键酶基因 ACC，以提高脂肪酸合成能力（含油量提高）；运用基因工程技术提高溶血磷脂酸酰基转移酶（LPAAT）活性以增强脂肪酸与甘油骨架结合成油脂的能力（含油量提高 13.5%）。

瑞典科学家 Olsson 认为，提高种子含油量比提高单株产量更重要。因此，提高油料作物含油量，选育高油品种是油料作物品质改良的重要途径。目前，大多数的能源植物尚处于野生或半野生状态，相对于栽培种，油料资源中野生种有更好的抗逆性。但是，野生资源与栽培植物产量差异很大，野生种经过遗传改良，产油量可以得到提高，生产潜力增加，而且在栽培种中新品种的生产潜力与普通的栽培种有很大差异。因此，当前人类正在研究应用遗传改良、人工栽培或先进的生物技术等手段提高栽培植物的产量与质量。

品种改良前后生产能力对比情况见表 6-3。

表 6-3 亚热带地区主要木本油料植物经济林树种未经改良和优良新品种生产能力对比

未经改良生产能力		优良新品种生产能力	
名称	单位面积年产量（kg）	名称	单位面积年产量（kg）
油桐	250	油桐品种	450
樟树	200	樟树优良种源	500
桉树	350	桉树油用物种	450
乌桕	300	乌桕优良品种	500
山苍子	400	山苍子优株	600
油茶	80	油茶品种	750
壳斗科植物	600	锥栗品种	3500

6.2.4 转基因技术对藻类能源植物的改良

就全球来说，藻类是一种数量巨大的可再生资源，也是生物燃料的重要来源。地球上的生物每年通过光合作用可固定800亿t碳，生产1460亿t生物质，其中一半以上应归功于藻类光合作用。每年仅海洋中的水生植物（主要是海藻）通过光合作用产生的生物质总量就有约550亿t，且是唯一能实现完全替代石化燃油的生物燃料原料。

藻类是天然的光合作用产油者，藻类生物燃料已成为世界各国生物质能源研究的重点，但其研究及应用还处于初级阶段，面临着诸多挑战。图6-2为藻类开放式培养系统。生物技术用于藻类的主要目标：一是降低生产成本和能量需求，同时最大程度地提高油脂生产能力；二是充分利用藻类的所有生物成分，提高生物质的价值。

图 6-2 藻类开放式培养系统

美国爱荷华州立大学最近研究发现，通过一种特殊的基因方式，藻类生物质产量可以增加50%~80%。该研发的重要突破口源自海藻的某些基因表达（基因通过转录和翻译呈现表型效应的过程），它们可以增加植物光合作用量，从而提高海藻生物质的产量。

蓝藻不会像其他藻类那样产油，但是在生产生物柴油原料的过程中有其独特的优点，例如蓝藻会分泌出游离的生物柴油前体脂肪酸（FFA），有利于下游产品分离等。人类已经为蓝藻建立起完善的基因工程方法。对蓝藻进行基因组测序将有助于确定其生产生物燃料的潜力。操纵代谢产物途径可以重新定向细胞的功能，使其合成所需要的产品。一些研究工作利用代谢工程通过诱变或引入外源基因对有机体的细胞机制进行直接控制。例如，改变蓝藻的细胞壁属性，转化新基因用于生产氢气或其他产品；增加脂质合成，寻找新前体以及更具效益的领域等。这些工作都将使生物燃料生产变得更为经济可行和富有成效。此外，可以通过基因转化、菌种/工艺开发以及代谢模型/谱分析对蓝藻进行重新设计，用于高效生产乙醇。研究人员已经将运动发酵单胞菌中的丙酮酸脱羧酶（pdc）和乙醇脱氢酶Ⅱ（adh）转化到单细胞集胞藻中，该菌株可通过光合作用将 CO_2 转换成乙醇。

6.3 生物工程技术领域的研发与投资

进入21世纪后，生物科技领域展现出巨大的发展潜力，在推动经济社会发展和全球生物经济转型发展方面发挥了越来越重要的引领作用。生物技术在医药、农业、化工、材料、能源等方面的应用，为人类战胜环境污染、气候变化、粮食安全、能源危机等重大挑战提供了崭新的解决方案。全球各国在大力促进生物科技发展的同时，也纷纷对以此为基础的生物经济进行战略布局。2018年，生物科技领域成果不断，亮点纷呈：合成生物技术、基因编辑技术等前沿技术的应用范围不断拓展，新型DNA测序技术促进了生物资源的挖掘利用，光合作用等基础研究成果带动了产业的快速发展，多学科不断交叉汇聚促进了高水平的创新。

6.3.1 国际重要战略与政策规划

在促进生物技术发展方面，各国在延续前期规划的基础上，近年来也发布了若干新的计划。

美国总统府和国会均设有专门的生物技术委员会，从多个应用领域来资助生物科学的基础研究和生物技术的创新研发。美国能源部和农业部主要投资与粮食安全和能源危机相关的生物技术，例如美国农业部通过“生物精炼、可再生化学品、生物基产品生产援助计划”向以生物质为原料的化学品和燃料项目提供1亿美元贷款担保；能源部在创新生物质能源开发、二氧化碳生物转化利用、大型藻类生物燃料技术创新方面分批次投入逾亿美元资金；国防部则对合成生物学等新兴技术进行前瞻布局，近期启动了先进植物计划、持续性水生生物传感器、昆虫盟友、生物停滞等多个与生物技术相关的研究项目。美国食品药品监督管理局（FDA）也参与了生物技术产业的调控和管理，于2018年发布了动植物生物技术创新行动计划，支持动植物生物技术创新并促使其成为该机构公共卫生使命的优先事项。

欧盟科研框架计划将生物技术的未来发展纳入重点规划领域，如第七框架计划、地平线2020计划等。2018年6月，欧盟委员会发布新一轮创新研发计划——“地平线欧洲”（Horizon Europe）计划提案，提出了2021—2027年的发展目标和行动路线，其三大核心之一的全球挑战与产业竞争力部分与生物科技息息相关。在配套设施方面，欧盟科研基础设施战略论坛部署工业生物技术的多学科研究和创新基础设施，并将其纳入欧盟2018年科研设施路线图。在研发投资方面，欧盟和企业伙伴继于2014年联合推出预算37亿欧元（2014—2024年）的生物基产业公私合作伙伴（BBI PPP）计划之后，在近两年分别发布了该计划的亿元年度预算。

英国一直都在不断追求生物科学领域的卓越能力及其在全球的领先水平。2010年，英国生物技术与生物科学研究理事会（BBSRC）发布了英国未来发展生物技术的5年规划——《生物科学时代：2010—2015战略计划》，确定了生物质能源与工业生物技术等3个优先发展领域。2012年5月，BBSRC投入2.5亿英镑启动生物科学投资计划。2017年4月，商业、能源和工业战略部（BEIS）投入3.19亿英镑用于支持未来五年的英国生物科学研究。这两项投资计划均旨在确保英国的国际竞争力，以及利用生物技术手段应对人口增长、化石能源替代和老龄化等全球挑战。2018年9月，英国生物技术与生物科技研究理事会发布指导英国生物科学发展方向的路线图——《英国生物科学前瞻》，以应对21世纪粮食安全、清洁增长和人口健康等重大社会挑战，其主要内容包括深化生物科学前沿发现、解决战略挑战和建立坚实基础三个方面。

2018年9月，德国政府发布《高技术战略2025》，明确了未来7年研究和创新政策的标志性目标和重点领域，提出了12项具体任务以及相应的行动计划和标志性里程碑，其中与生物技术相关的包括大幅减少环境中的塑料垃圾（生产易于销售的生物塑料并完善塑料循环经济）、大规模中和工业温室气体（资助开发低碳工业流程和二氧化碳循环经济）、保护生物多样性（启动物种多样性保护研究旗舰计划）等。

2012 年 4 月 24 日，俄罗斯发布的《俄罗斯联邦至 2020 年生物技术发展综合计划》提出，俄罗斯将在 2020 年以前投入 1.18 万亿卢布（约合 350 亿美元），优先发展生物制药和生物医学、工业生物技术、生物质能源、农业生物技术、食品生物技术、林业生物技术、环境生物技术和海洋生物技术；到 2020 年，将俄罗斯的生物技术产品产值提高至占国家 GDP 的 1%。2018 年 2 月，俄罗斯政府出台路线图——《2018—2020 年生物技术和基因工程发展措施计划》，确定了 9 大优先领域的具体措施。与 2012 年的战略相比，路线图的优先发展领域中增加了发展生产潜力和生产合作、发展基础设施以及发展基因工程三部分内容，去掉了食品生物技术和海洋生物技术。

同期，我国由科技部牵头，国家发展改革委、财政部等 16 个部委于 2018 年 3 月共同启动《国家生物技术发展战略纲要》的编制工作，从顶层对生物技术未来发展进行中长期布局。此外，我国还印发了《“十三五”生物产业发展规划》《“十三五”生物技术创新专项规划》及生物制造相关规划，提出加快生物产业创新发展步伐、培育生物经济新动力的重要任务。

6.3.2 国际重大科技进展与趋势

（1）生物资源挖掘利用更加深入。

生物资源与生物多样性保护可为生态文明建设和可持续发展奠定基础，相关研究持续受到高度关注。英国、美国、加拿大等多国机构合作开展的评估显示，过去一段时间内全球 109 个国家在生物多样性保护方面的投入回报显著，生物多样性减少率下降 29%。英国皇家植物园连续两年发布《全球植物现状评估报告》，对地球生物多样性、植物面临的全球威胁以及现有政策效果进行了全面分析。

生物质资源的功能基因挖掘与高值化利用更加智能、高效、多样化和规模化。光合作用效率的提升有助于提高作物产量，并有望以自然高效的方式生产有用物质，天然光合作用分子机理研究和人工光合作用装置开发接连取得突破。中科院生物物理所研究人员解析了高等植物（菠菜）光系统 II—捕光复合物 II 超级膜蛋白复合体（PSII-LHCII Supercomplex）的三维结构，对于从分子水平理解其能量传递时间动力学和光保护机理具有重要意义。同时，利用光—电元件、有机—无机体系进行的各类人工叶片研发也取得了进展。印第安纳大学化学家开发的分子“叶片”可利用太阳光和电将 CO_2 转化为 CO；印度浦那科学与工业研究委员会（CSIR）国家化学实验室开发的人造叶片能够吸收阳光，从水中产生氢燃料；韩国蔚山国家科学与技术研究所（UNIST）的研究团队和德国科学家合作设计的人工叶片可以将阳光转化为氢和氧，且光收集效率增长显著；德国马克斯普朗克生物化学研究所与日本大阪大学等机构合作探明了光合复合体 I 的结构和功能，并与澳大利亚国立大学合作揭示了蓝藻中使得光合作用效率提高的羧酶体的结构形成机制；美国伊利诺伊大学等机构研究人员调整了烟草植物光合作用的细胞机制，使其光合效率提高 40%。

相较于植物和藻类低效缓慢的天然固碳途径，非天然生物固碳过程提升了捕获 CO_2 作为生物质原料的能力，并能够在固碳的同时生产有用产品，建立可持续的生物循环生产系统。哈佛大学开发了利用生物兼容性的无机催化系统裂解水的新型生物合成系统，利用重组细菌以环境友好的方式将 CO_2 和水转化为有用化学品，其中的 CO_2 还原效率达 10%，首次超越天然光合作用效率；德国马普学会研究人员设计组装了一条自然界中不存在的全新固碳途径 CETCH 循环，并实现了乙醛酸的生产；美国哈佛大学的研究者成功开发了利用附着有硫化镉的热莫尔氏菌生产乙酸的方法，能以 6 倍以上的效率把 CO_2 和水转化成乙酸，太阳能转化效率达到 80%，达到商业太阳能电池板的 4 倍。

（2）现代工程技术应用蓬勃发展。

生物科技的发展日渐渗透进现代医药、农业、能源、制造、环保等多个产业部门，生物科技工程化、商业化应用蓬勃发展，为未来生物经济发展赋予新动能。以生物质资源为基石，基因组学技术和合成生物技术为核心，提供创新生物技术产品与服务，将成为未来生物经济发展的重要路径。微生物、酶等卓越生物催化剂的功能开发与改进趋向于更加智能高效，有望实现多种化学品、疫苗、抗体、药物、营养品、材料甚至食品的生物合成，带来医药中间体、材料、平台化合物、功能性食品生物制造的新变革，使得生物技术产品与服务的规模、范围和复杂性不断增加。

CRISPR 介导的基因编辑技术从一问世就备受瞩目，几年过去仍热度不减，在多个应用领域展现出巨大潜力，各国科学家对该技术的深入研究如火如荼。两大国际顶尖研发团队——美国博德研究所张峰团队和加州大学伯克利分校 Doudna 团队同期推出可检测病毒感染的全新系统；美国加州大学旧金山分校等机构研究人员利用 CRISPR 技术来应对抗生素耐药性。在动植物基因编辑领域，中国科学院研究人员利用基因编辑技术取得多项成果：在家蚕丝腺和蚕茧中大量表达蜘蛛丝蛋白；加速了野生植物的人工驯化；实现了小麦、水稻及马铃薯的高效单碱基编辑。

（3）颠覆性技术创新日趋活跃。

生物科技与其他多学科技术交叉正在引领新一代科技革命。生物工程与互联网、高性能计算、人工智能和自动化技术交叉融合，实现高效模拟、预测基因表达和调控途径，辅助生物设计、筛选、定向进化和组装，定制、改进和管理工业流程。

近年来，人工智能迅速发展，应用领域不断扩大。通过人工智能相关技术挖掘和利用新型遗传资源、进行计算机辅助蛋白结构预测和设计等越来越受到重视，成为多学科交叉的前沿热点领域。利用人工智能，美国能源部联合基因组研究所研究人员发现近 6000 种新病毒；合成生物学初创公司 Zymergen 加速进行工程菌改造和结果测试；中国科学院研究团队构建出一系列新型酶蛋白，开启了新一代生物制造；英国牛津大学、德国杜塞尔多夫大学等机构在预测酶活性方面取得了进展；谷歌新推出的人工智能"阿法折叠"（Alpha Fold）程序可预测蛋白质的 3D 结构；耶鲁大学研究者采用谷歌算法揭示酶的复杂结构和调控机制。信息技术在生物科技领域的应用显示了多学科交叉为人类解决诸多问题提供新模式的潜力。

6.3.3 对我国的启示与发展建议

生物科技在引领未来经济社会发展中的战略地位日益凸显，生物产业正加速成为继信息产业之后新的主导产业，有望加快战胜人类在资源、能源、环境和健康方面面临的重大挑战。

当前，我国创新型国家建设体系正在加快成型，创新型企业加快发展，研究型大学建设如火如荼，国家科技创新中心、国家实验室、国家技术创新中心建设发展有序推进，以政府为主导、由金融资本给予支持的产学研深度融合体系进一步成熟，全国多地密集建设生物产业园区，押注生物技术产业下一个风口。随着我国国家创新驱动发展战略的深入实施、世界科技强国建设进程的加速和绿色发展理念的实践，我国生物科技发展正在迎来新的发展机遇。

未来，关注前沿研究的交叉与融合，重视新技术应用的规划与监管，构建全链条互动的产业技术创新体系，完善产业集群建设，促进新业态的培育，鼓励高新技术创新创业活动，繁荣技术交易与投融资市场，加强技术、产能与资本的国际合作，将有力推进我国生物科技强国建设进程，为全球生物经济繁荣发挥更加积极的作用。

（1）关注交叉性和颠覆性技术的发展。

现代生物科学的发展是生物学与数学、物理学、化学等科学之间交叉、渗透和相互促进的结果，生物技术则是一门应用性强、应用面广的关键使能技术。生物科技与多个领域和部门的前沿科技发展密切相关，生物资源与生物技术在基础前沿、生命与健康、资源生态环境、信息、光电、材料、制造、能源等领域的发展中都已经广泛且深入地相互交叉和渗透。特别地，随着微软、谷歌、IBM 等信息科技领域巨头纷纷进入生物科技领域，生物大数据读取、超算与计算机辅助设计、云计算与处理、人工智能和深度学习等在生物科技中的应用具有颠覆性意义和不可估量的商业价值。生物科技领域各种变革性的新技术势必将在未来几年内极大地推动生物科技领域的发展，下一代的科技创新将是人工智能、生物工程和互联网的结合。

（2）加快发展化学品的先进生物制造。

当前，传统石化经济带来的对不可再生资源的巨大消耗和环境污染与温室效应等负面影响正在进一步凸显。基因组技术与合成生物技术的飞速发展，有望为化工、材料和能源等行业的发展带来颠覆性变化，将其引入绿色生产的可持续发展时代。化学品的先进生物制造是我国转变化工产业经济发展与增值模式的重要战略选择。为了有效促进上述目标的达成，我国首先需要重视微生物基因组学、代谢组学与合成生物学核心技术的研发，促进功能基因鉴定挖掘、工业微生物分子育种、工业酶分子改造和生物催化转化技术与平台建设，孵化具有自主知识产权和重大产业前景的生物化学品与工艺；其次，着力打通从前沿基础研究到应用技术研究再到规模产业发展的创新链条，加强协调公私部门合作、产学研交叉协作、上下游企业联合攻关的机制与做法，提升创新型生物化学品就绪度并缩短产业研发周期；最后，需加大财税支持力度，完善生物化学品与服务的标准认证和监管制度，提升生物基产品的市场占有率和用户接受度，促使生物化工产业走向成熟，为可持续的未来生物经济发展注入活力。

（3）拓展 CO_2 利用的生物转化与固碳途径。

CO_2 作为特殊的生物质资源，能够利用真核生物（微藻等）或原核生物（蓝细菌等）等生物合成底盘，在生产有用化学品的同时实现碳固定。近年来生物固碳途径重构与创建取得了很大进展，但还需要更加重视限制生物固碳效率的另一重要因素——能量供应。未来，大幅提高人工生物对光能的利用效率，或实现对低成本电能的直接利用，将是生物固碳领域的竞争焦点。同时，在工程实现方面还需关注含碳气体原料综合利用的设备、工艺开发，及其与现有产气工业设施的过程、工艺集成等问题。

（4）发展 DNA 数字存储技术研究与应用。

大数据、互联网与多媒体的飞速发展，要求计算机存储设备拥有更大的存储容量、更高的传输速率、更可靠的存储质量、更好的可扩展性，以及更加经济和安全等特性。在可以预见的将来，半导体、磁盘和存储数据密度都会达到极限，而 DNA 数据存储的研究与应用有望提供破解未来数据存储难题的可行性方案，欧美发达国家已经率先在该领域不断取得阶段性突破，我国虽在基因大数据测序领域具有国际竞争力，但在基因存储方面仍处于起步阶段。目前，DNA 序列成本已降至每碱基 5 美分，而 1 克的 DNA 能存储近 10 亿 TB 的数据，把 DNA 作为存储介质来探索相关系统设计问题的时机已经成熟。目前 DNA 存储技术应用的发展趋势是减少 DNA 合成在速度上的成本，计划在 10 年内实现 50 年归档的成本效益，为商业上可行的 DNA 存储模型铺平道路。

（5）重视前沿交叉技术的监管与规范。

人工合成生物体、人工设计改进生物功能是生物科技领域前沿与核心研究，也是当前发展最为迅速的交叉热点，特别是基因编辑系统的进步正在加速和拓展该技术领域的应用，因此，对其进行合理监管引导与技术发展研究同样重要。工业应用导向的人工合成生物及相关基因编辑技术的发展目标是高性能的生物作用剂，其操作对象主要是微生物与酶等低等生物细胞，具有较好的研究基础和较广的发展空间。在其安全监管方面，一方面，它既不会陷入转基因作物发展面临的尴尬境地，也不会遇到基因编辑哺乳动物胚胎所面临的生命尊严与伦理方面的挑战；另一方面，它仍然在非天然进化的生物体设计、非天然产物的生物合成、非专业人员的科研活动参与等方面存在公众视野之外的薄弱环节，应当受到严格的法律监管和实验室安全管理，并应形成一套完整的管理规范与应急预案。

参考文献

[1] 沈亚欧，李淑君，林海建，张志明，江舟，何晶，潘光堂．通过转基因手段改善作物产量性状［J］．农业生物技术学报，2011，19（4）．

[2] 侯爱菊，徐德昌．植物高光效基因工程育种［J］．中国生物工程杂志，2005（9）．

[3] 孙晓波，马鸿翔，王澎．基因工程在能源植物改良中的应用［J］．生物技术通报，2007（3）．

[4] 陈锦清，黄锐之．基因工程创制油菜种子基生物燃油的关键技术［J］．生物技术通报，2005（6）．

[5] 孙纯，刘金迪，孙俊．生物柴油产业发展概论［M］．北京：中国石化出版社，2014．

[6] 尹昊．转 C_4 植物光合关键基因 PEPC 杨树的初步分析［D］．南京林业大学，2009．

[7] 张强．水稻光合相关性状 QTL 分析［D］．南京农业大学，2007．

[8] 王慧媛，刘晓，王玥．转基因技术与生物质能源［J］．生物产业技术，2012（2）．

[9] 郑明刚，随建强，郑立，韩笑天，崔志松．基因工程在生物柴油原料中的应用研究［J］．现代农业科技，2010（9）．

[10] 陈欢，陈光，李海燕．油料作物油脂合成基因工程研究现状［J］．吉林农业大学学报，2012，34（2）．

[11] 陈方，丁陈君，吴晓燕，陈云伟，郑颖．生物科技领域国际进展与趋势分析［J］．世界科技研究与发展，2018，40（1）．

[12] 席静，王静，梁斌．生物质能源的研究综述［J］．山东化工，2019，48（2）．

[13] 张世敬．让更多的新能源走进大众生活［N］．大同日报，2019-05-17（3）．

[14] 美研究表明：表达基因提高藻类生物质产量［EB/OL］．中国新能源网，2019．

[15] 赵中华，石磊，刘珊珊．生物质能源发展及海洋生物质能源展望［J］．科学与管理，2008（4）．

[16] 赵辉．大型海藻生物质热解动力学及热解液化工艺研究［D］．中国科学院

研究生院（海洋研究所），2012.
［17］孔维宝，华绍烽，宋昊，夏春谷．利用微藻生产生物柴油的研究进展［J］．中国油脂，2010，35（8）．
［18］沈春蕾，冯毅飞．BIOINN：生物制造企业的“加速器”［N］．中国科学报，2019-01-17.

7 未来50~100年生物质资源分布情景分析

生物质能源在替代传统化石能源、优化能源结构和减少温室气体排放等方面的积极作用不容忽视。地球上可以利用的生物质能源非常丰富，目前生物质能源已经成为世界一次能源供应结构中占比超过10%的第四大能源，占可再生能源供应总量的75%。美国、巴西和欧盟诸国依据自身国情，采取了不同的生物质能源替代路线，皆有所成。

生物质能源是绿色、可再生能源，蕴藏量巨大，分布广泛。只要有阳光照射，绿色植物的光合作用就不会停止，生物质能源就不会枯竭。同时，生物质能源又是可再生能源中唯一可以储存与运输的能源，这给能源转换和连续利用带来了便利。

发展生物质能源，可以部分替代化石能源，改善生态环境，而且生物质能源产业的发展可以形成很长的产业链。生物质通常分散于各地，且其分布与季节、气候有关，这些因素给生物质原料的集中带来了不少麻烦。生物质能源的开发与利用，涉及农业、交通运输、工业、通信、环保、能源等多行业，使得生物质原材料的种植与养殖、收集、运输、仓储、管理等相关行业得以相应发展，各环节都是生物质能源开发利用中必不可少的。因此，生物质能源开发利用必将带动各产业协同发展。

生物质原料大量来源于农林畜牧业，生物质资源的利用将是农业经济一个新的经济增长点，必将直接带动农村经济迅速发展，推动新农村建设的进程。因此，积极发展生物质能源既可以解决国家能源安全问题，又可以有效改善生态环境，还可以使农林畜牧业废弃物增值，增加相关人员的经济收入，催生新的产业链，是一个一举多得的国家战略。

7.1 碳环境的改善与碳平衡的过程分析

资料表明，1000—1800年，大气中CO_2浓度相对稳定，为270~290ppm，但1850—1987年，燃烧化石燃料总共向大气中释放CO_2约201Gt，大气中CO_2浓度上升到350ppm（见图7-1）。之后大气中的CO_2浓度增速加快，目前已经超过410ppm，在今后很长一段时间内，化石燃料利用每年将继续向大气中释放CO_2（5.7±0.5）Gt，CO_2每年将以0.4%的速率增加。

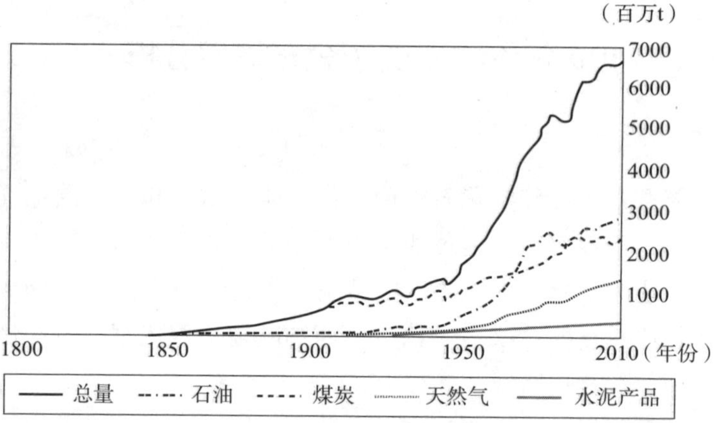

图7-1　工业革命后二氧化碳排放量

碳环境改善周期是指形成的CO_2在最佳浓度下满足植物生长所需要的时间。德国汉斯—约阿希姆·威格尔教授领导下的一个研究小组对CO_2浓度影响农作物生长的问题进行了研究。结果显示，绝大多数农作物在CO_2浓度高的条件下光合作用更强，生长得更好，而且一些植物还可以更好地利用有限的水资源。但与此同时，CO_2浓度也会影响人类和其他生物的生活作息（见表7-1）。

表7-1　不同CO_2浓度与人类生理反应

CO_2浓度（ppm）	对应参照	植物描述	人类生理反应
350~450	第三纪	被子植物极度繁盛	同一般室外环境
350~1000	二叠纪	蕨类植物极度繁盛	空气清新，呼吸顺畅
1000~2000	白垩纪	裸子植物和蕨类植物仍占统治地位；被子植物开始出现	感觉空气浑浊并觉得昏昏欲睡
2000~5000	志留纪	植物开始登陆	感觉头痛、嗜睡、呆滞、注意力无法集中、心跳加速、轻度恶心
大于5000	寒武纪	可能分布有苔藓和地衣类的低等植物	可能导致严重缺氧，造成永久性脑损伤、昏迷甚至死亡

基于植物光合作用与人类生理反应综合考虑，我们认为，如果大气中

CO_2 浓度达到 600~700ppm 时，不仅空气清新，环境舒适，人类更适宜生存，更重要的是绿色植物将会生长得更加旺盛，生物圈也更加繁荣，地球环境也得到最大优化。如果 CO_2 每年以 0.4%的速度增加，预计 2100 年 CO_2 浓度达到 500ppm，2150 年将达到 700ppm，碳环境改善周期需要 100 年甚至 150 年左右（见图 7-2）。

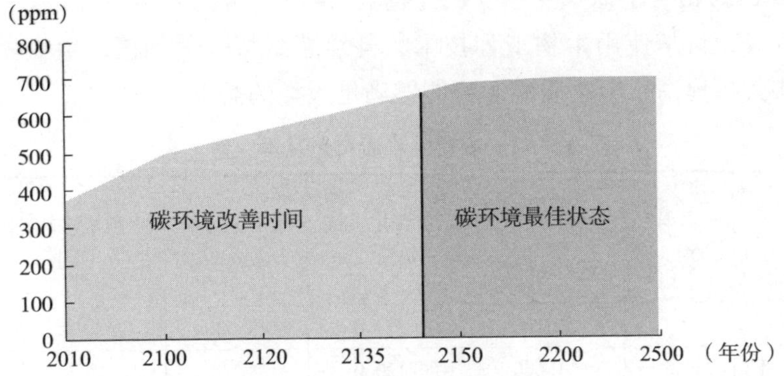

图 7-2　碳环境改善周期

7.2　生物工程及生物总量的培育与成长过程

地球上从森林到海洋存在着数量巨大的生物质，陆地地面以上的总的生物质量约为 1.8Mt，海洋中约 4Gt，土壤中存在的生物质量基本与陆地地面以上的相当。据估计，绿色植物每年固定的能源，相当于 60~80Gt 石油，即全世界每年石油总产量的 20~27 倍，约相当于世界主要燃料消耗总量的 10 倍，可是生物质作为能源的利用量还不到其总量的 1%。但是，如果将这些植物采伐并用于燃料动力，在今天的条件下显然会出现生物质消耗量大于生物质再生量的现象，造成植被退化，光合作用规模减小，植物吸收 CO_2 并放出 O_2 的总量下降，从而产生严重的生态问题。

因此，要使生物质能源得到规模化应用并进一步取代化石能源，必须确保全球生物质保有量大幅度增长，生物质再生能源即光合作用固定的碳大幅度超过消耗的碳，这就需要人类有计划地培育生物质，这个过程包括：①伴随着大气中 CO_2 的增加，拓展生物质总量，从而使部分化石能源释放出的碳重新转化为生物质储备；②通过生物工程与生物农业改善生物质增长速度，优化其生长环境；③专用生物品种的普及与成长。而这一过程的真正实现一定是伴随着地球大气 CO_2 的增长，直至达到最佳碳环境，即需要 100~150 年。

7.3 新型气候与碳环境下植物光合作用效率与生长速度评估

7.3.1 现有环境条件下的再生能力评估

目前，世界全部生物质存量约为1900Gt，陆地与海洋合计最低更替率为11年，可以计算出每年新产生的生物质约为170Gt，折算成标准煤85Gt或油当量60Gt，约相当于2007年全球一次能源供应总量的5倍（见表7-2）。只要合理开发，科学使用生物工程技术、科学灌溉与科学种植，生物体量及再生速度将大幅提高，生物质能源将能够满足人类的需求。

表7-2 现有生物质存量及再生量

类型	面积 ($10^6 km^2$)	平均净初级生产率 [$kg/(m^2 \cdot a)$]	初级生产量 (0.1Gt/a)	平均生物量 (kg/m^2)	生物质存量 (0.1Gt)	最低更替率 (a)
热带雨林	17.0	2.200	374.0	45.000	7650.0	20.50
热带季雨林	7.5	1.600	120.0	35.000	2625.0	21.88
温带常绿林	5.0	1.320	66.0	35.000	1750.0	26.52
温带落叶林	7.0	1.200	84.0	30.000	2100.0	25.00
寒带森林	12.0	0.800	96.0	20.000	2400.0	25.00
地中海型开放森林	2.8	0.750	21.0	18.000	504.0	24.00
沙漠和半沙漠灌木林	18.0	0.090	16.2	0.700	126.0	7.78
沙漠、砾漠、岩漠或冰原	24.0	0.003	0.7	0.020	4.8	6.67
耕地	14.0	0.650	91.0	1.000	140.0	1.54
沼泽	2.0	2.000	40.0	15.000	300.0	7.50
草原与草地	37.7	0.637	240.1	3.008	1134.0	4.72
溪流和湖泊	2.0	0.250	5.0	0.020	0.4	0.08
大洋	332.0	0.125	415.0	0.003	10.0	0.02
涌升流地带	0.4	0.500	2.0	0.020	0.1	0.04
大陆架	26.6	0.360	95.8	0.010	2.7	0.03
藻床和珊瑚礁	0.6	2.500	15.0	2.00	12.0	0.80
河口和红树林	1.4	1.500	21.0	1.000	14.0	0.67
合计	510.0	0.334	1702.8	3.680	18772.9	11.02

（1）生物工程引领下的可再生能力评估。

理想的能源植物应该是太阳能利用转化率高，具有较高的光合速率和较强的干物质积累能力的快速生长植物。研究表明，目前普通植物对于阳光的利用效率不到4%，如果通过基因工程改良使光能利用效率提高到5%，那么只要世界农田面积的1/10，就可提供相当于目前人类使用的全部化石能源的能量。按全球每年光合作用产生的植物生物量为1700亿t计算，当阳光利用率提高1%时，植物光合作用每年产生的生物量将增加425亿t，达到2125亿t。

（2）科学灌溉后的可再生能力评估。

随着水利工程的发展，科学灌溉已具备让植物大量增产的条件。据研究，通过科学的灌溉方式，可使不同植物增产43%~140%。按全球光合作用产生的植物生物量每年2125亿t来计算，科学灌溉将会使植物生物更新量每年增加914亿~2975亿t。常规灌溉（沟灌）与滴灌主要作物单产对比见表7-3。

表7-3　常规灌溉（沟灌）与滴灌主要作物单产对比

作物	常规灌溉	滴灌	增产（%）
小麦	340	583	71
棉花	68	163	140
西甜瓜	1500	3000	100
玉米	1450	2080	43
大豆	170	326	92
甘蔗	5000	8000	60

（3）现有条件下生物质可再生能力合计。

在当前条件下，全球生物质每年的更新量=原每年生物质可再生量+运用基因工程后生物质年可再生量增加+合理灌溉后生物质年可再生量增加。

根据前文的估算可知：

原每年生物质可再生量=1700（亿t）

运用基因工程后生物质年可再生量增加=425（亿t）

合理灌溉后生物质年可再生量增加=914~2975（亿t）

因此，全球生物质每年的更新量=1700+425+（914~2975）=3039~5100（亿t）

7.3.2 CO_2 增加一倍时，在上述基础上的生物质的增长规模

大气中 CO_2 浓度的增加会影响树木的生理和生长过程。中山大学生物学博士陈章和实验研究表明，在高 CO_2 环境生长的 4 种幼苗干物质比对照组增加 29.79%~50.30%，且根系量加大。此外，专家研究发现，在某一特定生长期间提供 600~700ppm 的 CO_2 会使农作物增加 10%~30%的产量。在此我们选择现有植株平均增长 25%，上文测算出现有 CO_2 条件下，全球生物质每年的更新量为 3039~5100 亿 t，则该数据在 CO_2 增至 700ppm 后将增加至：(1+25%)×3039~(1+25%)×5100=3799~6375(亿 t)。

7.3.3 在新的碳环境下现有沙漠与戈壁的绿化前景及再生能力

随着 CO_2 的增加，地球的温度、湿度及降水量均将得到改善，加上生物与灌溉技术措施的改进，沙漠退缩速度将进一步加快，中国的荒漠每年约减少 4‰，非洲、美洲等主要沙漠地区近十年来也同样出现了类似的沙漠缩减情况。全球现有沙漠面积约 3800 万 km^2，按每年减少 4‰计算，每年可增加绿地面积 15 万 km^2。将这些土地用作种植林时，按桉树一般种植密度，每亩可种植 180~200 株，每年每亩可增加生物质产量 20~33t，即每年每平方公里可增加生物质产量 3 万~5 万 t。预测各阶段增加绿地面积与生物质增量如表 7-4 所示。

表 7-4 各阶段增加绿地面积与生物质增量预测

年份	2030	2050	2100	2150
增加绿地面积（万 km^2）	255	555	1305	2055
生物质年增加量（亿 t）	765~1275	1665~2775	3915~6525	6165~10275

7.3.4 未来生物质可再生能力评估

未来生物质年更新量=CO_2 增至 700ppm 时生物质年更新量+沙漠缩小后生物质年增量。按现有碳排放量及专家预测 2150 年 CO_2 增至 700ppm，由此预测：

CO_2 增至 700ppm 时生物质年更新量=3799~6375（亿 t）

2150 年沙漠缩小后生物质年增量=6165~10275（亿 t）

因此，2150 年全球生物质再生总量=（3799~6375）+（6165~10275）=9964~16650（亿 t）

根据上述公式可知，2150 年地球生物质再生总量将达到 1 万亿 t 以上，折

合石油 2460 亿~5015 亿 t——生物质发热量范围为(10.3~21)×10^3kJ/kg。而到 2050 年后，全球能源需求将保持在 181 亿~210 亿 t 石油，即每年的再生量是消耗量的 13~23 倍。届时，地球生物质将从解决食物问题到解决能源问题，最终发展到通过储碳，即吸收储存大气中过量的 CO_2 从而解决威胁人类正常生活的、过量的 CO_2 问题。当地球生物保有量与再生量进一步扩张时，也许又回到地球的初始状态，地球开始重新生成化石能源，直至 CO_2 不断降低，O_2 不断增加，重新出现沙漠化和干旱的氧化环境。

7.4　新型气候与碳环境下生物质生长的空间与规模

生物质能源虽有多种形式，但从利用方式和利用率来看，农业资源和林业资源是人类生物质能源获取的主要形式。

据世界银行的统计数据，目前全球可耕地面积 30.7 亿 hm^2，而森林、草原、沙漠面积分别为 40 亿 hm^2、32 亿 hm^2 和 36 亿 hm^2。从人类粮食安全角度看，农业资源作为人类粮食获取的重要形式，非粮食生物质农业发展潜力有限。而森林、草原及部分沙漠土地资源，均可用于发展生物质原料农业。

无论是产量还是可利用土地面积，生物质能源农业均具备超越传统农业的先决条件。而从环境效益看，生物质资源是缓解温室效应的最有效途径，叠加保障未来能源安全的经济性，必将超越传统农业实现更大发展。下面就各土地类型发展生物质资源潜力进行评价。

7.4.1　现有森林可利用生物质经济评价

森林是经济建设的基本材料，是自然界中层次最复杂、生产力最强、物质最丰富的陆地主体生态系统和核心的自然资源，也是自然界最重要的能源库和碳库。或者说，森林是自然界物质和能量转换的加工厂，通过光合作用把大气中的 CO_2 固定下来，把太阳能转化成化学能蓄积起来，形成大量的生物量和干物质。森林资源如图 7-3 所示。

大气中大约有 2000Gt CO_2，现有水平下植物光合作用每年仅消耗 700Gt 左右，可得到 150~200Gt 干物质。而地球上所有生态系统（包括陆地和海洋），每年生产 164Gt 干物质。因此，森林就是其中耗碳和储碳最多者，粗略估计，现有森林所含的碳量在 400~500Gt，约等于大气中 CO_2 含量的 2/3。

热带雨林

温带阔叶林

寒带针叶林

人造林

图 7-3　森林资源

7.4.2　芒属植物替代草原经济规模

芒属植物（见图 7-4）是具有高光合效能的 C_4 植物，被认为是优秀的生物质能源。芒草分布广泛，一直以来都被视为杂草，后来随着研究的深入，人们发现芒是一类兼具生态效益和经济效益的植物资源。芒类植物具有生长快、产量高、易繁殖的特点，播种后能迅速覆盖地面，是适于荒坡、湖洲种植的先锋植物，能有效地起到固土保水、防止冲刷、改善周边生态环境的作用。

图 7-4　芒属植物

全世界有永久性草原面积约 31.58 亿 hm^2，假如有 1/2 用于种植芒属类植物，其生产生物乙醇的总潜力可超过 9.71×10^7t。在中国，如果在有一定生产潜力的荒草地、盐碱地、沼泽地、滩涂地、裸土地等种植芒属类能源植物，（中国目前适宜种植的这些边际性土地资源约为 $2.408\times10^7km^2$），它们生产生物乙醇的总潜力可达到 7.4×10^7t。可见，以芒属植物替代草原植被开发生物质能源产业，具有相当的规模和前景。

7.4.3 部分草原升级为森林的经济规模

地球陆地生态系统中生物总量重约 1800Gt，其中森林生物总量重 1600Gt，为农田和草原的 20~100 倍。粗略估计，陆地森林储存的能量每千平方米面积达 97.5×10^8kJ，按现有草原面积的 1/2，即 $31.58\div2=15.79\times10^8km^2$ 折算，如果有 1/2 的草原面积用于种植森林，可储存能量达 $1.54\times10^{19}kJ$，相当于 375.2Gt 碳干物质。如果按 $1hm^2$ 阔叶林每天可吸收 $1tCO_2$ 计算，$15.79\times10^8hm^2$ 的草原面积可吸收 $15.79GtCO_2$。由此可见，部分草原被森林替代后（见图 7-5）潜力巨大，经济规模明显。

图 7-5 森林替代草原

7.4.4 灌木升级为乔木的经济规模

灌木是没有明显主干的木本植物，植株一般比较矮小，不会超过 6m，从近地面的地方就开始丛生出横生的枝干；乔木类树体高大（通常超过 6m，甚至能达数十米），具有明显的高大主干，依其高度可分为伟乔（31m 以上）、大乔（21~30m）、中乔（11~20m）、小乔（6~10m）等四级。

世界森林面积达 40 亿 hm^2，约占土地面积（不含内陆水域面积）的 31%，森林碳储量达到 289Gt。乔木是森林的主要组成部分，世界森林 90%以上是乔木林。世界灌木林面积达 6.24 亿 hm^2，如果将其改造成乔木林，按照 $1hm^2$ 阔叶林每天可吸收 $1tCO_2$ 计算，可吸收 $0.624GtCO_2$，同时可以储存能量

6.07×10^{16}kJ，相当于 148.2Gt 干物质。

以乔木林为主的经济林的固碳制氧功能在其生态系统中居于首位，仅以我国为例，目前全国经济林面积 2139 万 hm^2，占全国林地面积的 12.66%，其固碳释氧效益不可限量。因此，以乔木林作为经济林取代灌木林（见图 7-6）是经济效益和生态效益兼具的生态系统。

图 7-6　灌木升级为乔木

7.4.5　森林换代与林木品种升级的经济规模

生物工程技术的发展，使提高单位面积森林光合效率和固碳能力成为可能。以我国为例，可以预见的是，未来部分针叶树种将具有更强的适应力和更旺盛的生长力，可以有效地提高生态效益和经济效益。以松杉为例，高世代良种的应用可直接提高松杉人工林的产量和质量，提升贫瘠造林地的立地指数，拓宽松杉高产区，从整体上提高我国松杉林单位面积的蓄积量，保障我国木材供应安全。杉木三代和松树二代良种材积增益分别较其二代和一代良种提高 10%和 15%，一个轮伐期内每亩可增加木材 $1m^3$，若以更新造林松杉人工林 800 万亩计，可增产木材 800 万 m^3。

林木种质创新及育种技术提升是良种培育的主要途径。在很多林业发达国家，林木良种率达 90%以上，基本实现了造林良种化。桉树、杨树是我国南北方商品材主产区最重要的速生高产阔叶用材树种，是培育短周期工业纸浆和胶合板材用材林的首选树种，其木材产量已占全国木材总量的 30%以上。

参考文献

[1] 石元春. 我国生物质能源发展综述［J］. 智慧电力，2017，45（7）.

[2] 王雨生，傅建祥. 生物质能源的应用技术研究［J］. 青岛农业大学学报（自然科学版），2015，32（3）.

[3] 李松龄，段经华. 良种升级，将再现中国林业新速度［N］. 中国绿色时报，2012-08-07.

[4] 王晓圆. 中国为扭转全球森林资源持续减少作出重大贡献［N］. 中国绿色时报，2010-04-21.

[5] 刁英，余作平，胡中立. 芒属植物研究进展［J］. 现代农业科技，2011（2）.

[6] 衡明星. 泡桐在水中催化液化基础研究［D］. 郑州大学，2010.

[7] 孙晓波，马鸿翔，王澎. 基因工程在能源植物改良中的应用［J］. 生物技术通报，2007（3）.

[8] 王炳宏. 重要生物质能源树种水冬瓜在陕西省的发展前景［J］. 陕西林业科技，2007（4）.

[9] 邱晨. 我国发展生物质能源的哲学思考［D］. 东北大学，2009.

8 生物质能源应用技术现状与应用工程示范

要以生物质能源替代化石能源，除需具备大规模的生物质体量与生物质再生能力外，还必须有相应的生物质能源应用技术、工艺、设备与配套工程。近年来，世界各地在这些方面均投入大量资金和人力进行研发，其发展规模和速度已经领先于生物质能源体量与再生能力。

生物质能源的利用主要是通过物理法、化学法和生物法等技术手段，将生物质材料转化为工农业生产中可直接使用的能源物质，转化的产品包括固态、液态、气态等多种形态。固态能源主要为生物质颗粒，液态能源有生物乙醇、生物柴油、裂解油等，气态能源有沼气、氢气、生物质燃气等。生物质能利用技术的发展阶段及趋势见图 8-1。生物质能利用技术分类见图 8-2。

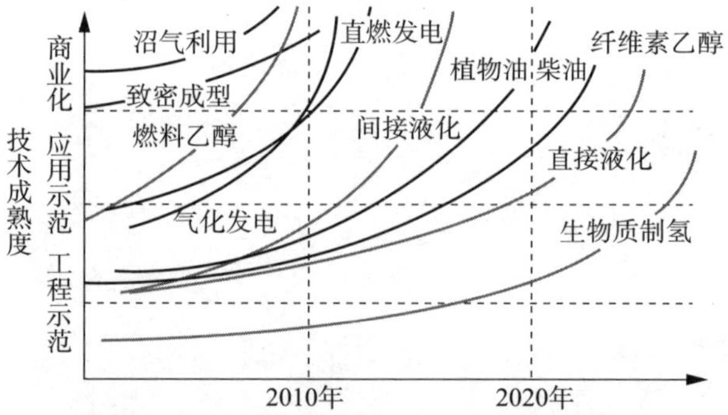

图 8-1 生物质能利用技术的发展阶段及趋势

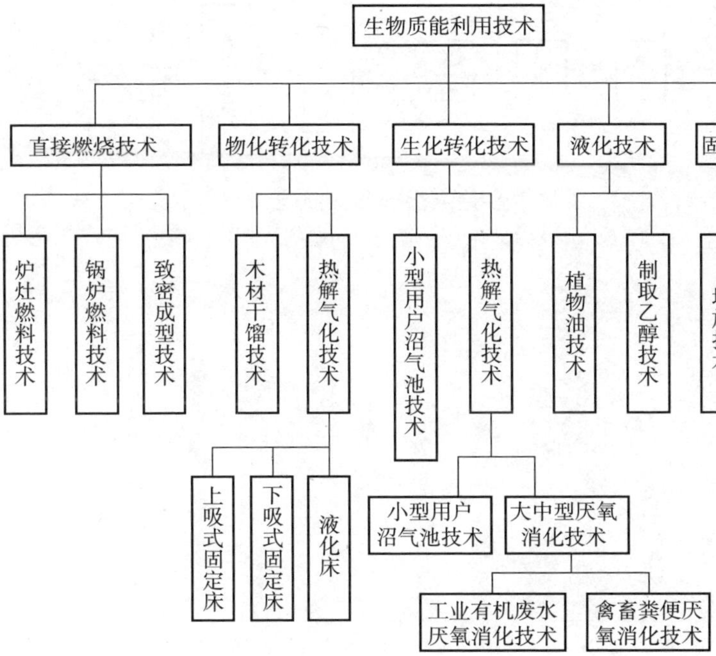

图 8-2　生物质能利用技术分类

8.1　生物质液化技术——液体燃料

液化是通过化学方式将生物质原料转化为液体产品的过程，包括直接液化和间接液化。生物质直接液化是指以水或其他有机溶剂为介质，将生物质转化为少量的气体产品、大量液体产品和少量固体产品的过程。直接液化又可根据液化时使用的压力不同分为高压直接液化和低压直接液化。高压直接液化的液体产品一般被用作燃料油，但由于其设备的耐压要求高，能量消耗也较大，因此近年来，关于低压甚至常压液化的研究越来越多，其特点是液化温度在 135~260℃，压力小于 2MPa，常压液化产品一般为高分子产品（如胶黏剂、酚醛塑料）的原料或者燃油添加剂。生物质间接液化是把生物质先经气化制合成气，再进一步合成为液态烃类产品的化学过程（见图 8-3）。依靠间接液化技术，不但可以用生物质生产汽油、柴油、煤油等普通石油制品，而且还可以生产航空燃油、润滑油等高品质石油制品以及烯烃、合成炸药、石蜡等多种高附加值产品。2007—2008 年全球生物燃料产量及变化趋势见图 8-4。

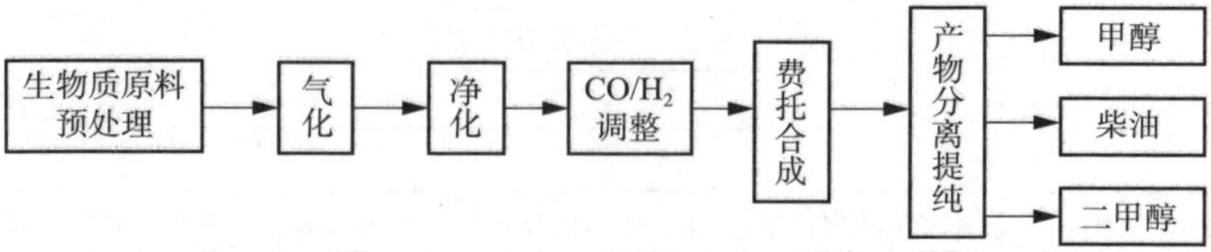

图 8-3 生物质间接液化合成燃料工艺流程

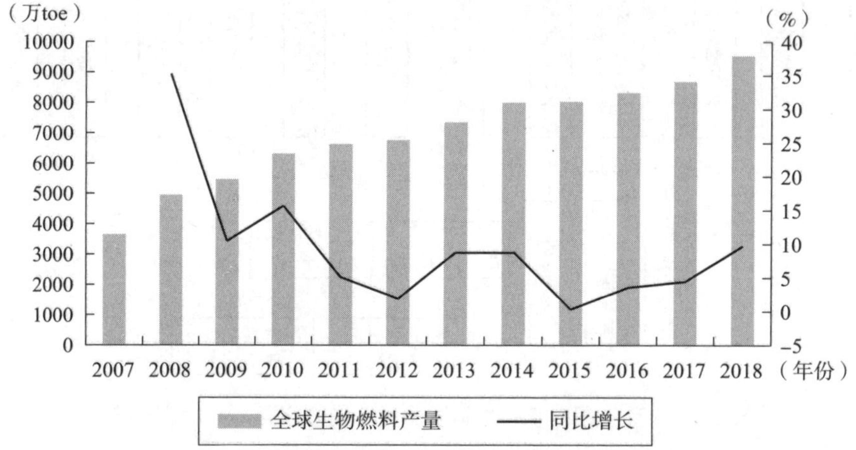

图 8-4 2007—2018 年全球生物燃料产量及变化趋势

8.1.1 燃料乙醇

糖液、木质纤维素、淀粉等均可作为原材料用于生物质水解制取燃料乙醇。主要制取过程如下：先破碎生物质类原材料，进而通过生物酶催化或者化学水解等手段将纤维素或淀粉等原料转化成多糖，再经由三羧酸循环（TCA）等途径制得乙醇，然后通过蒸馏、冷凝的方式得到高纯度的乙醇，最后经脱水作用转化成燃料乙醇，将这种燃料乙醇与汽油按一定比例混合可得到新型汽车燃料——车用乙醇汽油。甜高粱生产燃料乙醇工艺流程见图 8-5。

目前全球有 50 多个国家以法律形式规定添加生物质能源，而液体燃料中燃料乙醇是最廉价、易得、可持续的生物质能源，再加上它对油品的输送体系、物流，包括发动机在内的基础设施影响小，以及对环保、农业都有显著的促进作用，国际上对燃料乙醇的前景非常看好。

从国际经验来看，美国用玉米总产量的 38% 来生产燃料乙醇，维持了玉米价格，确保了农民收入，为美国稳定农村社区、创造就业机会做出了巨大贡献。巴西采用甘蔗—糖—乙醇联产方式，根据国际市场上蔗糖的价格调节

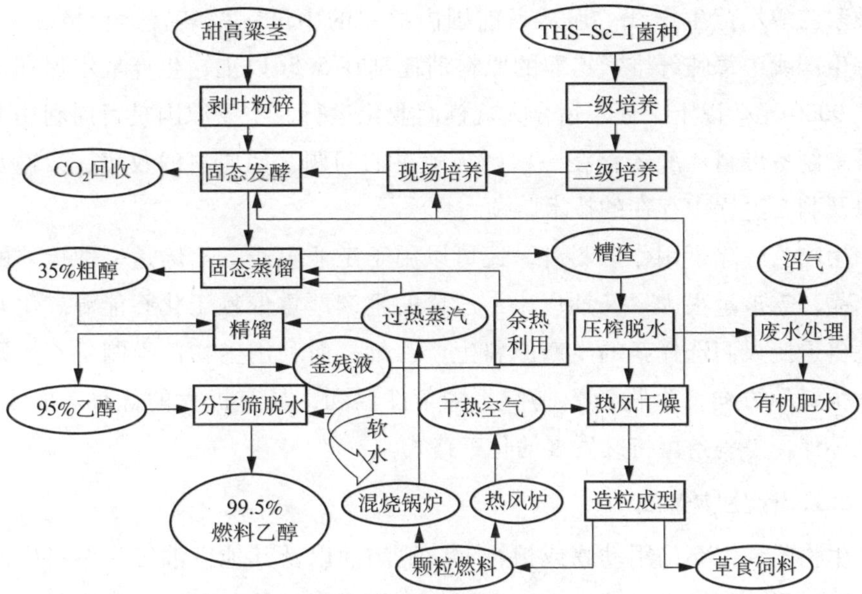

图 8-5　甜高粱生产燃料乙醇工艺流程

燃料乙醇的产量和汽油中乙醇掺混比例，同时大力推广乙醇汽车，扩大乙醇消费量，以保障国内甘蔗价格和糖价的稳定，维护农民利益。中国发展生物燃料乙醇主要还是从农业出发，最重要的驱动力是解决粮食问题。

美国发展燃料乙醇源于美国能源危机，美国刚开始使用燃料乙醇时就明确了其在大气环境保护方面具有的优势；之后美国开始在 19 个州推广使用燃料乙醇，明确了其对农业发展也有很好的促进作用。所以，燃料乙醇具有很好的发展前景，直接受益的有能源、环境和农业三个产业。在美国十年的燃料乙醇推广过程中，燃料乙醇产量从 1000 万 t 增长到 4500 万 t，玉米产量增加了 1.7 亿 t，燃料乙醇成为农业产品的"出口"，自然就形成了农业发展的驱动力，带动农业增效和农村经济发展。美国农业部也以其海外市场服务局为支点，大力推广燃料乙醇及关联产品，燃料乙醇既是农业的深加工产品，也是能源产品。

目前全球燃料乙醇年消费量大约为 8000 万 t，中国是世界第三大燃料乙醇生产和消费国家。我国每年产生超过 7 亿 t 的农作物秸秆废弃物，目前这些废弃物绝大部分被焚烧还田或作为农村的初级燃料，利用效率极低，而且造成了严重的环境污染，如果将其中的 1/2 用于生产乙醇，按 7t 秸秆生产 1t 乙醇的收率计算，可生产 1 亿 t 的燃料乙醇，相当于目前我国全年汽油消费总量。"十二五"期间，随着对纤维素乙醇产业的逐渐重视，我国也已建成多个纤维素乙醇示范生产线。但从目前国内建立的中试示范装置运行情况来看，现有生产线中每吨纤维素乙醇的原料消耗都在5.5t以上，生产成本保守估计都在9000元/t以上，还不适合大规模商业化运行。主要原因是目前利用木质纤维素制备燃料乙醇还存在一些亟须解决的问题，如原料的收集、运输及储存以及制备过程中存在的技术瓶颈。

生物乙醇除了用作燃料外，还可以用于工业生产。乙烯是一种重要的化工产品，需求量很大。长期以来，乙烯的生产严重依赖于化石能源。化石能源危机迫使人们选择新的生产原料生产乙烯，而利用生物乙醇制备乙烯则是一个很好的方向。生物乙醇制作乙烯条件温和，具有极大的优势，成本低，绿色环保，是一条可持续发展的化工路线。

8.1.2 生物柴油

生物柴油主要是用动物或植物油、地沟油以及其他废油等为原料生产出的脂肪酸甲酯。生物柴油一方面可用作生物燃料，另一方面可作为柴油机燃料的添加剂。生物柴油具有诸多优点：环境友好，可作为矿物柴油的替代燃料；含硫量低，空气污染物排放量少；具有高附加值的精细化工产品原料，易实现生物降解。

目前比较成熟的制备生物柴油的工艺是酸均相催化和碱均相催化，这类工艺的优点是反应速度快、转化率高，但缺点也很明显，即对设备要求高、产物需要进行中和洗涤、对环境影响较大，并且很难得到高纯度的副产物甘油。其他方法如酶催化法、固体酸催化法、固体碱催化法、超临界法等都各有优点，但又都受限于成本、催化剂的稳定性等因素。

现阶段，制约我国生物柴油大规模生产的一个重要因素是原料油供应受到限制，生产装置开工率不足，无法满足巨大的市场需求。受国情制约，我国无法像美国那样采用大豆油或者像欧盟那样采用油菜籽油作为原料来大规模制备生物柴油。我国在“十二五”期间采用的解决办法主要有如下几种：一是采用麻风树、小桐子、黄连木、文冠果等非食用植物油作为原料生产生物柴油。据统计，我国未利用的土地有24500亿m^2，其中具备利用潜力的土地有8874亿m^2，包括宜林地5704亿m^2、可垦荒草地734亿m^2，这些土地都可用来种植非食用油料作物。二是利用价格便宜、来源广泛的餐饮废油、酸化油等作为生产生物柴油的原料。利用这类原料油存在的主要问题是餐饮废油收集困难、成分不稳定、预处理成本高等。三是利用含油微藻作为生产生物柴油的原料。微藻生长周期短、生物量高且占用土地面积少，因此，微藻被普遍认为是最具潜力的制备生物柴油的原料之一。目前制约微藻生物柴油规模化生产的因素主要是微藻的高密度养殖及藻体收集，以及微藻的破壁及细胞内油脂的提取等。此外，尽管我国已颁布生物柴油的国家标准，但生产出的生物柴油还未进入成品油销售系统。因此，必须加大力度研究利用各类生物质高效制油、连续式生产以及副产物高值化利用等方面的关键技术和装备，为今后生物柴油工业化大生产提供技术支撑。藻变油工艺如图 8-6 所示。

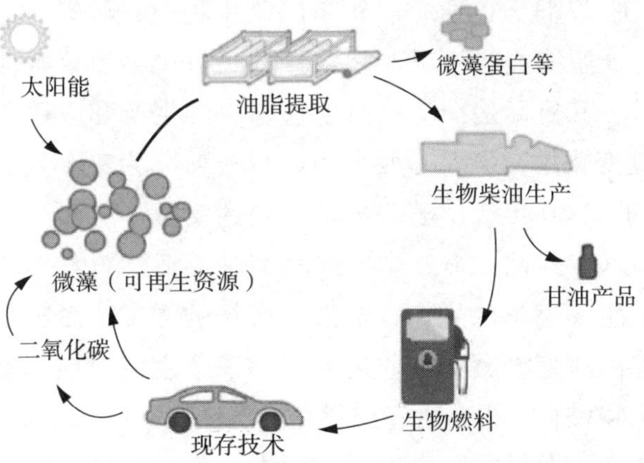

图 8-6 藻变油工艺

8.1.3 生物质热解油

生物质热解是指生物质在隔绝氧气或有少量氧气的条件下，采用高加热速率、短产物停留时间及适中的裂解温度，使生物质中的有机高聚物分子迅速断裂为短链分子，最终生成焦炭、生物油和不可凝气体的过程。通过热化学转化途径而非传统生物（微生物）途径制取生物燃油，能够从根本上克服传统生物质能源在原料和应用上的诸多“先天性”局限。

现阶段，主要的热解液化工艺包括快速热解、高压液化、高温裂解、微波热解、催化热解、混合热解等。由于热解得到的生物油稳定性差、含水量高、热值低，不能与化石燃油互溶且具有酸性和腐蚀性，因此，若想扩大生物油的应用领域并提升其使用价值，需对其进行分离与精制等再加工。目前研究较多的分离精制工艺主要有催化裂解、催化加氢、催化酯化、乳化燃油和分离提纯等。其中，催化裂解和催化加氢是目前最为重要的两种生物油精制方法，但要实现工业应用，还需要解决以下问题：找到合适的反应条件，以提高目标产物的产率；研究其失活特性；建立循环和两级流化床式催化加氢体系；在温和催化过程中，控制合适的脱氧程度。

生物质热解液化技术已进入产业化示范阶段，随着原料收集和预处理、选择性热解与分解冷凝、生物油分离与精制等各技术环节的不断成熟，生物质热解液化技术预期将在5~8年内形成较为完备的技术链和产业链，并逐步实现真正意义上的产业化。

8.1.4 巴西的生物质液体燃料产业

2017年12月27日，巴西政府颁布国家生物燃料政策，这是巴西政府在一年多时间里广泛听取业界意见和建议，并经过国会审议批准的具有法律性质的纲领性文件，其目标是推动巴西生物燃料的生产和应用，履行《巴黎协定》中应对气候变化的义务。巴西生物燃料产业分为三个发展时期：第一个发展时期是20世纪80年代。随着酒精计划的实施，巴西开始使用乙醇和生物柴油来替代汽油和柴油。第二个发展时期是灵活燃料汽车的研制成功和推广使用，支持了生物燃料的生产，扩大了市场的需求。而国家生物燃料政策的实施，标志着巴西生物燃料产业迈入了第三个发展时期。第三个发展时期将是开发新型生物燃料，提高生物燃料在能源结构中所占比重的新时期。

目前，巴西生物燃料的原料主要有两类：第一类是油性植物或含油脂成分的植物。经过工业化程序，植物油脂被提炼出来作为能源使用。例如，巴西从大豆、蓖麻、油棕榈、向日葵、巴巴萨（亚马孙地区的一种植物果实）中提炼油脂，生产出生物柴油。在普通柴油中添加一定比例的生物柴油，就能有效地降低柴油在燃烧过程中对大气造成的污染。第二类是从甘蔗、玉米或是甘蔗渣中提炼乙醇（酒精）作为汽车燃料使用。巴西生产的乙醇燃料有两种：无水乙醇和含水乙醇。添加10%无水乙醇的汽油，用于发动机未经改造的汽车，而添加25%无水乙醇的汽油则用于发动机经过改造的汽车，含水乙醇则直接用于100%乙醇动力汽车的新型混合燃料汽车。

生物燃料是一种可再生的能源。通过种植甘蔗和油料作物，就能源源不断地生产出生物燃料。巴西发展生物燃料的初衷是保障国家能源安全，特别是保障汽车燃料的供应。1973年，国际石油危机爆发，全球原油价格大幅上涨。当时巴西石油年消费量近4亿桶，但国内石油产量只有6200万桶，85%的石油消费依靠进口。由于油价上涨，巴西每年进口石油的开支从1972年的4亿多美元猛增到1980年的106亿美元。1975年，深受石油短缺折磨、背负巨大财政压力的巴西，开始实施“全国酒精计划”，利用国内潜力巨大的土地资源，大规模种植甘蔗，从甘蔗中提取乙醇（酒精）作为替代汽油的燃料，从而减少石油的进口。

巴西实施全国酒精计划的初始阶段，由政府为种植甘蔗和乙醇生产提供补贴和税收优惠，使乙醇燃料的价格在市场上具有竞争优势，同时还逐步提高了混合汽油中的乙醇比例，从最初的4.5%提高到1977年的15%，1985年进一步提高到22%，以此扩大对乙醇燃料的需求。1979年，巴西成功研制出以乙醇为动力的汽车。乙醇汽车直接使用含水乙醇作为燃料，不再使用汽油或混合汽油。尽管汽油动力车每升汽油可以行驶更远的路程，但乙醇辛烷值较高，可以弥补这一缺陷，而且售价比汽油便宜，综合来看，乙醇在性价比上仍然具有一定优势，因此，乙醇汽车很快就在巴西打开了市场。1983年，巴西乙醇汽车已占当年汽车销售总量的90%。到20世纪80年代末，巴西乙醇燃料企业有400多家，年产量达到100多亿L，对缓解巴西的财政和能源危机起到了积极的作用。而到20世纪90年代末，全球对气候变暖和环境保护的重视使得生物燃料在世界范围内受到青睐。

巴西瓦加斯基金会的研究表明，与普通汽油相比，玉米乙醇可减少19%的温室气体排放量，甘蔗乙醇可减少78%的温室气体排放量，而用纤维素生产的乙醇可减少86%的温室气体排放量。巴西甘蔗工业联盟的数据也表明，用乙醇替代汽油，每升乙醇的二氧化碳排放量要比汽油减少2.2kg。这些研究成果清楚地显示出乙醇燃料优越的环保效应。为减少温室气体排放，减轻对环境的污染，能够实现可持续发展的乙醇产业在巴西再次兴起，不仅是为了保障国家能源安全，而且成为保护环境的重要手段。

除保护环境需要外，巴西政府采取的一些鼓励措施对激发生物燃料生产也起到了积极的作用。20世纪90年代中期，巴西放开了对乙醇价格的管制。2001年底，巴西颁布《石油法》，再次确立了生物燃料的市场化机制。生物燃料的市场价格由生产商和批发零售商自主决定，进一步促进了生物燃料产业的竞争和投资。2003年，巴西政府积极推广新研制的“灵活燃料”汽车。这种汽车既可使用汽油，也可使用乙醇，还可使用添加乙醇的混合汽油。驾车人可以根据自己的需求，灵活地选择燃料种类。灵活燃料汽车的出现和普及扩大了生物燃料的消费需求。2016年，巴西销售汽车200万辆，其中88%是灵活燃料车，柴油车仅占8%，汽油车仅占4%。此外，从事乙醇燃料生产的企业继续享受国家税收优惠。2013年，巴西政府又决定免除销售生物燃料的企业的社会保障税，进一步拉大乙醇与汽油的价格差距。据有关部门调查，税收在汽油零售价中所占比重高达45%，而乙醇只有28%。巴西政府还颁布法令，强制性地提高混合汽油中的乙醇比重，2011 年 10 月为 20%，2013 年 5 月为 25%，2015 年 3 月提高到了 27%（见图 8-7）。

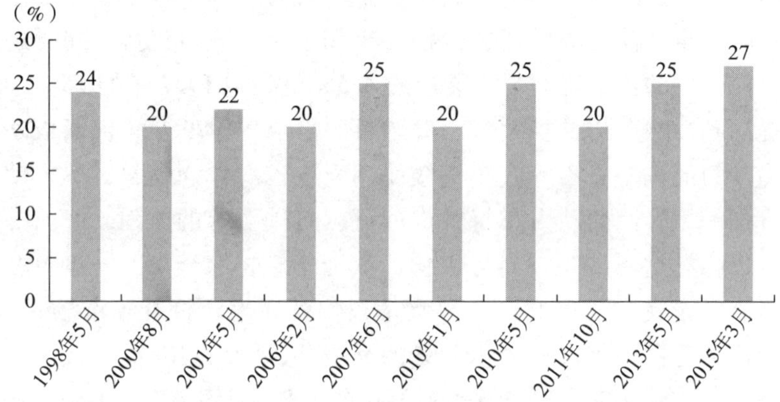

图 8-7　巴西乙醇在混合汽油中的比重

资料来源：巴西瓦加斯基金会《生物燃料》专刊

上述措施有力地促进了乙醇燃料的生产。2017 年 12 月 22 日，巴西国家石油、天然气和生物燃料管理署公布的统计数据显示，巴西乙醇产量在 2006 年只有 169 亿 L，而 2013 年至 2017 年，乙醇年产量已经稳定在 274 亿 L 以上，最高年份（2015 年）甚至超过 300 亿 L（见图 8-8）。据巴西甘蔗工业联盟估算，1975 年至 2015 年，巴西生产的乙醇替代了大约 25 亿桶的汽油。

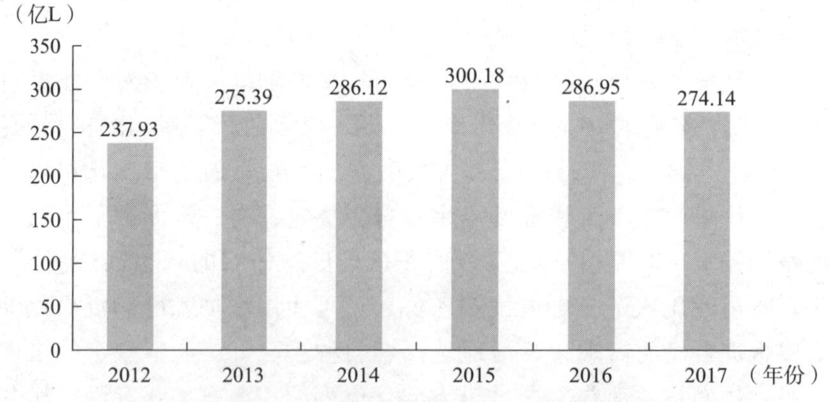

图 8-8　2012—2017 年巴西乙醇年产量统计

资料来源：根据巴西国家石油、天然气和生物燃料管理署发布的统计数据整理

此外，巴西在增加生物柴油的原料种类方面也取得较大进展。最初，巴西生物柴油原料主要使用蓖麻籽，在东北部的皮奥伊州建立了国内最大的生物柴

油厂，年产量有 700 万 L。但是，东北部气候干燥，限制了蓖麻的增产。后来，巴西用大豆油作为生物柴油的主要原料。目前，巴西生物柴油的原料 70. 87%来自大豆油，12. 12%来自牛脂肪，其余来自猪、鸡等动物脂肪或棉籽油、棕榈油等植物油。巴西农业部执行秘书诺瓦科基说："生物柴油的温室气体排放量要比石化柴油减少 70%。"巴西规定，全国各地供应的柴油必须是添加生物柴油的"混合柴油"，逐步提高了生物柴油在混合柴油中的比重（见图 8-9）。

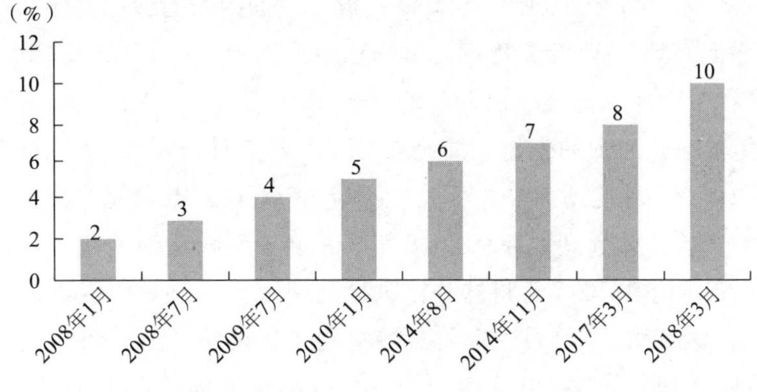

图 8-9　2008—2018 年巴西柴油中的生物柴油比重

资料来源：巴西瓦加斯基金会《生物燃料》专刊

巴西国家石油、天然气和生物燃料管理署的报告显示，巴西生物柴油的产能在 2013 年曾达到 75 亿 L，是仅次于美国的世界第二大生物柴油生产国。然而，受 2015 年和 2016 年连续两年经济衰退的影响，直到 2017 年，巴西生物柴油年产量也只有不到 40 亿 L，产能闲置率高达 50%（见图 8-10）。一些企业陆续退出市场，全国生物柴油企业从 2013 年的 64 家下降到 2016 年的 50 家。

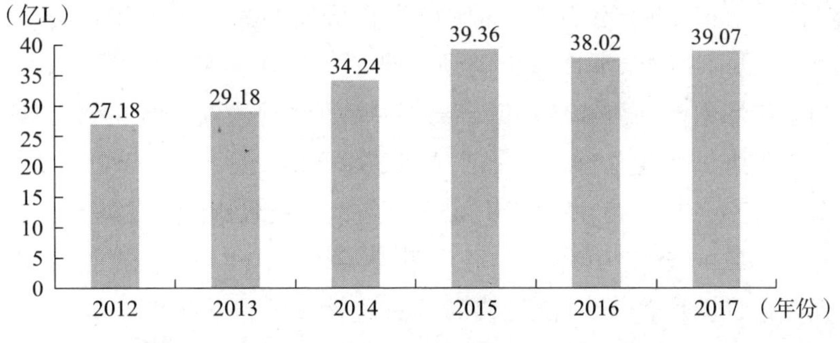

图 8-10　2012—2017 年巴西生物柴油年产量统计

资料来源：根据巴西国家石油、天然气和生物燃料管理署发布的统计数据整理

如前文所述，巴西生物燃料产业已迈入第三个发展时期，其发展趋势主

要包括以下几个方面：

一是继续扩大生物燃料的产量。巴西矿能部预测，实施国家生物燃料政策后，巴西每年的乙醇消费量将从现在的280亿L左右提高到2030年的500亿L，创造90万个就业岗位。巴西瓦加斯基金会于2017年8月发表的研究报告指出，2014年至2030年，巴西汽油需求量将从334亿L增加到418亿L，无水乙醇需求量将从111亿L增加到156亿L，含水乙醇需求量将从130亿L增加到333亿L。如果2014年至2030年混合汽油中的乙醇比例保持在27%的水平上，那么，到2030年，巴西乙醇需求量将达到540亿L，比2014年增加250亿L。在生物柴油方面，巴西政府曾于2016年3月23日颁布法令，规定了未来3年普通柴油中的生物柴油比重：2017年3月为8%，2018年3月调整到9%，2019年3月达到10%。但是，2017年11月，巴西能源委员会决定提前实施生物柴油调整计划，即从2018年3月起，生物柴油的比重就将调整到10%，并且有可能在2025年将这一比重提高到15%，到2030年时达到20%。巴西植物油生产商协会预测，提前实施生物柴油调整计划，将扩大对生物柴油的需求量。例如，仅在2018年，为满足生物柴油的需求，就需要增加150万t的大豆消费量。巴西瓦加斯基金会的研究报告也认为，2014年至2030年，巴西普通柴油需求量将从594亿L增加到878亿L，生物柴油的需求量将从34亿L增加到94亿L。

那么，巴西有没有能力为增加的生物燃料提供充足的原料呢？2016年，巴西企业加工甘蔗6.7亿t，生产蔗糖3890万t，乙醇280亿L。为提升乙醇产量，巴西需要扩大甘蔗种植面积，开发玉米乙醇或纤维素乙醇。据农业部经济师达尼埃尔·弗兰分析，2018年巴西大豆产量约为1.08亿t，其中出口6500万t，国内加工4300万t，而生产生物柴油的大豆需求量约为370万t。到2025年，巴西生物柴油比重提高到15%后，每年需要770万t大豆作为生物柴油的生产原料。而到2030年，若生物柴油比重达到20%的话，每年需要1220万t大豆来加工生物柴油。巴西农业部预测，巴西大豆产量在2025年将提高到1.33亿t，2030年将达到1.65亿t。世界粮农组织于2017年7月发布的报告称，2017年至2026年，巴西大豆每年将增产2.6%，高于世界平均水平，是大豆生产国中产量增长最快的国家。另外，目前巴西生物柴油的产能还有50%的闲置率，因此，扩大生物柴油产量具有良好的前景。巴西农业部部长玛吉于2017年12月28日在德国访问时指出，巴西农作物种植面积约6400万hm^2，仅占全国土地面积的7.6%，其中大豆种植面积3390万hm^2，甘蔗种植面积 900 万 hm^2。因此，巴西有充足的土地资源用于扩大甘蔗和大豆产量，生物燃料不会与粮食生产发生“争地”冲突。图 8-11 所示为巴西甘蔗园和甘蔗燃料乙醇工厂。

图 8-11　巴西甘蔗园（左）和甘蔗燃料乙醇工厂（右）

二是规范碳排放交易市场，制定行业减排指标。作为国家生物燃料政策实施的第一步，巴西将根据所承诺的温室气体减排义务制定出在时间上可行的、明确的、细化到企业的碳排放指标。而且，为完成指标，还将制定限制温室气体排放的相关细则。今后企业每年的温室气体排放量不能超过政府所规定的上限，否则就要花钱购买“减排信用指标”。燃料油供应公司要逐步提高生物燃料的消费比重，并对私人汽车、摩托车、机动车和货车使用生物燃料的比例做出明确的规定，以保证完成每年温室气体减排的目标。据悉，相关细则将在 2019 年出台并实施。

三是增加生物燃料产业的投资。这是实施国家生物燃料政策面临的一个重大挑战。巴西环境部提供的文件显示，2020 年到 2030 年，巴西生物质能源领域的投资大约需要 1610 亿雷亚尔（折合 500 多亿美元）。巴西甘蔗工业联盟认为，目前巴西乙醇燃料年产量不到 300 亿 L，而到 2030 年，巴西乙醇产量要达到 500 亿 L。为实现这一目标，巴西需要再建 75 家乙醇企业，平均每家企业每个季节压榨甘蔗 350 万 t，大约需要投资 400 亿美元。巴西矿能部认为，到 2030 年，生物燃料在巴西能源产量中的比重提高到 18%后，将激励私人部门在生物燃料领域增加 5000 亿雷亚尔的投资。总而言之，国家生物燃料政策提供了生物燃料发展的市场环境，有利于投资者评估投资风险，增强投资信心。

四是鼓励研发第二代乙醇燃料。目前世界上主要用甘蔗和玉米。利用植物的纤维素生产出来的乙醇被称为“第二代乙醇”。二代乙醇的原料主要有甘蔗加工后剩余的甘蔗渣以及玉米或甘蔗的秸秆等。巴西每年要加工的甘蔗超过6亿t，产生的甘蔗秸秆和甘蔗渣数量非常可观。据有关部门测算，如果甘蔗秸秆、甘蔗渣和玉米秸秆得到充分利用，可以将现有的乙醇产能再提高50%。巴西从2011年起就着手研发二代乙醇。2014年，在银行的融资支持下，第一批3家二代乙醇生产企业陆续开工。二代乙醇的生产过程具有更高的科技含量，需要更多的投资，成本要比一代乙醇高出30%左右，因此，要想推动二代乙醇实现商业化生产并获得比较优势，自然需要投入更多的科研力量和资金。目前二代乙醇生产过程中遇到的困难还比较多，不过二代乙醇具有良好的发展前景。巴西瓦加斯基金会认为，到2030年，巴西二代乙醇年产量有望达到25亿L。

五是开发新型生物燃料。2017年，巴西维索萨联邦大学的科研人员经过长期的研究，发现巴西当地一种棕榈树的果实具有生物燃料开发的商业前景。据科研人员介绍，这种棕榈树名叫玛卡乌巴，是广泛分布在巴西绝大部分地区的原产树种，高5~15m。玛卡乌巴的果壳内层和果仁含有丰富的油脂，可以作为生物柴油的原料。每公顷的玛卡乌巴每年可生产出4~6t的油脂，其产量优于大豆（每公顷的大豆只能生产0.6t的豆油）。而且，玛卡乌巴不必占用巴西耕地。巴西有1.6亿hm^2的牧场，在牧场种植玛卡乌巴，既不会与牧草抢地，又能为牲畜遮荫。玛卡乌巴是耐旱植物，在巴西东北部和中西部地区广泛存在，仅在维索萨联邦大学的所在地纳斯吉拉斯州，就有250万hm^2的野生玛卡乌巴。

在乙醇方面，巴西将鼓励开发玉米乙醇。巴西玉米一年可收获两季，其中，夏季玉米是主产，冬季玉米为副产。冬季玉米利用夏季作物收获后的空闲土地进行种植，目的是保养土、肥、水，减少环境污染。由于生产率较低，巴西人戏称冬季玉米为“小收成”。近些年来，巴西农业科研人员通过品种改良和轮作制度使冬季玉米生产率大幅提高，由“小收成”变成“大收成”。巴西农业部下属的全国供应公司于2018年1月公布的调查报告显示，巴西玉米单位产量从2004/2005年度的每公顷3026kg提高到2016/2017年度的5562kg。玉米产量的大幅提高，为开发乙醇提供了新的原料来源。2017年巴西第一家玉米乙醇厂在中西部地区的戈亚斯州投产。这家企业是巴西和美国合资企业，共投资4.5亿雷亚尔，企业产能为每年6000t玉米油和2.4亿L玉米乙醇。巴西生产玉米乙醇还有两个优势：第一，玉米乙醇具有投入产出快的特点；第二，可以利用企业闲置产能。甘蔗生产有很强的季节性，而且甘蔗不易保存。甘蔗生长期间，乙醇企业就要停工待料。现在，这些企业可以在甘蔗生长期用玉米加工乙醇，从而利用了企业闲置的产能。随着国家生物燃料政策的实施，将会有更多的企业利用玉米生产乙醇，加盟生物燃料产业。

此外，巴西还在积极扶持生物燃气、生物煤气和乙醇柴油的研发，以尽快使这些新型生物燃料能够实现商业化生产。国际能源署预测，到 2050 年，巴西乙醇产量将增长 200%，从而进一步夯实巴西“生物燃料大国”的国际地位，使其在实现全球温室气体减排目标上做出新的贡献。

8.2　生物质制沼气

生物质制沼气，指有机物质（如人畜家禽粪便、秸秆、污水、杂草等）在一定温度、湿度、酸碱度和厌氧条件下，经多种微生物复杂发酵分解产生以甲烷为主要成分的混合可燃气体的过程（见图 8-12）。

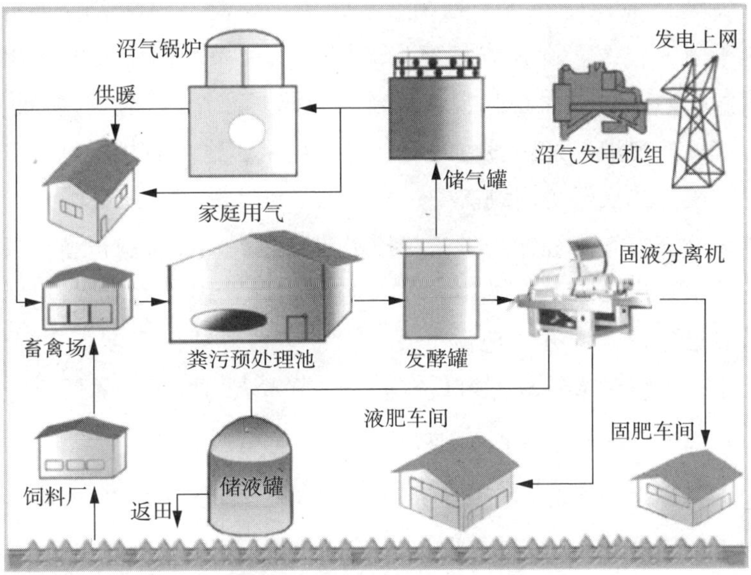

图 8-12　生物质制沼气流程

8.2.1　欧洲沼气工程技术现状

欧洲沼气工程技术出现较早，始于 20 世纪 70 年代，目前已是世界上沼气工程最普及的地区。欧洲的沼气工程技术以高浓度有机废弃物联合消化工艺（CSTR）为主，绝大多数配备热电联产系统。欧洲沼气工程具体的技术特点如下：

（1）重视原料复配，产气率高。欧洲沼气工程原料不仅是畜禽粪便，还包括能源作物以及屠宰场废弃物、城市餐厨垃圾、城市污泥等。通过这些原料的混合和合理复配，可以提高原料中的碳、氮含量，并调整出可使产气率达到最高的碳氮比。德国90%以上的农场沼气工程采用混合原料发酵。

（2）工艺统一，热电联产，效益高。在德国和丹麦，90%以上的沼气工程采用CSTR工艺，统一的工艺有利于制定统一的技术标准和管理办法，同时便于接管运营后续工作的开展。热电联产指产出的沼气主要用于发电（其中33%~37%的能量转换为电能），将发电过程中产生的大量余热用于CSTR加热和农场或社区供热，提高了沼气的利用效率，增加了沼气工程的经济效益。

（3）实现自动控制，运行管理便捷。运用厌氧消化系统专用的自动控制系统与软件，实现沼气工程的自动化管理和远程监控，既节省了大量人力，又提高了工程生产效率。

（4）沼渣沼液及时还田，杜绝二次污染。沼渣、沼液贮存期为3~6个月，可施于周围农田。许多农场建设的沼气工程采用两个发酵罐串联发酵，第一个发酵罐贮存原料并在其中连续产气，同时兼作沼气贮气装置。贮存在第二个发酵罐的料液经过一段时间后被排放出来，作为有机肥喷施到农田里，所以不存在废液二次污染问题。

此外，欧洲沼气工程配套设备与技术装备先进，如进料设备、搅拌设备、脱硫设备、沼气存储设备、热电联产设备、沼气工程监测成套设备等优良性均处于世界沼气行业的领先地位，并且沼气工程自动化程度高。沼气工程无论规模大小，只需一人管理即可稳定运行，节省人力资源，降低运行成本。

8.2.2　我国沼气工程技术现状

中国沼气建设同样起步于20世纪70年代，至今已有40多年的发展史，中间经历了快速发展阶段和回落阶段，如今也已步入了新的发展局面。我国沼气工程技术具有如下特点：

（1）工艺类型多，效率普遍不高。我国在发展沼气工程的过程中，在户用沼气方面取得了较大成就，而大中型沼气工程由于缺乏行业权威组织统一的技术指导，南北方地区差异较大，各地分别用土法建设沼气工程，发酵温度低，搅拌不足，产气率低。

（2）产品利用率低，经济效益差。我国建设大中型沼气工程以处理废弃物和生产能源为出发点，而不是以充分利用资源为出发点，在工艺设计中对产品的应用（如有机肥的生产、沼气发电余热的利用等）不够重视。在产品产量低、使用率低的情况下，工程的经济效益自然就差，这也是我国沼气工程发展缓慢、运行困难的根本原因。

（3）工程设备化程度低，生产方式落后。受限于技术水平和成本控制，我国的沼气工程普遍采用传统的现场加工安装的方式，没有实现工程的设备化和标准化，工期长，难维护，不便于检修，质量难保障。同时，进出料方式落后，手动操作管理，不但需要人工较多，而且外观不佳，影响厂区整体环境。

目前我国对厌氧沼气发酵的研究主要集中在三个方面：第一，原料预处理研究。在厌氧发酵前对秸秆进行预处理，改变秸秆的物理结构，有利于厌氧发酵的进行。目前我国常用的秸秆预处理技术有物理粉碎法、酸碱化学法、生物法等。第二，秸秆干发酵技术。与湿式厌氧发酵技术相比，干式厌氧发酵技术具有需水量少、单位容积负荷高、处理成本低及不产生沼液二次污染等优点，但干发酵物料浓度高，搅拌困难，易造成挥发性脂肪酸局部过度积累，从而影响厌氧发酵的稳定性。目前在应用干秸秆发酵技术过程中主要是通过优化反应条件、添加辅助因子等手段提高沼气的发酵效率，但效果不是很明显。第三，混合物料发酵技术。将几种不同的原料，比如秸秆和畜禽粪便等，按照一定比例混合生产沼气，能够显著提高消化器的容积产气率。目前利用混合物料发酵已成为厌氧发酵技术的重点研究方向，但对混合厌氧发酵的机理和有机物的降解机制还缺乏深入研究，以至于混合厌氧发酵还不能广泛地运用在实际生产中。

8.2.3 持续高速发展的德国沼气工业

德国是世界上生物质燃气（主要指沼气产业）发展最快的国家，处于国际领先水平：第一，沼气实现热电联产并入电网，经过净化提纯后并入天然气管网，规模化和商业化是沼气产业持续发展的原动力；第二，沼气原料非常丰富，既能产生环境效益，又具有经济效益，可谓“一举多得”。

德国的沼气工业发展迅速，1992 年时只有不足 20 个沼气工程，到 2016 年底时，已建成超过 9000 个沼气工厂，遍布整个德国的私人农庄、畜禽养殖场、垃圾处理厂，98%的德国沼气工程是热电联产（CHP）工程，装机容量超过 4100MW（见图 8-13）。德国计划到 2020 年建成 12000 个沼气能源工程，装机容量达到 4800MW，沼气发电占全国发电总量的 7.5%。

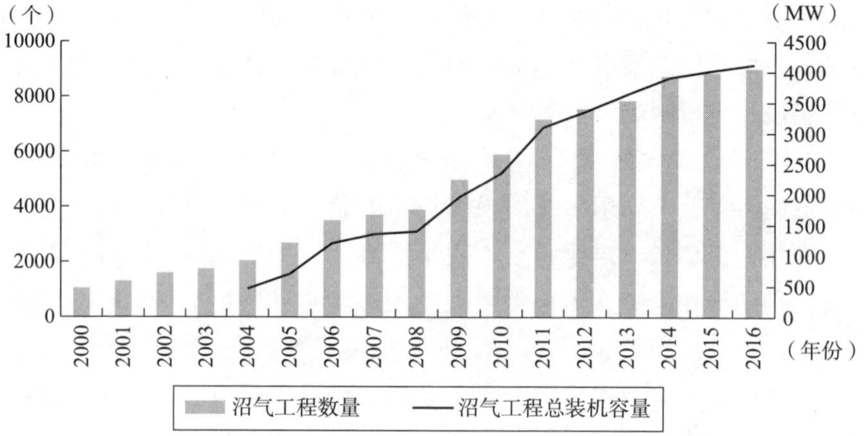

图 8-13　德国沼气工程数量和总装机容量的增长情况

资料来源：德国沼气协会

大规模生产的沼气可以替代煤发电和供热，净化和提纯后的“生物天然气”还可替代天然气作为车用燃料和民用燃气。德国传统沼气利用方式主要是热电联产，采用一定的净化设备和工艺将沼气净化后并入天然气网络进行集中供气。这一方式大大解决了部分地区对热能的高需求问题，从而达到更高的沼气总利用率。德国部分大型沼气工程已将提纯后的沼气（甲烷含量一般高于96%，沼气中的其他杂质气体成分被清除）并入天然气网络进行集中供气，或作为汽车燃料出售。

沼气提纯替代天然气成为德国沼气发展的一个新方向，新修订的可再生能源法中也明确了对沼气提纯的补贴政策。根据德国能源署的资料，2010 年已建和在建的沼气提纯入管网工程有 28 处，每小时加工量从 $200m^3$ 到 $5000m^3$ 不等。德国沼气提纯的发展目标为到 2020 年和 2030 年分别有 6%和 10%的天然气消耗由沼气替代，这要求每年再建 100～120 座产气量为 $700m^3/h$ 的沼气工程。德国沼气协会预计，到 2020 年，生物天然气将提供全国天然气消费量的 20%。德国沼气纯化技术如图 8-14 所示。

德国沼气工程采用的工艺技术的重要特点就是：适应各种高浓度秸秆原料的发酵产气，沼气工程的工艺技术首先考虑的是发酵原料适应性。目前，德国沼气工程的发酵原料结构比例：47%为能源作物（主要是种植玉米、甜菜、青草，直接作沼气发酵原料使用），41%为禽畜粪便，10%为有机废弃物，2%为工农业生产加工废弃物。大量采用秸秆作沼气发酵原料是德国沼气产业迅猛发展的主要原因。近年来，德国通过沼气工程的快速发展，进一步

图 8-14　德国沼气纯化技术

带动了能源作物育种、能源作物种植等产业的发展。德国科学家研究发现，不同的能源作物发酵制沼气的产出率相差较大，其中产沼气潜力最大的是沼气能源玉米专用种（见表 8-1）。

表 8-1　沼气专用能源作物的生物量单产和沼气产出率

种类	生物量单产（t/hm^2）	沼气产出率（L/kg）	沼气年产率（m^3/hm^2）
玉米（整株青贮）	15.12	390	5897
大麦（秸秆青贮）	3.81	189	720
甜菜（青贮）	14.36	430	6173
三叶草	2.71	335	906
向日葵（整株青贮）	11.02	300	3300

近十年来，德国建设沼气工程多以获取生物质能源为主要目的，因此追求最大原料产气率是这些工程最为重要的技术指标。从原料产气率角度分析，很多农作物如玉米、甜高粱、甜菜、马铃薯及大麦的干物质产气率高达 $600 \sim 1000m^3/t$，远远高于畜禽粪便的产气率，而畜禽粪便与这些原料掺在一起进行混合发酵，可以弥补这些原料氮源不足的问题，从而更有利于沼气的生产。目前德国的畜牧业养殖规模也得到了较大发展，因此，采用农作物和畜禽粪便两种原料进行发酵（全混合发酵工艺）的沼气工程在德国占主导地位（见图 8-15）。

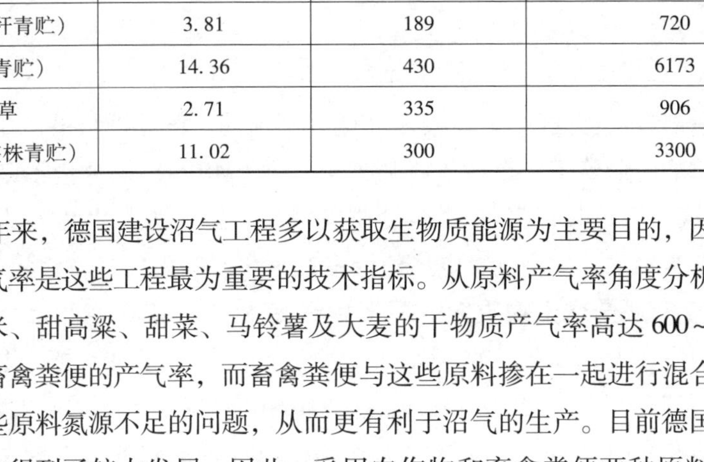

图 8-15　配套沼气工程在德国农场和畜牧场随处可见

德国沼气发电上网和能源作物的开发利用使其市场经济效益大幅提高，加上其先进的技术和生产设备，在世界和欧洲都居于首位。德国不仅沼气工程设备生产商的数量在欧洲居领先地位，而且沼气工程配套设备与技术装备先进，进料设备、搅拌设备、脱硫设备、沼气存储设备、热电联产成套设备性能均处于世界领先地位，使德国成为设备和技术的最大出口国。

8.3 生物质发电

生物质发电是生物质能源细分行业中的支柱板块，总量占比超过行业规模的50%。从环境效益的角度来看，基于生物质燃料本身所具有的低碳、低硫特性，以及生物质生长、燃烧过程中的零排放机理，生物质发电的 NO_x、SO_2 和烟尘颗粒的排放量分别是火电机组的1/5、1/10和1/28，而燃烧后的 CO_2 排放属于自然界的碳循环，不形成污染。据测算，运营一台2.5万kW的生物质发电机组，可比同类型火电机组少排放 CO_2 约10万t/年。

8.3.1 全球生物质发电产业进展

根据总部设在德国的Ecoprog发布的一项新的市场分析结果，在全球大力发展生物质能的形势下，全球生物质发电厂（BMPPs）的数量不断增加，截至2018年底，全球共有3800个生物质发电厂。在各国对生物质能发电补贴政策的持续激励下，生物质发电厂建设将在很长时间内保持持续快速的增长，预计到2027年底全球生物质发电厂将达到5700个，市场空间巨大。生物质发电主要集中在发达国家，特别是北欧的丹麦、芬兰等国，据生物质能行业分析预测，到2020年，西方工业国家15%的电力将来自生物质发电。另外，印度、巴西和东南亚的一些发展中国家也在积极研发或者引进技术建设生物质发电项目。在全球各国积极支持和推动建设生物质能发电项目的情况下，全球生物质能装机容量实现了持续稳定的上升，从2008年的6180万kW增长到2018年的11780万kW，十年间增长了近一倍；全球生物质能发电量也大幅增加，从2009年的27710万kW·h增长到2018年的54100万kW·h（见图8-16）。

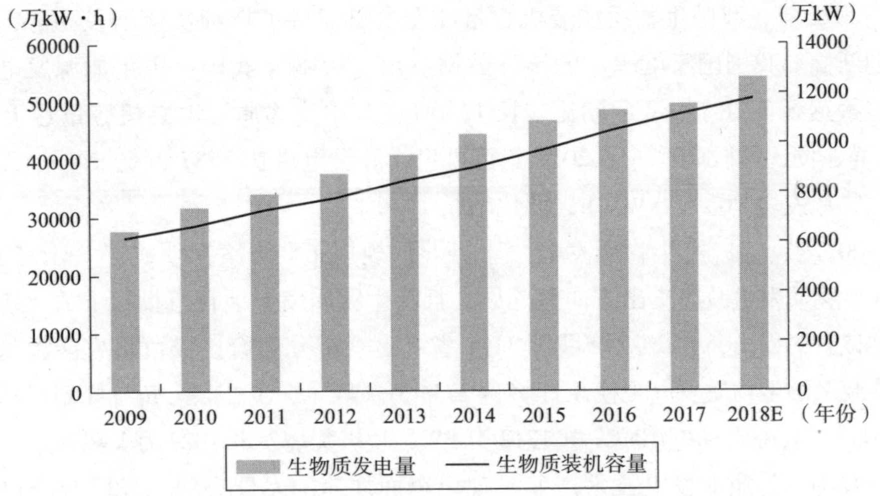

图 8-16　2009—2018 年全球生物质发电量及累计装机容量

资料来源：IRENA

2018 年，全球秸秆发电装机容量为 1874 万 kW，占比 15.9%；沼气发电装机容量为 1819 万 kW，占比 15.4%；垃圾发电装机容量为 1264 万 kW，占比 10.7%。而巴西、中国、美国是生物质能发电装机全球排名前三的国家，如图 8-17（左）所示。根据国际可再生能源署（IRENA）数据，巴西以 1484 万 kW 的生物质能发电装机容量占比 12.6%，居世界第一位；中国以 1319 万 kW 的装机容量占比 11.2%，居世界第二位，美国以 1272 万 kW 的装机容量占比 10.8%，居第三位，如图 8-17（右）所示。

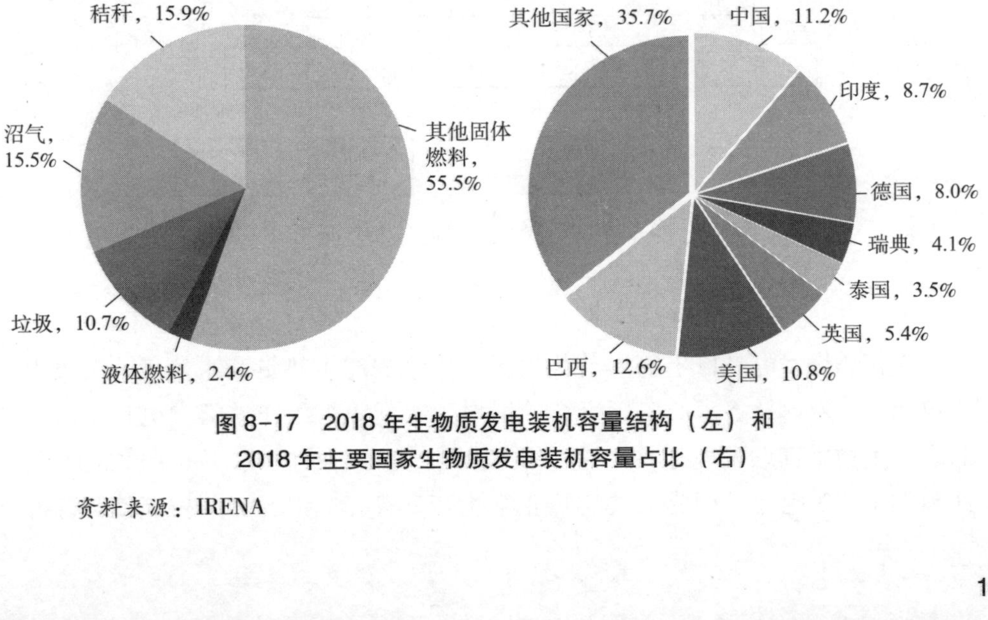

图 8-17　2018 年生物质发电装机容量结构（左）和 2018 年主要国家生物质发电装机容量占比（右）

资料来源：IRENA

2018 年，我国生物质能装机容量和发电量保持了持续快速增长态势，不断创新高。我国国家能源局的统计数据显示，2018 年我国可再生能源发电装机容量达到 7.28 亿 kW，同比增长 12.0%，其中生物质发电装机容量达 1781 万 kW，同比增长 20.7%；2018 年可再生能源发电量达 1.87 万亿 kW · h，其中生物质发电 906 亿 kW · h，同比增长 14.0%。

2017 年 7 月，《生物质发电“十三五”规划布局方案》明确了“十三五”期间生物质发电政府支出方向等问题，且将生物质发电项目审批权下放。目标上，该方案提出，到 2020 年我国 31 个省（区、市）符合国家可再生能源基金支持政策的生物质发电规模总计将达 2334 万 kW，是原“十三五”规划目标的 155.6%。其中农林生物质发电 1312 万 kW，垃圾焚烧发电 1022 万 kW。

我国生物质能发电技术产业呈现出全面加速的发展态势，我国政府也把生物质能的综合利用提升到了新能源开发的重要位置，加大了对生物质能开发的政策支持力度。随着《可再生能源法》和相关可再生能源电价补贴等一系列政策的出台和实施，我国生物质发电投资热情迅速高涨，建设了各类农林废弃物发电项目。

8.3.2 生物质发电技术现状及示范工程

生物质发电是利用生物质所具有的生物质能发电，包括农林废弃物直接燃烧发电、农林废弃物气化发电、燃煤生物质耦合发电以及垃圾焚烧发电、垃圾填埋气发电、沼气发电等（见图 8-18）。

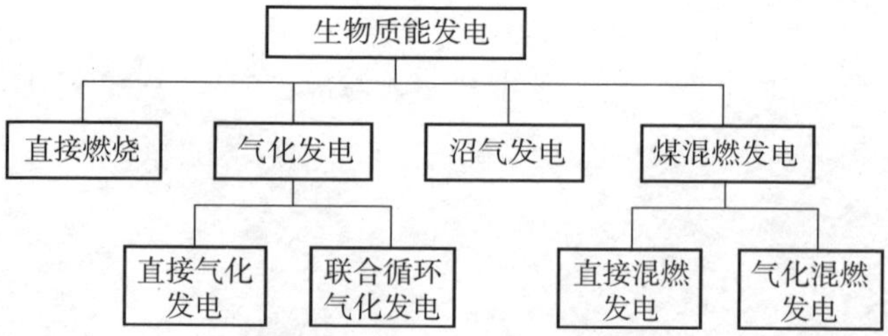

图 8-18 生物质能发电技术分类

8.3.2.1 生物质直燃发电

直接燃烧发电是以生物质替代煤炭直接燃烧产生热量和水蒸气，是火力发电形式，木料及谷米加工厂废弃的锯屑和谷壳等可用作这类发电技术的原材料。生物质直燃发电适用于生物质资源比较集中的区域，如谷米加工厂、木料加工厂等附近，因为只要工厂正常生产，谷壳、锯屑和柴枝等就可源源不断地供应，从而为生物质直燃发电提供物料保障。由于生物质具有分散、热值低的特点，在收集、运送过程中可能需要致密成型，固化后再分批次运送到传输半径合理的区域进行直燃发电。该技术机组容量较大，当前在建或拟建机组，国外已达到单机容量10MW级水平，其热效率较高，受环境影响较小，可单独作为公用电源建设，适合规模化推广。但不论是直接燃烧发电还是固化后燃烧发电，都属于生物质直燃发电的范畴。

丹麦哥本哈根DONG Energy 2×430MW超临界燃烧多种燃料/生物质电厂，采用多种生物质混烧方式，设有专门燃烧秸秆的生物质往复炉排锅炉，每年燃烧170000t秸秆，产生超临界参数的蒸汽，在蒸汽侧和超临界煤粉炉产生的蒸汽混合发电。同时，在超临界煤粉炉中，混烧废木材成型颗粒，每年消耗废木材160000t、煤500000t。

8.3.2.2　生物质气化发电技术

生物质气化发电技术是生物质通过热化学转化为气体燃料（主要为氢气、CO、CO_2等），将净化后的气体燃料直接送入锅炉、内燃发电机、燃气机的燃烧室中燃烧发电（见图8-19）。气化发电过程主要包括三个部分：一是生物质气化，在气化炉中把固体生物质转化为气体燃料；二是气体净化，生物质气化出来的燃气都含有一定的杂质，包括灰分、焦炭和焦油等，需经过净化系统把杂质除去，以保证燃气发电设备的正常运行；三是燃气发电，利用燃气轮机或燃气内燃机进行发电，为了提高发电效率，还可以增加余热锅炉和蒸汽轮机。生物质燃气热值低（约5023.2KJ/m^3），加之气化炉出口气体温度较高，因此生物质气化联合发电技术的整体效率一般要低于35%。

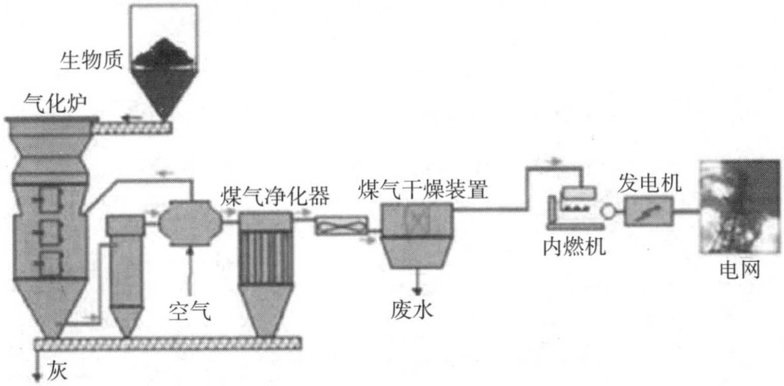

图8-19　生物质气化发电技术

生物质气化发电是比燃烧发电更为洁净的发电方式，成规模的生物质气化发电已进入商业示范阶段。芬兰Lahti电厂于1998年开始采用200MW循环流化床锅炉（Circulating Fluidized Bed，CFB气化炉）将生物质气化，然后将气体送入煤粉炉中与煤粉混烧。该电厂CFB气化炉的年运行小时数为7000h，气化生物质燃料分类及所占比例（年取代燃煤量60000t）为：木质生物质，树皮、锯末、木屑、森林废弃物占15%；废木材、切割和板材废弃物、研磨的木粉、毁坏的木材占32%；回收的垃圾（再生燃料）占40%；旧轮胎、切碎的塑料等占10%；泥煤占3%。CFB气化的减排效果：CO_2每年减少排放10%，NO_x浓度下降5%，SO_2浓度下降10%，粉尘浓度下降30%。

我国对生物质气化技术的深入研究始于20世纪80年代，经过多年的努力，我国生物质气化技术日趋完善。我国目前应用的生物质气化发电系统主要是中国科学院广州能源研究所开发的流化床气化炉和内燃机结合的气化发电系统。该系统采用内燃机，降低了对燃气杂质的要求（焦油和杂质含量<100mg/m^{3}即可）和系统成本，适合发展分散独立的生物质能源利用系统。随着我国能源供需形势的发展，人们对生物质发电的规模及系统效率提出了更高的要求，研发生物质整体气化联合循环发电技术（BIGCC），尤其是增压流化床气化联合发电系统的必要性越来越明显。

8.3.2.3 燃煤生物质耦合发电

燃煤生物质耦合发电是一种成熟的可再生能源发电技术，通过现役煤电机组的高效发电系统和环保集中治理平台，尽力消纳田间露天直燃秸秆，规模化协同处理污泥，提高燃料灵活性，降低存量煤电耗煤量，提升可再生能源发电量，具有投资少、见效快、排放低、可再生电能质量稳定的特点。燃煤生物质耦合发电技术有电力侧耦合、蒸汽侧耦合和燃烧侧耦合等多种耦合形式，其中燃烧侧耦合的生物质发电效率高，因而应用广泛（见表8-2）。

表8-2 燃煤生物质耦合发电——各种耦合位置对比

耦合位置	耦合方式	耦合紧密程度	生物质电量检测及监管难度	生物质发电效率	对燃煤机组影响
燃烧侧	生物质磨粉后直接送入电站锅炉混烧（直接耦合）	紧密	困难	高	大
	生物质气化后与燃煤在电站锅炉混烧（气化耦合）	紧密	简单	高	小

续表

耦合位置	耦合方式	耦合紧密程度	生物质电量检测及监管难度	生物质发电效率	对燃煤机组影响
蒸汽侧	生物质直燃产生蒸汽送入燃煤电站汽轮机组	紧密	简单	低	小
电力侧	生物质直燃发电与燃煤电力同时并网	松散	简单	低	小

三十多年来，燃煤耦合生物质发电在欧盟等国家广泛应用，而且多国出台了相应政策法规，煤与生物质在大型燃煤电厂进行混烧的技术也取得了许多宝贵经验。例如，英国正在实施将燃煤电站改造成生物质电站的工程，几乎100%的燃煤电厂均采用燃煤耦合生物质发电，包括其装机容量为400万kW的最大燃煤电厂；丹麦的燃煤电厂已经逐步被改造为生物质电厂，且以生物质热电联产为主。

英国Drax电厂的前3台机组于1974年投运，后3台机组于1986年投运，该电厂的生物质混烧改造工程于2008年下半年启动，包括建设1座12000m^3的生物质燃料储仓以及燃料卸载、输送、过筛、分离、除金属、磨粉直到炉前燃料仓的燃烧系统。现已完成全部生物质混烧改造工程，6台锅炉均改造成有单独生物质磨制和燃烧设备的混烧锅炉，是世界上容量最大的采用单独生物质处理、磨制和燃烧工艺的生物质混烧煤粉炉电厂。该电厂每年用于混烧的生物质为150万t，每年减排的CO_2量为200万t，相当于500座最大的风电机达到的CO_2减排量；而且经济效益显著，2015年Drax电厂的总收入是26.38亿英镑，其中由于混烧生物质而得到的零碳排放发电量的奖励和上网电价优惠的收入为4.518亿英镑，占总收入的17%。

8.3.3 我国燃煤耦合生物质发电技术应用情况

燃煤耦合生物质发电是一种成熟的可再生能源发电技术，通过现役煤电机组的高效发电系统和环保集中治理平台，尽力消纳田间露天直燃秸秆，规模化协同处理污泥，实现燃料灵活性，降低耗煤量，提升可再生能源发电量，具有投资省、见效快、排放低、可再生电能质量稳定的特点。

2017年11月底，国家能源局、国家环保部联合印发了《关于开展燃煤耦合生物质发电技改试点工作的通知》。确定了84个技改项目试点，涉及全国23个省、自治区、直辖市。在84个试点项目中，“采用生物质气化炉对农林废弃残余物进行气化，产生的生物质燃气输送至燃煤机组锅炉进行燃烧、发电”这一模式的项目达40多个，“气化”成为此次燃煤耦合生物质发电技术的主要模式。

燃煤耦合生物质气化发电技术是指生物质在循环流化床气化炉中完成高效气化，产生燃气经过净化系统除尘后，以热燃气的方式直接送入大型燃煤电站锅炉，与煤粉进行混烧，利用原有发电系统实现高效发电的技术。该技术提供了一种经济有效的方法，利用大型燃煤电站机组的高参数，将生物质高效转化为电能，实现生物质的有效利用，以缓解能源危机，减少温室气体污染。

从理论分析和我国的工程实践来看，生物质气化耦合燃煤机组发电技术能够实现高效发电，最成熟稳定且易于操作，代表了我国耦合发电产业的发展趋势。针对生物质难以在大型火力发电站应用的问题，可采取循环流化床气化方式与大型燃煤电站进行耦合高效发电的方法，进行物质和能量平衡计算，开发系列循环流化床气化装置，实现生物质在大型燃煤机组内稳定的耦合发电，生物质转化为电能的效率可超过37%，远高于现有的生物质直燃发电，具有良好的经济、环境和社会效益。

近年来，由于相关政策的鼓励，许多电厂正在积极开展将现有大型锅炉改造成生物质耦合发电装置的工作，减少煤炭消费，增加清洁能源使用，有助于缓解火电厂经营压力。国内首套燃煤耦合生物质气化发电示范项目是由国电长源电力公司与合肥德博生物质能源科技有限公司共同研发的荆门10.8MW工程，已成功稳定运行近6年，为燃煤耦合生物质气化产业提供了运营样本。据相关专家分析，我国燃煤电厂装机容量超过10亿kW，如果有一半能够耦合生物质并联产生物炭，实现生物质资源化利用和能源化利用相结合，可进一步提高生物质利用效益，提高电厂盈利能力。燃煤电厂联产的生物炭用于土壤和水体修复，生产炭基肥，减少化肥农药使用量，增加有机肥使用量，能有效提升我国的生态发展水平，在解决农林生物质无序焚烧问题的同时实现生态循环，成为良好生态环境建设、实现生态惠民的重要一环，具有广阔的发展前景。

8.4 生物质固化成型——颗粒燃料

生物质原材料一般质地松散，含水量大，占用空间大，不易储存和运输，燃烧效率低，因此，大部分生物质原材料使用前需要处理。固化成型技术是指以无定型的生物质（如秸秆）为原料，经干燥、粉碎到一定粒度，在一定的温度、湿度和压力条件下，使生物质原料颗粒位置重新排列并发生机械变形和塑性变形，成为形状规则、密度较大、燃烧值较高的固体燃料的技术。固化成型技术可以将固体体积压缩到原始生物质体积的1/15~1/8，成型燃料的热值在 13~25J/kg，即约 1.4t 固化成型燃料相当于 1t 标准煤的热值。固化成型的生物质燃料具有密度高、热值高、易于运输、使用方便、燃烧过程 CO_2“零排放”等显著优势。该类技术既可用作城乡居民生活的炊事用能，又可用作农业生产燃料，进一步脱烟碳化后可制成清洁炭，达到高效、清洁的效果。

固化成型技术是规模化利用生物质能源的一种有效途径。一般先将生物质原材料进行干燥、粉碎或切断，或者先经过炭化工艺，再压缩，靠原料内部的黏结力互相啮合在一起而成型，从而使松散、多水分的生物质原材料变为松弛密度和强度均较高的固体成型燃料或颗粒状材料，便于运输，燃烧效率高。通常，生物质材料中纤维素和木质素的含量影响常温下颗粒成型的难易程度，成型燃料的松弛密度和耐久性可反映其性能。用于成型的生物质原材料多为秸秆、林场废弃物等，也有将畜禽粪便加工为生物质颗粒物的。用于生物质固化成型的设备分为螺旋挤压式、活塞冲压式和模压式三类。国内大多采用模压式生产工艺，主要有冷压成型、热压成型和炭化成型。模压成型的优点是生产效率高，原料适应性强；缺点是常用成型设备生产效率低下，原料适应性低，能耗高，设备关键部件（如模具）磨损快，因而发展速度相对缓慢。另外，产品标准化程度低，应尽快完善相应生产标准，使产品标准化，同时发展相应的配套设备，如提供部件统一的燃烧炉，以使标准化的成型生物质燃料得以高效率地燃烧。

生物质燃料成型技术的发展是一项系统工程，“工程化”研究不是整台样机的研究，而是在集成多项技术基础上的“再创新”，并且在集成多项技术构成新的颗粒机设备系统后，必须进行工程化试验，提炼成熟的指标，解决新的技术问题。生物质的收集、干燥、粉碎、成型、燃烧所需技术与设备必须配套、协同发展。生物质固化成型技术设备及产品如图 8-20 所示。

图 8-20　生物质固化成型技术设备及产品

根据我国能源发展规划，对生物质成型燃料的利用要由目前的不足500万t/a提高到2020年的2000万t/a。加大生物质成型燃料的利用力度，提高生物质成型燃料的生产能力和技术水平，实现生物质成型燃料的利用目标，对改善和提高我国农业资源利用效率具有重要意义。

我国生物质成型技术发展比较晚，虽然在“十二五”期间取得了一些进展，但总的来说，我国目前的生物质燃料成型技术与装备在设备的可靠性、技术的先进性、应用的实用性方面还有很多不足，尤其是在成型机的模辊材料方面，主要表现为模辊耐磨性低、寿命时间短、能耗高等。据相关资料统计，当前全国投入使用的生物质成型机组约为1000台套，年生产生物质成型燃料20万t左右。“十三五”期间，我国生物质成型燃料的研究应主要着眼于生物质固体成型技术及工艺装备系统集成化、自动化的研究开发，特别是工艺中除杂和混配工艺方面的研究，使工艺设备和技术更适合我国的特定生物质原料成型。

8.5 生物质气化

生物质热解是一种热化学反应过程，主要通过热量传递来驱动。在高温、缺氧情况下，热量首先传递到生物燃料颗粒的表面，引起水分的蒸发以及不稳定分子的裂解，生成焦炭与挥发分，特别是在多孔燃料的颗粒内部，挥发分会进一步裂解成热稳定的二次热解油和不可冷凝气体。生物质气化得到的产品既可直接作为燃气使用，也可以用于发电，还可通过合成的方式得到液体燃料。其中，将生物质气化后产品合成液体燃料是目前重要的研究方向。将生物质气化并合成液体燃料的产品，包括合成汽油、煤油、柴油及含氧化合物（如低碳醇和二甲醚）等。生物质气化合成制取的液体燃料纯度高，几乎不含S、N等杂质，在很多方面优于采用其他方法制取的液体燃料。

我国生物质定向气化工艺开发基本上是通过改造煤气化技术来进行的，生物质气化技术在“十二五”期间已取得一定进展，但尚未达到工业化推广的程度；合成气的催化液化主要是利用费托合成工艺来获取类似于汽油、柴油的液态燃料，方式较为单一。目前国内对生物质高效气化及合成液体燃料技术的需求主要集中在大型连续式生物质气化技术及装备、生物质燃气热电联供技术及装备、一步生物质合成气的定向调质技术、高效催化剂体系研发、低成本高效合成技术及装备等方面。

参考文献

[1] 常毅军．新生态与新能源［M］．北京：煤炭工业出版社，2013.

[2] 程备久．生物质能学［M］．北京：化学工业出版社，2008.

[3] 刘广青，等．生物质能源转化技术［M］．北京：化学工业出版社，2009.

[4] 杨名舟．中国新能源［M］．北京：中国水利水电出版社，2013.

[5] 闫晶晶．我国生物质能源开发利用的可持续发展评价与实证研究［D］．中国地质大学（北京），2010.

[6] 娄喜艳，丁锦平．生物质能源发展现状及应用前景［J］．中国农业文摘—农业工程，2017（2）.

[7] 石元春．我国生物质能源发展综述［J］．智慧电力，2017（7）.

[8] 臧良震，张彩虹．国外生物质能源原料供给研究综述与启示［J］．经济问题探索，2017（8）.

[9] 张自仕．生物质能源的利用现状与发展［A］//中国土木工程学会燃气分会．2017中国燃气运营与安全研讨会论文集［C］．中国土木工程学会燃气分会：《煤气与热力》杂志社有限公司，2017.

[10] 彭影．中国新能源产业发展趋势研究［D］．吉林大学，2016.

[11] 中国科学院生物质资源领域战略研究组．中国至2050年生物质资源科技发展路线图［M］．北京：科学出版社，2009.

[12] 崔宗均．生物质能源与废弃物资源利用［M］．北京：中国农业大学出版社，2011.

[13] 电力规划设计总院．中国能源发展报告2018［DB/OL］．中国电力新闻网，2019-04-29.

[14] 陈方，丁陈君，吴晓燕，陈云伟，郑颖．生物科技领域国际进展与趋势分析［J］．世界科技研究与发展，2018，40（1）.

[15] 安建国．面临石油挑战的巴西经济［N］．人民日报，1980-12-10.

[16] 焦震衡，王锡华．外国习俗丛书：巴西［M］．北京：世界知识出版社，2000.

[17] 巴西能源研究所（EPE）．2016年生物燃料分析报告［R］．2017.

[18] 太和智库．巴西生物燃料产业迈向新时期［Z］．2018.

[19] 黄晓艳，马珉．生物燃料乙醇：能源战略与产业前景——专访中国工程院院士岳国君［J］．高科技与产业化，2018（6）.

[20] 牛海涛. 生物质能源技术应用研究 [J]. 生物化工, 2017, 3 (4).
[21] 雷期林. 煤炭间接液化 CO 变换工艺模拟 [J]. 煤, 2013, 22 (1).
[22] 张国芳. 流化床干燥生物质秸秆的实验研究 [D]. 江苏大学, 2008.
[23] 闫强, 王安建, 王高尚, 于汶加, 陈其慎. 生物燃料进展研究 [J]. 安徽农业科学, 2009, 37 (20).
[24] 郑志锋, 蒋剑春, 戴伟娣, 孙云娟. 生物质能源转化技术与应用 (Ⅲ) ——生物质热解液体燃料油制备和精制技术 [J]. 生物质化学工程, 2007 (5).
[25] 姜伟, 朱丽娜, 赵仲阳, 蒋岩, 赵光辉. 生物质热解液化技术及应用前景 [J]. 粮油加工 (电子版), 2015 (12).
[26] 王雨生, 傅建祥. 生物质能源的应用技术研究 [J]. 青岛农业大学学报 (自然科学版), 2015, 32 (3).
[27] 袁振宏, 雷廷宙, 庄新姝, 周桂雄, 刘姝娜, 杨树华. 我国生物质能研究现状及未来发展趋势分析 [J]. 太阳能, 2017 (2).
[28] 曹潇丹. 我国沼气利用存在的问题及解决思路 [J]. 环境科学导刊, 2010, 29 (S2).
[29] 黄英超, 李文哲, 张波. 生物质能发电技术现状与展望 [J]. 东北农业大学学报, 2007 (2).
[30] 毛健雄. 燃煤耦合生物质发电 [J]. 分布式能源, 2017, 2 (5).
[31] 2010 年生物质能发电行业风险分析报告 [R]. 国家发展改革委中国经济导报社, 北京世经未来投资咨询有限公司, 2011.
[32] 王浩, 韩秋喜, 贺悦科, 张建民. 生物质能源及发电技术研究 [J]. 环境工程, 2012, 30 (S2).
[33] 方韶伟. 德国沼气工程的发展现状及对我国发展的启示 [J]. 猪业科学, 2011, 28 (6).
[34] 丁晓雯, 李薇, 唐阵武. 生物质能发电技术应用现状及发展前景 [J]. 现代化工, 2008 (S2).
[35] 2017 年中国生物质能发电行业现状及市场前景分析 [EB/OL]. 中国产业信息网, 2017.
[36] 孙守强, 袁隆基, 杨宏坤, 梁军辉. 生物质能发电技术及其分析 [J]. 能源研究与信息, 2008 (3).
[37] 汪琼, 姚美香. 浅谈我国生物质能发电的现状及其产生的环境问题 [J]. 环境科学导刊, 2011, 30 (2).
[38] 刘贤贤. 政府补贴对新能源企业绩效影响的实证研究 [D]. 中国矿业大

学，2018.
[39] 程序，郑恒受，梁近光，朱万斌，崔宗均．开发产业沼气实现生物天然气对天然气的替代——有机废弃物厌氧处理从“环保主导”向“能源—环保双赢”的转型［J］．中国工程科学，2011，13（2）．
[40] 毕捷．有机垃圾沼气发酵处理技术的现状和前景展望［A］//中国生态经济学学会．“生态经济与转变经济发展方式”——中国生态经济学会第八届会员代表大会暨生态经济与转变经济发展方式研讨会论文集［C］．中国生态经济学学会，2012.
[41] 黄滢，陈金锋，李强，钟文瑾．生物质耦合发电项目综合效益分析［J］．中国电力企业管理，2018（36）．
[42] 谷士艳．混合原料厌氧发酵产沼气动力学及工艺优化研究［D］．沈阳农业大学，2015.
[43] 国家能源局和环保部出新招破解秸秆焚烧［J］．农业机械，2018（2）．
[44] 国家能源局关于可再生能源发展“十三五”规划实施的指导意见［J］．太阳能，2017（9）．
[45] 郝永俊，张曙光，王刚，刘彦博，张秀璋．生物质固化成型设备的最新研究进展［J］．环境卫生工程，2011，19（4）．
[46] 胡治国，肖波，张承建，杜一敬，李建芬．霄燃料复合生物质“虚拟电厂”与碳减排策略——以鄂州电厂一期工程为例［J］．水电与新能源，2019，33（6）．
[47] 冯义军，陈元婷．燃煤耦合生物质发电的“德博模式”［N］．中国电力报，2018-07-09.
[48] 税野恒．考虑气价补贴条件下基于实物期权的页岩气投资决策研究［D］．重庆大学，2018.
[49] 李保谦，徐光辉．生物质成型燃料技术的现在与未来［A］//2014中国（国际）生物质能源与生物质利用高峰论坛（BBS 2014）技术文摘集［C］．勤哲文化传播（上海）有限公司，2014：14.
[50] 李炳志．生物质能利用技术现状及展望［A］．国际清洁能源论坛（澳门）．国际清洁能源论坛（澳门）研究报告（2013）［C］．国际清洁能源论坛（澳门）：国际清洁能源论坛（澳门）秘书处，2013：13.
[51] 谢建松，杨占国，李军五，夏朝勇．粮食干燥热源现状及展望［J］．现代食品，2018（8）．
[52] 李皓鹏．生物质复合成型燃料及添加剂研究［D］．山东大学，2019.

9 其他可再生能源与清洁能源是新能源结构体系的有益补充

能源是人类社会发展的物质基础，能源安全是国家安全的重要组成部分。当前，世界能源格局和供求关系发生了深刻的变化，能源低碳、清洁化发展已经成为全球能源发展的重要特征，以可再生能源为代表的非化石能源发展成为世界能源供应体系的重要组成部分和许多国家推进能源转型的核心内容以及应对气候变化的重要途径，也是我国深入推进能源生产和消费革命、推动能源生产和利用方式变革的重要技术措施。

2018 年，全球一次能源消费的增长主要由天然气和可再生能源引领，总消费量高达 138.65 亿吨油当量，较 2017 年增长约 3.9 亿吨油当量，其中，天然气是能源消费中最大的增量来源，其次是可再生能源①，增长 7100 万吨，达到 5.61 亿吨油当量，约占全球一次能源消费总量的 4%。2018 年，可再生能源发展呈现出强劲的增长势头，全球可再生能源发电量达 24804 亿 kW · h，在发电能源结构中的占比从 2017 年的 8.4%提升至 9.3%（见图 9-1），可再生能源发电新增装机连续三年超过化石能源，进一步表明了电力系统结构转变正在逐步实现，可再生能源的重要性持续提升。

受可再生能源成本持续下降、全球持续电气化以及碳减排目标的驱动，可再生能源对未来一次能源消费的贡献比重预期在上升，与此同时，促使可再生能源及其他低碳能源技术成本降低，投资规模增加。从中长期发展来看，可再生能源将成为增长最快的能源，也将比历史上的任何能源更快地渗透到全球能源体系中。预期到 2040 年，世界能源供应增量的 40%以上将来自可再生能源，可再生能源占一次能源消费的比重将从现在的 4%增长到约 15%，可再生能源将成为新能源结构体系的重要补充。

---

① 可再生能源包括太阳能、风能、地热能、生物质能等，因为剩余的可用水资源已相对有限，所以不包括水能。

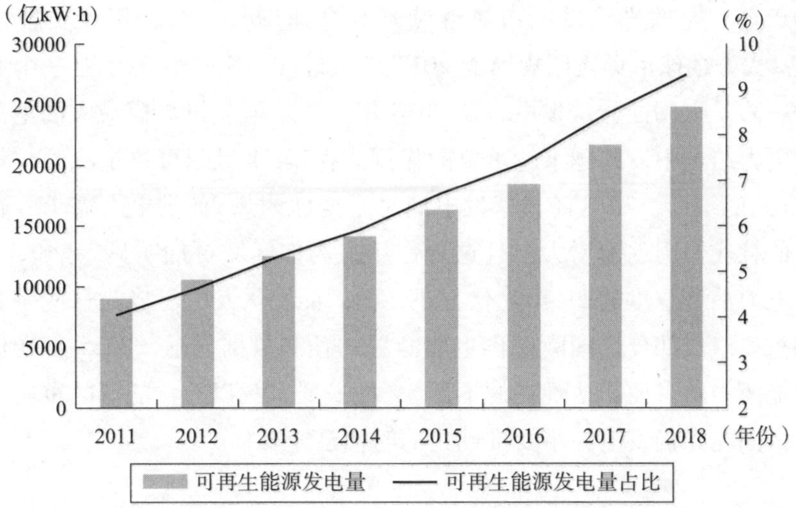

图 9-1　2011—2018 年全球可再生能源发电量及占比

资料来源：BP

9.1　太阳能利用现状及前景分析

太阳能是人类最基本的能源，太阳能资源既包括直接投射到地球表面上的太阳辐射，也包括化石燃料、水能、风能、海洋能、潮汐能等间接的太阳资源，还包括绿色植物的光合作用固定下来的能量，即生物质能。严格地说，除地热能和核能外，人类利用的大部分能量都直接或者间接地来自太阳能。太阳能作为可再生能源的一种，是指太阳能的直接转化和利用。通过转换装置把太阳能转换成电能利用的属于太阳能光伏发电，转换成热能利用的属于太阳能热利用，再利用热能进行发电的属于太阳能热发电（见图 9-2）。

图 9-2　太阳能发电

2018 年，全球光伏发电市场继续延续高速增长态势，累计安装量达到 4.88 亿 kW，全球市场应用规模继 2017 年接近 4 亿 kW 后再登上一个新台阶（见图 9-3）。太阳能光伏发电也是 2018 年全球新增装机规模最大的电源，在全球的电力结构中发挥越来越重要的作用。根据 21 世纪可再生能源政策网络（REN21）的统计，2018 年光伏发电满足了全球约 2.2%的电力需求，在电力供应中的替代作用逐渐增大，且这一作用在局部区域更加明显。全球已有 22 个国家电力消费总量的 2%由光伏提供，太阳能光伏发电已成为这些国家电力供应的重要组成部分。国际可再生能源署的预测数据显示，2025 年光伏发电在全球能源中的占比将从现在的不到 5%增长到 30%以上，能源的重构已经开始，以太阳能光伏发电为主要推动力的时代已经来临。

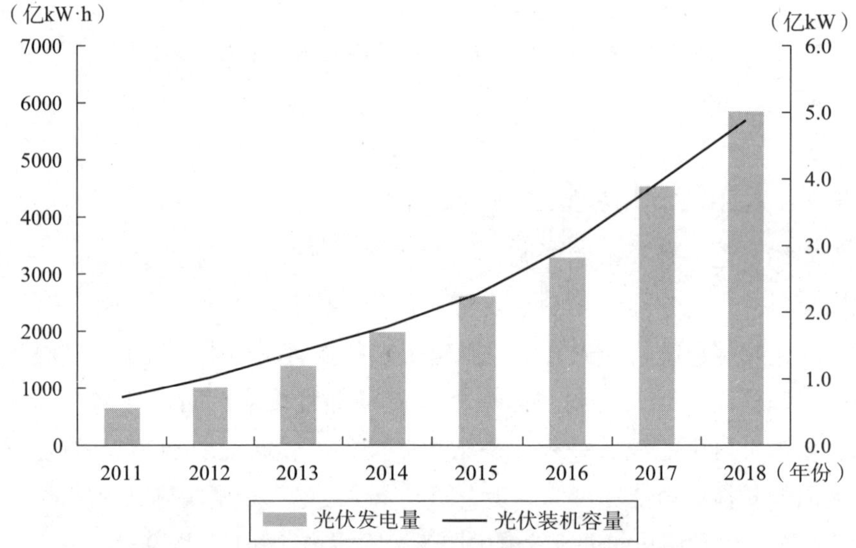

图 9-3　2011—2018 年全球光伏发电量及累计装机容量

资料来源：BP

太阳能热发电是一种可稳定出力、承担基础负荷的可再生能源电源。近几年，由于成本较高，太阳能热发电市场发展缓慢。从技术发展趋势看，带有储能装置的太阳能热发电成为主流发展方向，已体现其可以提供稳定电力的优势。尽管太阳能热发电受成本压力影响，未来发展形势面临较大挑战，但太阳能热发电技术仍在越来越多的国家得到发展。而且，太阳能热利用技术可广泛应用于热水、供暖制冷和工农业用热等热能供给，在越来越多的国家得到普及应用。2017 年，全球运行的太阳能热利用装机容量累计达到 4.72 亿

kW，相当于集热总面积 674 亿 m^2。中国仍然是世界太阳能热利用保有量最多的国家，在全球保有量的占比超过 70%。

9.1.1 太阳能利用的主要影响因素

9.1.1.1 太阳能利用的政策环境及外部因素

（1）中国。在光伏发电领域，中国制定了明确发展目标，出台政策完善光伏发电上网电价机制，并通过补贴降低安装成本。此外，中国实施了大范围的“光伏扶贫”计划，在贫困地区推行光伏屋顶，政府对光伏项目给予一定比例的安装补贴，降低农户的安装成本，缩短农户投资回收期。关于集中式光伏发电上网电价，国家发展改革委将全国分为三类太阳能资源区，相应制定光伏发电标杆上网电价（见表 9-1），且自 2016 年起，光伏发电标杆上网电价每年调整一次。关于分布式光伏发电补贴标准，2018 年之前为 0.42 元/(kW·h)，2018 年下降到 0.37 元/(kW·h)，2019 年再次下降，调整为 0.10 元/(kW·h)。

表 9-1 中国光伏发电标杆上网电价

资源区	各资源区包括的地区	2015 年前	2016 年	2017 年	2018 年	2019 年
Ⅰ类资源区	宁夏，青海海西，甘肃嘉峪关、武威、张掖、酒泉、敦煌、金昌，新疆哈密、塔城、阿勒泰、克拉玛依，内蒙古除赤峰、通辽、兴安盟、呼伦贝尔以外地区	0.90	0.80	0.65	0.55	0.40
Ⅱ类资源区	北京，天津，黑龙江，吉林，辽宁，四川，云南，内蒙古赤峰、通辽、兴安盟、呼伦贝尔，河北承德、张家口、唐山、秦皇岛，山西大同、朔州、忻州、阳泉，陕西榆林、延安，青海、甘肃、新疆除Ⅰ类外其他地区	0.95	0.88	0.75	0.65	0.45
Ⅲ类资源区	除Ⅰ类、Ⅱ类资源区以外的其他地区		0.98	0.85	0.75	0.55
特别地区	西藏自治区		1.05	1.05	1.05	

资料来源：根据公开资料整理

2018 年 11 月，国际能源局召开《太阳能发展“十三五”规划》中期评估成果座谈会，提出对“十三五”期间太阳能发电装机容量进行上调。这是因为《太阳能发展“十三五”规划》中设定的目标是到 2020 年中国光伏发电装机容量要达到 105GW、光热发电装机容量达到 5GW，但是到 2018 年 9 月，中国光伏发电累计装机容量已经远远超过“十三五”规划中设定的目标，所以需要对《太阳能发展“十三五”规划》装机目标进行上调。会议提出，“十三五”期间，中国太阳能发电装机容量目标上调至超过250GW，甚至达到270GW，每年至少新增太阳能发电装机容量40GW。另外，会议还明确指出，推进太阳能发电平价上网不会“一刀切”：在2022年对太阳能发电全面“去补贴”之前，国家能源局一方面会推进补贴力度的逐步下降，另一方面每年仍将保证一定的补贴装机规模。

（2）美国。受益于可再生能源配额标准和补贴政策，美国太阳能光伏产业发展迅速。近年来，私人第三方融资等创新融资手段使美国住宅光伏设备安装投资增加；美国实施了净计量电力政策，允许居民向外销售小规模分布式光伏发出的电力。截至2017年底，美国已有38个州、华盛顿特区和3个附属地区实行强制的净电量计量法，有效推动了美国光伏产业的发展。目前，美国太阳能光伏市场正处于稳定上行的状态。2017年美国政府批复了数个太阳能利用项目，并积极加大优惠和奖励的力度，并且2019年度财政预算草案中用于支持太阳能研发与应用的经费高达6.57亿美元，为美国太阳能光伏市场的稳健发展提供了强有力的保障。美国太阳能产业协会的最新数据显示，美国目前拥有的太阳能光伏装置超过200万个，预计2021年太阳能光伏数量将达到300万个，2023年将达到400万个。

（3）日本。2015年，日本公布了最新的能源规划目标，预计到2030年，可再生能源在日本能源消费结构中的占比将达到22%~24%，其中光伏占比达7%，这一目标要求届时太阳能光伏装机容量达到6500万kW。自2012年7月1日起，日本开始全面实施可再生能源固定电价制度（FIT），要求公共事业单位以高于市场价的价格购买可再生能源电力；2017年6月，《日本能源白皮书》中公布了可再生能源电力最新的固定电价方案；2018年，日本经济产业省下调了大型光伏电站的固定电价；2019年，户用光伏设备的电价再次下调，预计大型光伏电站的固定电价将下降到国际平均电价水平（见表9-2）。

表9-2　2016—2019财年日本光伏发电的固定电价　　单位：日元

光伏发电设备		2016财年	2017财年	2018财年	2019财年
≥10kW		24	21	18	—
<10kW	不需要安装输出控制设备	31	28	26	24
	需要安装输出控制设备	33	30	28	26

资料来源：日本经济产业省

由于固定电价政策导致日本能源价格上升，加重了居民生活的负担，日本政府目前正在考虑将 FIT 转变为固定补贴政策、招标电价政策或者直接参与电力市场竞价的模式。日本政府参考欧洲最新的电价政策，于 2017 年 4 月开始引入招标电价机制，预计 2020 年底日本的固定电价政策到期后将会出现巨大变化。

（4）其他。各国出台的光伏产业政策及产业发展状况显示，光伏产业对政策的依存度很高。西班牙是可再生能源发展状况最好的欧盟成员国之一，特别是太阳能热发电，这与其实行电价激励政策以及开展配套的机制体制建设有关。但是 2012—2015 年，西班牙出台的可再生能源政策几乎都是不利于可再生能源利用的，导致太阳能应用市场规模急速下降。与之相反，2017 年 4 月，越南首次出台光伏推广政策，实施包括上网电价和净电表计价激励机制在内的措施，推广户用光伏系统，起到了较好效果，当年越南新增光伏装机容量 120 万 kW。

另外，欧洲国家开始重视大型太阳能区域供热项目的发展：德国于 2017 年开始筹划激励政策，规定新增区域供暖系统 50%的热力由太阳能等可再生能源提供；斯洛文尼亚也于 2017 年出台政策，规定太阳能、生物质能等可再生能源大型供热系统投资的 35%~55%由政府补助，以激励大型太阳能热利用系统的发展。

9.1.1.2　太阳能关键技术的研发状况及预期

（1）光伏发电：电池技术和系统技术持续创新，竞争力增强。

近年来太阳能光伏电池的效率进一步提升，行业领先企业都积极推出高效率的电池产品。2017 年，PERC 技术开始在光伏领域大范围推广，使得太阳能光谱中的红光也可以被吸收，发电效率提高了近一个百分点。另外，碲化镉和铜铟镓硒等薄膜电池的效率也得到了提升，而且光伏电池的效率还在持续提高，为光伏发电成本进一步下降奠定了基础。从晶体硅电池技术发展趋势来看，未来的技术进步仍主要是通过新型硅材料的研发制造、不同电池技术结合、电池制造工艺改进、生产装备技术提升、硅片加工技术提高、生产效率提高等，提升电池转换效率，减少电池的硅用量。

除了太阳能光伏电池技术外，光伏系统技术也尤为重要，系统平衡部件、系统设计优化、系统应用等技术在 2017 年得到了持续发展，如太阳能窗、太阳能幕墙、太阳能采光顶等技术，尽管这些技术的市场规模仍然很小，但其开拓了太阳能光伏应用的市场空间。逆变器的技术和功能在 2017 年不断加强，通过新材料的开发以及智能技术的应用，逆变器产品的安全性、储电管理、电网服务、系统预测等技术功能得到进一步开发。目前市场上开始开发构建高压中央逆变器，从而降低平衡系统的成本和度电成本，并减少后期的运维成本。另外，储能技术与光伏技术的结合应用得越来越多，一些从事储能的公司、电网公司和电池制造商等开始积极推动储能在光伏行业的应用。

（2）光热发电：推进储能技术应用，发挥光热发电的技术优势。

槽式和塔式技术仍然是太阳能热发电的主要应用技术，菲涅尔式和碟式技术近两年发展缓慢。在太阳能热发电领域，塔式热发电作为近期发展较快的技术，被越来越多的公司采用，槽式技术“一枝独秀”的局面在不断发生变化。由于受到太阳能光伏成本竞争压力的影响，太阳能热发电越来越多地采用储能技术，以发挥其可提供基础负荷电力的技术优势，近两年所有建成的热发电站都配有热能存储设施。同时，在非洲、中东、亚洲等地正在开工建设和规划的太阳能热发电站的储热时长出现了增加的趋势。另外，随着越来越多的大型太阳能热发电站在缺水区域（如非洲区域）的应用，为了保护环境，减少电站用水量，空冷技术得到广泛采用。

近两年太阳能热发电站储热技术的改进和成本降低成为各大公司和机构的重点研究领域，尤其是熔融盐储热技术。熔融盐储热工作温度可达 560℃，是传统碳氢化合物和导热油等传热介质无法达到的，且熔融盐成本低、寿命长、换热性能好，可以大幅提高储热能力，增加太阳能热发电站的发电小时数，降低太阳能热发电的发电成本。但 2016 年以来，熔融盐储热技术面临较大挑战，西班牙和美国太阳能热发电站的熔融盐储热设施相继出现问题，影响了电站的收益。因此，熔融盐储热技术还需要进一步发展和完善。

另外，由美国和阿联酋支持的研发项目聚焦于高温工艺材料的研发，通过更高温度的工艺流程，提高热量传输和能量转换效率，从而提升整个热发电站的效率。一些公司和研究机构近两年专注于成本下降相关技术的研究，如定日镜和反射镜等热发电站部件成本的下降、冷却和镜面清洗用水量的降低等。2017 年，对定日镜设计的改进技术得到了发展，新技术专注于使用更薄的玻璃、更大的定日镜尺寸等。

（3）光热利用：向建筑物供暖、制冷和工农业供热等领域拓展。

太阳能热利用技术主要应用于加热民用热水，随着集热器技术的进步与发展，热利用应用技术逐步由民用热水向建筑物供暖与制冷、工农业的热力供应等方向拓展。目前，在全球的大部分地区，太阳能供暖、制冷和工农业热利用的成本相对较高，与化石能源相比，竞争优势不明显，尚未进入快速发展阶段，但是由于其具有大规模替代化石能源的潜力，代表了未来太阳能热利用技术的发展方向。

虽然户用太阳能热水系统仍是市场的主要产品，但是集中式太阳能利用系统近几年在越来越多的国家得到了应用。全球总共有近 300 个大型太阳能热利用系统（集热面积超过 500m^2）应用于区域供热系统，这些系统主要为区域内公共建筑、民用建筑提供供暖和热水。目前世界上最大的太阳能热利用工程位于丹麦，集热面积超过 15 万 m^2，相当于 110MWth 热装机容量，这项工程的建设周期只有 7 个月，说明大型区域供热系统在丹麦已进入成熟发展阶段。

近几年，太阳能制冷应用发展缓慢，技术上仍面临着一些瓶颈，同时由于太阳能光伏和其他可再生能源电力成本快速下降，太阳能热利用制冷技术面临的成本竞争压力较大。太阳能热利用制冷技术呈现两种发展趋势：一是大型热系统与大功率吸收式制冷机结合，组成大型的太阳能热驱动制冷系统，其制冷效率较高；二是发展小型制冷机系统（低于 5kW 的制冷机），如丹麦、意大利的公司都在研发低于 5kW 的易于安装的小型制冷系统。同时，太阳能工业热利用也有一定发展，但发展缓慢。由于工业热利用的终端对热力品质要求较高，所以中高温集热器和聚焦式集热器近几年得到发展，主要用于工业蒸汽的供应。

9.1.1.3 光伏发电与煤电的经济性对比预测

影响发电系统经济性的因素有很多，如项目初始投资、运维费用、燃料成本、融资成本、发电小时数、并网成本等。度电成本（平准化度电成本①）可以用于对不同发电系统的发电成本进行有效计算，以便进行经济性比较。无论是在学术研究上，还是在对项目进行实际经济性测算时，度电成本都具有非常重要的意义。

国际可再生能源机构（IRENA）最新发布的 2018 年可再生能源发电成本报告显示，2018 年全球光伏发电的单位建设成本及度电成本大幅下降。IRENA 表示，可再生能源降价的趋势已经确定，“在没有经济援助的情况下，

---

① 平准化度电成本简单来说就是发电项目每千瓦时上网电量所发生的成本，包括固定资产折旧、项目运行成本、维护成本、财务费用、税金等会计成本，还包括项目占用资本金在规定年限内的机会成本。

太阳能光伏发电和陆上风能将持续提供比低成本化石燃料替代品更便宜的新电力来源”。2018 年全球光伏发电的单位建设成本为 1210 美元/kW，比 2010 年的 4621 美元/kW 下降 73.8%；度电成本为 9 美分/(kW · h)，比 2010 年的 37 美分/(kW · h)下降 75.7%（见图 9-4）。

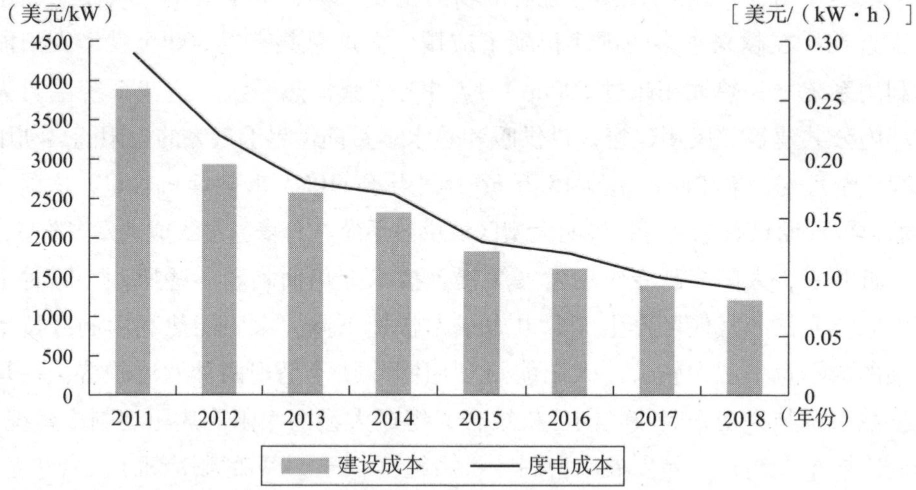

图 9-4　2011—2018 年全球光伏发电的单位成本大幅下降

资料来源：IRENA

IRENA 的报告称，太阳能光伏技术产生的电力成本将在明年持续低于任何化石燃料来源，预计将有超过 1/5 的大型太阳能光伏发电容量的价格低于最便宜的新型燃煤、石油或天然气资源，从而继续推动零碳能源发展。2018 年年初，IRENA 预测，到 2020 年，太阳能光伏发电价格将降至 0.055 美元/(kW · h)，但是新的报告显示，“2020 年太阳能光伏发电的潜在成本将下降 13%，达到 0.048 美元/(kW · h)”。

过去几年，智利、墨西哥、秘鲁、沙特阿拉伯和阿拉伯联合酋长国的太阳能光伏拍卖价创历史新低，仅为 0.03 美元/(kW · h)。而 IRENA 的报告显示，从 2010 年到 2018 年，各国公用事业规模的太阳能光伏项目的平均度电成本迅速下降，其中下降幅度最大的是印度，下降幅度为 80%，达到 0.06 美元/(kW · h)左右，低于全球平均水平；而日本、加拿大、俄罗斯由于面临着高组件价格、高安装费用及高保证金等困境，度电成本下降速度较慢，目前度电成本远高于全球平均水平。

中国的燃煤发电项目经过多年的探索发展，技术已经相对成熟，发电成本确实低于光伏发电，但二者的差距正在快速缩小。彭博新能源财经（BNEF）的报告显示，中国的光伏发电价格在2016年6月比煤电贵5.6美分/(kW·h)，到2018年6月，比煤电贵2.1美分/(kW·h)。未来，燃煤发电项目的度电成本总体呈升高趋势，但上升速度较慢；大型光伏发电项目的度电成本总体呈下降趋势，且下降速度比较快。2030—2035年，大型光伏发电项目的度电成本将开始与燃煤发电项目的度电成本发生重合。2035年以后，一部分大型光伏发电项目的度电成本会低于燃煤发电项目。可以预想，届时两者对于发电市场的竞争将较为激烈。

2010—2018年光伏发电产业大国度电成本变化如图9-5所示。

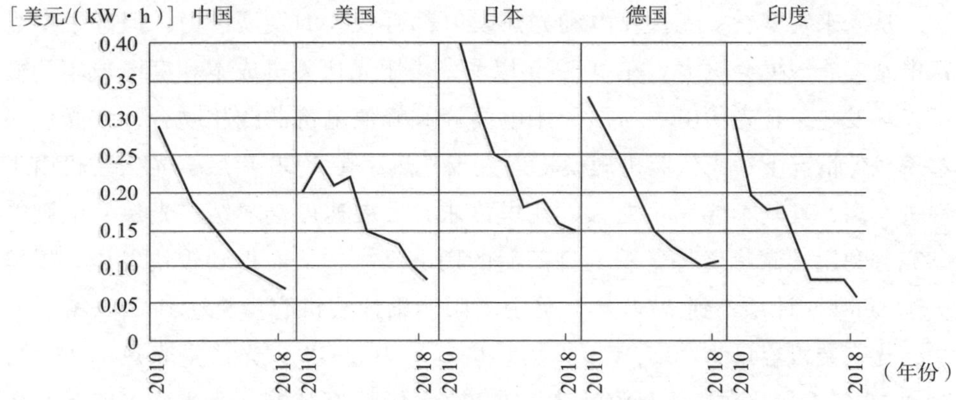

图9-5　2010—2018年光伏发电产业大国度电成本变化

资料来源：IRENA

作为世界第六大经济体，印度有着丰富的煤炭资源和庞大的燃煤发电体系，但庞大的人口基数、分散的电力管理和不完善的调度体制使得印度当前仍面对电力短缺的问题，通电率仍略低于世界平均水平。对印度来说，比起耗时耗力地建设煤电和其他电网设施，因地制宜地发展分布式可再生能源、建设微电网不失为一个经济有效的选择。印度的平均日照时间长，发展光伏产业有得天独厚的自然条件，加之光伏产业整体的技术发展和成本降低，光伏产业在印度能源市场的竞争力迅速增强。

现阶段，光伏产业在印度已经颇具经济性，从解决能源贫困问题方面来看，分布式光伏通过微电网供电，能够减少电网电力的投资；加之光伏产业的运营成本极低，能源贫困人口更易承受。而且，和煤电相比，光伏产业在全生命周期的污染很小，碳排放也很少，能够有效地推动印度环境问题的改善。彭博新能源财经（BNEF）的报告显示，印度的光伏发电价格在2016年6月比煤电贵3.8美分/(kW·h)，到2018年6月比煤电贵1.1美分/(kW·h)。印度政府已经开始把可再生能源视为继煤电之后的能源解决方案。印度国家电力计划草案要求到2027年增加275GW的可再生能源总量，实现57%的新增电力装机来自非燃煤发电。随着煤电的经济性下降，印度政府的退煤政策也在继续实施。草案要求，2027年之后印度将不再新建燃煤电厂。

9.1.2 太阳能应用前景分析

（1）光伏发电和光热发电发展前景良好。

从未来发展看，光伏发电和光热发电都有较大的发展潜力，但近中期光伏电站发展规模会更大。在2030年以前，由于光伏装机成本和度电成本均低于光热发电，且光伏出力与白天用电高峰和峰值电价曲线相吻合，在光伏渗透率较低情况下，光伏装机规模将远大于光热。在2030年后，光伏装机由于渗透率高，且基本能满足白天的用电需求，发展速度会放缓；光热发电则能够充分利用其储热优势，满足日落后的用电高峰，从而得到较快发展。根据美国Sunshot计划，到2030年，美国太阳能累计装机容量将达到330GW，其中，光伏装机容量为302GW，光热装机容量为28GW，光伏是光热的11倍；到2050年，光热装机容量将达到83GW，光伏则为632GW，光伏下降为光热的8倍。

从发展方式看，光伏发电和光热发电是协同互补关系，而非替代关系。光热发电和光伏发电都面临火电等传统能源的竞争，承载着代替化石能源的使命，只有光伏发电和光热发电更好地协同互补，才能完成这项任务，满足用电需求。同时，由于大型风电、光伏和光热电站等可再生能源主要建设在沙漠、戈壁滩等地区，需要远距离输送，但风电、光伏等利用小时数低，单独远距离传输经济性差，为提高输送电网的利用率，不得不通过与火电打捆等方式输送。而光热电站成熟之后，则完全可以通过储热方式替代火电，解决电网利用率低的问题，以及可再生能源发电不稳定的问题。

从应用领域看，光伏发电和光热发电的应用领域各有侧重，主战场并不重合。光伏发电的优势在于分布式应用。在负荷中心建设方面，结合储能等产业发展，可实现就地发电就地使用。同时，光伏也可作为移动电源，充分满足消费市场需求，这是光热电站难以企及的。而光热发电的优势在于规模化，适合在条件适宜地区建设大型光热电站，然后远距离输送。另外，在这些地区，也可适当发展大型光伏电站，将光伏光热打捆送出，实现可再生能源最大限度的消纳。

（2）“光伏+储能”有望成为未来能源转型的“骨干”。

储能是一项重要的、灵活的工具，可以快速精准地储存电量，平缓短期的波动，消除最大负荷电量，不仅能为新能源消纳提供发展空间，还可以解决偏远地区供电等问题，对节能减排影响深远。因此，储能技术是太阳能发电成为主力能源需要解决的关键技术，是发展新能源无法绕开的关键环节。

此外，“光伏+储能”还有经济上的优势，电价高时储存太阳能，电价低时使用太阳能，有助于稳定电价，减少未来输电网的升级和扩展成本。光伏发电行业要发展成为更加稳定、可靠的能源，还要靠储能来匹配，如果匹配得好，光伏产业就能够真正成为既清洁、安全、可靠，又有成本优势的产业。在过去的十几年中，光伏的技术进步和成本下降超过 90%，光伏电池效率不断提高。与此同时，储能成本也在快速下降，据预测，化学储能未来 7 年下降幅度将超过 1/3，再加上抽水储能、电动汽车储能等技术的不断进步，以及全球能源互联网带来的电力共享，都决定了“光伏+储能”在 10 年之内有望成为主力能源，光伏发电将成为全球绝大多数地区最经济的电力能源。

近两年，储能技术与光伏技术结合应用得越来越多，一些从事储能的公司（如美国 Enphase 公司和以色列 SolarEdge 公司）、电网公司和电池制造商（如特斯拉、NEC 和松下）等开始积极推动储能在光伏行业的应用。美国的第一太阳能联合其他太阳能企业（包括 SunPower 公司和夏普等）在德国投资开发储能系统的控制技术。在德国和澳大利亚，带有储能装置的光伏系统在家庭用户中应用越来越广泛。德国是欧洲最成熟的分布式光储市场，也是用户侧储能商业模式发展最先进的国家，虽然近年来德国光伏储能市场的增长也趋于缓慢，但在区块链技术、云技术以及多元化商业模式的带动下，预计短期内德国用户侧储能市场仍将引领欧洲储能市场的发展，为更清洁、更稳定的能源系统的形成奠定基础。

（3）我国光伏产业走出舒适区面向全球竞争。

经过十多年的起伏，我国的光伏产业已经从制造环节逐步向应用环节转移，将步入新的发展阶段。当前，可再生能源正处于加快融入能源系统的关键阶段。在很多地方，可再生能源已成为电力建设的主力，光伏产业将成为推动能源转型和落实能源生产与消费革命最重要的力量。然而，补贴的逐步退坡以及平价时代的到来，倒逼光伏行业发展从舒适期进入差异化竞争时代，技术升级、产业整合、成本降低、系统优化、资源储备、海外市场等将是光伏从业者在新形势下需要关注的重点。

2018 年 5 月 31 日，国家发展改革委等三部委联合印发了《关于 2018 年光伏发电有关事项的通知》（“531” 新政），新政中“暂停普通地面电站指标发放”“分布式光伏规模受限”“调低上网电价”等严苛的内容，被视为光伏行业“急刹车”。而在供给结构短期调整的情况下，光伏市场需求依然可以寻找到一些亮点。在“531”新政重压下，技术的进步成为企业角逐的重点。新政加快了“平价上网”的速度，推动光伏产业由“计划经济”向“市场经济”转变，加速淘汰落后产能。这也将使企业将重心更多地转向市场，将更多的精力投入技术研发领域。受新政影响，行业源头——硅料、硅片、电池、组件的价格一降再降。有业内人士认为，这是逼近平价上网的前奏。

2019 年 5 月底，国家能源局发布《关于 2019 年风电、光伏发电项目建设有关事项的通知》，明确优先推进无补贴的平价上网项目建设，再开展需要国家补贴项目的竞争配置工作，光伏行业迎来了重大转变，中国光伏业将真正由政策回归市场，走向“成年”。对光伏行业来说，新政既是一次沉重的洗礼，也是一次积极的鞭策，如何增强自身体质、突破困境渡过难关值得深刻反思，且任重道远。未来，市场份额将向技术领先、管理卓越且资金雄厚的优势企业集中，行业领先企业将获得更多发展机会，而技术含量低、抗风险能力较差的企业，则不得不竭力求存。

9.2 风能利用现状及前景分析

风能是空气流动所产生的动能，是太阳能的一种转化形式。风能的开发和利用不受资源约束，对环境的影响小，是可再生能源领域中技术最成熟、最具规模化开发和商业化发展前景的发电方式之一，也将成为未来能源和电力结构中的重要组成部分；同时，发展风力发电对于解决能源危机、减缓气候变化、调整能源结构等也有着非常重要的意义。

根据 BP 统计，2018 年全球风电市场延续了近几年的平稳增长势头，新增装机容量接近 5000 万 kW，截至 2018 年底，全球风电累计装机容量 5.64 亿 kW，约占全球可再生能源电力总装机容量的 25%（见图 9-6）。其中，全球海上风电发展提速，世界海上风能论坛（WFO）发布的数据显示，全球海上风能市场2018年的新增装机容量接近500万kW，创造了新增装机容量的新纪录，累计装机容量约2200万kW，同比增长超过20%。根据国际可再生能源机构的预测，到2020年全球累计风电装机容量有望达到7.1亿kW。

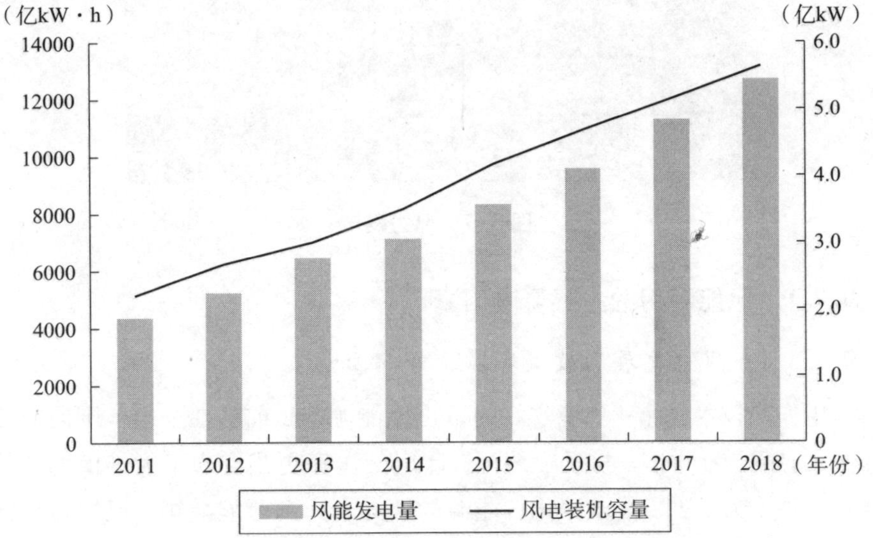

图9-6　2011—2018年全球风能发电量及风电累计装机容量

资料来源：BP

截至2018年底，全球已有90多个国家开发了风电（见图9-7），其中10个国家的风电装机容量超过了1000万kW，30多个国家超过了100万kW，风电在一些国家电力体系中的作用愈加凸显。2018年，中国新增风电装机容量约2000万kW，累计风电装机容量达到1.85亿kW，约占全球风电装机容量的32.7%，以绝对优势领跑全球的风电市场。在中国，风电是继煤电和水电之后的第三大电力来源，在全部发电量中的占比超过5%。2018年，欧盟整体风电发电量在电力消费总量中的比重为11.5%。其中，丹麦达到45%，排在第一位；葡萄牙紧随其后，为21%。2018年，陆上风电和海上风电的招标电价持续降低。摩洛哥、印度、墨西哥和加拿大地区的风电电价已经下降到0.03美元/(kW·h)，而德国海上风电招标首次出现零补贴招标。此外，风电技术继续进步，在不久的将来，海上风电10MW的新机组就会上线，海上风电将逐渐成为主流能源。

图 9-7　风力发电

9.2.1　风能利用的主要影响因素

9.2.1.1　风电发展的政策环境及外部因素

风电作为技术成熟、环境友好的可再生能源，目前已在全球范围内得到广泛的开发应用，在中国、美国、德国、印度等国家更是实现了大规模的产业化运营，但是，为了进一步减少化石能源的消耗，达到节能减排、保护自然环境的目的，各国仍不断出台有利于风电发展的行业政策和产业规划（见表 9-3）。

表 9-3　主要风电大国最新政策及整体发展规划一览

国家	最新政策	发展规划
中国	2017 年 7 月，试行可再生能源绿色电力证书核发及自愿认购交易制度；2018 年 3 月，下发《可再生能源电力配额及考核办法（征求意见稿）》；2018 年 4 月，下发《分散式风电项目开发建设暂行管理办法》	到 2020 年，确保风电年发电量达到 4200 亿 kW · h，约占全国总发电量的 6%，到 2050 年满足 17%的电力需求
美国	2015 年，国会通过生产税抵免法案（PTC）和投资税减免法案（ITC）延期	到 2020 年，风电在电力结构中占比达到 10%，2030 年达到 20%，2050 年达到 35%
德国	自 2017 年起，实施《可再生能源法》最新修订法案	到 2025 年，风电达到全国发电总量的 25%
印度	发起“绿色能源通道”规划特高压电网建设	到 2022 年，新增风电累计装机容量达到 6000 万 kW
丹麦	一是废除自 1998 年以来一直补贴可再生能源发展的公共服务运营费（PSO）；二是在 2016 年成立独立的能源委员会，制定相关政策，以实现规划目标	到 2021 年，50% 的电力消费由风电提供，2050 年实现完全不使用化石燃料

资料来源：根据公开资料整理

2017年下半年，美国政府一直在讨论联邦税制改革，试图改变生产税减免政策和投资税收抵扣的政策结构，但是实际上并没有对原有政策做出任何改变。联邦激励政策保证了美国国内风电供应链的持续运行和风电市场的稳定增长。在海上风电方面，美国的一些州也开始行动，纷纷公布了自己的海上风电规划。纽约州计划到2030年建设装机容量为240万kW的海上风电，马萨诸塞州也公布了第一个海上风电场的选址，马里兰州则首次给予两个海上风电项目授信资格。截至2017年年底，美国有14个处于不同阶段的在建海上风电项目，总装机容量超过1250万kW。

9.2.1.2 风电关键技术的研发状况及预期

过去十年里，风电领域的技术进步和研究成果已经鲜明地体现在了风力发电产品的更新换代和其度电成本的走势上，甚至可以说，度电成本的竞争力在很大程度上依赖于技术进步。可以预见，未来风电领域的技术投入将比过去十年的两倍还多，除了将有更多新的风力发电产品问世，以满足不同资源条件的项目开发之外，更多的是通过不断降低风电的度电成本提升其在各种发电形式中的竞争力，从而跻身主流能源形式。

（1）更长、更轻的叶片。随着风资源的开发不断向更低风速的资源区域延伸，通过增大单位千瓦的扫风面积来捕捉更多的能量是显而易见的技术发展路径（见表9-4）。过去十年里，主流风机机型的风轮直径增加了70%，单机额定功率也增加了50%~100%。空气动力学和材料科学的进步优化了叶片的翼型，使其捕捉风能的效率更高，载荷对其结构应力的影响可以更均匀地分布，材质也可以更轻，从而降低对整个传动链的荷载。如今低风速风机的风轮直径平均在116米，预计十年后风机风轮直径将达到平均160米，扫风面积可以增加一倍，年发电能力也可以提升一倍，度电成本则可以下降30%。除了叶片翼型和结构上的优化，业界也在积极研发许多气动附加组件，以提高风机的能量捕获。

表9-4 风轮直径变化对风电运行的影响

年份	风轮直径（m）	扫风面积（m^2）	年发电量［万(kW·h)］	度电成本［元/(kW·h)］
2015	116	10568	9.9	0.27
2025	160	20125	20.7	0.19

（2）模块化叶片。随着叶片翼型结构的复杂化，叶片长度也在成倍地增长，对生产工艺和质量提出了相当严苛的要求。叶片的质量对于保证风机稳

定可靠运行是至关重要的，超长叶片在复杂地形的风场运输、吊装等也是一大难题。模块化叶片技术即把长近百米的叶片分段制造，然后把它们连接在一起。模块化叶片的关键技术是平直翼梁、叶梁接口、外壳的连接、根部技术等。模块化叶片技术提供了可扩展的叶片架构，不管是生产工艺流程的简化和出厂质量的保证，还是运输、安装的便捷，都将是颠覆整个叶片产业的技术突破。

随着材料技术的瓶颈被逐个突破，未来可将3D打印技术应用于叶片的制造流程。GE已经在航空发动机和燃气轮机的某些涡轮叶片制造上实现了3D打印的应用突破，有望将其延伸到更多的应用领域。在模块化设计的基础上，全自动化监控、工业机器人值守的生产线，已经应用于诸多工业制造领域，将大大增加对叶片模块出厂质量和标准化的把控，单位扫风面积成本有望再降。

（3）控制系统。风机的控制系统是综合性控制系统，用于监视电网、风况和机组的运行参数，对机组进行并网、脱网控制，以确保运行过程的安全性和可靠性；同时，还要根据风速、风向的变化，对机组进行优化控制，以提高机组的运行效率和发电量。过去十年里，业界领先的风机整机商已经将控制系统一再升级。如今，风电领域最先进的控制系统是在对物理模型实施控制的基础上，加入风机级别和风场级别的数字化镜像模型，实现数字影射控制，全面优化个体风机及整场的运行。控制系统不只是输入信号和输出指令，而是对于空气动力学、流体力学、机械、材料、电力电子、数理统计等各学科的深刻理解和高度集成，预计未来在控制系统升级上的投入将是过去十年的五倍甚至更多，而数字化的飞速发展也将助力控制系统达到新高度。

9.2.1.3 多途径应对风能的间歇性

可再生能源的不足是缺乏稳定性，如风能表现为“有风有电、无风无电”，太阳能则有昼夜之差，电源的功率输出会随着外界能量的变化而发生涨落，可再生能源的这种性质被称为间歇性。基于此，有相当一部分人认为，大规模发展可再生能源难以维持电网供求的平衡，也有从业者提出，如果使用风能和太阳能进行发电，则必须具备可靠的后备支持。

（1）靠准确预测消化波动。可再生能源的间歇性的确会引起电网波动，但事实证明，风电的不稳定问题可以在技术上经济地解决，风电变化可以通过天气预报模型和数据统计等方法进行预报。从系统的平衡角度来讲，波动完全不是问题，那些不可预计的波动才是关键所在。事实上，丹麦、西班牙等国已经实现了风电输出功率的日前与日内滚动预测，准确率超过90%。从理论上来说，随着风电场装机容量的增加以及空间分布区域的增大，风电功率的相对波动也会变得越来越平缓，具有明显的“平滑”效应。

（2）电网调度优化。事实上，不稳定是电力供应系统的常态，所有的电源都可能发生波动，没有哪一种电站或供电类型是完全稳定的。从全球的能源格局看，未来20年里可再生能源发电的比例将飞速增长，甚至有些国家提出100%可再生能源发电的发展目标。这就意味着，输配电网必须为了迎接这一能源革命投入更多的努力，建立全新的行业准则，增加系统内电源的调节灵活性、适应可再生能源配比逐步增加的输配电模型的校正和提高线路利用率等，这些措施可以增加电网对可再生能源的接纳能力，减少弃风弃光，有效地促进可再生能源的利用效率的提升和度电成本的下降。

（3）后备选项。许多方式都可以为可再生能源提供后备支持，选用何种技术具体取决于该技术是否具有灵活性。除了将传统发电方式上线之外，还可以采取以下方法释放电池或水电站所储存的能量：借助抽水储能技术，释放的水能还可被抽回大坝中供下次释放；运用压缩空气储能技术可将空气压缩并存入地下洞库，需要时再将其释放，用于驱动涡轮发电机。另外，还可利用需求侧技术来调节需求，进而在间歇性的可再生能源发电中满足峰值需求。电网互联也是方法之一，当有需求时，它能够让电网之间形成互补。

9.2.1.4 风电与煤电的经济性对比预测

度电成本水平是整个风电行业发展和突破的重要指标，在一定程度上也决定了该国家或地区风电行业所处的地位。现阶段，全球各主要风电发展区域的平均度电成本参差不齐。过去五年内，一些国家和地区的度电成本显著下降，从而提高了风电在整个发电系统中的占比，比如丹麦、葡萄牙；也有一部分国家虽然在持续地降低度电成本，以更有竞争力的姿态存在，但由于其他资源禀赋的差异，风电在整个发电体系中的占比并没有显著提升，比如中国、美国。

（1）风电的投资成本、运行维护成本。

从投资成本来看，未来陆上风电单位千瓦投资还可以缓慢下降。在风电规模扩大和技术更为成熟后，风电机组单位成本有可能降到与煤电机组单位成本持平的水平，即使考虑今后钢材和铜等原材料上涨和风机技术标准提高带来的成本上升以及其他导致价格上涨的因素，风电成本仍有可能存在10%左右的下降空间。由于海上风电机组基础、运输安装和输电线路费用较高，如果不考虑陆地土地限制因素，海上风电的投资将一直高于陆上风电成本投资，目前近海风电的投资是陆上风电的2倍。

风电场的运行和维护成本是风电成本的一个重要组成部分。当前中国各大风电企业之间的运行成本差别较大，目前普遍认为，中国陆地风电运行成本占风电成本的25%左右，约0.1元/(kW·h)；海上风电的单位度电运行成本要高于陆上风电运行成本，约为陆上风电的1.5倍。未来近海风电的运行维护成本则将与陆上风电持平，甚至略低于陆上风电。

过去十年，风电设备价格降低了近65%，风电开发造价降低了近40%，同时发电效率提高了30%，未来风电机组价格、风电场投资和运行维护成本的降低将相应地拉低风电发电成本。与此同时，考虑煤电价格上涨因素以及出台政策征收化石能源资源税（或环境税、碳税等）的可能性，预计到2020年前后，风电的成本和价格将与煤电的成本和价格持平。而2020年后，风电的价格将低于煤电的价格。

（2）风电与煤电的度电成本展望。

彭博新能源财经的研究报告《2018新能源市场长期展望》提出，风电规模化效应的影响非常大；当产能扩张达到一定程度，能够产生规模化效应时，整个行业的生产成本就会随之下降。未来全球风电和气电、煤电的度电成本的差距将加大，风电的实际度电成本将在2050年低至2美分/(kW·h)，折合人民币0.13元/(kW·h)。风电有望成为最经济的绿色电力，主导未来能源行业的新增投资，甚至改变现在的整个电力结构。

在北美地区，天然气和煤炭资源都非常充足，因而两者一直激烈争夺着发电份额。《BP技术展望2018》的数据显示，2015年，北美地区燃煤发电厂的平均发电成本稍低于燃气发电厂的成本，而天然气发电的平均成本又低于风力发电。随着页岩气产量的上升，燃气发电的平均成本进一步降低，天然气也取代煤炭成为在美国使用最多的发电原料。但随着风电技术的日臻成熟，风电成本将呈现迅速下滑的态势，在风力较大的地区（如美国中西部），风电的成本有望低于燃气发电。

中国得益于丰富的煤炭资源，燃煤发电是中国最经济的发电来源，风电与其相比竞争力明显不足。但是应该注意到，我国现阶段风电场开发规模大，方式粗放，再加上可预见的未来风力发电技术的不断创新和突破、机组质量和可靠性的提高、从业人员专业技术水平的提升等，风电还有很大的进步空间。

（3）风电外部经济性优势明显。

从环境成本来说，煤电本身具有高污染、高能耗等特点，在煤炭发电过程中会对大气、水、地表以及土壤环境等造成严重的污染。风电作为一项绿色环保产业，虽然在发展过程中也可能会产生一系列生态环境问题，但实际上，风电作为可再生能源最主要的利用方式，如果在其设备生产、规划设计、开发建设、生产运营等环节中严格按照规范开展工作，对生态环境的有利影响要明显大于不利影响。

9.2.2 风能利用前景分析

不同发电形式的成本在不同区域差异显著，导致各地发电技术的组成结构也各不相同。毫无疑问的是，到2050年，各地区的发电技术构成将发生巨大改变。在全球一体化应对气候变化和碳排放的今天，随着技术成本R下降，管理水平的提升以及对风资源的认识更加深刻，风电的度电成本还有很大的下降空间，风能发电规模将迅速增长。最新研究表明，到2050年，陆上风电将是中国、欧洲和北美最低价的新增电力来源，跻身主流能源形式指日可待。

（1）数字化技术助力风电产业升级。

随着移动互联网、云计算、大数据、物联网等技术在风电场的应用，如何通过这些最前沿的技术，实现数字化时代下风电行业的变革，打造智慧风场，已成为整个风电行业共同关注的话题。

早在几年前，GE公司就推出了数字化风电场（见图9-8），这是一套动态的、可以联网而且适应性极强的风电系统，结合了世界先进的风机和风电行业的数字基础设施。GE当时声称，这一技术可将风电场的发电量最多提高20%。国内整机商如金风科技、远景能源等龙头企业这些年也一直孜孜以求，探索大数据、互联网和数字化技术如何为风机和风场提升价值。

数字化将从根本上改变风电场在资源评估、选址选型方面对于个人经验判断的依赖程度，突破现有软件模拟的局限性，在地形复杂、风机机组型号/塔高混合排布、尾流影响较为突出的风电场中，规划设计可以帮助提升高达10%的发电量。不仅如此，数字化风场在运行管理上还可以提升排除故障的

图 9-8 GE 数字化风电场解决方案

准确程度和时效性，更精确地预测发电能力、高效参与电力交易，对风电场潜在发电能力的判断和设计方案也将更定制化。

数字化给风电产业带来了更大的价值提升，而在解决困扰风电产业的深层顽疾上，更需要数字化技术的深度应用。在数字化转型的推动下，风电行业将取得全新、重大的突破，带动整个可再生能源产业链实现技术进步和产业升级。

（2）海上风电将成为全球风电产业重要的发展方向。

陆上风电发展受限于弃风消纳问题，使得海上风电成为风电发展新出路。海上风场基本都建设在沿海 100～200 公里，距离负荷中心较近，减少电力传输损失，并且常年有风，所以很适合电负荷中心的需求。虽然海上风电起步较晚，但是凭借海风资源的稳定性和大发电功率的特点，海上风电近年来正在世界各地飞速发展，它具有高度依赖技术驱动的特质，已经具备了作为核心电源推动未来全球低碳经济发展的条件。

据统计，2017 年全球海上风电累计装机容量为 1881 万 kW，约占全球风电累计装机容量的 3.6%。欧洲是当前全球最大的海上风电行业市场，2017 年欧洲海上风电累计装机容量为 1578 万 kW，占全球海上风电累计装机容量的 83.9%。在欧洲，进行海上风电开发的主力国家有英国、德国、丹麦、荷兰、比利时等，其中英国是全球海上风电第一大国，拥有海上风电项目 30 多个，2017 年并网容量达 6835MW，占全球海上风电累计容量的 36.3%。

美国和中国是海上风电最大的发展目标国。海上风电产业的发展现在不仅限于北欧区域，而且开始向北美、东亚、印度和其他地区扩展。美国第一个海上风电场已经投产，中国海上风电产业也有了进一步的发展，计划在中国台湾地区大力开发海上风电。在可预见的未来，尽管欧洲仍将继续称霸海上风电市场，但目前的趋势表明，在未来几年内，全球海上风电将很有可能开始呈现全面腾飞的局面。

如果全球经济一直朝着无碳化的方向发展，到 2030 年，风电必将成为主力电源。国际可再生能源机构认为，海上风电的总装机容量在 2030 年将达到 1 亿 kW，但如果能够从政策层面使可再生能源在全球能源结构中的占比翻番，那么到 2030 年海上风电的装机规模有望进一步扩大。

（3）平价上网是风电市场化发展的必经之路。

政府对可再生能源的电力补贴在新行业发展的初期能够提供有效支持，培育其市场生存能力，从而助力能源结构调整并打造新的经济增长极，这是世界各国为占领未来技术制高点所采取的通行做法。中国风电产业的发展成就充分说明我国上网电价补贴政策取得了一定成效。然而，随着风电装机规模的急剧扩张，风电补贴也在急剧增长（见表 9-5）。

表 9-5　中国历年风电项目所需要的补贴估算

年份	2016	2017	2018	2019	2020
度电补贴平均值［元/(kW · h)］	0. 1848	0. 1848	0. 1573	0. 1273	0. 0948
年新增规模（万 kW）	1600	1600	1600	1600	1600
发电量同比增加［亿 kW · h］	304	304	304	304	304
年新增补贴（亿元）	56. 16	56. 16	47. 80	38. 68	28. 80
累计当年需要补贴（亿元）	596. 68	652. 85	700. 65	739. 34	768. 14

任何行业都难以依靠补贴规划长远发展，由于新能源补贴额快速大幅增长，不断增加的负担必然导致补贴逐步减少，直到取消。而且，随着风电成本的大幅下降，补贴对其发展的边际刺激效应已经大幅降低。未来，新能源必须要摆脱补贴，独当一面，真正成为替代能源。

国家能源局新能源和可再生能源司副司长梁志鹏在 2017 年北京国际风能大会上说："经过 10 多年的发展，风电需要找出一个新的发展模式，在新能源当中分类型、分领域、分区域逐步退出补贴，到 2020 年至 2022 年，基本实现风电不依赖补贴发展。"降低和争取取消补贴政策的出台是在倒逼风电企业与发电投资者更加主动地降低成本，促使他们选择更经济性的项目，特别是在立项前能更深入地研究项目的消纳问题，研究如何更好地实现发电与用电的结合以保证项目收益，从而促进风电健康发展。

未来风电的发展不能单靠政策补贴刺激，也不能只靠产业链从上到下压成本，而是一个各环节共同出力的有机整合：项目审批制度的完善、补贴制度的改革会促进资源价值的最大化利用，风电技术的进步和与其相关的基础学科的关键课题攻关会带动产业从质量到效率的再次升级，与能源结构改革相呼应的输配电改革、需求侧改革、电力交易等会助其更快适应能源的市场化竞争，大数据时代的信息化技术、互联网应用、全新的商业投资模式等也将助力风电在能源消费中竞争力的提升。而这一切的实现，既需要决策者从宏观层面的调控到具体执行细则的梳理，也需要产业链从上游到下游的参与方深刻认知风电投资、成本与回报之间的复杂关系，在基础研发、产业化应用、服务精益化和人员培养上持续投入，更需要电力消费者对可再生能源社会价值的认可。

9.3 地热能利用现状及前景分析

地热能开发利用可减少温室气体排放，改善生态环境，具有供能持续稳定、高效循环利用、可再生的特点，在未来清洁能源发展中占重要地位。世界地热能资源丰富，分布广泛但不均衡，主要集中在 4 个高温地热带。地热能开发利用量逐年增加，效率不断提高，主要用于发电和直接利用。同时，地热能开发利用技术不断创新，为规模化合理开发利用地热能提供了有力支撑。近年来，全球更加重视清洁能源的发展，全球地热能市场一直保持着稳定增长的发展态势。根据国际可再生能源署的统计，截至 2017 年，全球地热能的热利用（不含地源热泵）总量约为 613PJ（约合 2094 万吨标准煤）。

近年来，地热发电领域虽然一直保持着增长态势，但增速较为平缓，年增长率只有 3.5%~5%。根据 BP 统计，2018 年全球地热发电总装机容量达到 1460 万 kW（见图 9-9）。地热能发电项目主要集中在少数高温地热资源丰富的国家，但由于全球气候变化和能源需求的不断增长，开发地热发电项目的国家日渐增多。2018 年，全球已经有 80 多个国家进行了地热能开发，已建或在建地热发电项目达 700 多个，主要集中在美国、菲律宾、印度尼西亚等 10 个国家，这些国家的地热发电装机容量约占全球总量的 88%，其中，美国的地热发电装机容量最大，其次是菲律宾、印度尼西亚、土耳其、新西兰、墨西哥、意大利、冰岛、肯尼亚、日本。我国的地热发电装机规模较小，主要是西藏羊八井高温地热电站，装机容量为 2.6 万 kW。

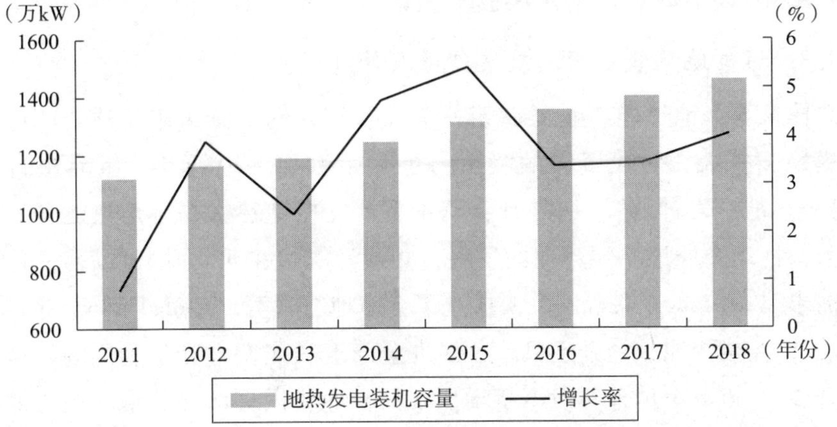

图 9-9　2011—2018 年全球地热发电装机容量及增长率

资料来源：BP

地热能（见图 9-10）热利用的市场在全球范围内不断扩大，年增长率约 6%。地热能热利用包括地源热泵、直接热利用等方式，其中地源热泵是目前地热能热利用的主要方式，而直接热利用的方式包括洗浴热水、泳池加热以及供暖（主要是区域供暖），此外，还应用于温室、工业利用、池塘养殖供暖以及农业烘干、融化冰雪、制冷等领域。根据世界地热大会的统计，全球至少有 82 个国家已开发利用地热能热利用。在地热能热利用量上，中国位列世界第一，其次是土耳其、冰岛、日本和匈牙利；就年人均利用率而言，冰岛、瑞典、芬兰、新西兰、挪威最高，其中冰岛约 90% 的供热来自地热能。

图 9-10　地热能

9.3.1 地热能利用的主要影响因素

9.3.1.1 地热能利用的政策环境及外部因素

总体来看，地热能产业正在朝一个日益扩大的市场迈进，整个产业的市场规模稳步扩大，对投资者的吸引力也开始增加。2013 年，世界银行启动“全球地热能开发计划”，引导社会资本重点支持地热钻探等地热能开发的薄弱环节，推动全球地热能产业的发展，并预计能够在 40 个国家满足高比例的电力需求。2014 年，联合国牵头成立了全球地热联盟（Global Geothermal Alliance），旨在减少地热能开发风险，促进全球地热能发电和热利用的发展，目标是到 2030 年，全球地热发电量增加 6 倍，地热供暖增加 3 倍。进行地热能利用的发达国家十分重视政策性导向对地热产业发展的不可或缺的作用。

（1）发达国家：立法先行，政策激励，资金支持，推进地热能规模化开发利用。

立法先行：为支持地热能产业发展，发达国家普遍通过立法来确立地热能的法律属性，明确管理权责主体，理顺政府管理体制机制。例如，美国 1970 年的《联邦地热蒸汽法案》、1974 年的《地热能源研究、开发与示范法》和 1980 年的《地热能源法》明确了地热能法律属性及其所有权问题；冰岛政府对地热资源开发十分重视，制定了《地下资源研究和利用法》《自然资源保护法》和《能源法》等一系列法律，规定所有的地热资源均由国家统一管理，并设置有健全的地热管理机构，较好地保障了地热能产业的发展。

政策激励：地热发电项目建设一般需要花费 5~7 年的时间，开发周期长，前期勘探风险大，资金投入量大，因此，政策的稳定性对地热发电的发展至关重要。发达国家地热能产业发展具有鲜明的政府引导与政策引领特征。冰岛、美国、日本、德国等国均出台了包括税收抵免在内的税收优惠政策，对地热能开发利用项目给予一定比例的财政补贴。日本 2009 年发布《新能源利用特别措施（RPS）法》，要求电力运营公司对地热发电的电量进行义务性的购买，并且日本政府还会对新建的地热发电站提供政府补贴，补贴比例为 30%。美国政府自 1992 年起就将永久减税 10% 的优惠政策应用于地热能项目，2009 年又加大了新地热项目的税收优惠减免力度，包括 30% 的投资信贷和“现金赠款”替代。

资金支持：地热能开发利用的一大障碍就是缺乏有效和足够的资金支持，因而很多发达国家通过多种渠道为地热资源开发提供资金援助。例如，美国的《地热能源研究、开发与示范法》授权美国财政部设立“地热资源开发基金”，用于支持地热资源的开发利用，并为符合当地利用条件的地热能等可再生能源项目提供贷款担保。美国政府规定，地热土地使用费及相关税收的50%归属各州，25%归属相关县市，剩余的25%则作为联邦地热资源技术研究、开发利用基金。2014年，美国能源部宣布提供高达3100万美元的资助，用于地热学尖端技术增强型地热系统EGS的研发。扶持政策对美国地热能产业的有序、健康、快速发展发挥了显著的推进作用。

（2）中国：地热能行业管理体制和政策不断完善。

中国已基本建立地热能资源管理制度，包括勘查许可、采矿许可、打井审批、钻井施工监理、矿业权转让、从业单位备案、矿产资源补偿费征收管理、矿业权价款管理、资源保护和科技项目管理等多项制度，较好地维护了地热能勘查开发利用秩序。

2013年1月，国家能源局、财政部、国土资源部、住房和城乡建设部联合发布《关于促进地热能开发利用的指导意见》。2017年1月，国家发展改革委、国家能源局、国土资源部联合发布的《地热能开发利用“十三五”规划》（以下简称《规划》）指出：在“十三五”时期，新增地热能供暖（制冷）面积11亿平方米，新增地热发电装机容量500兆瓦；到2020年，地热供暖（制冷）面积累计达到16亿平方米，地热发电装机容量约530兆瓦；2020年地热能年利用量7000万吨标准煤，地热能供暖年利用量4000万吨标准煤。《规划》还提出，在“十三五”时期，形成较为完善的地热能开发利用管理体系和政策体系，掌握地热产业关键核心技术，形成比较完备的地热能开发利用设备制造、工程建设的标准体系和监测体系。在“十三五”时期，开展干热岩开发试验工作，建设干热岩示范项目。通过示范项目的建设，突破干热岩资源潜力评价与钻探靶区优选、干热岩开发钻井工程关键技术以及干热岩储层高效取热等关键技术，突破干热岩开发与利用的技术瓶颈。

为了实现“十三五”规划的目标，2017年12月，国家发展改革委、国土资源部、环境保护部、住房和城乡建设部、水利部、能源局联合印发《关于加快浅层地热能开发利用促进北方采暖地区燃煤减量替代的通知》。北京、天津、重庆、云南、河北、内蒙古等省（自治区、直辖市）相继出台地方性法规或规章，京津冀等地还制定了地热能开发利用方案审查、地质环境影响评价、地热回灌保护、年度指标核定、开发单位年检等制度，山东济南、江苏南通、陕西渭南、河北保定等城市也颁布实施了地热能资源管理规范性文件，一定程度上规范了当地地热能资源的合理开发利用与保护。

9.3.1.2　地热能利用关键技术的研发状况及预期

世界地热能利用技术先进的国家均重视科技创新，通过加大科研经费投入、设立重大科技研发计划、组织联合研发团队等方式，持续推动地热能勘探开发利用颠覆性技术攻关，助力地热能产业提质增效。例如，2013 年欧盟推出“地平线 2020”（horizon 2020）计划，投入 8360 万欧元资助 11 项地热能研究项目，推动地热能增强型地热系统等前沿科技和关键技术攻关；2015 年，美国政府提供 1.4 亿美元设立 FORGE 项目，在水热型地热能勘探开发利用技术、增强型地热系统等方面开展了一系列攻关，有力促进了地热能勘探开发利用技术的进步和产业发展；2015 年，法国政府宣布出资 5000 万欧元用于资助地热资源勘探工作。

从全球范围来看，地热能的开发利用主要朝两个方向发展：一是地源热泵（见图 9-11），主要用于满足建筑供暖和制冷需求；二是地热发电，从实现电力供应向满足更大范围地区的电力可靠性发展。但是，包括回灌、废弃物处理在内的环境问题是地热能开发利用面临的最为迫切和棘手的问题。

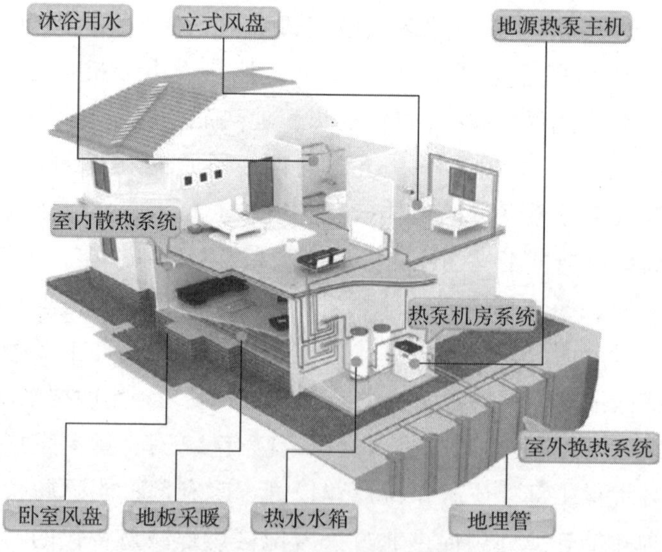

图 9-11　地源热泵利用原理

从地热能利用的各类技术发展趋势来看，地热能的热泵技术已较为成熟，下一步要做的是解决地热能开发利用过程中出现的环境、生态等问题，进一步提高能效水平。同时，热泵技术正在广泛地参与到与太阳能热利用等多种能源互补的系统中，以更好地满足某一地区的清洁化供暖。

地热发电的技术进步主要是着力于提高发电效率和降低对地热高温资源的要求。例如，电厂采用双工质循环闪蒸技术，可以提高发电效率；同时，双工质循环技术的应用可以有效降低对地热高温资源的要求，使更多的地区具备开发地热发电项目的资源条件，使地热发电变得更具灵活性和适应性，也更加具有吸引力。双循环中间介质法地热发电原理如图 9-12 所示。

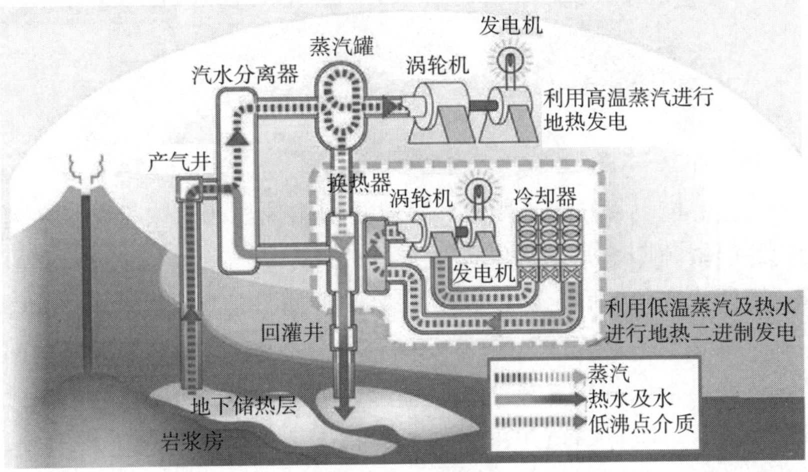

图 9-12　双循环中间介质法地热发电原理

干热岩是一种没有水或蒸汽的热岩体，干热岩利用技术体系涉及钻探、回灌、发电、梯次利用，是多重技术的孵化与整合，是水热型地热发电的技术升级与延伸。增强型地热系统（EGS）是在干热岩技术基础上提出的，美国能源部给出的定义是采用人工形成地热储层的方法，从低渗透性岩体中经济地采出深层热能的人工地热系统。目前部分国家已经建立了一些 EGS 项目，选择在非火山活动区采用地热增强系统技术开发干热岩地热能，但增强型地热系统在国际上仍普遍处于试验阶段。在增强型地热系统（见图 9-13）中，主要是用水作为工作介质，但一些发达国家也在尝试以其他物质作为工作介质，如 CO_2。美国在 EGS 领域处于全球领先地位，试图从不同的技术层面进行探索和研究，包括提高现有地热田开发程度，研发可靠的 EGS 开发方案和技术等，以确保实现可持续、足够高的产能（温度与流量），并且不会诱发地震灾害。此外，澳大利亚、德国、法国、日本等国家也开展了有关 EGS 项目的前期工作。

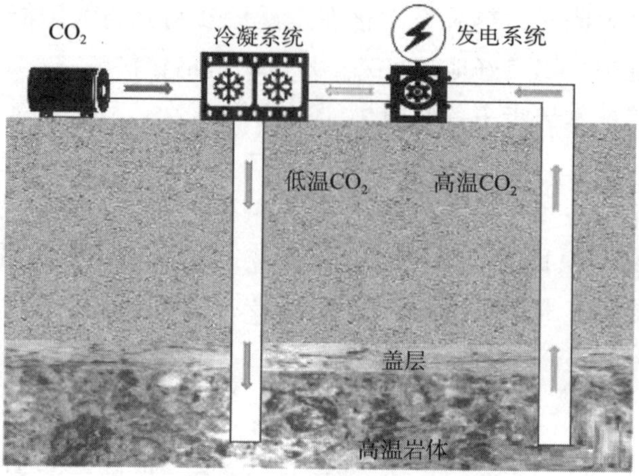

图 9-13 增强型地热系统原理

中国的地热能勘探技术不断成熟。一是地热地质研究取得了一系列成果，能够为地热能资源勘查开发提供理论指导；二是提高了水热型和干热岩型地热能资源靶区优选和钻孔定位的精度和效率；三是地球化学勘探技术体系已逐步形成，建立了一套基于气体、水和岩石的化学与同位素等地球化学方法，可用于地热能异常区判定、热储温度估算、地热水成因推断等；四是钻井技术取得很大进步，将石油钻井技术工艺与相关地热能工程施工相结合，大大提高了钻井效率，缩短了建井周期。鉴于干热岩型地热能勘查开发难度和技术发展趋势，埋深在 5500m 以浅的干热岩型地热能将是未来 15~30 年中国地热能勘查开发研究的重点领域。

地热能开发利用技术取得进展。当前我国高温地热资源主要用于发电，中温和低温地热资源则以直接利用为主，对于 25℃以下的浅层地热能，可利用地源热泵进行供暖和制冷。地源热泵技术快速发展，形成了适合中国国情的大型地源热泵、高温热泵和多功能热泵系统，主要技术与装备已基本实现国产化；地热尾水回灌技术取得一定进展，岩溶型热储的尾水同层密闭回灌技术较为成熟；至于砂岩热储的经济回灌技术，已进行了大量科学试验与生产实践，取得较大进展，但尚未达到大规模经济性推广要求。此外，我国还积极探索地热能梯级利用技术，在京津冀和东南沿海地区初步建立发电、供暖二级地热能梯级开发利用示范基地。

9.3.1.3 地热发电与煤电的经济性对比预测

(1) 投资成本与发电成本分析。

总体来说，地热能技术开发成本仍然较高，根据 REN21 报告统计，2017 年闪蒸发电成本为4~14美分/(kW·h)，有机朗肯循环发电成本为7~24美分/(kW·h)；地热能直接利用（建筑供暖）成本为10~27美分/(kW·h)，地源热泵成本（COP为35）为7~13美分/(kW·h)。

地热能发电的发电成本主要由两部分组成：初始投资（折旧摊销费用）和系统运行及维护成本。前期高额的勘探、钻井、建设等投资费用的分摊，约占地热发电成本的60%。地热能发电的投资主要集中在热源寻找、热能开采以及热能转换三个方面。其中，热源寻找相对于其他两个方面而言，成本比较低；热能开采涉及的对井、水平井、水力压裂的成本都较高，而且风险也比较大，压裂失败会导致热水穿透岩层，热能开采不上来；热能转换的成本也很高，主要用于提高热电转换效率、解决仪器腐蚀问题以及热能转换后地热水回灌问题等。随着页岩气在中国的成功开发，水力压裂的技术越来越成熟，可以应用于地热能开发发电，成功地减少地热勘探开发的风险，降低成本和损失。另外，地热发电可以利用油田弃井，提高了资源利用效率。

2018年，全球已经有80多个国家进行了地热能开发，其中美国的地热发电装机容量最大，其次是菲律宾、印度尼西亚、土耳其、新西兰、墨西哥、意大利、冰岛、肯尼亚、日本（见图9-14）。据美国统计估算，地热能发电的平均发电成本为4.5~7美分/(kW·h)（完全成本），由地热能所生产的电力价格为5~11美分/(kW·h)。为鼓励地热能资源的开发利用，美国对地热能发电实施了优惠的税收政策。

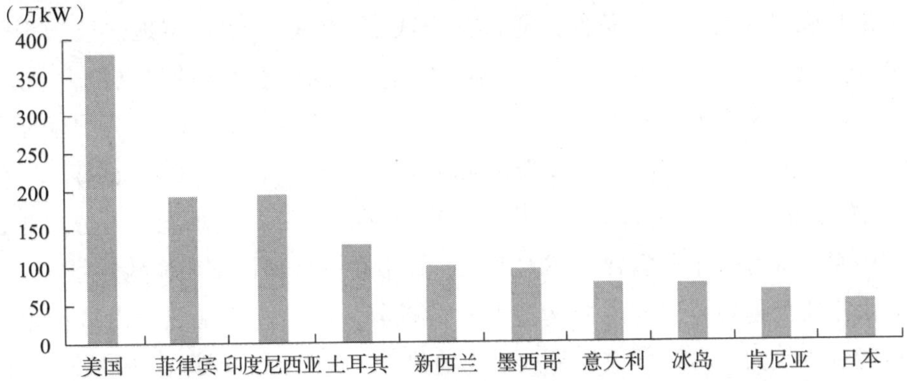

图9-14　2018年地热发电装机容量排名前十的国家

资料来源：BP

中国西藏羊八井电站的运行效率低，发电成本在0.7元/(kW·h)左右。电站以0.25元/(kW·h)的价格向西藏电网供电，其亏损由国家发改委给予补贴。羊八井地热储层分为浅层和深层两部分，目前开发利用的是地热田中补给能力有限的浅层资源。深部钻探资料表明，地热田深部高温地热水具有不结垢、热焓值高、产量稳定等特点，具有很高的开发价值；如开发深部高温地热，发电成本可下降至 0. 2～0. 3 元/(kW · h)，具有较强的商业竞争力。

综上所述，目前地热发电的单位总成本费用高于煤电项目，资本结构及财务状况（贷款周期和利率）对最终的电力生产成本有着重大影响。不仅如此，这些金融方面的因素还会影响到施工期间的利息成本或进度推迟所造成的相关成本。

（2）环境与社会经济效益分析。

地热发电具有绿色环保、污染小的特点，其开发利用不排放污染物和温室气体，可显著减少化石燃料消耗和化石燃料开采过程中造成的生态破坏，在自然环境条件改善和生态环境保护方面具有显著效果。

到 2020 年，地热能年利用总量将进一步提升，相当于替代化石能源 7000 万 tce，相应减排 $CO_2$1. 7 亿 t，节能减排效果显著。地热能开发利用不仅可为经济转型和新型城镇化建设增加新的有生力量，还可推动地质勘查、建筑、水利、环境、公共设施管理等相关行业的发展，在增加就业、惠及民生方面也具有显著的社会经济效益。

9. 3. 1. 4 世界地热能资源丰富

地热能资源按其产出条件，通常分为浅层地热能、水热型地热能、干热岩型地热能。国际能源署、中国科学院和中国工程院等机构的研究报告显示，世界地热能基础资源总量为 1.25×10^{27}J（折合 4.27×10^{8} 亿 tce），其中埋深在 5000m 以浅的地热能基础资源量为 1.45×10^{26}J（折合 4.95×10^{7}亿 tce）。中低温（25～150℃）地热能资源分布广泛，高温（>150℃）地热能集中分布在大西洋中脊、红海—东非裂谷、环太平洋、地中海—喜马拉雅四大地热带。

由于所处地理位置和地质构造背景的差异，四大高温地热带沿线国家的地热能资源较为丰富，如地处环太平洋地热带上的美国，埋深在 10000m 以浅的水热型、干热岩型地热能基础资源量分别为 9.6×10^{21}J、1.4×10^{25}J；地处地中海—喜马拉雅地热带上的土耳其，埋深在 3000m 以浅的地热能基础资源量为 3.96×10^{23}J。

目前，世界上已开发利用的地热田主要分布在高温地热带上，如位于大西洋中脊地热带的冰岛克拉夫拉（Krafla）地热田，位于红海—东非裂谷地热带的肯尼亚奥卡利亚（Olkaria）地热田，位于环太平洋地热带的美国盖瑟尔斯（Geysers）地热田、墨西哥塞洛普力拓（CerroPrieto）地热田、菲律宾通嘉兰（Tongonan）地热田、印度尼西亚卡莫江（Kamojiang）地热田、新西兰怀拉开（Wairakei）地热田，位于地中海—喜马拉雅地热带的意大利拉德瑞罗（Larderello）地热田、中国羊八井地热田和羊易地热田等。

根据国土资源部中国地质调查局2015年调查评价结果，全国336个地级以上城市浅层地热能年可开采资源量折合7亿tce，可实现供暖（制冷）建筑面积320亿m^2；全国水热型地热资源量折合1.25万亿tce，年可开采资源量折合19亿tce，其中中低温水热型地热能资源占比达95%以上；埋深在3000~10000m的干热岩资源量折合856万亿tce，其中埋深在5500m以浅的基础资源量折合106万亿tce。我国地热能资源分布见表9-6。

表9-6 我国地热能资源分布

<table>
<tr><th colspan="3">资源类型</th><th colspan="2">分布地区</th></tr>
<tr><td colspan="3">浅层地热资源</td><td colspan="2">东北地区南部、华北地区、江淮流域、四川盆地和西北地区东部</td></tr>
<tr><td rowspan="3">水热型
地热资源</td><td rowspan="2">中低温</td><td colspan="2">沉积盆地型</td><td>东部中、新生代平原盆地，包括华北平原、河—淮盆地、苏北平原、江汉平原、松辽盆地、四川盆地以及环鄂尔多斯断陷盆地等地区</td></tr>
<tr><td colspan="2">隆起山地型</td><td>藏南、川西和滇西、东南沿海、胶东半岛、辽东半岛、天山北麓等地区</td></tr>
<tr><td>高温</td><td colspan="3">藏南、滇西、川西等地区</td></tr>
<tr><td colspan="3">干热岩资源</td><td colspan="2">主要分布在西藏，其次为云南、广东、福建等东南沿海地区</td></tr>
</table>

9.3.2 地热能应用前景分析

（1）地源热泵的应用增长最迅速。

在各类地热能热利用方式中，地源热泵的应用增长最为迅速。地源热泵能够用于供暖或制冷，也能和热电联产电厂联合使用，应用潜力巨大，在过去5年间的平均年增长率达到20%。根据全球地热大会的统计数据，2015年，全球地源热泵利用总规模达到50GWth，占全球地热能热利用规模的71%；全球地源热泵热利用量超过358PJ（约合1220万tce），占地热能热利用总量的60%；预计到2020年全球地源热泵利用总规模将会增长到127GWth。

2015 年，地源热泵已在接近 50 个国家得到广泛应用，近年来仍在扩展，主要是在北美、欧洲和中国。在美国，尽管受到次贷危机的影响，地源热泵利用量仍保持稳定增长态势，每年增加 5 万个地源热泵，这主要得益于当地政府的激励政策和民众意识的提高。在欧盟，地源热泵的利用规模继续保持增长，达到 14GWth，已经占到欧洲地区供热系统安装量的 15%。受经济危机和房地产市场萎缩的影响，德国、法国、荷兰等主要欧洲国家的地源热泵市场最近几年有些萎缩，但北欧国家仍保持了增长的态势，一些南欧国家也开始使用地源热泵。欧盟利用规模居于前四位的国家依次是瑞典、德国、法国、芬兰，巴黎、慕尼黑地区的浅层地热能资源较为丰富，地热发展速度很快。

在我国，地源热泵应用也有着较高的增长势头。我国地源热泵自 2004 年以来发展迅速，年增长供暖（部分制冷）面积 1800 万 ~ 2300 万 m^2，年增长率超过 30%，目前已超过 5 亿 m^2。我国地源热泵项目已经从过去的单个项目、小规模逐渐发展成为集中成片的大规模建设。未来，在京津冀协同发展区、雄安新区、各地重点开发区、城市综合体等一些重大项目建设区域，地源热泵也将得到广泛应用。因此，我们现在迫切需要思考与解决一系列地源热泵的融合性问题，从而让地源热泵更好地适应区域能源供给模式，从资源、技术、施工、运营、资本、管理等各个环节与其他能源供给形式相互融合，与区域其他设施、功能相互融合，体现更强大的环境友好性。

（2）干热岩资源和增强型地热系统是地热能利用的未来。

干热岩资源在地球上的蕴藏量十分丰富，从理论上说，地球的任何地方只要达到一定深度都可以开发出干热岩，干热岩也因此被称为无处不在的资源。根据公开数据，保守估计地壳中干热岩所蕴含的能量相当于全球所有石油、天然气和煤炭所蕴藏能量的 30 倍。当前，浅层地热和水热型地热是世界各国开采和利用的主要对象，但是浅层地热因温度限制无法满足发电的需要，中高温地热因规模限制，尚不能扛起可再生能源发电的大旗，而蕴藏量更加丰富、温度更高的干热岩资源，则可以在发电的同时实现能源综合利用，被认为是地热能未来发展的重要方向。美国、德国、法国、日本等国经过数十年的探索研究，在资源勘查评价、热储改造和发电试验等方面取得了重要进展，积累了丰富的经验。世界部分先进地热工程见表 9-7。

表 9-7　世界部分先进地热工程

美国芬顿山干热岩项目	开始于 1972 年，最初由美国政府投资，后来多国参与进行了开创性的工程研究。该项目验证了人工干预下开采干热岩热量的可行性，展示了地热能开发研究的美好前景
肯尼亚奥尔卡里地热项目	该项目是非洲最大的地热发电项目，目前正在进行扩建，中国、新西兰等多个国家参与了扩建工程
印度尼西亚沙鲁拉地热发电项目	该项目于 2014 年正式开工，计划投资 16 亿美元，装机 33 万 kW，建成后将成为全球最大的地热发电站
日本全流式地热	日本全流式地热发电系统输出功率为 2kW，占地面积仅有一个停车位大小，构造非常简单；该系统同时利用蒸汽和热水，使输出功率提高了 60%
法国舒尔茨增强型地热系统	首个以发电为目的的商业化干热岩项目，已于 2007 年建成 1.5MW 增强型地热系统示范电厂，是世界上最成功的 EGS 示范项目
俄罗斯穆特诺夫地热发电站	俄罗斯首座地热发电站，装机容量为 62MW，发电供当地居民使用。俄罗斯地热能发展最重要的趋势之一是建设二元地热发电厂
冰岛雷克雅内斯增强型地热项目	该项目从 2016 年 8 月启动钻探，创造了有史以来最深的火山钻孔，工程目标是寻找“超临界流体”，以探寻是否可以用于高效的能源生产

基于开发干热岩的战略性认知，美国于 20 世纪 70 年代提出增强型地热系统（EGS），研究通过 EGS 来提取地球内部的热量，进行干热岩发电。英国、法国、德国、瑞士、日本、澳大利亚等国家紧随其后，均开展了大量的干热岩研究与试验开发。至今，已有 8 个国家形成了 30 多项 EGS 示范工程，累计发电装机容量约为 12.2MW，然而全世界还没有一个 EGS 项目投入商业运行，干热岩地热能在采收和利用方面仍然面临诸多技术挑战，进入商业运营阶段还需要很长一段时间。

为此，美国能源部地热技术办公室制定了推动 EGS 资源部署的技术路线图，其中包括 EGS 现场示范项目以及“给地球插上插头”的干热岩“地热能前沿瞭望台研究计划”（FORGE）。FORGE 计划目前处于第三阶段（2018—2023 年）：选定一个场地用作 EGS 尖端研究，形成钻井和新工具测试的井下实验室，最终探索出技术经济可行，且能实现 EGS 规模化的路径。FORGE 计划在应用层面的主要目标是：本着“可复制的结果 = 巨大的潜力”的理念，通过 FORGE 计划的实施，在美国大陆获得 10 万 MW 以上装机容量且经济可行的干热岩资源，较目前水热型地热发电量增加近 100 倍，以满足美国 1 亿家庭绿色电力供应，实现干热岩型地热能开发利用的新飞跃，使之成为清洁、可靠、灵活和可再生新能源的代表。

2018 年，美国能源部展示了一个可能有助于“增强型地热系统广泛利用”的成功案例：俄克拉荷马大学相关科研人员在实验室中成功地压裂了 EGS 储层中的 13 立方英寸块体花岗岩和其他火成岩，并利用该小块体的岩石生产超过 50 瓦的电量，可满足一个家用灯泡的用电量。这说明现场工业规模化的压裂和设计合理的 EGS 可以产生相当大的电量，表明在美国 EGS 作为可靠能源具有巨大的潜力：投资 EGS 技术最终可以带来经济上可行的超过 100GW 的发电能力，足以为 1 亿美国家庭供电。

相比而言，中国关于干热岩的专项研究起步较晚，始于 2012 年科技部设立的国家高新技术研究发展计划（863 计划）。2013 年以来，中国地质调查局与青海省联合推进青海重点地区干热岩型地热能勘查，于 2017 年在青海共和盆地 3705 米深处钻获 236℃的干热岩体，是中国在沉积盆地区首次发现高温干热岩型地热能资源。通过深入试验研究，未来有望在干热岩型地热能开发技术方面取得突破，可推动中国地热能发电及梯级高效利用产业集群较快发展。

（3）“地热+”多能协同互补模式是可再生能源的发展方向。

在第九届中国国际地源热泵行业高层论坛上，中国科学院院士、中国地源热泵产业联盟名誉理事长汪集旸院士基于“地球充电宝”概念，提出“地热+”多能互补储供能系统。他认为，未来新能源和可再生能源的发展方向是大力发展“地热+”，将地热这一地球本土的未来能源和来自太阳系的其他可再生能源，诸如太阳能、风能、生物质能、海洋能等结合起来一并加以开发利用，打造多能互补储供能系统，真正做到“多能互补、一能多用”，实现较高的能源使用效率，从而加速我国新能源和可再生能源发展。

2017 年底，我国首个“地热能+太阳能”互补供暖示范工程在甘肃省兰州市建成并投入运行（见图 9-15）。该工程由地岩热供暖系统、太阳能光热系统、太阳能与地岩热互补系统等三部分组成。其中，地岩热供暖系统采用“取热不取水”无干扰地岩热利用技术，向地下钻孔至适宜深度（约 2500m）的岩层，通过高效换热器将地热取出，用于供热供暖。该技术不受地质、气候、场址等环境条件限制，不抽取或回灌地下水，对地下水、土壤等无干扰、无污染，操作管理简便，绿色、低碳、零排放，可实现地热能的清洁、高效、持续利用。太阳能光热系统是由 $202m^2$ 双盖板高效平板集热器组成的集热场，用于收集西北地区丰富的太阳能资源。此外，工程采用集热场、停车场一体化设计方案，实现了土地的高效利用。

图 9-15　“地热能+太阳能”互补供暖示范工程

“地热能+太阳能”互补系统采用智慧能源运行模式。在采暖季，太阳能集热系统将热能与地热井热能并行输送至用户侧直接使用；在春、夏、秋非采暖季，太阳能集热系统将热能输送至地热井中蓄存，用于增加地热井热能，科学地解决了太阳能季节性不平衡、难以跨季储存等问题。该示范工程的建成与运行，为当地冬季清洁取暖、能源结构调整、生态环境保护等工作提供了一条新的参考途径。

（4）地热能开发助力油气公司绿色转型。

近几年的研究表明，油田伴生中低温地热资源非常丰富，根据初步测算，中国主要油田区 5000m 以内地热资源总量约为 6 万亿 tce。5000m 以下的地温更高，我国油井深度已超过 8000m，地热资源总量更大。目前，制约地热大规模发展的一个重要因素是高昂的钻井成本，而油田开发伴生的地热用于发电具有极大优势，并且油田基本具备了地热发电站所需的配套设施，如已经建成的钻井、集输站场、管线、公路、输电线路等，很好地解决了地热能开发成本高这一关键难题，利用油田伴生中低温地热资源发电具有较高的经济收益。据有关专家测算，我国的中小型油气田可供发电的地热资源，能够建成 2000MW 规模发电能力的发电厂。

不仅如此，油田开发中还存在很多报废油气井或勘探评价阶段的“干井”，这些井报废和勘探结束后都要按照相关法规投入费用进行拆卸、填埋处置。如果对这些报废油气井或勘探评价阶段的“干井”采取一定的措施，完全可以利用其开采地热供暖、发电，使其变成“热井”或“油—热—电”联产井。中国很多报废油气井或勘探评价阶段的“干井”地处边远地区，如果能够利用这些井开采地热供暖、发电，通过科学的分布解决边远地区的用电问题，对于我国正在实施的精准扶贫工程无疑是雪中送炭的好事。

油田地热开发利用还有一个巨大的独特优势，就是油田热储的回注或者回灌系统已经在开采油气的过程中建成并且成功运行，回注或者回灌效率经过油田开采的检验，效率较高，不需要另行建设。地热项目为油气公司提供了一个促进技术发展、收入来源多样化以及绿色转型的机会。

一些油气公司依托在钻井方面积累的丰富经验进军地热能开发利用产业，并取得了不俗的成绩。例如，意大利埃尼公司运营的干蒸汽发电厂始建于1904年，该项目的亮点在于一口超临界地热井可以产生传统地热10倍以上的能量，现在其已成为欧洲大陆深层、超临界环境的地热项目的试点，埃尼公司正在对更深层次的蒸汽储层进行化学和热物理特性的分析，最终目的是将井深从2.2km增加到3.5km。挪威在油气勘探方面也开发了先进技术并取得了一定经验，挪威公司Sintef凭借着丰富的油气工业仪表经验，正在开发用于恶劣环境的测井工具，目的是开发出用于300℃井下温度的测井工具。

9.4 海洋能利用现状及前景分析

海洋能作为战略性资源得到了国际社会的普遍认同，无论是承担更多碳减排责任的传统海洋强国，还是能源需求增长迅速的新兴国家，抑或是受全球变暖威胁的小岛屿发展中国家，都对海洋可再生能源的开发利用表现出了浓厚兴趣。海洋能包括潮汐能、潮流能、波浪能、温差能、盐差能、海底地热能等，其中，潮汐能和潮流能源自月球、太阳和其他星球引力，其他海洋能均源自太阳辐射。

潮汐能、波浪能是人们较早关注并加以开发的海洋能。截至2018年底，全球海洋能发电装机容量53.2万kW，其中大部分是潮汐能发电，其次是波浪能发电。目前已运行的主要海洋能项目包括25.4万kW的韩国始华湖潮汐能发电、24万kW的法国朗斯潮汐能发电、2万kW的加拿大安纳波利斯潮汐发电和我国江夏3900kW的潮汐发电项目等。近两年，英国、法国、荷兰、加拿大、中国、美国等在海洋能试验示范、项目批准、筹建等方面取得了一定进展。

9.4.1 海洋能利用的主要影响因素

9.4.1.1 海洋能利用的政策环境及外部因素

（1）命令控制性政策。

目标性政策：在当今世界各国越来越重视开发和利用海洋能的大趋势下，各海洋能产业大国纷纷推出了为期二三十年的海洋能发展战略规划（见表9-8）。

表9-8 世界部分国家海洋能目标性政策概述

国家	颁布时间	政策主要内容
美国	2010年	《美国海洋水动力可再生能源技术路线图》从目标、部署方案和商业策略等方面描述了2010—2030年美国海洋能的发展路径和方案
加拿大	2011年	《加拿大海洋可再生能源技术路线图》公布了该国2016年、2020年和2030年的海洋能发电总量增长目标以及海洋能技术服务领域的发展计划
	2012年	《新斯科舍海洋能战略》列举了新斯科舍省潮汐能发展项目，用于支持当地潮汐能产业达到大规模商业化水平
英国	2014年	《英国海洋能技术路线图2014》分析了全球海洋能产业的现状，规划了英国海洋能产业规模和相关技术参数（包括单位发电资本性支出、能源利用率等）至2050年的发展愿景，确定了促进海洋能产业商业化所需的各种研发活动及实施次序等
丹麦	2015年	《丹麦波浪能技术路线图》提出了丹麦波浪能技术至2030年的发展目标：波浪能发电站可以提供稳定且廉价的电力，确保海洋能产业取得商业化成功
爱尔兰	2015年	《海洋能发展计划》强调了发展海洋能产业对促进国内社会经济发展的重要性，并阐述了政府发展海洋能产业需要遵循的原则和发起的项目
韩国	2015年	《海洋能中长期发展计划》涵盖了韩国海洋能产业2015—2025年的预定目标和战略规划。《韩国海洋能研发路线图（修订版）》确定了政府发展海洋能的新任务：加快海洋能基础设施建设、促进海洋能产业商业化；积极与太平洋岛屿国家展开海洋能事业合作等

资料来源：根据公开资料整理

专项法律：2010年，挪威颁布《海洋能法案》，明确了政府对选址于某些偏远地区的海洋能电站的审批流程。2013年，美国推出《海洋和水动力能源法案》，旨在促进海洋能技术的研发和示范活动，并且在同一年发布了《可再生能源电力法案》，规定了海洋能电力标准。2015年，加拿大新斯科舍省通过了《海洋能法案》，要求海洋能项目必须满足环保、为社会创造财富的条件，同时规范了海洋能发电站建设活动的审批体系。2017年，德国政府对《可再生能源法》进行了修订，将可再生能源补贴国家定价制度转换为公开竞争的招投标程序，但是水力发电（包括波浪能、潮流能、潮汐能和盐差能）并不采用竞争机制，而是继续使用固定电价机制——小于500kW的系统电价为12.4欧分/(kW·h)，大于50MW的发电厂的电价为3.47欧分/(kW·h)。

强制配额制：英国《可再生能源义务法》确立了可再生能源义务制度，实质是电力配制，即要求电力供应商提供的电力中必须包含一定比例的可再生能源电力；美国的得克萨斯州、缅因州和新泽西州等州政府对海洋能电力施行了配额制。

固定电价制：爱尔兰、法国和丹麦将固定电价制度引入海洋能发电城，目的是创造一种市场拉动机制，为海洋能发电提供可靠的销售渠道。上述三国现行的海洋能固定电价分别为26欧分/(kW·h)、15欧分/(kW·h)和8欧分/(kW·h)。

环境评价制：瑞典政府将所有海洋能发电项目划分为“对环境有潜在危害的工程”，要求在部署海洋能发电设备前必须进行环境评价；韩国政府要求装机容量达到一定规模的海洋能发电厂开工前必须接受环境评估；葡萄牙政府只对选址在海洋生态保护区内或附近的海洋能发电站进行建设前的强制性环境评价；爱尔兰政府对海洋能发电站的环境评价不做强制要求。

（2）经济激励性政策。

直接财政支持：许多发达国家通过设立专项基金向从事海洋能研发活动的机构提供资金支持。2002—2012年，英国政府共斥资2.95亿美元，设立了海洋能应用基金等多个专项基金；加拿大建立了清洁能源基金和可再生能源资金，用于支持波浪能和潮汐能研发和示范项目；美国能源部负责的海洋和水动力项目专项负责为海洋能产业发展提供财政支持；德国政府目前正在实施“联邦经济事务与能源部第6次能源研究计划”，该计划主要用于资助海洋能源技术的研发项目。

投资补贴：美国联邦政府向海洋能能源电力系统提供直接的入网补贴，财政部成立的“可再生能源鼓励基金”是这种直接补贴的发放途径之一，其向符合规定的海洋能电力系统补助1.5美分/(kW·h)；美国财政部和能源部利用《2009年美国经济复苏和再投资法》的拨款，对5000余个包括海洋能在内的可再生能源项目设施进行补贴。

税收优惠：英国政府对海洋能发电企业免征气候变化税。葡萄牙政府对装机容量为 2 万 kW 的海洋能发电装置仅征收 260 欧元的入网税；装机容量大于 2 万 kW 的海洋能发电装置，上交的入网税额随着其装机容量的增加按比例递减。美国的海洋能发电项目每产生 1kW · h 电能，可以享有 1. 1 美分的税收抵免；潮汐能发电项目如放弃优惠方式，则可以享受相当于投资额 10% 的税收抵免。

（3）中国的海洋能政策。

命令控制性政策：2012 年，我国首次将海洋能纳入“五年规划”，将发展海洋能产业提升到国家战略层面。此后，国家海洋局等部门陆续出台了多份目标性文件，规划了我国海洋能产业的发展方向。2016 年 12 月，国家海洋局发布了《海洋可再生能源发展“十三五”规划》，这是在继承和发展《海洋可再生能源发展纲要（2013—2016 年）》基础上制定的我国首个海洋能发展专项规划。该规划指出，“十三五”期间，我国将以显著提高海洋能装备技术成熟度为主线，着力推进海洋能工程化应用，夯实海洋能发展基础，实现海洋能装备从“能发电”向“稳定发电”转变，务求在海上开发活动电能保障方面取得实效；到 2020 年，海洋能开发利用水平显著提升，核心技术装备实现稳定发电，产业链条基本形成，海洋能开发利用水平步入国际先进行列。建设兆瓦级潮流能并网示范基地及 500kW 级波浪能示范基地，启动万 kW 级潮汐能示范工程建设，全国海洋能总装机规模超过 5 万 kW，建设 5 个以上海岛海洋能与风能、太阳能等可再生能源多能互补独立电力系统，扩大各类海洋能装置生产规模。

专项基金：2010 年 5 月，我国设立海洋可再生能源专项基金，支持海洋能技术研究。之后，我国陆续出台《海洋可再生能源专项资金管理暂行办法》和《2013 年海洋可再生能源专项资金项目申报指南》等文件，指导专项基金的使用。截至 2015 年 5 月，专项基金共支持 96 个项目，投入经费总额近 10 亿元。

补贴制度：2013 年发布的《分布式发电管理暂行办法》明确对符合条件的海洋能发电项目提供建设资金补贴或单位发电补贴。此外，新建海洋潮汐能、潮流能和海岛海洋能发电站等每 1kW 装机量获得补助 5 万元，资助的额度可高达项目总投资的 40%。

贷款优惠：基于《可再生能源法》第二十五条的规定，列入国家可再生能源产业发展目录并符合信贷条件的海洋能利用项目可以获得金融机构提供的带有财政贴息的优惠贷款，并较化石燃料发电项目优先获得国家开发银行提供的基本建设贷款；贷款的财政贴息为 2%，中央项目由财政部给予贴息，如果海洋能发电项目建设规模超过 3000kW，国家计委应协助落实银行贷款。

税收优惠：我国对潮汐能、波浪能发电关键设备或全设备免征进口关税；对从事海洋能高新技术企业减免 15%的所得税；为国家重点扶持的海洋可再生能源项目提供创业投资的企业有权以一定比例的投资额抵销部分应缴纳的企业所得税。

“十三五”时期，在《海洋可再生能源发展“十三五”规划》《可再生能源发展“十三五”规划》《“十三五”国家科技创新规划》《“十三五”海洋领域科技创新专项规划》的指导下，我国将坚持技术自主创新，夯实海洋能基础研究，加速提高海洋能装备技术成熟度，推进海洋能工程化应用，推动我国海洋能技术产业化进程。

9.4.1.2 海洋能关键技术的研发状况及预期

海洋能利用技术多样化，不同的技术成熟度不同。近年来，随着英国、美国等海洋强国对海洋能技术研发力度的持续加大，国际海洋能技术研发取得了一系列重要进展：潮汐能发电技术较成熟，技术领先国家已建成一批具有代表性的商业化应用项目，世界最大的潮汐电站装机容量达 25.4 万 kW；潮流能、波浪能发电技术创新研发活跃，多种技术形成竞争局面，发展进程加速；温差能发电及其综合利用即将开展兆瓦级工程建设，海洋能技术在边远海岛、深远海、海底的供电及综合利用逐步实现。

海洋能利用的未来技术发展方向多样化，潮流能技术发展重点在于提高潮流能发电技术的稳定性和可靠性，积累兆瓦级甚至更大规模的潮流能发电场建设及运行经验；波浪能利用尚未有突破性进展，需要在装置研发及示范运行方面增加较多投入；温差能需要积累更多的示范电站经验。

（1）潮汐发电。

潮汐发电是海洋能利用中最现实、技术最成熟、规模最大的一种（见图 9-16）。潮汐发电的工作原理和一般水力发电原理相近，可利用成熟的水力涡轮发电机发电。大型潮汐能低水头、全贯流发电技术趋于成熟，促进了国际大型潮汐电站快速发展，市场竞争性显著提高，由于不受洪水、枯水期等水文因素影响，开发利用潮汐能的社会效益和经济效益已明显显露出来。目前，潮汐发电技术领先的主要是英国、法国、韩国等。

轮叶式发电　　　　垂直式发电　　　　水下发电风筝

图 9–16　潮汐发电装置

（2）潮流发电。

潮流发电装置包括水平轴、垂直轴等多种型式，水平轴型式（“水下风车”）逐渐成为主流，目前单机容量已超过 1000kW。由于海水的密度是空气的 832 倍，故单机容量相同时，水平轴潮流发电装置的转轮尺寸比风电机组小很多，潮流发电场占地面积仅为相同装机容量风电场的 1/200，具有一定的优势。近年来，潮流能技术发展迅猛。2017 年，苏格兰某潮流能发电项目部署了 4 台涡轮机，装机容量达 6MW；2017 年 8 月，该项目阵列发电量达 700kW · h，创造了潮流能发电项目的月度新纪录；该项目计划总装机容量在未来 10 年内达到 398MW。2017 年 5 月底，由林东等海归科学家团队历经八年自主研发的 LHD 海洋发电项目实现全天候连续发电并网运行，是目前世界上唯一一台实现全天候连续运行的兆瓦级潮流能发电机组。与国际主流技术相比，该项目具有装机功率大、资源利用率高、环境友好性强、海域兼容性好、项目可复制性强等特点，有效破解了海上安装、运行维护、垃圾防护、电力输送等关键问题，大幅提高了机组实海况下发电的稳定性和可靠性，项目科技成果达到国际领先水平，开启了中国大规模海洋清洁能源开发的新局面。

（3）波浪发电。

波浪能是近期研究利用最多、政府投资项目最多和最重视的一种海洋能。现在全世界波浪能利用的机械设计数以千计，获得专利证书的也达数百件。其中，波浪发电是波浪能利用的主要方式，此外，波浪能还可以用于抽水、供热、海水淡化以及制氢等。通常，波浪能要经过三级转换：第一级为受波体，它将大海的波浪能吸收进来；第二级为中间转换装置，它优化第一级转换，产生足够稳定的能量；第三级为发电装置，与其他发电装置类似。波浪能利用的关键是波浪能转换装置，波浪能发电技术趋于多样化，发电装置已经超过 200 种，主要可分为五种类型：振荡水柱式、振荡浮子式、摆式、筏式、收缩坡道式，单机容量从 1985 年的 100kW 发展到 2008 年的 750kW（见图 9-17）。欧洲的波浪能发电技术整体居于领先地位，英国把波浪发电研究放在新能源开发的首位，以投资多、技术领先而著称。

振荡水柱式发电装置　　振荡浮子式发电装置

多个浮力摆的发电装置　　特殊的筏式——海蛇式发电装置

图 9-17　波浪发电装置

（4）温差能。

利用自然温差能源的关键是要实现高效、廉价蓄能。目前，人类已经发现很多有效蓄能体，主要可分为两大类：一类是丙酸醇等有机材料，另一类是无机材料，如复合盐水、硫酸钙等物质。这些物质可以把吸收来的自然温差能储存起来，在需要的时候释放。美国和德国利用这些蓄能材料，已经建成了节能型建筑并投入使用。近年来，日本、美国、印度等国家建造了几个百千瓦级温差能发电及综合利用示范电站，取得了较好的运行效果，为兆瓦级电站建造积累了重要经验；法国、美国、韩国等国家启动了兆瓦级温差能电站建设，海洋温差发电已经进入应用阶段。另外，用海水温差发电还具有淡化海水的功能，一座 10 万 kW 的温差发电站每天可产淡水 300 多 m^3；通过海洋温差发电还可以抽取深层海水中丰富的营养物质，增加近海捕鱼量。由于海洋热能转换适用于热带海域，而且其与海水淡化有密切联系，使得这种技术具有显著的研发潜力。

9.4.1.3 海洋能与煤电的经济性对比预测

总体来说，海洋能技术开发成本仍然较高，2015 年 5 月，IEA 下属的海洋能源系统实施协议（OES-IA）发布了“国际海洋能技术均化发电成本”研究报告，指出现有的国际海洋能技术仍处于初级开发阶段。其中，波浪能、潮流能、温差能发电装置的建造成本分别为 11000 美元/kW、9850 美元/kW、35000 美元/kW；2020 年后，建造成本将分别下降到 5900 美元/kW、4450 美元/kW、10000 美元/kW。随着国际海洋能技术的逐渐成熟，海洋能装置的总体成本将会快速下降。

潮汐电站是公认的最成熟的海洋能技术，目前实现长时间持续运行的潮汐电站实例很多，但一直为高成本的问题所困扰。虽然潮汐发电的运行和维护成本不及煤电的 15%，但由于其具有波动性和间歇性，输出功率变化大，潮汐发电机组利用效率不高，间接抬高了发电成本；此外，潮汐电站建在港湾海口，土建和机电投资大，造价高。较高的成本投入换不回相应的收益，潮汐发电企业很难保证收支平衡。我国也积极参与潮汐能的研究，浙江乐清湾潮汐发电厂每年可发电 600 万 kW · h，但是投入与产出并不成正比。未来到底有哪些潮汐能厂商可以成功迈向商业化，现在还很难下定论。

潮汐能设备细分为拦潮堰系统与新型的海底涡轮机系统等。其中，拦潮堰是通过过水阀、水轮发电机与水坝两侧的水位差进行发电，虽然成本较为高昂，但由于该设备由混凝土建造，所以寿命相当长。法国的郎斯潮汐电站从 1966 年就开始运作，至今已运作 53 年。与此同时，该设备的建设成本也出奇的高。当时法国斥资 1.15 亿美元打造该电厂，成本约为 382 美元/(kW · h)，发电成本则是 4~12 美分/(kW · h)。韩国在 2011 年打造了世界上最大，也是最昂贵的拦潮堰潮汐电站——始华湖潮汐发电站，装置量高达 25.4 万 kW，根据 IRENA 估算，韩国在该项目上花了 2.98 亿美元，建设成本为 117 美元/(kW · h)，发电成本则是 2 美分/(kW · h)。

商业运转中的潮汐能基本上都是拦潮堰系统，新型的水下涡轮机仍处在迈向商业化阶段，且由于系统与所处环境不一样，发电量比拦潮堰系统要少，寿命也较短。目前世界最大的水下涡轮潮汐电站位于苏格兰，由潮汐能公司SIMEC Atlantis Energy（SAE）打造。SAE正努力钻研水下涡轮机技术，已成功开发出世界最大、装置量高达2MW的单转子潮汐能设备，该系统使用寿命长达25年，也有望成为新一代海洋能源的重要生力军。

我国海岸线曲折漫长，潮汐能资源蕴藏丰富，主要集中在福建、浙江、江苏等地区。其中，浙江海岸线曲折，地形地质条件优越，有利于潮汐发电站建设，可开发潮汐能装机容量达到880万kW，占全国总量的40.8%；每年可提供发电量264亿kW·h，占全国总量的42.7%，发展潜力巨大。经过长期不断的研究和试点，我国潮汐发电行业已经建成一批性能良好的潮汐发电站，行业技术水平日益成熟，生产成本不断降低，在提高潮汐发电站经济效益方面也取得了长足进步。

虽然潮汐发电的高成本是行业发展所面临的重点问题，但现在愈来愈多的人看好新型潮汐能的潜力，提出可善加利用潮汐的可预测性以及取之不尽、用之不竭的特性，将其有计划地纳入电网运行，解决潮汐能波动性和间歇性的问题，并借鉴风能及其他可再生能源技术取得的经验，降低建设成本，创新技术，实现规模化发展，使潮汐发电有机会成为近海国家可持续的电力来源。

9.4.2 海洋能应用前景分析

（1）欧洲有望成为海洋能开发利用的领跑者。

目前，全球多数海洋能项目进展处于试点或者示范阶段。英国原计划在威尔士地区兴建一座32万kW的潮汐电站，但在2016年初英国政府决定重新审查潮汐电站的可行性和可操作性。荷兰在荷兰潮汐能测试中心安装了两台发电机组，并计划将装机规模从300kW扩展到2000kW。位于苏格兰奥克尼地区（Orkney）的欧洲海洋能中心（European Marine Energy Center，EMEC）建设了一批示范机组，继续推进相应的示范和运行工作。法国Alstom公司开发的1000kW潮汐汽轮机组和德国Voith海洋能技术公司开发的1000kW潮汐发电机组等代表了最新的潮汐发电技术。由新加坡Atlantis公司控股的英国MeyGen公司在苏格兰彭特兰地区开发的6台潮汐发电机组已经完成电缆铺设并计划陆续投入运行，装机容量为8.6万kW，这是总装机容量39.8万kW的第一期项目。Consent公司在苏格兰路易斯地区的4万kW波浪能项目也已完成了项目融资，该地区是欧洲波浪能资源最好的地区。

近几年，全球海洋能市场没有明显发展，但英国等少数发达国家正在技术研发、项目试验示范等方面做出大量尝试，力图引领全球海洋能发展，五年内可能完成一批较大项目，海洋能市场有望取得突破。根据欧洲海洋能协会于2010年发布的《欧洲2010—2050年海洋能路线图》，欧洲海洋能发电的装机容量到2020年可达360万kW，到2050年可达近1.9亿kW，将分别占到欧盟27国电力需求的0.3%和15%。但因受到潮汐能地理资源约束，在潮流能、波浪能等可以广泛、大量应用的技术没有快速突破的情况下，海洋能短期内不会出现大规模发展，五年内全球海洋能发电装机总规模在百万kW量级，预计到2030年世界潮汐电站的年发电总量将达600亿kW·h。据世界能源理事会估计，2050年全球海洋能装机容量可达1000GW，相当于现有煤电装机容量的一半。

（2）海洋能开发利用对环境的影响不容忽视。

开发利用海洋能的装置、技术方法和活动等会对海洋环境产生一定的影响，体现在海洋能开发利用装置的安装施工、运行和到期后处理等各个环节中（见表9-9）。尽早开展海洋能的环境影响研究，减小甚至避免对海洋环境的影响，确保海洋能资源被科学合理地开发利用，对于推动海洋能技术向环境友好的方向发展具有重要意义。

表9-9　海洋能环境影响分类

序号	类别名称	主要内容
1	影响来源	海洋能装置本身、海洋能装置引起的动力环境变化、海洋能能量转化效应、化学、声学和电磁场等
2	环境受体	物理环境、生物栖息地、生物种类、鱼类及渔业资源、海鸟、海洋哺乳动物、生物系统和食物链等
3	环境影响效力	单一/短期影响、复合/短期影响、单一/长期影响、复合/长期影响
4	环境改变方式	数量变化、群落变化、生物过程变化、物理结构/过程变化
5	累积影响	空间范围、时间范围、其他人类活动等

资料来源：于灏，等．海洋能开发利用的环境影响研究进展［J］．海洋开发与管理，2014（4）．

在很多国家和地区，对海洋能开发利用活动的潜在环境影响进行评估已成为政府和海洋能开发利用机构进行海洋能评估的重要组成部分，其往往与海洋能选址和储能评估同时进行。国际能源署在海洋能源系统实施协议中将“海洋波浪、潮汐和潮流能系统的环境影响与监测效果评估”作为其四项任务目标之一，并将《海洋与水动力装置的环境效应》作为主要的报告之一。美国能源信息署根据波浪能转化技术对环境的影响对波浪能装置进行分类技术研究，以简化波浪能开发利用者和政府在应用波浪能技术时的处理过程。英国贸易部、苏格兰行政院、新西兰波浪和潮流能协会等也都在近年开展了海洋能装置的环境影响评估，阐述了不同海域海洋能开发利用活动对水动力环境、水质、沉积物环境和海洋生物等的影响。

海洋能开发利用对环境的影响是潜在而深远的，但多数海洋能发电装置的设计升级还处于全力研发之际，只有少数装置进入商业化运营阶段，因此，目前所获得的环境影响数据和资料相当有限。随着海洋能开发利用技术的不断成熟和完善，加强环境影响的研究对于保护海洋生态环境，促进经济社会发展与环境保护相协调具有重要意义。

9.5　核能利用现状及前景分析

核能由于其储量大、清洁等特点，被很多国家作为新能源来解决能源危机，但是核能在解决危机的同时，也会对环境与社会产生很多危害。2011 年 3 月日本福岛核事故的发生引起了世界各国对核电安全性的质疑，但因核电在世界能源供应中的重要性，大部分国家选择继续发展核电。日本福岛核事故并没有从根本上改变核电在世界各国的发展态势，只是对核电机组的设计和运行安全提出了更加严格的要求。从核电发展的历史规律来看，电力作为社会生产、居民生活的基础，舆论和民意等因素只能在一定程度上对相关博弈产生影响，而经济和社会发展等现实因素在全局性考量中往往占据更重要的权重，但根本性的决定因素仍在于用电需求和能源安全。

受国内和国际许多因素的共同影响，全球一些最成熟的核电市场也面临着严峻的挑战。尽管如此，核能作为清洁能源仍具有广阔的发展前景，国际社会仍将核能作为不可替代的清洁能源，全球对于能够提供可靠、可预见和清洁电力的核电需求再创高峰。截至 2018 年底，全球在运核电反应堆 450 多座，其中美国和欧洲占了一半以上；2018 年全球核能发电量 27014 亿 kW · h，比 2017 年增加 624 亿 kW · h，这是自 2012 年以来全球核能发电量连续第六年保持增长趋势。但是在光伏发电、风电等可再生能源成本快速下降的背景下，核电在能源市场的竞争优势已被侵蚀，核电在全球发电量的占比已从 20

年前的近17%连续降至现在勉强达到10%（见图9-18）。

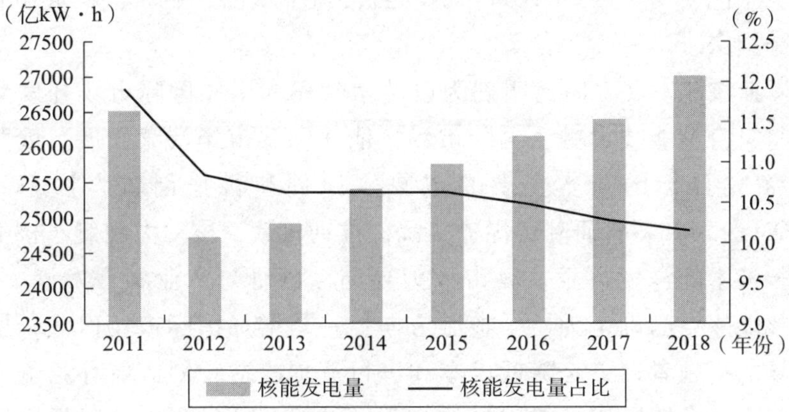

图9-18　2011—2018年全球核能发电量

资料来源：BP

9.5.1　核能利用的主要影响因素

9.5.1.1　核能利用的政策环境及外部因素

核电作为一种低碳技术，有巨大的潜力为应对气候挑战做出贡献。国际能源机构2017年报告——《追踪清洁能源发展》建议大幅增加对核能的利用。该报告指出，2016年核电装机容量新增了10GW，是自1990年以来的最大增幅，但为了达到《巴黎协定》将全球平均温度升幅限制在高于工业化前水平2℃以内的指标，在2025年前需每年增加核电装机容量20GW。世界核协会设想以各种低碳生产技术的利益最大化而负面影响最小化的方式部署低碳生产技术的多样化结构，甚至设定了2050年全球25%的电力由核能提供的目标，再加上反应堆退役和电力需求增长等其他因素，需要新建大约1000GW的核电装机容量。为了达到这一目标，全球核部门需要一个平等竞争的环境、协调的监管过程以及有效的安全模式，各国也在不断调整核能利用政策及战略规划，以期使能源供应结构更加多元化。

（1）俄罗斯：建立政企合一和集群化运作新模式，全力竞争国际市场。

核工业是俄罗斯核强国地位和国家安全、国民经济发展的保障。核能作为国家战略核心力量，其发展已纳入俄罗斯国家安全、经济发展及能源安全战略。俄罗斯核工业国家的战略性地位和定位从未改变，历经70多年的发展，已形成完整的核产业体系，拥有1000余家企业和科研机构，从业人员约28万人。目前，俄罗斯是在境外建设核电站规模最大的国家，俄罗斯国家原子能公司（ROSATOM）的项目覆盖了欧洲、亚洲、中东和北非地区的多个国家。

俄罗斯核能发展方向已明确为以技术领先和引领国际市场开发为核心目标，将自身核能技术融入国际市场，依托国际市场持续发展。俄罗斯核能技术领先目标的落实主要是以自主原创和科技创新为核心，集合ROSATOM公司和各科研院所优势资源，推动核武、核动力舰艇、核电等尖端高科技技术的深度研发，以市场为导向，科研与产业融合发展。目前，俄罗斯核能战略已确定为三个核心方向：一是增加国际市场份额，做世界核能市场的引领者；二是降低成本和进行流程改造，创造最有竞争力的产品；三是充分发挥民用核能项目的知识和技术，开发国内、国际市场需要的新产品。围绕三大核心目标，俄罗斯制定了国内上下一盘棋、以核能合作为抓手、全产业链密切配合的全球布局架构：在政府层面，总统、总理亲自推销，政府各部门支持协作，通过政治、外交为海外市场开发保驾护航；在企业层面，集团统一指挥协调具体业务，各板块明确分工，合力对外，形成协同效应。

（2）法国：积极推动能源转型，减少对核电的依赖。

法国是目前全球范围内核电占比最高的国家，作为全球核电大国，长期以来法国的能源供给主要依靠核电，核能有力支撑了经济社会的发展。但是，近年来，为了优化能源结构并呼应全球应对气候变化和能源转型的诉求，法国的能源政策倡导减少对核电的依赖，能源结构从核电“一枝独秀”逐渐向以核电为主同时发展可再生能源的多元化结构转变。2018年底，法国总统马克龙宣布，力求在2035年前将核电在总发电量中的比重降至50%。

法国能源政策的转变主要基于以下两方面考量：一方面，日本核泄漏事件发生后，奥朗德政府认为，法国75%的核能比例过高，存在潜在风险，需要设法降低其比重。另一方面，法国能源政策的转变也体现出欧盟内部大国不断竞争的态势。冷战后，法国和德国成为欧盟的发动机，但是，德国的领导作用不断凸显，相较而言，法国的影响力则日趋下降。因此，在能源议题上采取主动与积极姿态，成为法国谋求欧盟领导力及争当应对全球气候变化领导者的重要手段。在美国于2017年退出《巴黎协定》后，法国积极完成《巴黎协定》所制定的减排任务，并宣布2040年后将禁止石油和天然气的开采活动。

（3）美国：宣布最新计划，支持核电发展。

2019年3月初，美国国务院宣布了支持本国核电发展的最新计划，以确保该产业的国际竞争力。美国国务院将促进美方与其他有意发展核能的国家达成谅解备忘录等一系列协议。这将是与大量外国合作伙伴之间最高级别和工作级别的系统性工作，在此框架下，美方专家将提供包括科技指导、监管支持等在内的全流程服务。这一举措意在确保美国企业优先获得国外大型核电项目。美国之所以从国家层面发起与他国开展核能合作的倡议，原因有二：其一，在与来自欧洲、日本的传统对手和来自发展中国家新晋对手的市场竞争中，美国的领先地位正在逐渐丧失，美国希望重新获得失去的市场地位；其二，美国将俄罗斯和中国在核技术市场上的积极表现视为地缘政治工具，这一因素发挥了重要作用，促使美国行动起来，开展核能国际合作。

对于能源出口国而言，签订类似的谅解备忘录十分常见，但美国对核技术出口持双重态度，来自官方的支持意味着美方有意与国际主要的核电供应商展开积极竞争，而对潜在购买国的限制又足以说明美国对核技术出口的谨慎态度：买方必须根据美国1954年《原子能法》第123条规定与美方签署所谓的“123协议”。上述法案的第123条规定对买方设置了一系列要求，主要包括来自美国的材料、技术和设备的安全保障及使用限制等。如今这些限制已成为美国核电技术出口的严重障碍。

（4）日本：难以放弃，重启核电。

2011年福岛核污染事故发生后，日本暂停运行了所有核电站，进行安全审核。时任首相菅直人提出“建立无核电社会”的目标，后任首相野田佳彦领导制定了日本新能源及环境战略，明确到2030年日本对核电的依赖度降为零。然而，安倍晋三政府出台的《能源基本计划》再次将核能定位为“重要的基荷电源”，提出在保证安全的前提下重新启动核电站，日本的核电终结出现逆转。事实上，日本一直没有放弃发展核能，很早就开始了重启核能的计划，早在2012年7月，就因夏季供电能力不能满足用电需求而重启了大阪核电站3号、4号机组。2015年8月，日本监管机构批准恢复运营了第一个核电站——川内核电站1号机组，虽然民间反对的声音一直存在，但面对关闭所有核电站之后产生的30%供电缺口，日本政府仍陆续重启了6座核电机组（见表9-10）。

表 9-10　2013 年后日本的核电重启进程

时间	机组	地点	运营商	备注
2015 年 8 月 11 日	川内核电站 1 号机	鹿儿岛县	九州电力	
2015 年 10 月 15 日	川内核电站 2 号机	鹿儿岛县	九州电力	
2016 年 1 月 29 日	高滨核电站 3 号机	福井县	关西电力	2016 年 3 月因法院判决关停
2016 年 2 月 26 日	高滨核电站 4 号机	福井县	关西电力	
2016 年 8 月 12 日	伊方核电站 3 号机	爱媛县	四国电力	
2017 年 5 月 17 日	高滨核电站 4 号机	福井县	关西电力	
2017 年 6 月 6 日	高滨核电站 3 号机	福井县	关西电力	
2018 年 3 月 23 日	玄海核电站 3 号机	佐贺县	九州电力	

资料来源：根据公开资料整理

2017 年 9 月，日本政府发布了核能白皮书，表明将继续利用核能，还表示由于关闭了核电站，日本电力使用成本增加，影响了经济增长。2018 年底，日本经济产业省在一次非公开的国际会议上发布了一份新的核能发展计划，认为全世界都在推行可再生能源，发展核能是减少温室效应的必要手段；日本国内的核电站在 2040 年左右都会达到使用寿命的上限，将来要继续维持核电的比例，现在就有必要着手进行新型核电站（第四代核电站）的开发建设，并确定了 2040 年左右让这种新型核电站进入实用化阶段的目标。据报道，日本计划研究的第四代核电站主打小型化，发电量从现在的 100 万 kW 改为 30 万 kW 左右，而且核心机器从工厂生产出来以后直接运到现场组装，可以大幅降低成本。

（5）中国：稳步发展国内，积极开拓海外。

在全球能源紧缺的背景下，世界各国都在大力发展核能应用，我国核电发展战略也由 21 世纪初期的“适度发展”提升到“积极发展”。2016 年 11 月发布的《电力发展“十三五”规划》中将核电规划目标确定为：“十三五”期间，全国核电投产约 3000 万 kW、开工 3000 万 kW 以上，2020 年装机达到 5800 万 kW。2018 年国务院办公厅印发《关于加强核电标准化工作的指导意见》，部署进一步加强我国核电标准化工作，并明确：到 2019 年，形成自主统一的、与我国核电发展水平相适应的核电标准体系；到 2022 年，国内自主核电项目采用自主核电标准的比例大幅提高，我国核电标准的国际影响力和认可度显著提升；到 2027 年，跻身核电标准化强国前列，在国际核电标准化领域发挥引领作用。

截至2018年底，中国在运核电机组44台，装机容量达到4464.516万kW，2018年全年核电发电量为2865.11亿kW·h，创历史最高水平，约占全国累计发电量的4.22%。2018年，中国国内核电主设备交付49台套，已形成覆盖核电关键设备和原材料的全供应链体系，三代核电综合国产化率达到85%以上，能满足每年新开工8~10台核电机组建设的需求。《中国核能发展报告2019》预测，2035年核电在中国发电量中的占比将从现在的4.22%上升到10%左右。

此外，从国家战略层面来说，以“华龙一号”为代表的高端核电技术已成为提升“中国制造”、打造“中国创造”名片的标志性工程之一。中国力图实现核电强国之梦，借助“一带一路”等契机，将国产化的先进核电技术对外输出。“一带一路”沿线有28个国家计划发展核电，规划机组126台总规模约1.5亿kW。受政治、经济、军事等因素影响，中国核电企业在“一带一路”所占的市场份额难以估计。但不可否认的是，核电出海已成为未来我国核事业发展的重要驱动力。目前，我国主要核电集团均参与了核电“走出去”战略，积极开拓海外市场。

9.5.1.2 核能利用关键技术的研发状况及预期

（1）核燃料加工产业是核能发展的核心组成部分。

核燃料加工产业包括铀转化、铀浓缩、核燃料元件制造等关键加工环节。全球核燃料供应体系基本掌控在几个核大国手中，形成了较为稳固的供求关系，这些国家也代表着世界核燃料技术的发展水平。目前，欧洲、美国、俄罗斯等国家和地区是核燃料加工环节技术的领跑者，代表着最先进的发展方向。

铀转化环节：目前世界上普遍采用铀纯化转化一体化工艺，主设备单体处理能力强，效率高，并朝着进一步减少中间环节、缩短工艺流程、降低放射性废物产生量、提高经济性方向发展。

铀浓缩环节：目前实现工业化应用的主要是离心法。国际上掌握铀浓缩技术的国家主要有俄罗斯、西欧各国、日本和美国。今后发展方向主要是通过高强度、高模量新材料的研制和采用，以及设计和加工工艺水平的提高，不断提高离心机的单机分离能力和离心生产的经济性。

元件环节：高燃耗的核燃料组件已经广泛商用，美国西屋的AP1000燃料组件，法国欧安诺的HTP和全M5 AFA3G，俄罗斯的TVS-2M等燃料组件是轻水堆组件的典型代表，并形成了各自知识产权的锆合金体系。福岛核事故后，在追求更高固有安全性理念的引导下，美国西屋公司、法国欧安诺、俄原集团、日本东芝公司等各国核电巨头借助技术革新加速了新一代先进燃料（包括 ATF 燃料）的研发。

（2）联合开发第四代核能系统。

核能是一种成熟的低碳技术，它今后的发展趋势是提高安全水平和功率，以利于规模经济开发。创新始终在助力核能较之于其他能源形式更加具有竞争力。近年来第三代核电技术日趋成熟，在经济性与安全性方面有很大改进，并逐新成为世界新建核电机组的主流。为了更彻底地解决经济性、安全性、废物处理、防止核扩散以及提高燃料循环利用率等问题，世界范围内正更加深入地开展第四代核电技术研究。在美国能源部的倡议下，十个有意发展核能利用的国家联合组成“第四代国际核能论坛”，约定共同合作研究开发第四代核能系统，在 2030 年以前开发 6 种“新型发电”反应堆与燃料循环技术。目前的 6 种概念设计包括 3 种快中子反应堆——气冷快堆、铅冷快堆、钠冷快堆，以及 3 种热中子反应堆——熔盐堆、超临界水冷堆、超高温气冷堆。

第四代核能系统不仅能够提高能量的产生效率，还能充分利用核废料，核废料导致的环境污染问题将得到解决，从而使第四代核电的安全性和经济性都更加优越。此外，第四代核能系统还具有防核扩散能力，它的商用化估计要到 2030 年方能实现。世界首座高温气冷堆示范工程于 2012 年在我国山东荣成的华能石岛湾核电站开工建设，该工程机组装机容量达 20 万 kW，计划于 2020 年底并网发电，是世界上首座开工建设并将最早投产的具有第四代核电技术主要特征的核电站（见图 9-19）。模块式高温气冷堆核电技术具有固有安全性、系统简单、发电效率高、用途广泛等特点，它是国际核能领域公认的第四代核能系统中的候选堆型之一。

图 9-19　世界首座具有第四代核电特征的核电站落户中国

（3）小型模块化反应堆发展势头良好。

不管是采取替代路径还是采用传统的轻水堆设计，先进堆的趋势是小型模块化反应堆。所谓模块化，指的是部件模块化建造。模块化出厂的部件可以使反应堆的建设如同搭积木，能大大缩短核设施的建造周期以及检修过程。更小的体积、更快的建设周期以及更简易的运行，使这种反应堆的灵活性得到极大提高。这种小型反应堆可快速部署在偏远地区、海岛等地，用于提供电力、取暖、海水淡化、制氢等。当反应堆的体积缩小至一定程度后，还可用大型车载或船载，以实现移动化。

各国政府对先进核电技术的关注必将加快其投入使用进程。麻省理工学院的报告认为，先进、非常规核反应堆将在2030年颠覆当前的核能行业。全球多个核电大国正逐步实践和应用小型模块化反应堆技术，并将其列入本国核能发展战略。美国已提出小型反应堆是其占领核电技术制高点的新技术，并计划到2025年投入100亿美元来部署小型模块堆产能。欧盟明确了小型堆的发展目标，计划于2030年前在欧洲投入使用。俄罗斯首座浮动核电站“罗蒙诺索夫院士”号由两座小型反应堆组成，可输出70MW电功率或者300MW热功率，供20万人使用，被称为“全球最大移动电源”（见图9-20）。韩国SAMRT小型堆、阿根廷CAREM小型堆等也都由概念设计阶段步入发展实践阶段。美国、英国、加拿大、日本等国将继续开展不同层次的小型模块化反应堆技术的研发合作。

图9-20　俄罗斯首座浮动核电站“罗蒙诺索夫院士”号

（4）核聚变研究取得了重要物理成果。

核聚变具有资源丰富和无污染的特点，是人类社会未来的理想能源。由于技术难度大，经费投入多，国际上往往通过合作和技术共享共同进行核聚变研究。由中、美、欧共体、俄、日、韩共建的“国际核聚变实验反应堆（ITER）

计划”着眼于永久解决人类未来能源问题，取得了一些突破性成就，已完成概念和工程设计，正在建设中。同时，为提高聚变的经济性和实用性，各国也正在加大聚变科学和技术研究力度，加强对堆芯等离子体品质、加热系统、装置结构材料、控制技术等的深入研究。实现实验室热核聚变点火，开展高温、高密度极端物理等基础前沿科学问题研究，将是未来聚变研究的主要方向。

聚变—裂变混合堆是 20 世纪 50 年代提出的一种反应堆类型，主要有以下应用：核废料管理、能源生产、为轻水反应堆生产裂变燃料。在核废料管理以及裂变燃料生产过程中产生的大量核能对提高整个系统的经济性至关重要。长期以来，聚变技术是制约聚变—裂变混合堆研究进程的核心因素。近年来，美国、俄罗斯、欧洲各国等纷纷提出了各自的聚变—裂变混合堆方案、研究计划和发展路线图，并计划在 2035 年前后建成示范堆。

9. 5. 1. 3　核电与煤电的经济性对比预测

2019 年 3 月，国家发改委发布《关于三代核电首批项目试行上网电价的通知》：广东台山一期核电、浙江三门一期核电、山东海阳一期核电三个项目的试行价格分别按 0. 4350 元/(kW · h)、0. 4203 元/(kW · h)、0. 4151 元/(kW · h) 执行。首批三代核电项目上网电价敲定后，核电行业一片哗然。这三个项目具有三代核电首堆示范意义，且因工期延误导致成本高涨，然而上网电价不仅未享受到政策优惠，还跌破了 0. 5 元/(kW · h) 的行业预期，而且其中两个项目的上网电价甚至低于 6 年前国家核定的 0. 43 元/(kW · h) 的核电标杆电价。这个通知的发布表明，随着新一轮电改的推进和深化，电力产品的商品属性不断强化，电力市场需要更清洁和廉价的电力，各种电源不仅要比规模，更要比经济性。

(1) 核电与煤电发电成本比较。

核电工程造价高。研究数据显示，目前我国二代改进型核电项目单位造价约为 1. 2 万元/kW，为同期火电项目的 3~4 倍，工程造价高导致资本折旧成为核电成本的重要组成部分，资本折旧在核电企业营业成本中的占比接近 40%，而在火电企业营业成本中的比重仅为 15%左右。近年来，为不断提高安全标准，新建核电项目主要制造工艺日趋复杂、材料标准要求越来越高，进一步抬高了工程造价成本。我国首批三代核电项目为满足更高安全标准及 60 年设计寿命要求，采用了更高性能的设备、材料和更安全的系统设计，技术引进费用、研发费用和装备制造费用较高；同时，由于首批三代核电项目引入的是 AP1000、EPR 三代核电技术的全球首堆工程，存在设计变更、工期延误情况，导致工程费用大幅增加，造价超概算严重，因此首批三代核电项目单位造价明显高于二代核电，单位造价均高于 2 万元/kW。表 9-11 为 2018 年以来我国第三代核电机组投运情况。

表 9-11　2018 年以来我国第三代核电机组投运情况

核电机组		技术类型	额定功率	首次并网日期	具备商运条件日期
三门核电站	1 号机组	AP1000	1250MWe	2018 年 6 月 30 日	2018 年 9 月 21 日
	2 号机组	AP1000	1250MWe	2018 年 8 月 24 日	2018 年 11 月 5 日
海阳核电站	1 号机组	AP1000	1250MWe	2018 年 8 月 17 日	2018 年 10 月 22 日
	2 号机组	AP1000	1250MWe	2018 年 10 月 13 日	2019 年 1 月 9 日
台山核电站	1 号机组	EPR	1750MWe	2018 年 6 月 29 日	2018 年 12 月 13 日

资料来源：中国核电信息网

核电运营成本低、利用率高。核电的成本结构中，固定成本高，变动成本相对较低，核电企业负荷因子越高、机组利用小时数越高，单位发电成本越低。核电机组设计运行小时数一般为 7000 小时，实际核电机组可以全年不停歇满发 8700 多小时。我国核电机组大部分以基荷模式运行，不参与电网调峰，发电量近乎全额上网，近 5 年平均利用小时数高达 7304 小时，远高于其他发电类型。2018 年不同电源发电设备利用小时情况见图 9-21。当上网电量达到盈亏平衡点之后，核电项目的边际利润增长颇为可观。由于运营成本低、利用率高，核电盈利能力较强且稳定。销售净利率多年保持在 25%以上，仅次于水力发电；净资产收益率位于中等偏上水平。

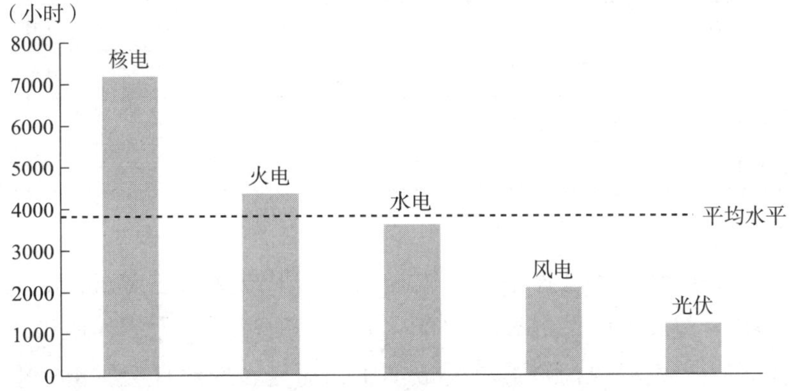

图 9-21　2018 年不同电源发电设备利用小时情况

资料来源：Wind

核电燃料成本低。与煤电成本中燃料成本占总成本50%的比重不同，核电燃料成本占总成本的比重约为25%。运输成本是燃料购进成本的主要组成部分之一，在远离能源产地的燃料输入地区，运输成本占燃料购进成本的比重甚至会超过50%；而核电站由于其燃料特性，运输成本较低，地区差异不明显。我国东部沿海经济发达地区电力需求旺盛、负荷集中，但一次能源匮乏，电价水平较高，这使得核电机组电价的经济性优势更加明显。

（2）核电外部经济性优势明显。

首先，核能发电不会产生任何直接的 CO_2 排放量，但在核燃料循环过程中会产生间接排放，其程度取决于环节和所使用技术的不同。中国碳论坛发布的《2018年中国碳价调查》预期，到2030年，中国非化石能源在一次能源消费中的比例将超过20%，CO_2 排放量将达到峰值。研究表明，即使在排放量最高的情况下，核电间接排放的 CO_2 仍比化石燃料发电直接排放的 CO_2 低一个数量级之多；而且与同等规模的风电或水电总排放量相比，核电都能称之为真正意义上的低碳技术，核电的外部经济性毋庸置疑（见表9-12）。

表9-12 不同发电技术 CO_2 排放量比较　　单位：t/（GW·h）

发电技术	均值	低值	高值
褐煤电	1054	790	1372
煤电	888	756	1310
油电	733	547	935
气电	499	362	891
光伏发电	85	13	731
生物质能	45	10	101
核电	29	2	130
风电	26	6	124
水电	26	2	237

资料来源：根据公开资料整理

其次，核电在运营过程中已将废物处置和退役费用考虑在核电成本范畴之内，即对外部成本已经进行了内部化处理。而煤电产生的环境治理成本并没有包含在生产过程或消费过程的成本中，而是转嫁给社会，由社会来承担这部分外部成本，实际上是对煤电的间接的隐形补贴。在发电企业的发电总成本中，并未反映煤电与核电的外部成本差异，而且这种差异在电价中也没有反映出来。这意味着煤电成本在环保压力下有增长空间，而核电成本没有这种增长压力。

只有进行能源价格机制的改革，将外部成本内部化，把核电的优势在经济竞争中释放出来，才能真正做到从科学、公平的角度评价各种能源的经济性。《2018年中国碳价调查》中预期2020年全国碳市场的平均碳价约为54元/t，按此折算，煤电CO_2气体排放的外部成本约为0.048元/(kW·h)，同时考虑SO_2排放的外部成本0.015元/(kW·h)、氮氧化物排放的外部成本0.01元/(kW·h)，煤电的外部成本至少为0.07元/(kW·h)。若还考虑粉尘等污染物的排放，煤电外部成本将更高。因此，相对于煤电，核电的外部经济性优势更加明显。随着全国碳排放权交易市场的成熟，核电的经济竞争力必将进一步增强。

(3) 核电与煤电标杆上网电价比较。

2013年发改委核定全国核电标杆上网电价为0.43元/(kW·h)，并完善核电上网电价机制，要求在核电标杆上网电价高于核电机组所在地燃煤标杆上网电价的地区，新建核电机组投产后执行当地燃煤机组标杆上网电价。核电标杆电价的实行，可以极大地促进核电的市场化运作，有利于合理引导核电投资的区域布局，保障核电投资企业获得合理的投资回报，激励核电企业积极主动降本增效，推动核电健康有序发展。

燃煤机组标杆电价，总体上可以视为我国电力供求长期均衡下发电的边际成本。核电标杆电价机制所确定的核电电价低于或者与燃煤机组标杆上网电价持平，这样就保证了核电电价较煤电更具有经济性，不仅不会增加成本，甚至会降低电网企业的购电成本。各类电力生产企业（煤电、水电、核电、风电等）所生产的电力产品具有高度的同质性，而煤电所占比重最高，具有广泛的替代性，因此，电力产品的需求价格弹性极高。在电网销售电价不变的情况下，核电价格较煤电越经济，电网企业对于核电的需求就越大，从而确保了核电基本可以在电网中带基荷满负荷运行。

《国家能源局关于2017年度全国电力价格情况监管通报》显示，2017年全国燃煤机组平均上网电价已降至0.37165元/(kW·h)，这也带动核电机组上网电价一路下行。相较于2017年全国电力平均上网价格，国家对首批三代核电项目进行了政策支持，虽然三个项目上网电价比煤电平均标杆上网电价低于产业预期，但高出了0.04~0.06元/(kW·h)，甚至高于在运核电机组的平均上网电价（见表9-13）。中国核能行业协会发布的《我国三代核电经济性及市场竞争力研究》报告指出，三代核电项目远期规模化发展后，投资成本将进一步降低，上网电价可降至 0.40 元/(kW·h)。

表 9-13　2014 年、2017 年中国煤电、核电平均上网价格变化情况　单位：元/(kW·h)

地区	煤电			核电		
	2014 年	2017 年	增长率（%）	2014 年	2017 年	增长率（%）
全国	0.40089	0.37165	-7	0.43767	0.40295	-8
辽宁	0.36398	0.35856	-1	0.41507	0.36729	-12
江苏	0.41921	0.38835	-7	0.45497	0.44848	-1
浙江	0.48257	0.43257	-10	0.41942	0.41583	-1
福建	0.42845	0.37068	-13	0.42869	0.37219	-13
广东	0.53636	0.44470	-17	0.44168	0.43017	-3
广西	0.48842	0.40271	-18	—	0.40069	—
海南	0.47116	0.43253	-8	—	0.42952	—

资料来源：国家能源局

可再生能源发展初期，很多国家对可再生能源上网电价实施了财政补贴政策，以维持其经济盈利性。随着技术的成熟和进步，各国逐渐取消对可再生能源上网电价进行财政补贴的政策，中国也在逐步削减或取消了财政补贴，风电、太阳能的盈利性将下降，这种依赖财政补贴的盈利模式将面临考验。核电实施标杆电价，价格中不含财政补贴，其盈利性具有长期稳定性和政策保障性。

9.5.1.4　铀资源充足是核燃料生产使用的前提

铀储备量是指可供开采的铀资源储备，不计同位素，铀储备量中所蕴含的核裂变能量远大于地球上所有化石燃料的能量之和。加拿大、格陵兰、西伯利亚和南极洲的很多地区因为永久冻土而没有进行勘探，其中可能含有大量未被发现的铀储备。铀主要在核电站中作核燃料用，假设完全裂变，一公斤的铀-235 理论上可以产生 80 万亿 J 的能量，相当于 3000tce。有一些元素（如钍）可以用来生成铀，并且副产品可以用于热发电。

近几年世界天然铀的年产量可以满足当年世界核电工业 95%以上的铀需求，剩下的不到 5%则由之前开采的储备量来满足。2016 年，世界共有 16 个国家生产天然铀，总产量达 6.2 万 t，可满足世界核电工业超过 98%的年度用铀需求；2017 年，世界共有 13 个国家生产天然铀，总产量达 5.95 万吨，可满足世界核电工业约 92%的年度用铀需求。据统计，在目前的勘探条件下，全世界铀储量约为540 万吨，铀的资源储备量远远满足截至 2030 年的预计需求，但为了及时满足核电工业的需求，必须加快投资，以便这些资源及早投入生产，为核燃料生产使用提前做好准备。

世界铀储量在各国的分布及占比见图 9-22。

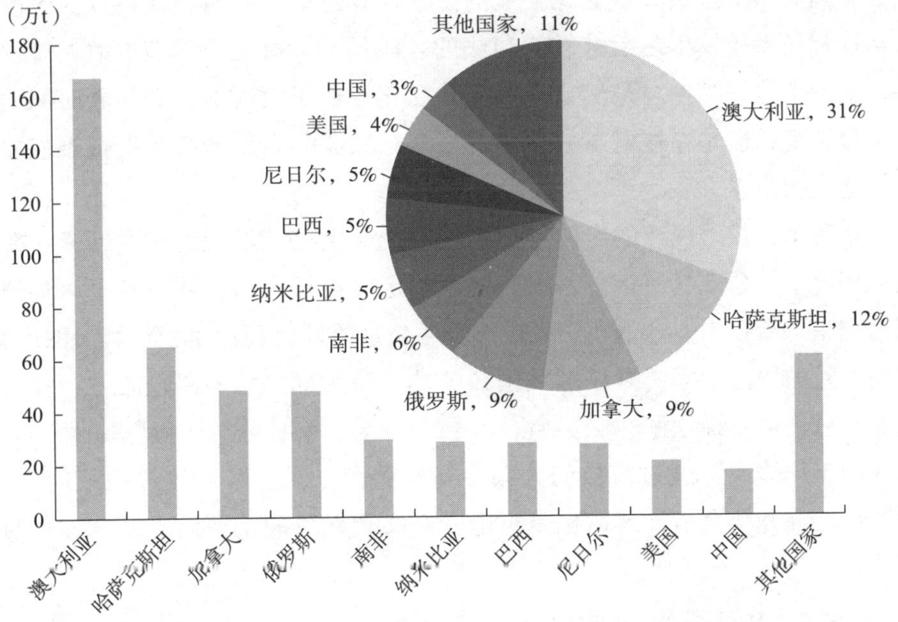

图 9-22　世界铀储量在各国的分布及占比

资料来源：世界核协会

9.5.1.5　公众的接受程度是决定核能发展前景的关键因素

要产生核能，必须完成核裂变链式反应。核裂变一旦失去控制，就会产生对人体和环境有巨大危害的中子和放射性物质。使用过的核燃料，虽然所占体积不大，却具有极强的放射性，处理不当会对环境及生命产生致命的影响。核废料的放射性不是一般的物理、化学或是生物方法可以消除的，只能随其中放射性核素自身的衰变而逐渐减弱，这个过程非常漫长。随着全球核电站的数量不断增加，核废料对自然环境的威胁越来越大。如何严防核燃料泄漏，如何安全永久地处理核废料一直是全球科学工作者面临的重要课题，也是公众对核能接受程度的关键所在。

公众接受程度是核电未来发展的关键，其中，公众对核电风险与收益的认知平衡是影响公众对核能接受度的重要因素。总体上来说，倾向于核能的人比较积极乐观，而且多认为核能可以给地方和国家带来更多的经济效益；反对核能的人一般比较悲观，也多把核电站与更高的风险甚至是核事故联系在一起。

核事故应该是造成公众对核能态度转变的最大因素。日本 2011 年福岛核泄漏事故之后，各国公众对核能的态度就可以说明这个问题，在日本以及韩国、中国和印度这些离事故比较近的国家，有超过一半对核能持反对态度的人是在福岛事故发生之后才转变想法的。而且，针对之前的核事故调查的结果也支持了这一结论。虽然这样巨大的变化一般是暂时的，会随着时间的推移慢慢恢复，但是在核能事故之后，公众对核能的态度和接受度很难恢复到事故之前的水平。

在我国，核电民意的走向是影响核电产业生存和发展的重要因素。在复杂的环境里与公众就核电技术风险的不确定性进行沟通，并在核电风险的协商治理中平衡技术专家的科学理性与普通公众的社会理性是亟待解决的问题，走向风险的协商治理，是破解我国核电社会接受度困境的路径之一。我国核电业界已经初步确立了“公共宣传、公众参与、信息公开、舆情应对”的公众沟通工作体系，通过有效的公共参与和协商，既有助于改进决策的质量、合法性，提升社会信任等，也是核电安全文化保障的重要组成部分，有助于增进核电的总体安全。

9.5.2 核能应用前景分析

（1）全球核电市场竞争加剧，世界核燃料产业面临新的变局。

近年来，世界核电技术市场的供应商数量及其供应多样性都得到了显著提升，并且其竞争手段已远远超出了价格和服务质量的市场竞争，这不仅为买方提供了更加广阔的选择空间，而且使原先领先的核电技术供应商面临的竞争压力增大，很多核电技术供应国开始重新制定政策，积极捍卫其核电出口商的市场地位。

从全世界在建核电站的情况可以看出，法国、美国、日本等发达国家的供应商无论是在装机容量还是在反应堆数量方面，都仅占市场 20%左右的份额，并且这些供应商中只有法国 Framatome 公司拥有在建的国际项目。根据总建设规模，俄罗斯国家原子能公司占据全球约 1/4 的市场，如果只统计国际项目，则该公司的市场占比接近 1/2。此外，中国和韩国的制造商不仅在为本国建造反应堆，而且进入了国际市场（见表9-14）。

表9-14　全世界在建核反应堆

国家	反应堆数量	总装机功率（MW）	建造商	投运年份
阿根廷	1	29	Carem（阿根廷）	2021
孟加拉国	2	2400	Rosatom（俄罗斯）	2023—2024
白俄罗斯	2	2388	Rosatom（俄罗斯）	2019—2020
英国	1	1720	Framatome（法国）	2025
印度	1	500	Bhavini（印度）	2020
	4	2800	NPCIL（印度）	2022
	2	2100	Rosatom（俄罗斯）	2025—2026
中国	8	7980	CGN（中国）	2019—2021
	3	2900	CNNC（中国）	2019—2023
	1	210	China Huaneng（中国）	2019
	1	1750	Framatome（法国）	2019
韩国	5	7000	KHNP（韩国）	2019—2024
阿联酋	4	5600	KEPCO（韩国）	2020—2021
巴基斯坦	2	2200	CNNC（中国）	2021—2022
俄罗斯	4	3724	Rosatom（俄罗斯）	2019—2022
斯洛伐克	2	942	Rosatom（俄罗斯）	2019—2020
美国	2	2500	Westinghouse（美国）	2021—2022
土耳其	1	1200	Rosatom（俄罗斯）	2023
芬兰	1	1720	Framatome（法国）	2019
法国	1	1650	Framatome（法国）	2019
日本	2	2756	Hitachi-GE（日本）	2020—2026
合计	50	54069	—	—

资料来源：根据公开资料整理

发达国家核电巨头在建项目占比较低的现状已很好地说明了核电行业的生态变化趋势：一方面，昔日的行业领导者如今仍然是主要项目的供应商，有前景的大型项目建设还会考虑这些公司，比如，印度的几个核电站是由西屋公司建设的。另一方面，这些公司的影响力确实在减弱。2018年底，路透社曾发布消息称，日本三菱、日立和东芝无缘土耳其核电项目，并且很有可能与英国的项目也失之交臂（尽管三菱后来表示其正在考虑能否继续相关工作）。与此同时，Framatome公司和Westinghouse公司正在进行自身重组，同时也面临订单特别是外国订单较少的考验。

在上述所有情况下，核电企业都没有享受到国家的特惠政策。而对于发展中国家的核电客户而言，这种支持特别是财政支持，则在抢占市场过程中发挥了决定性作用。中等收入的发展中国家需要采取额外的财政激励措施来支持资本密集型项目的实施。例如，在俄罗斯目前的行业扶持政策框架下，俄罗斯国家原子能公司能够向客户提供国家贷款，从而降低客户的成本，并提高公司本身的吸引力。如此一来，发展中国家核电企业便可成功占领市场并保持市场地位，而一个如此有吸引力的市场也迫使昔日的核电巨头不断发展以捍卫其领先地位，这其中包括采用政治手段。

（2）国际原子能机构分情景预测核电发展趋势。

国际原子能机构的报告《2017 核电现状与前景》中指出，如果核电作为清洁能源的潜力能够得到认可，且技术进步能够进一步加强设计运行的安全性以及核废物管理，那么到 2050 年核电装机容量将翻番。报告对未来全球核电发展前景进行了高值和低值两种情景预测（见图 9-23）。

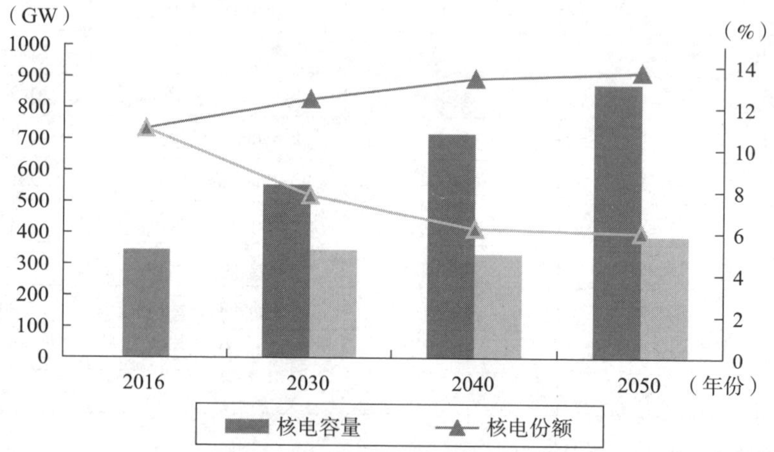

图 9-23　不同情景下的全球核电发展预测

资料来源：国际原子能机构

“高发展情景”假设经济和电力需求均保持稳定增长，特别是远东地区出现高增长。核电将作为一种成本效益好的缓解气候变化的方案得到许多国家的接受。在高值情景中，全球核电容量到 2030 年、2040 年、2050 年将分别达到 554GW、717GW、874GW。其中，中亚和东亚等地区增幅最大，到 2030 年其核电容量将在目前水平上至少翻一番，到 2040 年将增加 2.9 倍，到 2050

年则增加3.5倍；北美洲地区的核电容量到2050年将小幅下降，而北欧、西欧和南欧地区核电容量最初会下降，但到2050年将上升到120GW，略高于目前水平。核电占全球总发电量的份额将从目前的约11%提升至2030年的12.4%、2040年的13.4%和2050年的13.7%。这意味着从2025年开始，每年将有30~35台新核电机组并网发电，要想实现这么快的并网速度，“需要从今天立即开始行动”。

“低发展情景”假设当前市场、技术和资源状况持续，影响核电的政策保持基本不变，在低值情景中，全球核电容量将从2016年的392GW减少到2030年的345GW，2040年继续减少到332GW，到2050年则将恢复到目前水平。北美洲及北欧、西欧和东欧地区的核电容量预计将大幅缩减，而非洲和西亚只有小幅增长。相反，中亚和东亚地区预计将大幅增长，到2050年核电容量预计增长43%。核电占全球总发电量的份额将从目前的约11%下降到2030年的7.8%、2040年的6.2%和2050年的6%。但是，全球核发电量仍然存在虽适度但绝对的增长。相比之下，亚洲核发电量正以较高速度增长，即使在低值预测中也与总体电力增长相当。虽然在低值情景下核电装机容量到2050年没有净增长，但到2050年仍将有约320GW新核电容量建成投运，以弥补在运装机容量关闭造成的缺口。

（3）核技术应用有望成为新的经济增长点和科技创新点。

国际社会将核能视作不可替代的清洁能源，核能大国更是倾力支持新技术的研发和部署，核能具有广阔的发展前景。美国政府支持大型压水堆和小型模块化反应堆等的开发部署，国际社会重点关注提高核反应堆安全性，加快推进铅冷快堆发展，研发铀钼合金燃料和耐事故核燃料。核聚变能源研究异军突起，新材料、新原理将大幅缩短核聚变能源应用的时间，美国小型核聚变反应堆向实用化迈出重要一步，英国高速撞击聚变装置完成验证测试。

世界主要供应商积极推进先进核燃料元件研发，积极布局下一代新型燃料，加快对前沿技术的争夺。3D打印、智能制造、材料基因工程等先进研发手段和加工工艺手段逐渐被引入核燃料科研与生产领域，产业转型升级潜力巨大。核技术应用有望成为新的经济增长点和科技创新点。

可持续发展战略已为世界许多国家组织和大多数国家所接受，发展清洁能源是实施可持续发展战略、防治污染和保护生态环境的现实和有效的措施之一。由于核能具有经济性、安全性、无污染性三大优势，目前已成为一些发达国家的首选，也成为我国能源发展的趋势。第三世界经济起飞国家的常规能源生产不能满足经济发展的要求，发电能力需要核电来补充；工业发达国家于20世纪六七十年代建设的核电站即将寿终，需要有新的核电来接替。核电产业发展潜力巨大，核电的蓬勃发展必将在满足未来能源的需求中起到重要的作用。

9.6 氢能利用现状及前景分析

氢作为化石能源的替代品，不仅具有环境友好性，而且来源丰富，可以通过其他能源生产氢能，氢能也可以转化为其他形式的能量。作为一种能源载体，氢在交通、工业和建筑等领域中都有重要应用，而且氢能既可以连接不同的能源形式和能源传输网络，又可以通过集中或分散的方式实现能源供需之间的平衡，有助于提高未来低碳能源系统运行的灵活性。因此，氢能被看作最具应用前景的能源之一，甚至是能源使用的终极形式。

在氢能下游应用领域，目前最广为人知的是氢能燃料电池汽车。截至2017年底，全球燃料电池乘用车销售累计超过6000辆，其中丰田Mirai全球共计销售5300辆，占全球燃料电池乘用车总销量的88%；全球加氢站数量达到332座，其中：欧洲正在运行的加氢站有139座，占全球总数量的43%；亚洲正在运行的加氢站有118座，占全球总数量的36%；北美正在运行的加氢站有68座，占全球总数量的21%。可见，欧洲和亚洲是全球加氢站分布的主要区域。

9.6.1 氢能利用的主要影响因素

9.6.1.1 氢能利用的政策环境及外部因素

氢能产业是从氢气生产、储运到应用的庞大产业链。其中，在氢能下游应用领域，氢能燃料电池汽车应用得最为广泛，技术也相对成熟，因此行业普遍认为氢能燃料电池汽车与纯电动汽车之间具有互补关系，不过对于商用车尤其是长途运输应用，氢能燃料电池汽车则更具有优势。目前很多国家都在积极布局氢能交通。

（1）德国。

到2019年，德国加氢站数量预计将增加到100座，并且已经详细规划好了其中31座加氢站的地理位置。未来十年，德国将投资3.5亿欧元建设加氢站，随着越来越多的氢动力车辆驶上道路，将建设多达400个加氢站以确保全国燃料供应。

（2）法国。

《法国氢能计划》指出，从2019年起，法国环境和能源署将出资1亿欧元在工业、交通以及能源领域部署氢气。这一氢能计划的主要内容包括：进一步发展氢动力车辆，加快加氢站建设；到2028年，加氢站将增加至400~1000座。

（3）日本。

日本是最早提出建立氢能社会发展愿景的国家，日本政府在发布的《日本复兴战略》《能源战略计划》等国家经济、能源战略中都将氢能和燃料电池技术作为重要的战略领域。日本于2017年发布的《氢能基本战略》中提出了未来的氢能经济社会可能的发展方向：一是充分利用可再生能源，实现低成本制氢；二是高效储运和供给，并在多领域应用。此外，《氢能基本战略》还明确设定了中期（2030年）、长期（2050年）的氢能发展目标。在加氢站部署规模方面：2020年、2025年、2030年分别达到160座、320座、900座（见表9-15），到2050年逐步替代加油站；在燃料电池汽车的保有量方面，2020年、2025年、2030年、2040年分别达到4万辆、20万辆、80万辆、3000万辆。日本经济产业省发布的《氢能及燃料电池技术路线图》提出了三步走的策略：第一步是扩大燃料电池的应用，形成世界领先的氢能和燃料电池市场，以应用来保证技术产业化；第二步是形成氢能发电、氢能供给体系；第三步是利用可再生能源制氢，最终实现“零碳”氢能供应。

（4）韩国。

韩国的氢能和燃料电池发展规划系统且全面，并提出到2030年形成以氢能为基础的经济体系，且实现燃料电池汽车商业化运行。在燃料电池汽车发展路线上，韩国提出：2020年建成加氢站80座，燃料电池汽车保有量达到1万辆；2025年加氢站达到210座，燃料电池汽车保有量达到10万辆；2030年加氢站达到520座，燃料电池汽车占全部新车总销量的10%，保有量达63万辆（见表9-15）。此外，韩国对燃料电池汽车的支持政策也非常系统全面，在财政支出上，2018年的研发费用支持达到4000万美元（约合2.7亿元人民币），并表示其研发经费将逐年增加；在税费减免上，2017年起减免购置税（约合3.6万元人民币）和保有税（约合1.38万元人民币），并给予拥堵费、停车费减免、对氢能使用免税等福利政策。为了实现目标，韩国政府将与地方政府合作，到2022年将氢燃料电池电动巴士数量增加到2000辆，并计划到2021年用氢能燃料电池汽车替换820辆警务大巴。另外，韩国政府还计划支持氢能在工业、交通和建筑机械领域的全面发展，全力打造氢经济社会。

表 9-15 中国、日本、韩国加氢站中长期部署规模

国家	2020 年	2025 年	2030 年	2040 年以后
日本	160 座	320 座	900 座	到 2050 年逐步替代加油站
韩国	80 座	210 座	520 座	1200 座
中国	100 座	300 座	1000 座	—

资料来源：根据公开资料整理

（5）中国。

2011 年以来，我国政府发布了一系列政策引导并鼓励氢能产业发展，但与发达国家相比，我国在燃料电池基础材料、系统集成等方面，如燃料电池、系统的性能以及技术的成熟度与国际一流水平还有较大差距。中国汽车工程协会发布的《节能与新能源汽车技术路线图》指出，2020 年、2025 年、2030 年我国加氢站数量将分别超过 100 座、300 座、1000 座，燃料电池汽车发展规模分别达到 5000 辆、5 万辆、百万辆（见表 9-15、表 9-16）。

表 9-16 中国氢能及燃料电池技术发展路线图

年份		2020	2025	2030
总体目标		在特定地区的公共服务用车领域示范应用，5000 辆规模	在城市私人用车、公共服务用车领域实现大批量应用，50000 辆规模	在私人乘用车、大型商用车领域实现大规模商业推广，百万辆规模
		燃料电池系统产能超过 1000 套/企业	燃料电池系统产能超过1 万套/企业	燃料电池系统产能超过 10 万套/企业
氢能燃料电池汽车	功能要求	冷启动温度达到-30℃，动力系统构型设计优化，整车成本与纯电动车相当	冷启动温度达到-40℃，批量化降低整车购置成本，与同级别混合动力汽车相当	整车性能达到与传统车相当，具有相对产品竞争力优势
	商用车	耐久性 40 万 km 成本≤150 万元	耐久性 80 万 km 成本≤100 万元	耐久性 100 万 km 成本≤60 万元
	乘用车	寿命 20 万 km 成本≤30 万元	寿命 25 万 km 成本≤20 万元	寿命 30 万 km 成本≤18 万元
关键零部件		高速无油空压机、氢循环系统、70MPa 储氢瓶等关键系统附件性能满足车用指标要求		系统成本低于 200 元/kW
氢能基础设施	氢气供应	可再生能源分布式制氢，焦炉煤气等副产氢气制氢，高效低成本氢气分离纯化技术		可再生能源分布式制氢
	氢气运输	高压气态氢气储存与运输	低温液体氢气运输	常压高密度有机液体储氢与运输
	加氢站	数量超过 100 座	数量超过 300 座	数量超过 1000 座

资料来源：根据公开资料整理

在推动燃料电池汽车发展上，中国地方的热情明显高于中央。比如，江苏省如皋市是联合国开发计划署在中国设立的首个“氢经济示范城市”，而且现在南通、盐城、苏州等城市均把氢能燃料电池作为战略性产业并给予政策支持；广东省佛山市在云浮市、南海区积极推动燃料电池商业化应用；河北省张家口市作为我国首个氢燃料电池生产基地，目前已设计规划了 19 座加氢站的建设；上海市则在地方层面最早发布了《上海市燃料电池汽车发展规划》，带动了中国很多省市级地方规划的出台；山东省则规划了“中国氢谷”的建设目标，前期以济南、青岛、潍坊为应用重点，现在已作为全省战略快速推进（见表 9-17）。

表 9-17　中国氢能源利用的地方政策

城市	时间	政策名称	规划内容
如皋	2016 年 8 月	如皋“十三五”新能源汽车规划	新建 3~5 座加氢站，燃料电池物流车 500 辆推广示范应用；氢能小镇全面推广燃料电池热电联供模式
台州	2016 年 11 月	关于促进汽车产业发展的若干意见	重点发展燃料电池乘用车，落实总投资 160 亿元的氢能小镇
武汉	2017 年 1 月	武汉“十三五”发展规划、武汉制造 2025 行动纲要	建设氢燃料电池动力系统工程技术研发中心，到 2020 年累计实现燃料电池汽车推广应用规模达到万辆级别
	2018 年 1 月	武汉氢能产业发展规划方案	到 2020 年，建设 5~20 座加氢站，燃料电池汽车示范运行规模达到 2000~3000 辆；到 2025 年，建设加氢站 30~100 座，车辆总计 1 万~3 万辆，产业链年产值突破 1000 亿元
上海	2017 年 9 月	上海市燃料电池汽车发展规划	到 2020 年，建设加氢站 5~10 座，乘用车运行 3000 辆；到 2025 年，建设加氢站 50 座，乘用车不少于 2 万辆，其他不少于 1 万辆；长期：全产业链年产值突破 3000 亿元
苏州	2018 年 3 月	苏州市氢能产业发展指导意见	到 2020 年，建成加氢站 10 座，燃料电池汽车 800 辆；到 2025 年，建成加氢站 40 座，氢能燃料电池汽车 1 万辆
佛山	2017 年 12 月	氢能与燃料电池产业发展国际交流会发言	2019 年，投入使用 10 座加氢站，力争实现 1000 辆的氢能公交车示范运营项目
盐城	2017 年 10 月	氢能燃料电池汽车示范工程项目实施方案	“十三五”期间，1500 辆以上多种燃料电池汽车示范应用；最终目标为形成年产 10 万套汽车燃料电池模块、5000 辆客车、3 万辆物流车、10 万~15 万辆乘用车基地

资料来源：根据公开资料整理

（6）美国。

美国最早提出了以氢能经济为基础的发展蓝图，并分成技术研发、市场准备、市场和基础设施建设、全面市场化和基础设施完善等四个阶段，一经提出就得到了政府、产业界的支持，各方全面参与、协同推进。近十年间，美国在氢能和燃料电池领域给予了持续稳定的支持，投入资金超过 16 亿美元（超 100 亿元人民币），同时协调部委资源支持与氢能和燃料电池领域相关的研发、示范和产业化应用。可以说，在氢能技术领域，美国处于领先地位。同时，美国在财税支持政策上以补贴的形式支持氢能和燃料电池汽车的发展（见表 9–18），也是值得我国借鉴的经验。

表 9–18 美国联邦政府对燃料电池的使用以减税形式补贴并实施退坡机制

时间	补贴比例	最高额度	技术要求
2018—2019 年	价格的 30%	最高补贴 1500 元/0. 5kW	燃料电池功率≥0. 5kW 发电功率≥30%
2020—2021 年	价格的 26%		
2021—2022 年	价格的 22%		

资料来源：根据公开资料整理

9.6.1.2 氢能利用关键技术的研发状况及预期

氢能利用的关键技术主要包括氢能的生产工艺、燃料电池技术、氢燃料的运输与配送以及可再生能源集成等。

（1）氢气生产。

目前工业制氢主要有四种方法：一是采用化石燃料主要是天然气制氢；二是含氢尾气副产氢回收；三是高温分解制氢；四是电解水制氢（见图 9–24）。

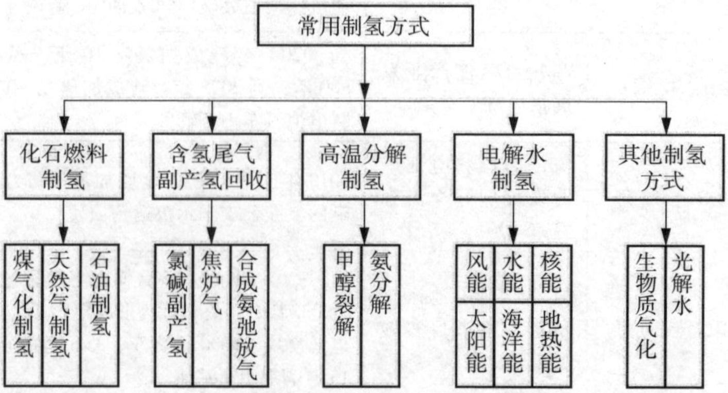

图 9–24 常用制氢方法

这些方法有各自的优势和不足。天然气制氢和焦炉气制氢均适用于大规模制氢，但受限于原料的供应，而且具有污染性；甲醇裂解制氢具有投资少、建成快、无污染等特点，但难以大规模进行。从经济性上看，制氢的成本在很大程度上取决于原料的成本，即成本随原料价格的波动非常明显。就国内目前的原料价格水平看，焦炉气制氢和天然气制氢成本相对较低，因此我国现阶段应用广泛的是化石燃料制氢，但这种方法不可持续；电解水制氢可持续、低污染，是目前相对来讲更理想的一种制氢方式。

从成本方面讲，电解水制氢成本主要来源于固定资产投资、电耗和固定生产运维，由于耗电量大、电价高，因此电耗是造成电解水制氢成本高的主要原因，而电价的下降将带来制氢成本的降低。碱性电解槽是目前最成熟的技术，投资成本比较低并已商业化应用，因此选择电解槽工艺需要找到一个减少投资成本和实现效率提高的平衡点。2018 年的第三届中国国际氢能与燃料电池技术应用展览会上，有国外专家提出，目前市场上的 AEM 离子交换膜水电解装置在性能方面已经可以达到 77%的电能转化率，这一技术代表了目前甚至未来一段时间内相当先进而且安全可靠的科技。关键制氢技术现状见表 9-19。

表 9-19 关键制氢技术现状

应用	生产能力	效率	投资成本	寿命
大规模天然气制氢	150~300MW	70%~85%	400~600 美元/kW	30 年
碱性电解槽	150MW	65%~82%	800~1500 美元/kW	6 万~9 万小时
质子交换膜电解槽	150MW	65%~78%	1500~3800 美元/kW	2 万~6 万小时

资料来源：根据公开资料整理

（2）氢燃料电池技术。

氢燃料电池通过含有大量氢气的燃料与氧化剂发生化学反应直接产生电能，相较于把化学能转化成电能的过程，氢燃料电池的发电效率更高，通常情况下能达到 32%~70%。氢燃料电池高效环保，尤其是质子交换膜燃料电池，未来发展前景十分广阔。质子交换膜燃料电池具有污染小、效率高以及启动快、无电解质流失、排水容易、寿命长等优点，因此是燃料电池电动汽车最合适的选择，也是众多汽车厂商和研究机构的研发重点，氢能燃料电池车的工作原理见图 9-25。目前应用的质子交换膜燃料电池，其工作温度一般都低于 80℃，低温的工作环境限制了其性能的进一步提升，因此，国内外广泛开展了对高温质子交换膜燃料电池技术的研究。简单地说，研究的目的就是把温度提高到100~200℃，其优势是温度的提升可以提高电极反应的活性，加快反应速度，而且当工作温度高于100℃时，生成的水以水蒸气形态排出，水淹现象因此消失，水管理系统可以在很大程度上得到简化，燃料电池的性能则可以得到极大的提高。

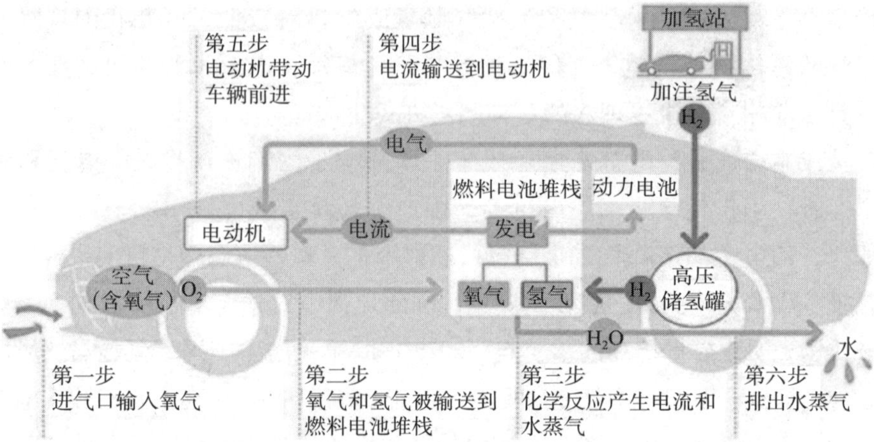

图9-25　氢能燃料电池汽车的工作原理

（3）氢燃料的运输与配送。

完善的氢燃料运输配送基础设施是氢燃料得到广泛高效应用的重要保障。加氢站是燃料电池电动汽车燃料供应链中至关重要的因素，加氢站的设置在很大程度上是由每日氢燃料的需求量、车载氢燃料的储存方式，以及氢燃料的制造和运输方式等决定的。加氢站的氢燃料可以通过两种途径来提供：一种是从一个集中生产氢的工厂运输到加氢站，另一种是在加氢站里用较小规模的装置生产氢气。两种方法各有优点和局限：集中制氢在规模经济下制氢成本低，但却需要运输氢燃料，增加了用氢成本；分散制氢、小规模制氢没有运输和配送成本，但是却增加了制氢的成本。因此，只有全面、详细分析并考虑多种因素，如制氢资源地理分布、现存基础设施情况和加氢站预计氢燃料需求量等，才能实现最佳的网络配置。

氢气的运输方式主要有三种：气体罐运输、液化罐运输和管道运输（见表9-20）。其中，气体罐运输投资成本最低，但输送容量小，可变成本高；管道运输则与之相反，投资成本高，但可变成本低。选择运输方式需要考虑很多因素，其中加氢站的氢气需求量和运输配送距离是最重要的两个因素。小型加氢站可以采用气体罐运输方式运输氢气或现场制氢，而日用氢量大于500kg且没有现场制氢设备的加氢站最好的选择是液化罐运输和管道运输。因此，加氢站的设置决定了氢燃料运输路径的选择。固态储氢材料和有机液体储氢是氢气储存与运输的重要研究方向，目前都处于研发或小规模示范运用阶段。

表9-20 氢气的运输方式对比

运输方式	运输能力	运输距离	能量损耗	固定成本	可变成本	部署时间
气体罐运输	低	低	低	低	高	短期
液化罐运输	中等	高	高	中等	中等	中长期
管道运输	高	高	低	高	低	中长期

资料来源：根据公开资料整理

（4）可再生能源集成。

能否保障电网的供应连续性是集成可再生能源的关键所在，而这主要取决于能源的储存方式。以氢为能量载体的系统可以充分利用间歇性可再生能源，例如实施电力—燃料、电力—电力或电力—燃气的转换，将大量间歇性可再生能源整合到发电和供热的能源系统中。目前的储能系统储存能力有限，而且成本很高，因此，我们需要在低成本的前提下保证能源储存系统的储能效率。在这一方面，将液态氢注入地下空间形成一个地下氢气储气库是很好的选择，而在综合考虑安全性、技术可行性、投资成本和运营成本等指标后，地下岩溶储气库是氢气储集的最好选择。需要说明的是，目前以氢气为基础的可再生能源整合系统有多个变换步骤，导致在整个转化链中能量有效利用率较低，只有20%~30%，技术上还有很大的提升空间。

9.6.1.3 氢能源汽车较纯电动车优势明显

新能源汽车的使用便捷性、环保性、经济性是推动新能源产品迭代更替的根本。氢燃料汽车在续航里程、燃料加注时间、环境成本等方面存在明显优势，设施使用便捷性、使用寿命等方面亦存在上升空间，未来发展潜力较大（见表9-21）。

表9-21 氢能源汽车与纯电动车对比

电池类型	氢燃料电池	锂电池
加注速度	补给时间短，直接加氢，3~5分钟	充电时间长，充满电需要3~8小时不等
续航里程	续航里程超过500公里	普遍集中在200~300公里

续表

电池类型	氢燃料电池	锂电池
电池污染	主要成分是氢，使用寿命结束后不会对环境造成污染	锂离子电池含有重金属镍、钴、砷等有毒污染物，要进行回收处理
充电站成本	加氢站成本为 100 万~200 万美元	特斯拉超级充电站修建成本约 30 万美元
电池成本	氢燃料电池化学反应所需的催化剂成本高	锂电池广泛使用在手机、电脑、汽车中，已经商业化，成本低

资料来源：根据公开资料整理

（1）加注速度。

目前电动车中充电最快的超级充电桩是特斯拉的 Model S，但充电时间也超过了 1 小时，充电时间长使车辆行驶具有很大的局限性。相比纯电动汽车来讲，氢能燃料电池汽车的使用过程与传统燃油车更加类似。加氢时长为 3~5 分钟，虽然比燃油车加油时间稍长，但在可接受范围内。据氢能源制造企业给出的最新数据，加注 100L 的储氢罐只需要两分钟，加注速度可以与传统的燃油加注速度媲美，这也是目前纯电动车在能源补充速度上无法超越的。

（2）续航里程。

受电池技术制约，电动车 300~400km 的续航里程难以满足大众的用车需求，而且充电时间过于集中，大批电动汽车进入电网，对现有电网形成较大压力；氢能燃料电池汽车续航里程与燃油车相差无几，现有量产的氢燃料电池，续航里程普遍可以达到 600km，最近现代汽车推出的最新车型 Nexo 的续航里程甚至已经达到 800km。

（3）电池污染。

目前电动车在公共交通、物流运输等部分领域已得到一定的应用。但考虑到安全问题，大部分使用的都是磷酸铁锂电池。这类电动商用车电池的能量密度低，使用寿命短，导致单位百公里的耗电量高；此外，短寿命也注定需要高频率地更换燃料电池，使用成本相对较高。如果废旧电池不能完全回收处理，还会对环境造成污染。氢能燃料电池汽车在环境友好性方面优于燃油车，氢能源在使用的时候与氧气发生反应，排出的唯一物质就是水，在隐性环境成本上也不会造成大量的动力电池回收压力等，所以氢能燃料电池汽车是商用车清洁化的最佳替代方案。

9.6.2 氢能应用前景分析

虽然氢和燃料电池在终端用能领域具有很大的发展空间和能源安全优势，

但氢气发电、输配和零售基础设施的应用仍具有挑战性。若要实现氢能广泛普及并使其有能力与其他燃料竞争，需要大幅降低氢气的生产、压缩、储存和运输成本，并且还需要对现有的天然气基础设施进行升级。不过，借助技术开发和部署方面的重大投资，氢能利用将迎来大繁荣。2017 年国际氢能委员会发布的首份《氢能源未来发展趋势调研报告》显示，2050 年氢能源需求将是目前的 10 倍，全球能源需求中将有约 18%来自氢能源。

（1）调动社会资本是氢能和燃料电池技术大规模部署的先决条件。

在过去的十年中，一些倡议联盟和伙伴关系已经建立，以协调利益相关者之间的行动，并确保资金的顺利流转。例如，为加大氢能开发力度和建设相关基础设施，积极引进燃料电池生产商、汽车制造商、电力供应商、运输服务提供商等各个环节的企业，通过协调利益相关者之间的行为降低投资风险。这些举措最终能否成功将取决于其能否实现不同利益相关者的利益。近几年，每年全球都有几百亿美元花在氢能和燃料电池技术以及相关的基础设施建设上。

2019 年，由国家能源集团牵头，国家电网公司等多家央企参与的跨学科、跨行业、跨部门的国家级产业联盟——中国氢能源及燃料电池产业创新战略联盟成立。该联盟一方面将通过集聚相关产业在产、学、研各方面的技术资源，加强协同创新，统筹推动包括制氢、储运氢、加氢基础设施、燃料电池应用在内的全产业链技术突破，加快掌握更多关键核心技术；另一方面将加强产业及市场协同，统筹指导联盟成员凝练自身研发与产业优势，在氢能利用技术、安全技术、氢能技术标准上开展深度合作，推动氢能和燃料电池在国防、分布式能源、汽车动力、储能装备等方面的跨领域应用，建立融投资机制以吸引风险投资和发起基金，加速中国的氢能产业布局，共同推进中国氢能社会的构建。据了解，国家能源集团目前煤化工板块年产超过 400 万吨氢气，已具备供应 4000 万辆燃料电池乘用车的制氢能力，世界排名第一。国家能源集团正在加快布局从制氢到加氢站的氢能利用全产业链，并参与氢燃料电池的研制与开发。

（2）降低成本是发展氢燃料汽车的关键。

现阶段，氢能燃料电池汽车成本居高不下，并且要求在居住地附近有相应的加氢站。通过汽车动力方案成本之间的对比（见表 9-22）可以发现，虽然目前燃料电池汽车的成本很高，但未来有很大的下降空间，到 2050 年，成本会下降到目前的 55%左右。

表 9-22 汽车动力方案成本对比及预测 单位：美元

技术方案	当前成本	2030 年成本	2050 年成本
传统汽油内燃机	28600	30900	32300
混合汽油内燃机	30000	31800	33200
电油混合动力	32400	33200	34400
纯电动	35400	32800	34000
氢能燃料电池汽车	60000	33560	33260

资料来源：国泰君安

降低成本是发展氢燃料汽车的关键，未来的主攻方向是如何在降低成本的同时延长使用寿命。从氢能燃料电池汽车的分项成本（见表 9-23）可以看出，燃料电池系统的高成本推升了整个汽车的成本。降低燃料电池系统的成本从理论上讲是可行的，但是高压罐的成本却很难下降，因为高压罐的成本很大程度上取决于昂贵的复合材料，所以目前的研发重点集中在降低高压罐的复合材料成本。电池和电力控制系统的成本随着技术的进步都会出现一定程度的下降，而且高技术的融入还会延长电池使用寿命，进而提高整个氢能燃料电池汽车的使用性能。

表 9-23 氢能燃料电池汽车分项成本及预测 单位：美元

项目	当前成本	2030 年成本	2050 年成本
车身和底盘	23100	24100	25600
燃料电池系统	30200	4300	3200
储氢罐	4300	3100	2800
电池	600	460	260
电动机和电力控制系统	1800	1600	1400
合计	60000	33560	33260

资料来源：国泰君安

除了氢燃料电池本身的成本，加氢站的建设成本也不容忽视。以日本已建成的加氢站为例，其建设一座加油站仅需 1 亿日元（约合 650 万元人民币），但是建一座中等规模的加氢站则需要 4.5 亿日元（约合 2700 万元人民币），这还不算基础建设的费用以及加注设备的费用，由此可见，其成本是很高昂的。国内目前正在规划、建设中的加氢站加氢能力大都小于 400kg/d，属于示范型加氢站。以 400kg/d 的加氢站为例进行计算，普通轿车车载储氢量为 4kg，可服务 100 辆；公共交通客车车载储氢量为 25kg，可服务 16 辆。相比单个加油站平均服务上千辆汽车，加氢站单站的供应能力明显偏小。单站供应能力将影响到加氢站的经济性，考虑加氢站投资运营环节，目前氢气储运及加注占总成本的近 70%。随着氢能应用规模的扩大和管道运输的引入，未来氢能储运和加注成本有较大下降潜力。

（3）完善相应的政策和监管框架，促进氢能带来的跨领域合作。

氢能发展应用面临一系列挑战，包括道路交通运输领域的碳排放限制、大量集成可再生能源的目标，以及低碳化、低成本的氢能和燃料电池生产技术等。迎接挑战，需要有良好的政策方针来刺激技术解决方案之间的有效竞争，当然这些政策方针不应该局限于氢燃料电池。相关政策应该为具有发展前景的技术提供定向支持，使其朝着降低成本和提高性能的方向发展，以便早日实现市场化。政府可以扮演催化剂的角色，提供经费支持氢能开发示范基地建设，制定相应的扶持政策以促进氢能和燃料电池技术的发展。政府需要在能源利用和气候等方面制定长远目标，并营造稳定的发展环境，来保障各项能源发展和气候指标的实现。

发展氢燃料电池需要在不同领域之间开展合作，政府需要从以下几个方面推进：①鼓励提高燃油效率和降低温室气体排放的技术，建立包括碳定价、关税、燃油经济性标准、可再生燃料标准等在内的一些稳定的政策和监管框架；②刺激氢能和燃料电池技术的投资和早期的市场部署，通过有效的政策支持来降低成本；③强化终端应用中关于安全性和氢能计量的国际规范和标准；④释放公共和私人资金，加大力度研发氢燃料电池和电解制氢装置的关键技术，支持持续性的技术进步和创新，加强交叉领域的研究力度，例如新材料领域，有些关键性材料在改善氢燃料电池性能方面可以起到变革性的作用；⑤促进国际项目合作，把资金投入世界范围内最有希望攻克技术难点的科研机构，从而保证科研资金的使用效率；⑥建立量化能源系统集成效益的模型，分析能源发展带来的区域性影响，增进不同能源系统之间的合作和相互理解。

参考文献

[1] 吕海芳．基于系统动力学模型的中国太阳能光伏激励政策研究［D］．中国石油大学（北京），2017.

[2] 贾伟．考虑集成分布式屋顶光伏电站的仓储配送中心选址问题［D］．上海交

通大学，2017.
[3] 耿国明．关于光伏发电在西藏应用的可行性分析 [J]．河北建筑工程学院学报，2019，37（1）．
[4] 王维利．全球太阳能光伏政策研究及其产业发展趋势 [J]．化学试剂，2018，40（12）．
[5] 曾少军．全球能源资源形势与前景 [A] //国际经济分析与展望（2017—2018）[C]．中国国际经济交流中心，2018.
[6] 冯楚建，谢其军．国内外光伏产业政策绩效对比研究 [J]．中国科技论坛，2017（2）．
[7] 太阳能光伏发电与光热发电的发展现状及优劣势对比 [J]．建筑玻璃与工业玻璃，2016（7）．
[8] 我国光伏行业发展从舒适期进入差异化竞争新时代 [Z]．上海科经委，2019.
[9] 潘莹，迟东训．中国燃煤发电、大型光伏项目度电成本比较与预测 [J]．中外能源，2017，22（6）．
[10] 郑权．基于东北地区利用电锅炉供暖消纳弃风方案的研究 [D]．吉林大学，2018.
[11] 刘悦，时志刚，胡颖，张婷．海上风电技术特性对比分析 [J]．船舶工程，2012，34（1）．
[12] 专家预计：2025 年，我国光伏发电将逐步成为主力能源 [J]．电力勘测设计，2019（6）．
[13] 段凯蒙．太阳模拟器系统的构建与实验研究 [D]．河北科技大学，2019.
[14] 秦海岩．风电“间歇性”真会影响电网安全吗 [EB/OL]．中国电力新闻网，2019.
[15] 全球海上风电现状与发展趋势 [Z]．可再生能源专委会（CREIA），2019.
[16] 中国风电发展路线图 2050 [Z]．国家发展和改革委员会能源研究所，2014.
[17] 林伯强．尽快转变风电光伏补贴方式 [N]．中国证券报，2017-11-29.
[18] 刘波．我国海上风电御风而行未来潜力无限 [EB/OL]．中国产经新闻，2019-04-16.
[19] 武钢．风电市场不是拼单位千瓦造价，而是比较度电成本 [N]．华夏日报，2019-03-14.
[20] 国家发展改革委发布《地热能开发利用“十三五”规划》[J]．能源研究与利用，2017（2）．
[21] 周莹．我国地热产业的法律激励机制研究 [D]．南京工业大学，2012.

［22］刘晓慧．2020年地热能年利用量将达7000万吨标准煤［N］．中国矿业报，2017-02-17.
［23］地热能开发利用“十三五”规划发布　将拉动投资2600亿元［EB/OL］．人民网，2017.
［24］《中国地热能发展报告（2018）》白皮书发布［J］．地质装备，2019（20）.
［25］欧阳鑫南．新形势下地热企业发展战略研究［J］．电力勘测设计，2019（3）.
［26］吴昊．五大建议，中国地热能发展未来可期［N］．中国矿业报，2018-09-29.
［27］邹春蕾．地热能具有战略型能源潜质［N］．中国电力报，2019-03-23.
［28］李宁波，李翔，杨俊伟，于湲．新时代地热行业发展特点及几点思考［J］．城市地质，2018，13（2）.
［29］陆晓如．汪集暘解读：地热如何热起来［J］．中国石油石化，2019（1）.
［30］董璐．我国地热能开发利用管理机制浅析［J］．建设科技，2019（10）.
［31］张森琦，文冬光，许天福，付雷，贾小丰，孙晟，翁炜，张杨，杨涛，Joseph MOORE，蒋恕，Rick ALLIS，John MCLENNAN．美国干热岩“地热能前沿瞭望台研究计划”与中美典型EGS场地勘查现状对比［J］．地学前缘，2019，26（2）.
［32］白志鸿，陈秋桥．地热资源综合开发利用的研讨［J］．中国资源综合利用，2019，37（4）.
［33］高德君．重视油田地热资源开发利用优势，推动绿色发展——以胜利油田为例［J］．中国国土资源经济，2017（4）.
［34］张炫钊，张培栋．国内外现行海洋能政策比较分析［J］．海洋经济，2018（8）.
［35］陆琦．我国首部海洋能发展规划发布［J］．军民两用技术与产品，2017（3）.
［36］于琳娜．揭开“小众”地热能的奥秘［N］．中国电力报，2019-03-23.
［37］吴亚楠．我国首个海洋能发展专项规划发布［N］．中国海洋报，2017-01-13.
［38］到2020年全国海洋能总装机规模超过5万kW［EB/OL］．人民网，2017.
［39］国家海洋局关于印发《海洋可再生能源发展“十三五”规划》的通知［EB/OL］．国家海洋局，2016.
［40］麻常雷，夏登文，王萌，张多．国际海洋能技术进展综述［J］．海洋技术学报，2017（4）.
［41］厉害了！联合国环境署可再生能源报告收录舟山LHD海洋发电项目［EB/OL］．浙江在线，2018.
［42］唐婷．用海洋能源点亮你我生活［N］．科技日报，2017-01-20.
［43］张世龙，马尚平．海洋可再生能源技术创新定量分析及阶段评价［J］．第十三届（2018）中国管理学年会论文集，2018-11-03.

[44] 王芳．海洋能发电装置均化成本研究［J］．海洋开发与管理，2016（4）．
[45] 于灏，徐焕志，张震，杨敏．海洋能开发利用的环境影响研究进展［J］．海洋开发与管理，2014（4）．
[46] 张富强，闫晓卿．法国能源战略——核能先行［N］．中国能源报，2019-03-18.
[47] 朱学蕊．核电当自强［N］．中国能源报，2019-04-15.
[48] 杨萌．核电审批重启在即，价格试行、消纳办法等配套政策已公布［N］．证券日报，2019-04-09.
[49] 刘达，王茜．小型核反应堆应用趣谈［N］．经济日报，2019-05-27.
[50] 国务院办公厅．关于加强核电标准化工作的指导意见［Z］．2018-05-06.
[51] 刘伟伟，张博宇．日本为何难弃核？——基于政策终结理论的分析［J］．社会科学，2017（5）．
[52] 谢文川．三代核电投入商运，国际市场持续向好［N］．中国电力报，2019-02-26.
[53] 加强核电标准化工作［N］．人民日报，2018-08-10.
[54] 闫宏伟，谷文，郑宝峰．第四代核电技术与产业发展［J］．一重技术，2011（8）．
[55] 林楚．2030年前中国核电发电量有望超过美国［N］．机电商报，2019-04-15.
[56] 金亚勤．世界首座高温气冷堆示范电站已显雏形［N］．中国能源报，2014-12-29.
[57] 韩自强，顾林生．核能的公众接受度与影响因素分析［J］．中国人口·资源与环境，2015（5）．
[58] 郑玉辉，陈荣．中国核电经济竞争力遇挑战［N］．中国能源报，2016-03-21.
[59] 伍浩松，赵宏．IAEA预计核电装机容量到2050年将翻番［J］．国外核新闻，2017（9）．
[60] 杨光，黄文杰．核电：工业重工化发展模式下基荷低碳能源的选择［J］．技术经济与管理研究，2010（1）．
[61] 姜子英．我国核电与煤电的外部成本研究［D］．清华大学，2008.
[62] 国际社会大力提升核电安全性［EB/OL］．中国经济新闻网，2019.
[63] 崔爽．核技术有望成新的经济增长点［N］．科技日报，2019-05-06.
[64] 袁诚坤．国内外氢能燃料电池汽车市场发展［J］．汽车与配件，2019（3）．
[65] 衣宝廉．对我国燃料电池发展的思考与几点建议［N］．新能源汽车报，2016-03-28.
[66] 付甜甜．电动汽车用氢燃料电池发展综述［J］．电源技术，2017（4）．

[67] 氢能时代来临，燃料电池设备先行［EB/OL］. 国泰君安，2019.
[68] 2019年中国氢能小镇规划及前景研究报告［EB/OL］. 中商情报网，2019-01-24.
[69] 李新民. 国家能源集团牵头成立氢能联盟［N］. 经济参考报，2018-02-12.
[70] 我国氢能商业化拉开帷幕　煤炭清洁利用方式更多元［N］. 中国矿业报，2018-02-24.
[71] 田泽普. 三条路线，谁将胜出？［N］. 新能源汽车报，2018-09-24.
[72] 节能与新能源汽车技术路线图［EB/OL］. 中国汽车工程学会，2016.
[73] 杨秦泰. 基于NI-cRIO的燃料电池监控系统开发［D］. 大连理工大学，2018.
[74] 王蕾. 风口！氢能爆发期就要来了？［J］. 新能源经贸观察，2018（3）.
[75] 梁洪浩，许思传，常国锋. 高温质子交换膜燃料电池研究进展［J］. 电源技术，2012（2）.

10 2019年启示录

10.1 CO_2排放量再创新高，减排措施远水不解近渴

美国国家海洋和大气管理局（NOAA）与斯克里普斯海洋学研究所（Scripps Institution of Oceanography）发布的数据显示，2019年大气中的CO_2浓度持续上升并再次打破了纪录。其中，5月NOAA莫纳罗亚大气基线观测站记录的数据平均为414.7ppm，比2018年5月的峰值高出3.5ppm，与全球实现气候变化目标应遵循的发展轨迹相去甚远。

目前，全球对可再生能源的投资远远超过对化石燃料工厂的投资。尽管取得了这一进展，但联合国环境署最新发布的报告仍然做出了一个令人不寒而栗的预测：就目前的趋势而言，即便所有有条件的和无条件的国家自主贡献得以完全履行，2100年全球仍极有可能升温3℃甚至更多，这也是100多万年来都未曾达到的水平。

很显然，基于现有的能源结构和工业体系，按照各国公布的减排措施及计划，在短短40年内实现净零排放将是一个不可能完成的目标。

10.2 多地突破高温纪录，全球变暖不断加速

2019年6月以来，全球性高温天气持续，根据美国宇航局（NASA）的科学报告，欧洲已经迎来了2019年以来最热的一天，打破了不少城市的纪录，部分区域甚至出现了超过40℃的高温天气，对于欧洲来说，这个气温就是异常现象。

美国国家海洋和大气管理局（NOAA）表示，2019年5月，非洲中部和南部部分地区、东南亚、巴西南部、西太平洋、巴伦支海、加拿大西北部和阿拉斯加东北部都经历了创纪录的温暖。澳大利亚气象局指出，澳大利亚打破了2019年1月至5月的温暖纪录。同时，加拿大北极、格陵兰岛西部、阿拉斯加北部楚科奇海和波弗特海的部分地区的气温最高，海冰范围在5月和6

月初创下了历史新低。在中国，人们正经历140年来最热的6月。

过去的十年是自1659年开始记录气象以来北半球最暖的十年。气候学家以1961—1990年的全球平均气温为基准，计算1850年至今每十年的温度距平，如图10-1所示，温度增长较快的年份为1920—1950年和1980年至今两个阶段。特别是进入21世纪后，全球变暖趋势越发明显。全球多个气象站数据表明，北极地区气温上升速度为全球平均速度的2倍。极地地区气温的上升幅度要远高于低纬度地区。

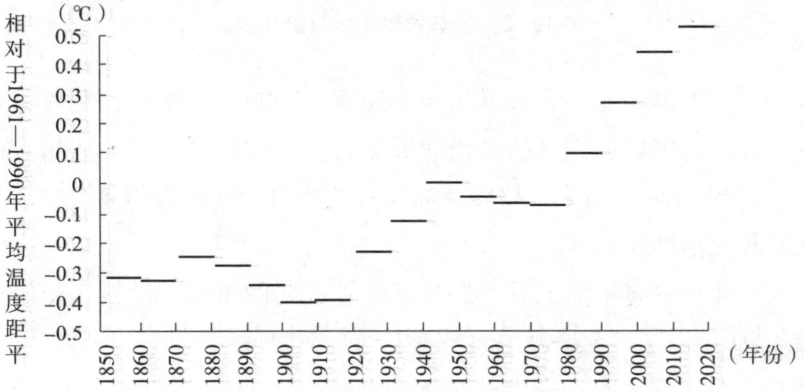

图10-1　1850—2018年全球气温温距变化

2019年7月4日，美国阿拉斯加安克雷奇地区的高温达到32℃，打破了其1969年创造的29℃的纪录，其往年7月4日的平均气温是23.9℃。专家指出，1901年至2016年，美国本土的平均气温升高了1℃，而阿拉斯加升高了2.6℃。

10.3　冰盖崩塌加速，海平面上升不可逆转

据《每日邮报》2019年6月20日报道，美国哥伦比亚大学科研团队通过卫星图像发现，自21世纪初开始，喜马拉雅山冰川的融化量比20世纪后期多了一倍，每年流失相当于1.5ft（约合45cm）的冰（见图10-2）。而在过去40年，喜马拉雅冰川的冰已经失去1/4。研究指出，只有人类活动造成的气候暖化，才会导致这么严重的后果。

从1979年开始，全球海冰面积已经减少40%。据科学家测算，2012年以前，南极洲每年损失大约760亿t冰；但从2012年开始，这一数字攀升至2190亿t。也就是说，在过去的7年里，南极冰川的融化速度是2012年以前

图 10-2　喜马拉雅山冰川融化加剧

的近 3 倍。与南极相比，北极冰川更加脆弱。2000—2017 年，北极冰盖面积明显缩小。联合国最近发布的一份研究报告称：按照格陵兰岛冰川目前融化速度计算，到 2030 年以来，格陵兰岛所有的冰山和冰川将不复存在，北极冰盖范围将仅剩高纬度地区。

冰川融化导致海平面上升，这是已经被证明的事实。世界气候研究组指出，自 1993 年以来，全球海平面显著上升，平均每年上升 3. 1mm，并且这一上升趋势正在加速。南太平洋的岛国图瓦卢，这个最高海拔只有 4. 5m 的岛国，近 20 年间海平面上升了 9. 15m；据科学计算，50 年后，该国至少有 60%的土地将沉入大海。

科学家指出，如果气候变暖趋势继续这样发展下去，那么整个海平面上升速度在 2100 年将会达到此前预测的两倍，海平面上升不可逆转已成为人类的共识。

10. 4　全球绿地面积快速增加，森林覆盖面积增长

据 2019 年 2 月央视财经《中国财经报道》，美国航天局卫星数据表明，在 2000 年至 2017 年间，全球绿化面积增加了 5%，而中国和印度在陆地植被面积只占全球总量 9%的情况下，对全球绿化增量的贡献达到约 1/3。其中，中国的贡献占全球绿化增量的约 1/4。分析显示，中国的贡献中，42%来自植树造林，32%来自集约农业；印度的贡献中，82%来自集约农业。

中国官方统计数据显示，中国森林覆盖率由中华人民共和国成立初期的 8. 6%提高到 2018 年的 21. 6%，森林面积达到约 2. 08 亿 hm^2，其中人工林保存面积达 6933 万 hm^2，居世界首位（见表 10-1）。

表 10-1　中国森林面积变化　　单位：万 hm^2

年份	1998	2008	2018
森林面积	15894	19545	20769
其中：人工林保存面积	4709	5365	6933
森林覆盖率	16.6%	20.4%	21.6%

10.5　高纬度地区湿度增加，年降雨量成倍增长

2019 年，中国西北地区、俄罗斯西伯利亚的降雨量再创纪录，非洲等地的沙漠也频频出现创纪录规模的降雨。有记录的数据表明，中国西北地区、俄罗斯西伯利亚地区降水量近年来均有明显增加的趋势（见表 10-2）。

表 10-2　中国哈密及俄罗斯西伯利亚降水量　　单位：mL

年份	中国哈密	俄罗斯西伯利亚
2000	52	391
2005	61	425
2010	66	286
2015	80	556

按照温室效应的原理，全球变暖导致全球范围内气候带向两极偏移，赤道温度保持不变，南北两极气温上升幅度较大，上升的暖湿气流不断向两极方向拓展，导致低纬度气流在更高纬度与冷空气相遇形成降水，从而使温带降水带向高纬度地区偏移。气候变暖导致地面蒸发量增加，而高海拔地区冰川融化及时地补充了地表径流，内陆水循环得到加强。

10.6　沙漠面积快速退化，生物多样性再创生机

中国是世界上受荒漠化危害最严重的国家之一。新中国成立以来，党中央、国务院高度重视荒漠化防治工作，采取了政策、法律、科技、行政等一系列行之有效的措施，推动荒漠化防治工作，成功遏制了荒漠化扩展的态势。全国荒漠化土地面积由 20 世纪末年均扩展 1.04 万 km^2 转变为目前的年均缩减 2424km^2，沙化土地面积由 20 世纪末年均扩展 3436km^2 转变为目前的年均缩减 1980km^2，实现了由“沙进人退”到“绿进沙退”的历史性转变，沙区经济持续发展、民生不断改善，提前实现了联合国提出的到 2030 年实现土地退化零增长目标。

宁夏是全国唯一一个省级防沙治沙综合示范区。“十二五”期间，全区治

沙造林 0.27 万 km^2，森林覆盖率由“十一五”的 11.9%提高到 12.63%，形成了“植被恢复与重建—草地畜牧业—节水生态农业”协调发展的综合治沙技术体系，被联合国粮农组织誉为“中国治沙奇迹”。

在内蒙古，通过全面实施京津风沙源治理、“三北”防护林体系建设、森林生态效益补偿等多项重点生态建设和保护项目，2004 年至今已完成林业生态建设面积 0.67 万 km^2，草原建设面积 2.67 万 km^2。

在陕西，沙化面积较 2009 年减少 593km^2，平均植被覆盖率达 60%，较 2009 年提高 22%，为“一带一路”建设创造了良好的生态条件。

位于陕西和内蒙古交界处的毛乌素沙漠即将消失。1959 年以来，人们大力兴建防风林带，引水拉沙，引洪淤地，开展了改造沙漠的巨大工程。目前毛乌素沙漠已有 80%得到治理，许多沙地变成了林地、草地和良田，水土不再流失，黄河的年输沙量足足减少了 4 亿 t。

比毛乌素沙漠消失更快的是库布齐沙漠，总面积约 1.39 万 km^2，流动沙丘约占 61%。目前，库布齐沙漠已有 1/3 的面积变为绿地绿洲，同时诞生了几百万亩用于农业耕种的田地。当地的多种生物重新出现，生物多样性不断增加。

在新疆地区，得益于气候变暖，气流更活跃，有更多的湿润气流进入内陆，可以使一些绿洲有更充分的水源补给，让绿洲变得更稳定，规模进一步扩大。

除中国外，在北非撒哈拉地区，科学家通过部署风力和太阳能型农场后，当地降雨量增加了一倍，同时，降雨量增加后又反哺植被，从而形成良性循环。

10.7 粮食产量再创纪录，全球潜在可耕种面积不断增加

联合国粮食及农业组织（FAO）日前发布报告称，2019 年世界谷物产量将达创纪录的 27.22 亿 t，比上年增长 2.7%。全球粮食产量将再创纪录。

粮食产量增加，一方面是由于生物科技的发展带动了粮食作物单产的提高，另一方面是由于全球可耕作面积的增加。其中，非洲南部及南美地区是可耕种面积增加较快的地区。此外，气候带的北移，让俄罗斯及加拿大广袤的荒原区结冰期减少，生物群落已经发生变化，温带生物有扩张的趋势，为全球可耕种面积向北拓展提供了可能性。1961—2017 年全球谷物种植面积见图 10-3。

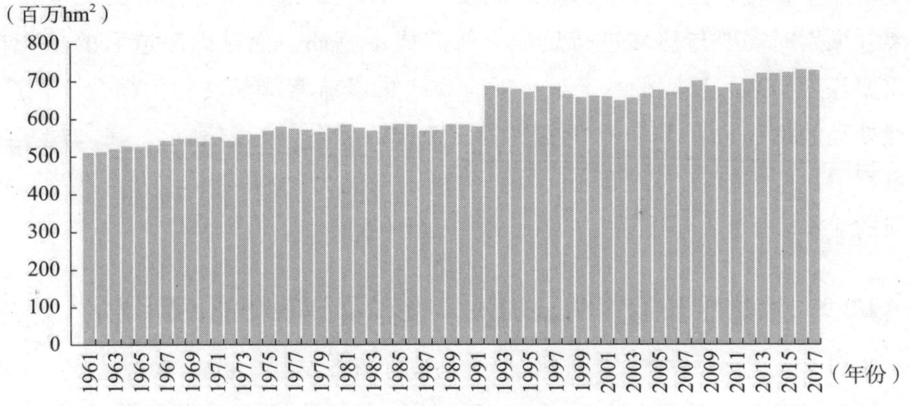

图 10-3　1961—2017 年全球谷物种植面积

资料来源：FAO

10.8　生物燃料产量进一步增长，生产成本不断降低

得益于生物工程技术的快速发展，近年来生物燃料成本出现明显下降，促使全球生物燃料产业持续发展，产量持续增加。据 IEA 最新数据，2017 年全球生物柴油和燃料乙醇产量分别为 307 亿 L 和 1055 亿 L（见图 10-4），2018 年数据尚未公布，但产量增长的趋势已经十分明显，增幅有进一步扩大的趋势。

图 10-4　2000—2017 年全球生物柴油和燃料乙醇产量

资料来源：IEA

得益于新技术的突破，生物燃料的生产成本不断下降。在传统的由生物

物质生产生物燃料的方法中，从木质素（一种赋予植物木质性质的元素）中分离纤维素时需要与热酸进行反应，所需成本高昂。而基因改造后的植物在不需要经过与热酸反应的情况下，就有80%的纤维素能够转化为糖分，相反，未经处理的植物只有18%的纤维素能够转化成糖分。专家表示，在大规模生产过程中，应用该技术的每加仑生物燃料成本仅为3～4美元，大大低于石油燃料的成本。

10.9 植物生长速度明显加快，吸碳及储碳功能不断增加

2019年，巴拿马史密森耐热带研究所的调查结果显示，在过去的20年间，得益于CO_2浓度的增加，热带雨林的生态系统发生了明显变化，其中，亚马孙热带雨林中大型树木的生长速度明显加快，大型树木的吸碳及储碳能力数倍于其他类型植物，热带雨林吸碳及储碳功能不断得到增强。

而在西伯利亚地区，科学家对部分树种进行了跟踪研究，发现大型乔木的生长速度也出现了不同程度的加快，意味着可以吸收更多的CO_2。

在高纬度和高海拔地区，由于气候改善，生物群落向荒漠和高海拔进军。在温带草原带，灌木及大型树木出现频率增加；在俄罗斯北部荒原地区，草地及灌木分布面积不断扩大。

参考文献

[1] 刘诗平．全球海平面正在加速上升［N］．中国海洋报，2018-09-03.

[2] 全球新增绿化四分之一来自中国［EB/OL］．人民网，2019.

[3] 张友先．碳金融发展趋势及我国银行业的战略选择［J］．国际金融，2011（1）.

[4] 前无古人！中国快把毛乌素沙漠消灭了！［EB/OL］．共青团中央，2018.

[5] 张文静．25年，海平面上升了约8厘米［N］．中国科学报，2018-09-14.

[6] 袁溥，李宽强．碳排放交易制度下我国初始排放权分配方式研究［J］．国际经贸探索，2011（3）.

[7] 灾难！2100年世界将升温3摄氏度［EB/OL］．中国新闻周刊网，2018.

第4部分

新能源应用与发展的技术保障

无论何种可再生能源在未来占据主导地位，储能技术和微电网管理都被认为是最为核心的两大技术，也是目前分布式能源体系建立的瓶颈所在。储能技术的突破有利于拓展可再生能源的使用范围，这对无法持续发电的间歇式可再生能源来说尤为重要；而微电网管理技术可以很好地解决目前分布式电源入网带来的波动性平抑问题，在配电分散化管理方面潜力巨大。此外，信息技术在大数据分析和区块链技术方面的优势，可以为分布式能源体系的微电网管理提供解决方案。

11 储能技术在新能源领域大有可为

11.1 储能技术是分布式能源体系建立的关键

由于自然资源的特性，利用风能、太阳能及潮汐能等发电时，其功率输出具有明显的间歇性和波动性，其变化甚至是随机的，易对电网产生冲击，严重时甚至会引发电网事故。这是现有能源供应体系下分布式能源发展受限的最大因素，具体看：首先，分布式能源在直接接入配电网后会引入多种扰动，从而引起系统电压和频率的偏差、电压波动和闪变等电能质量问题；其次，当配电网发生故障时，分布式能源可能会与主线路电容发生铁磁谐振，造成电压跳动，损坏电气设备，扩大事故范围，降低供电系统的安全可靠性；最后，分布式能源发电量的高度不确定性使得其直接并网会增加调度运行管理的难度，降低供电系统的可靠性，但如果仅将其作为备用电源，则会造成资源浪费，影响其经济效益。

若能在分布式能源体系中引入储能技术，则可以有效地实现需求侧管理，减小负荷峰谷差，降低供电成本，引导可再生能源突破瓶颈，尤其是间歇性能源，诸如太阳能光伏发电、风电、潮汐能发电等。从某种程度上说，储能技术决定了分布式能源的发展水平，是其成败的关键。储能技术的突破将对传统的能源消费方式等带来革命性变化。

从目前电网的发展轨迹看，储能技术的作用主要体现在以下三个方面：

（1）削峰填谷。

储能装置可在终端用电低谷时作为负荷存储电能，在用电高峰时作为电源释放电能，从而在一定程度上减小峰谷差，变相削减峰值负荷。对电网而言，相当于改善了负荷特性，实现电力系统的负荷水平控制和负荷转移等。

给电网带来的好处包括：减少系统备用容量的需求，减少系统中调峰调频机组的需求；减轻高峰负荷时输电网的潮流，有助于减少系统输电网络的损耗，进而减少输电网的设备投资，提高输配电设备的利用率；减少火电机组参与调峰，提高发电效率，从而获取更多经济效益。

（2）抑制电网振荡。

任何微小扰动引起的动态不平衡功率都会导致机组间的振荡，可以通过发电机附加励磁控制对其进行有效抑制。但是，对于大型复杂互联电力系统中出现的区域间多模式低频振荡问题，最有效的控制点可能位于远离发电机组的某条输电线路上，若通过远离系统最有效控制部位的发电机组励磁控制对振荡进行抑制，往往难以达到满意的控制效果。

从理论上讲，只要储能装置容量足够大，而且响应速度足够快，就可以实现任何情况下系统功率的完全平衡，这是一种主动致稳电力系统的思想。这种电力系统稳定控制装置不必和发电机的励磁系统共同作用，因此，可以方便地使用在系统中对于抑制振荡来说最有效的部位。使用能向电网提供1~2秒钟有功功率补偿的储能系统，即可使电网中各机组在受扰动后的暂态过程中保持同步运行，从而避免系统崩溃事故的发生。

毫秒级响应、大容量功率和能量传递的特性能够提高大电网动态稳定性，使其在系统发生故障或受到扰动时，能够快速地吸收及发出功率，减小和消除扰动对电网的冲击，消除互联电力系统中的低频振荡，抑制同步振荡和谐振，并在扰动消除后缩短暂态过渡过程，使系统迅速恢复至稳定状态，提高系统运行的可靠性。

（3）提高电能质量。

大容量储能技术可用于提高配网电能质量，增加系统电压的稳定性，为系统提供备用、调峰、调频、调相，电力系统稳定器等。

当用户侧对电能质量和电压波形要求较高时（如电子芯片制造业），需要把储能系统接在负荷侧，与先进的电力电子技术相结合，可以减小系统的谐波畸变，实现高效的有功调节和无功控制，快速平衡系统中由于各种原因产生的不平衡功率，消除电压凹陷和凸起，使全系统中各机组和负荷节点的电压保持在正常运行水平，平稳负荷的母线电压，保证用户电压波形的平滑性，从而有效地提高供电的质量。

从技术上来说，现在已经可以利用储能装置为每一个用户提供不间断的高质量供电服务，而且可以让用户自主选择何时通过配电回路从电网获取电能或向电网回馈电能。如此一来，用户用电的安全可靠性大大提高，而停电次数、时间和停电损失大幅减少，经济效益和社会效益明显。

11.2 储能技术应用现状及进展

早在10年前，发达国家就开始重视储能技术研发和产业化。美国政府以其国防部先进研究计划署（DARPA）为范本，成立了先进能源研究计划署（Advanced Research Projects Agency-Energy，ARPA-E），集合全美顶尖的科学家、工程师和企业家对可再生能源应用技术进行研究，而储能技术是其研究重点。德国的能源转型举世瞩目，德国可再生能源占电力的比例从21世纪初的6%增长到目前的30%，这一比例在部分时段甚至会达到90%。德国在能源转型过程中非常重视储能技术的发展，政府除了资助相关技术研发活动外，每年划拨5000万欧元作为补助金，用于帮助居民购买储能系统，德国光伏发电量中有1/3来自居民的分布式发电系统。

目前，全球大的石油公司已经开始布局储能技术领域，道达尔、埃克森美孚等跨国公司通过收购、合作等手段加大电池技术的投入。

按照载体技术类型划分，大型储能技术可分为机械类储能、电气类储能、电化学储能、热储能和化学类储能五大类型（见图11-1）。

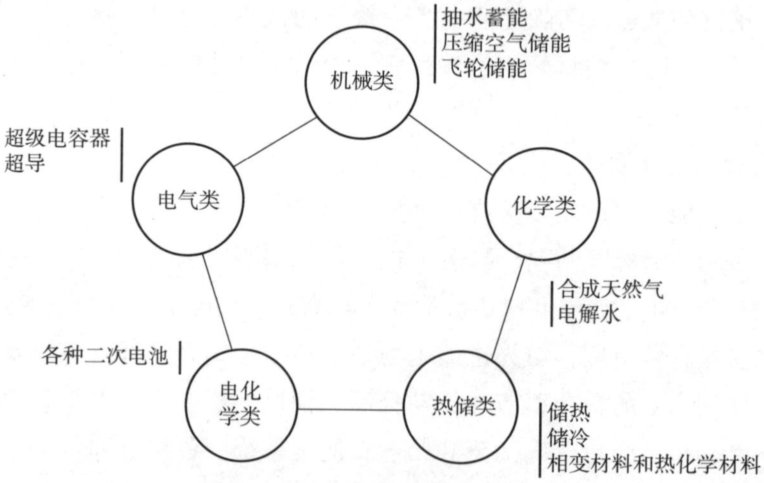

图11-1 现有储能技术分类

资料来源：汾渭能源

11.2.1 机械类储能

机械类储能的应用形式主要包括抽水蓄能、飞轮储能和压缩空气储能等。

（1）抽水蓄能。

基本原理：在电网低谷时利用过剩电力将作为液态能量媒体的水从低标高的水库抽到高标高的水库，再在电网峰荷时使高标高水库中的水回流到下水库，推动水轮发电机发电。

特点：属于大规模、集中式的能量储存，技术目前相当成熟，可用于电网的能量管理和调峰；储存效率一般为65%~75%，最高可达85%；负荷响应速度快（10%负荷变化只需10秒钟），从全停到满载发电约5分钟，从全停到满载抽水约1分钟；具有日调节能力。

缺点：需要上池和下池；建设厂址的选择依赖地理条件，有一定的难度和局限性；与负荷中心存在一定距离，需长距离输电，投资较高。

应用：适合与核电站、大规模风力发电、超大规模太阳能光伏发电项目配合使用。

（2）飞轮储能。

基本原理：利用大转轮所储存的惯性能量，即在一个飞轮储能系统中，用电能将一个放在真空外壳内的转子（一个大质量的由固体材料制成的圆柱体）加速到几万转/分钟，从而将电能以动能形式储存起来。

优点：使用寿命长，可达15~30年；效率高，可达90%左右；故障率低、稳定性好；具有较高的功率密度，而且响应速度快，可达毫秒级。

缺点：能量密度低，一般只可持续几秒至几分钟；由于轴承的磨损和空气的阻力，具有一定的自放电现象。

应用：飞轮储能多用于工业和电力应急保障设备中，适用于在配电系统运行中进行频率调节，可用作一个不带蓄电池的电力应急保障设备，当供电电源故障时，快速转移电源，维持小系统的短时间频率稳定，以保证电能质量，减少供电中断、电压波动等。

（3）压缩空气储能。

基本原理：压缩空气储能采用空气作为能量的载体，大型的压缩空气储能利用过剩电力将空气压缩并储存在一个地下的空间结构（如地下洞穴），当需要时再将压缩空气与天然气混合，燃烧膨胀以推动燃气轮机发电。

优点：具有调峰功能，适合用于大规模风场，由于风能产生的机械能可以直接驱动压缩机运转，减少了中间电能转换的环节，从而提高转化率。

缺点：需要利用大的洞穴存储压缩空气，受地理环境限制。需要燃气轮机配合，并需要少量的燃气作燃料，适用于能量管理、负荷调平和削峰。传统开发的是一种非绝热的压缩空气储能技术，空气在压缩时所释放的热并没有被储存起来，而是通过冷却消散了，导致压缩的空气在进入透平前还需要再加热。因此全过程效率较低，通常低于50%。

应用：目前全球仅德国和美国有投运的压缩空气储能站。中国在这方面尚处于研究阶段，还未开展实际应用。

11.2.2 电气类储能

电气类储能的应用形式包括超级电容器储能和超导储能。

（1）超级电容器储能。

基本原理：根据电化学双电层理论研制而成，又称双电层电容器，两个电荷层的距离非常小（一般在0.5mm以下），采用特殊电极结构，使电极表面积成万倍地增加，从而产生极大的电容量。

优点：长寿命、循环次数多；充放电时间快、响应速度快，效率高；只需较少维护、无旋转部件；运行温度范围广，环境友好；等等。

缺点：超级电容器的电介质耐压很低，一般仅有几伏，而储能水平受到耐压的限制，能够储存的能量不多；同时，其能量密度较低，投资成本相对高，并有一定的自放电率。

应用：超级电容器储能开发起步于20世纪中叶。近20年来，相关技术进步较快，电容量大大增加，可达到几千法拉，并且在功率密度方面可达到传统电容的十倍左右。超级电容器能将电能直接储存在电场中，无须能量形式转换，充放电时间快，非常适合于完善电网供电质量。但由于能量密度较低，需要与其他储能手段配合使用。

（2）超导储能。

基本原理：超导储能系统是由一个用超导材料制成的、放在一个低温容器（Cryogenic Vessel）（杜瓦 Dewar）中的线圈以及功率调节系统（PCS）和低温制冷系统等构成。能量以直流电流方式储存在磁场中。

优点：由于电能直接储存在磁场中，无须能量形式转换，能量的充放电非常快（几毫秒至几十毫秒），功率密度高，响应速度极快，可用于改善配电网的供电质量。

缺点：超导材料价格昂贵，维持低温制冷运行需要大量能量，能量密度低（只能维持秒级），成本过高，维护复杂，多处于试验阶段。

应用：超导储能可用于提高电能质量，增加供电系统阻尼，改善系统稳定性能，特别是用于抑制低频功率振荡。但是由于其成本昂贵和维护复杂，虽然已有商业性的低温和高温超导储能产品可用，但在电网中应用很少，大多是试验性的。其在电力系统中的应用取决于超导技术的发展（特别是材料、低成本、制冷、电力电子等方面技术的发展）。

11.2.3 电化学类储能

主要包括各种二次电池，例如铅酸电池、锂离子电池、钠硫电池和全钒液流电池等，这些电池技术比较成熟，许多已经进入实际应用阶段，近年来已成为业内研究的重点。

（1）铅酸电池。

基本原理：铅酸电池内的阳极（PbO_2）及阴极（Pb）浸到电解液（稀硫酸）中，两极间会产生2V的电势。

优点：技术很成熟，结构简单，价格低廉，维护方便，循环寿命可达1000次左右，效率可达80%~90%，性价比高。

缺点：深度、快速、大功率放电时，可用容量下降，能量密度较低，寿命较短。

应用：铅酸电池是目前世界上应用最广泛的电池之一，常被用作电力系统的事故电源或备用电源，传统上大多数独立型光伏发电系统都会配备此类电池，但目前有被其他类型电池替代的趋势（如锂离子电池）。

（2）锂离子电池。

基本原理：锂离子电池实际上是一个锂离子浓差电池，正负电极由两种不同的锂离子嵌入化合物构成。充电时，Li+从正极脱嵌，经过电解质嵌入负极，此时负极处于富锂态，正极处于贫锂态；放电时则相反，Li+从负极脱嵌，经过电解质嵌入正极，正极处于富锂态，负极处于贫锂态。

优点：效率可达95%以上；放电时间可达数小时；循环次数可达5000次或更多，响应快速；锂离子电池是电池中能量最高的实用型电池，有多种材料可作为它的正极和负极，如钴酸锂锂离子电池、锰酸锂锂离子电池、磷酸铁锂锂离子电池、钛酸锂锂离子电池等。

缺点：成本依然偏高；使用时有时会因过充电而导致发热、燃烧等安全问题，有一定的风险，需要通过过充电保护来解决。

应用：锂离子电池在电动汽车、计算机、手机等便携式和移动设备上均可应用，目前它几乎已成为世界上应用最为广泛的电池。锂离子电池的能量密度和功率密度都较高，这是它能得到广泛关注和应用的主要原因。相关技术发展很快，近年来，大规模生产和多场合应用使锂离子电池的价格急速下降，因而其在电力系统中的应用也越来越多。锂离子电池技术仍然在不断地开发中，目前的研究集中在进一步提高它的使用寿命和安全性，降低成本，以及开发新的正、负极材料。

（3）钠硫电池。

基本原理：钠硫电池的阳极由液态的硫组成，阴极由液态的钠组成，中间隔有陶瓷材料的贝塔铝管。钠硫电池的运行温度需保持在300℃以上，以使电极处于熔融状态。

优点：电池的循环周期可达4500次；放电时间可达6~7小时；周期往返效率约为75%；它的能量密度高，响应时间快，可达毫秒级。

缺点：由于它使用的金属钠是一种易燃物，又在高温下运行，所以存在一定的风险。

应用：日本的NGK公司是世界上唯一能制造出高性能的钠硫电池的厂家。目前采用50kW的模块，可由多个50kW的模块组成MW级的大容量的电池组件。在日本、德国、法国、美国等地已建有200多处此类储能电站，主要用于负荷调平、移峰、改善电能质量和可再生能源发电。

（4）全钒液流电池。

基本原理：将能量储存在能够溶解于液态电解质的电活性物质中，而液态电解质储存在电池外部的罐中，用泵将储存在罐中的电解质打入电池堆栈，并通过电极和薄膜，将电能转化为化学能或将化学能转化为电能。

优点：全钒液流电池技术已比较成熟；具有寿命长、循环次数多的特点。

缺点：能量密度和功率密度与其他电池相比（如锂离子电池）较低；响应时间也不是很快。

应用：液流电池有多个体系，其中全钒氧化还原液流电池最受关注。电池的功率和能量是不相关的，储存的能量取决于储存罐的大小，因而可以储存长达数小时至数天的能量，容量也可达MW级，适合于在电力系统中应用。

11.2.4 热储能

基本原理：热能被储存在隔热容器的媒质中，需要时可以被转化为电能，也可直接利用。热储能有许多不同的技术类型，可进一步分为显热储存（Sensibleheatstorage）和潜热储存（Latentheatstorage）等。在显热储存方式中，用于储热的媒质可以是液态的水，热水可直接使用，也可用于房间的取暖等，运行中热水的温度是有变化的。而潜热储存是通过相变材料（Phase Change Materials，PCMs）来完成的，该相变材料即为储存热能的媒质。

缺点：需要各种高温化学热工质，应用场合比较受限。

应用：由于热储能储存的热量可以很大，所以在可再生能源发电的利用上能够起一定的作用。目前常常将熔融盐作为一种相变材料，主要用于集热式太阳能热发电站中。此外，还有许多其他类型的储热技术正在开发中，可以在多个应用领域逐步推广。

11.2.5 化学类储能

基本原理：利用待弃的风电制氢，通过电解水，将水分解为氢气和氧气，从而获得氢。之后可直接用氢作为能量的载体，再将氢与 CO_2 反应生成合成天然气（甲烷），以合成天然气作为另一种二次能量载体。

优点：采用这两种物质作能量载体的好处是储存的能量很大，可达 TWh 级；储存的时间也很长，可达几个月；另外，氢和合成天然气除了可用于发电外，还有其他利用方式，如用于交通等。

缺点：全周期效率较低，制氢效率只有70%左右，而制合成天然气的效率为60%~65%，从发电到用电的全周期效率更低，只有30%~40%。

应用：将氢与 CO_2 合成甲烷的过程也被称作为 P2G 技术。德国热衷于此项技术的研发和应用推广，已有示范项目在德国投入运行。以天然气为燃料的热电联产或冷、热、电联产系统已成为分布式发电和微电网的重要组成部分，在智能配电网中发挥着重要的作用，氢和合成天然气为分布式发电提供了充足的燃料。

11.3 不同储能技术适用性比较

根据分布式能源系统对储能技术的要求，对不同储能技术进行对比（见图 11-2）：

（1）大型能量型储能可用于全球能源互联网调峰填谷。

抽水蓄能、压缩空气储能等大型的、可长时间储能的设施，可用于大电网调峰；液流电池储能量大、循环次数多、寿命长，可作为电网调峰储能装置的补充；氢储能可用于存储过剩的风能和太阳能，为燃料电池汽车提供动力。

（2）大型功率型储能可用于平抑大规模清洁能源的波动性。

超级电容器、超导电磁储能、飞轮储能、钠硫电池等功率型储能设备主要与大规模可再生能源联合运行，可迅速对风电、光伏发电的出力带来的电量做出反应，平抑电网波动，保障电网实时运行安全。

（3）小型储能电池可用于电动汽车。

锂电池、新型铅酸电池、金属空气电池等储能设备，能量和功率密度较高，但电池同一性较差，难以组成大容量电池组，不适用于大型电站，目前主要用于电动汽车。随着电池使用寿命的延长和成本的降低，储能电池将逐渐满足电动汽车大规模发展需要。未来，电动汽车储能电池或接入全球能源网，通过合理安排充电时间，辅助电网调峰，实现低谷充电、高峰放电。

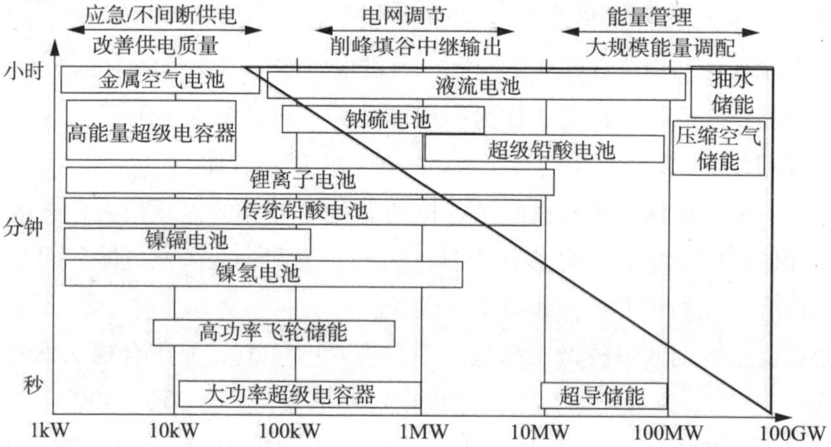

图 11-2　主要储能技术对比

资料来源：汾渭能源

从上面的对比分析看，似乎各种储能技术都有其适用范围，但就目前不同的储能技术发展水平看，单一的储能技术很难同时满足能量密度、功率密度、使用寿命、环境特性以及成本等性能指标，需要通过性能互补性强的储能技术相结合组成复合储能，或许可以取得良好的经济性。

基于这种认识，目前业内普遍认为飞轮储能和抽水蓄能电站是相对完美的组合。在各种储能技术中，飞轮储能技术是能量密度、使用寿命等技术性能结合得非常好的一种储能技术，在多个应用中都具有优势。而抽水蓄能电站是目前最成熟的、应用最广泛的大规模储能技术，具有容量大、寿命长的特点，可为大型电网提供调峰、填谷、调频、事故备用等服务。其良好的调节性能和快速负荷变化响应能力，对于有效减少分布式能源输入电网时引起的不稳定具有重大意义，但其建造条件苛刻的劣势导致其并不能被广泛利用。

无论何种储能技术，取得进步的关键在于材料技术的突破。随着储能新材料的不断出现，未来在储能元件使用寿命延长、能量密度提高、充电时间缩短和成本降低等方面有望取得重要突破。

11.4 储能技术前景展望

除了巨量的资金投入外，储能技术最大的风险在于其发展速度太慢，实验室成功的案例无法被广泛推广应用。截至目前，储能技术在各国的应用中多作为示范性工程。

从短期来看，对于储能材料还没有完美的解决方案。在电网的调度和储能方面，存在产能和储能区域性问题。因此，储能技术需要在发展路线、材料、技术方面有所突破，更需要在效率、成本和安全问题上取得进步。可以肯定的是，储能技术至少在实验室中正迅速发展，未来15~20年，利用纳米技术和生物技术可能会出现更多的创新。同等体积或重量的储能设备，其功率呈数量级增加，将大大提高分布式能源的价值和效用。

储能技术的另一个突破口是微生物燃料电池，其隶属于化学电池的范畴。与传统的化学电池技术相比，微生物燃料电池具有操作上和功能上的优势：第一，它将底物直接转化为电能，保证了高的能量转化效率；第二，微生物燃料电池能在不同温度环境条件下有效运作，电池维护成本相对低、安全性强；第三，微生物燃料电池所产生的终端排泄物的主要组分是CO_2，不会产生污染环境；第四，微生物燃料电池具有生物相容性，利用人体内的葡萄糖和氧作为原料的微生物燃料电池可以直接植入人体；第五，在缺乏电力基础设施的局部地区，微生物燃料电池具有广泛应用性，在化石燃料日趋紧张、环境污染越来越严重的今天，微生物燃料电池以其良好的性能愿景向我们展示了一个美好的未来。

未来，无论哪种储能技术最终获得突破，人类都必须对储能技术领域加大投入，从资金投入、科研力量、产业规划及政策引导等多方面提供保障，加强国际合作，及早取得储能技术的突破，实现高能量密度化、长持续性的储能基础上的工业化生产，为分布式能源保障体系的建立提供硬件支持。

参考文献

[1] 聂宇，徐清．储能技术在现代配电网中的应用 [J]．科技创新导报，2011 (6)．
[2] 余本善，孙乃达，焦姣．储能技术与产业现状及发展趋势 [J]．石油科技论

坛，2017（1）.
[3] 陈玉和．储能技术发展概况研究［J］. 能源研究与信息，2018（1）.
[4] 贾强．基于多代理系统的分布式能源主动配电网经济性运行的研究［D］. 西华大学，2017.
[5] 戴丽．储能决定可再生能源发展水平［J］. 节能与环保，2018（5）.
[6] 电池储能电站发展扶持政策研究课题组．电池储能——城市电力储能的最佳选择［J］. 上海节能，2013（5）.
[7] 李鸿鹏．液流电池用钛基负极电解液的研究与应用［D］. 北京化工大学，2016.
[8] 张文亮，丘明，来小康．储能技术在电力系统中的应用［J］. 电网技术，2008（7）.
[9] 贾红琴，孙育甲．基于储能技术的电力系统安全稳定运行策略［J］. 甘肃科技，2013（2）.
[10] 史正军，李勇琦．MW 级电池储能站在电网中的应用［J］. 科技风，2010（19）.
[11] 程时杰，李刚，孙海顺．储能技术在电气工程领域中的应用与展望［J］. 电网与清洁能源，2009（2）.
[12] 孙晓璇．基于电磁力驱动的新型直流断路器的电磁力学仿真研究［D］. 华中科技大学，2008.
[13] 曾庆捷．我国未来储能技术发展探讨［J］. 山东电力技术，2017（3）.
[14] 刘美霞．SD 工业园区供热方案选择［D］. 华南理工大学，2014.
[15] 智林杰，方岩康，飞宇．用于锂离子电池的石墨烯材料——储能特性及前景展望［J］. 新型碳材料，2011（1）.
[16] 孙荣乐，罗文洁．储能技术在现代电力系统中的现状与应用［J］. 科技创新导报，2018（1）.

12　分布式能源系统已经萌芽

12.1　分布式能源发展现状

“分布式能源系统”的概念提出于20世纪80年代，最早开始于冷热电联产系统（Combined Cooling Heating and Power，CCHP），它是应用能的梯级利用原理的必然选择，能源利用率很高，所以技术发展迅速。到目前为止，分布式能源的利用形式仍然以发电为主，能量来源形式多样化，因资源禀赋条件和终端用能需求而异。从发电形式看，主要包括三大类：第一，天然气分布式能源，主要是热电联产和冷热电多联供等；第二，可再生能源分布式发电，主要包括小型水能、太阳能、风能、生物质能及地热能等；第三，废弃资源综合利用，包括工业余压、余热、废弃可燃性气体及城市垃圾、污泥发电等。

12.1.1　分布式能源供应在发达国家迅猛发展

欧美国家分布式能源发展迅猛。各国政府通过政策层面规划引领、资金层面技术支持、财政税务优惠、规范化上下游市场建立、合理的价格机制和统一的并网标准制定等方面，有效地推动分布式能源的发展，分布式能源系统在整个能源系统中的占比不断提高，其中，欧盟分布式能源占比已达10%。分国别看，美国、日本及德国处于较领先水平，具有各自的发展特点，具体如下：

（1）美国分布式能源规划比重大。

美国分布式能源从20世纪70年代末期开始逐渐发展起来，主要利用分布式能源捕捉多余热能，并利用其生产冷和热，提供给工厂和商业，在节省用能成本的同时改善了环境。美国能源局（DOE）与美国环保署（EPA）分别从节能与环保两个出发点推进分布式能源的发展。美国环保署还专门成立了分布式能源协作小组（Combined Heat and Power Partnership），明确提出分布式能源是经济可行的清洁能源解决方案，并且将其视为国家首要事务之一。

目前，美国分布式能源类型包括天然气热电联供、中小水能、太阳能、风能、生物质能、垃圾发电等，热电联产总装机容量占全国发电量的比重已经超过15%。其中，以天然气热电联供为主，年发电量达160TWh，占总发电量的4.1%。

从分布式能源项目的应用（见图12-1）来看，主要集中在工业和制造业领域，其中化工业达29%，石油炼制行业达18%，只有约15%用于医院、学校、酒店和办公综合体的供冷、热。

从能源发展规划看，美国能源部正积极促进以天然气为燃料的分布式能源系统的建立，利用这些系统发展微电网，再将微电网相互连接成为智能电网。

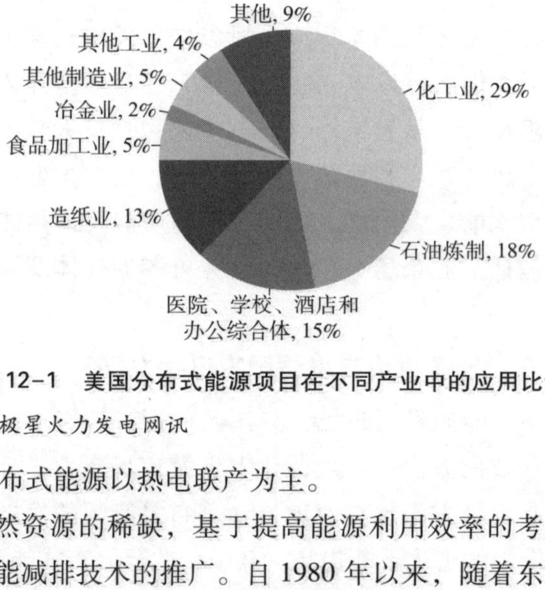

图12-1 美国分布式能源项目在不同产业中的应用比例

资料来源：北极星火力发电网讯

（2）日本分布式能源以热电联产为主。

由于国内自然资源的稀缺，基于提高能源利用效率的考虑，日本国内很早就开始重视节能减排技术的推广。自1980年以来，随着东京国立竞技场第一号热电机组开始运行，日本大力发展天然气分布式能源，年均新增装机容量达到30万kW，早在2016年，日本分布式能源装机量已经突破1000万kW。

日本的分布式发电以热电联产和太阳能光伏发电为主，其商业分布式发电项目主要用于医院、商店、公共休闲娱乐设施等（见图12-2）；工业分布式发电项目主要用于化工、制造业、电力、钢铁等行业，其中民用领域占21%左右（见图12-3）。

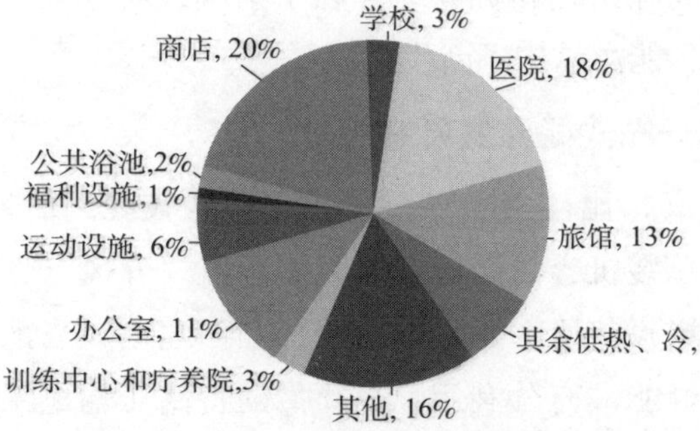

图 12-2　日本分布式能源商业应用分布

资料来源：前瞻产业研究院

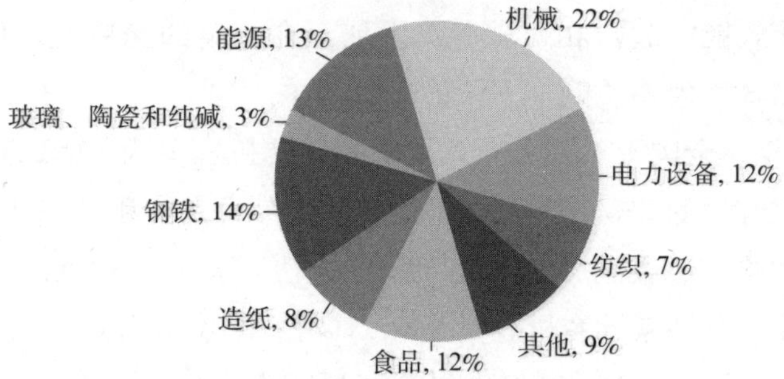

图 12-3　日本分布式能源工业应用分布

资料来源：前瞻产业研究院

日本光伏分布式发电应用广泛，不仅用于公园、学校、医院、展览馆等公用设施，还开展了居民住宅屋顶光电的应用示范工程。

（3）德国光伏发电以分布式开发为主。

德国是全球推广分布式光伏发电最成功的国家。德国光照资源条件并不好，年平均有效利用小时数仅为 800 小时左右，同时受到土地利用、电网结构等方面的限制，光伏发电以分布式开发为主，截至 2017 年底，德国光伏发电装机容量已经达到 41. 7GW，主要应用形式为屋顶光伏发电系统。

上述国家在先进的分布式发电基础上推动智能电网建设，为各种分布式能源提供自由接入的动态平台，为节能和需求侧管理提供智能化控制管理平台，为高效利用天然气冷热电联供梯级利用系统，为因地制宜地利用水电资源、生物质资源、可再生能源以及清洁回收利用各种废弃的资源能源来增加电力和其他能量的供应提供支撑。正是这些依附于用户终端市场的能源梯级利用系统、可再生能源系统和资源综合利用系统，使能源的利用效率不断提高，排放不断减少，能源结构不断优化。

12.1.2 我国分布式能源发展滞后

与欧美发达国家相比，我国分布式能源发展较晚，但发展较快。目前，我国风电和太阳能总装机容量已达全球第一，但“弃风”“弃光”现象依然比较严重。大型新能源基地主要集中在西部和西北部，当地的用电市场空间有限，要让所生产电能被充分利用，必须借助特高压输电系统，经长距离将电力输送到沿海地区，但是这种方式的输送成本太高。此外，新能源天然的波动性还会对电网系统的稳定性带来冲击。而分布式能源系统是解决上述问题的可行之路。

我国分布式能源起步相对较晚，发展存在一定的滞后性。目前国内分布式能源以天然气、生物质能、太阳能光伏为主。

到 2016 年，全国天然气分布式发电累计装机容量为 1200 万 kW，不到全国电力总装机容量的 2%。基于“全面推进分布式光伏和‘光伏+’综合利用工程”的大力推广，我国分布式太阳能（光伏）发电已初见成效。截至 2016 年底，我国光伏电站累计装机容量为 67.1GW，其中分布式发电累计装机容量则达到了 10.3GW；生物质能发电得到了快速发展，到 2016 年，我国生物质能发电项目装机容量达到 12.25GW。

从分布区域看，我国分布式能源主要集中在北上广等大城市，安装地点为医院、宾馆、写字楼和大学城等公益性场所，受限于技术、标准、利益、法规等方面的问题，目前主要采用“不并网”或“并网不上网”的方式运行。

中国分布式能源发展面临的主要问题如下：

从技术层面看，分布式能源在电网连接、电网安全、供电质量、能量储备、燃料供应等方面存在诸多问题，这也成为拖延乃至阻碍分布式能源发展的主要因素。

从市场和经济层面看，我国分布式能源系统尚处于起步阶段，还未形成经济化的产业规模，技术和装备也有待改进，以进一步降低成本。因此，尽管发展前景良好，但分布式能源体系目前还离不开政府层面阶段性的扶持和政策方面的大力倾斜。

从体制层面看，我国的电力行业由少数几家大的电力集团所主导，而电网更是被两家规模巨大的电网公司所垄断。出于利益考虑，这些垄断型集团除了不热衷于分布式能源的发展，甚至可能借用技术、规范、标准等理由人为拖延或不作为，客观上阻碍了分布式能源的发展。

从政策法规层面看，分布式能源系统和可再生能源有一定的重叠并常常关联在一起，但分布式能源系统更强调建立在终端用户侧，规模以小型为主，目前一般采用热电或热电冷联供的方式，并且一次能源也常常是以天然气或工业民用装置的余热为主。政府对分布式能源系统的原则性鼓励规定多散布于《节约能源法》和《可再生能源法》等法规中，但并没有形成体系，且缺乏具有可操作性的实施细则、技术标准和配套政策。而在具体实施过程中，相关产业严格和繁复的项目审批制度，更是扼杀了许多现实的或者潜在的分布式能源项目。

12.2　分布式能源对储能的要求

通过前文所述我们已经认识到，分布式能源的突破关键在于如何实现用户端的智能利用，并使其在能源供应系统中得到优化，从资源、环境和经济效益最优化来确定机组配置和容量规模。其最大优势在于能够利用万联网和区块链技术在本地组合不同的资源，以最大限度地满足客户的需求，同时提供清洁的、可靠的和价格合理的能源供应。

12.2.1　并网运行的一般要求

分布式能源所产生的电能具有显著的随机性和不确定性特征，而并网对系统的影响主要取决于其穿透功率极限。欧美国家的一些统计数据表明，穿透功率达到10%是可行的，所以，要保证很大的电量负荷在并网逆变器附近完全被大电网吸收。要达到维持发电/负荷动态平衡的目的，储能必须具有大容量能量/功率吞吐能力；而为了保持系统电压/频率稳定，储能就得具有微秒级响应速度和一定容量的功率补偿能力。

12.2.2　独立运行的一般要求

单个分布式电源独立运行很难维持整个供电系统的频率和电压的稳定性。因此，在大电网难以达到的边远或孤立地区，目前一般采用分布式电源联合运行来为这些地区提供可靠的电力供应。

它们包括但不限于风—光互补联合发电系统、光—柴联合型发电系统、微型燃气轮机—燃料电池混合系统等。联合运行的共同特点就是利用互补特性，获得比较稳定的总输出，在保证同样供电稳定性和可靠性的情况下，大力减少储能的容量，一般从数百千瓦到数兆瓦。以光伏—柴油联合发电系统为例，虽然柴油发电机与光伏发电相结合能够确保连续24小时不间断供电，并且资金花费低于蓄电池作后备，但是当光伏输出发生变化时，柴油发电机并不能快速做出响应。而通过储能的过渡作用，可满足负载对快速响应的要求。

12.2.3 特殊要求

（1）抑制输出功率波动。

太阳能、风能等可再生能源受天气等自然因素的影响，输出电能具有随机性，而储能系统可以平抑功率波动，提高系统电压和频率质量。从实际风力发电的角度出发，发电功率一般以秒级周期随机波动，因此要求储能具有秒级响应速度和一定的功率补偿能力。随机性带来的输出不稳定性是分布式电源并网所造成的不利影响的本质原因。研究分布式电源发电功率预测技术，并以此为依据优化储能容量，对储能在分布式电源并网中的应用具有重要的实际意义。

（2）规划性发电。

从操作上看，从根本上改变分布式电源间歇性投资巨大且无必要性，目前可将目标定位在使包含分布式电源的局部网络潮流曲线按照计划推进，储能技术只是填补分布式电源输出与预期曲线之间的差额部分，而不是对分布式电源的功率波动做出完全补偿。这对电网的调度控制和安全经济运行具有重要作用，可极大降低所需的储能容量。

12.3 分布式能源发展趋势展望

从目前分布式能源系统发展情况看，基本以本土化社区供电为主，多集中在非工业生产等低耗能领域，与现有规模化能源供应体系相比还存在较大差距，但我们仍然可以感受到其巨大的发展潜力。

在全球范围内，诸多电力公司正在部署自动化程度更高、可实现本地即时控制的技术，以提高电网可靠性。如此一来，如果电网某些部分发生故障，如暴风雪或其他事件导致的间歇性故障，本地系统就能自动重新配置，确保电力供应。同时，对微电网及生产型消费革命中众多其他因素的投资急剧增加，一些监管机构也在逐渐实行新的规定，引导投资从集中式电网转移到本地电力供应和控制系统，如美国纽约州颁布了“能源愿景改革”政策。

全球范围内分布式能源的发展仍然以天然气为主，其虽为清洁型能源，但其清洁性仅限于应用阶段，在开发过程中仍会带来环境污染问题，包括地表破坏和有害气体排放等，而且其应用终端碳排放并未减少，只有实现将可再生能源作为一次能源的才是真正的分布式能源。

当然，对分布式能源的诸多发展趋势多为猜想，一次能源是分布式能源发展的基础，技术是分布式能源发展的决定性因素。在信息化程度不断提高的未来，分布式能源的发展只有借助互联网的快速发展，深度融合以区块链为代表的互联网技术的先进性，突破诸多瓶颈，才能发挥出其巨大潜力。

参考文献

[1] 严俊，赵立飞．储能技术在分布式发电中的应用［J］．华北电力技术，2006（10）．

[2] 冉娜．国内外分布式能源系统发展现状研究［J］．经济论坛，2013（10）．

[3] 杜偲偲．国外分布式能源发展对我国的启示［J］．中国工程科学，2015（3）．

[4] 李念．“互联网+工业”与“工业4.0”的裂变融合——为正在发生的未来做准备［M］．中国学术期刊电子杂志有限公司，2015.

[5] 杨沅汶．分布式电源的配电网优化规划研究［D］．湖南大学，2014.

[6] 王敏，丁明．含分布式电源的配电系统规划［J］．电力系统及其自动化学报，2004（6）．

[7] 向楠，李鹏，张雪芹．国内分布式能源发展现状与应用前景［J］．科技资讯，2019（18）．

[8] 奚培锋，薛吉．低压电器通信技术发展及未来趋势［J］．电器与能效管理技术，2019（15）．

[9] 岳稀．“互联网+社区”满意度调查研究［D］．安徽理工大学，2016.

[10] 张薇，刘爱兵．我在楼顶自建“发电厂”［J］．国家电网，2013（6）．

[11] 吴晓清，叶彩花，王根军．美国天然气分布式能源发展的影响因素分析及借鉴［J］．环境保护，2018（2）．

[12] 杨驿昉．能源互联网到能源区块链［J］．中国石油报，2018（3）．

[13] 杨映，丁小川，马洪涛．对日本分布式能源发展的分析与思考［J］．发电与空调，2012（6）．

[14] 解鸣，任德财，濮晓宙．冷热电三联供系统的发展现状和应用综述［J］．制冷，2019（1）．

13 互联网与去中心化的能源格局

中心化和去中心化的目的均为在提高能源利用效率的同时保证能源格局的安全。中心化的意义在于，在事物发展早期，可以通过中心化管理把各要素相连，从而提高效率；缺点在于，资源会被锁在中心不具有流动性。而去中心化恰恰相反，在一个分布有众多节点的系统中，每个节点都具有高度自治的特征，每一个节点都是一个“小中心”。

与规模化的传统能源保障体系相比，分布式能源体系的微管理方式正是一个个“小中心化”的节点，其最重要的意义在于效率的提高。目前人类已经看到分布式能源体系的巨大潜力，一个“去中心化”的能源格局正在萌芽。

信息革命带来的互联网技术发展迅速，在经历了早期的“中心化”发展后，已经在“去中心化”方面取得了一定的成果，并衍生出新的技术——区块链技术。

13.1 互联网的发展阶段分析及趋势展望

13.1.1 发展阶段分析

互联网技术于1969年诞生于美国，至今已经发展了50年。从其发展轨迹看，互联网的发展历程，实际上就是互联网、大数据、人工智能与实体经济不断融合发展的过程。截至目前，互联网的发展可划分为三个阶段，各阶段特征如下：

（1）第一个阶段，互联网1.0阶段，只读互联网阶段。

各种传统的互联网网站的主要形态是“内容为主，服务为辅”，通过静态页面展示内容，通过搜索引擎聚合内容。这个阶段的缺陷相当明显，缺失用户体系，用户过于分散且没有交互，而且用户与内容处于分裂状态。该阶段信息的流通成本较高，主要贡献为完成了传统广告业数据化。

该阶段的代表是雅虎和谷歌。其中，雅虎率先确立了互联网经济规则，将传统广告业与互联网融合发展，完成一次数据化转型；而谷歌通过数据驱动商业模式的不断进化，将数字广告做到了自动化的程度。

（2）第二个阶段，互联网 2.0 阶段，可读写互联网阶段。

这个阶段，网站和内容流型社交网络并存，“内容为主，服务为辅”。内容和服务的提供方式主要是提供多种信息块和信息流。这个阶段的主要机制是内容与服务通过社交网络的统一账户直面终端用户，搜索引擎不再是获取信息的唯一渠道。改进之处在于：①信息流取代消息流成为提供内容与服务的主体；②依托社交网络的初步发展，用户成为互联网的中心；③社交网络的发展与聚合作用，提高了信息提供方持续提供内容与服务的积极性；④动态信息的主动推送，避免了内容的边缘化。该阶段数字技术对内容产业完成了数据化改造，完成了内容产业数据化。缺陷在于，信息流不足使得服务更倾向于工具，且此阶段的互联网移动属性较弱。

该阶段的典型代表是维基百科，我们不但可以通过网络获取信息，而且任何人都可以提供信息；紧接着，微博、微信等平台开始大量涌现，互联网内容的来源、传播方式也发生了深刻的变化，数字化内容开始替代传统内容，并不断形成了新的内容形态。

（3）第三个阶段，互联网 3.0 阶段，移动互联网阶段。

该阶段的主要形式是内容与服务并重，内容提供方式以消息流为主，内容流为辅。这个阶段的发展机制是借助移动 APP 工具，使用户直接面对服务。可移动软件成为内容中心，无须再借助搜索引擎和内容流型社交网络这两类中介。这个阶段完成了生活服务业数据化，而传统互联网网站面临萎缩。

上述三个阶段都围绕人发展，统称为“人联网”，其共同特点是中心化系统管理。中心化的系统通常在开始的时候表现良好，但随着时间的推移，最优秀的企业家、开发商和投资者在中心化的平台上构建自己的网络时会变得小心翼翼。数十年的证据已经表明，基于中心化的平台网络会以失败告终。

13.1.2 趋势展望

（1）互联网 4.0 时代即将到来。

从发展趋势看，互联网的发展将全面进入大数据、人工智能和实体经济深度融合的阶段。未来，互联网发展将进入万联网阶段，就是万物皆可相连，一切皆被数据化。

从互联网平台的管理方式看，中心化平台目前仍占据着主导地位，但存在的问题将更加明显。面对实体经济的庞大数据，中心化平台管理显得相形见绌。实践表明，去中心化网络并不是一个能够解决互联网上所有问题的万能灵药，但是它可以提供比中心化系统更好的解决问题的方法。

现在人们普遍认为，互联网核心服务在未来将进行重新架构，中心化管理将被由社区管理的网络以及去中心化的分布式网络所替代；而互联网将向万物可连阶段发展，引导人类经济活动发生变革。

与电气化一样，物联网的应用不会仅限于制造和生产（虽然首先在这两个行业出现），我们会看到，物联网的影响波及每一个重要行业：医疗保健、金融体系、交通运输、能源生产、传输和分配、农业、智慧城市服务等。同时，互联网在与实体经济融合的过程中会产生新动能，开辟新领域。

（2）能源互联网时代猜想。

可以预见的是，通过互联网和能源系统的结合，我们可以很方便地进行能源共享，就像 Wi-Fi 共享模式一般。在全球范围内，当地球的一侧半球处于黑夜时，其过剩的能源可以通过网络智能地转移到处于白昼的另一半球。市场化、民主化、去中心化、智能化、物联化等变革将颠覆现有的能源行业。在新的能源体系需要能源互联网的同时，“能源互联网”将逐步具备“智慧、能自学习、能进化”的生命体特征（见图 13-1）。

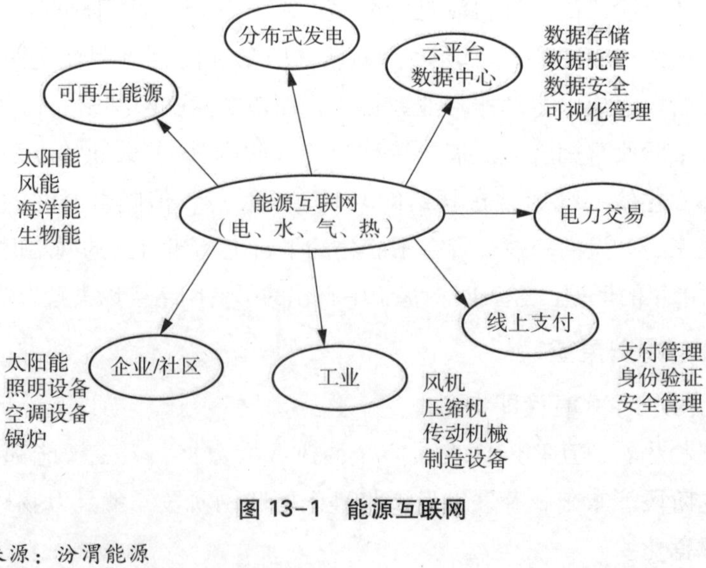

图 13-1　能源互联网

资料来源：汾渭能源

能源互联网与工业互联网最大的区别在于，能源互联网最终要走向消费端，如智能家庭、智慧社区、电动汽车、家庭能源管理等，这是工业互联网目前并不涉及的领域。走入消费端的能源互联网将具备更大的想象空间，并创造出新的商业模式。

13.2 区块链技术的应用

从目前能源互联网技术发展情形看，区块链技术被认为是最具前景，可解决分布式能源在管理方面面临的诸多问题，促进分布式能源体系发展的技术。

13.2.1 区块链技术发展现状及未来展望

2008 年 10 月，中本聪发表了一篇论文，详细阐述了分布式账本技术的基础原理，介绍了一套以区块链为基础的支付技术。该技术突破性地结合数学、密码学、计算机科学与博弈论，开创了在数字经济和实体经济中存储与交换价值的全新系统。现在，比特币已经完全成熟，密码学的概念也逐渐被人们认知和接受，区块链也作为一种技术而登堂入室。从现实世界也能看出，区块链技术已经不再依附于比特币、以太坊及任何数字货币的技术，而是真正作为一种独立的技术被纳入学术研究领域。

作为一种去中心化的、不可篡改的、可信的分布式账本，区块链技术提供了一套安全、稳定、透明、可审计且高效的记录交易以及数据信息交互的方式。其具有以下特点：①高度安全，不可篡改；②存在于互联网，向所有用户公开；③点对点的交易和互换；④无须第三方的介入即可完成价值交换。

可将区块链的发展划分为如下三个阶段：

（1）初始阶段：1.0 阶段。

该阶段也称为数字货币阶段。区块链技术伴随比特币的出现而产生，其最初的应用完全体现在数字货币方面。比特币的出现第一次让区块链概念进入了大众视野，而编程货币的出现，则使得价值在互联网中直接流通成为可能。区块链的意义在于其构建了一种全新的、去中心化的数字支付系统，及时性货币交易、无障碍的跨国支付以及低成本运营的去中心化体系，都让这个系统变得前景无限。作为一种新兴数字货币，比特币强烈地冲击了传统的金融体系。

（2）现阶段：2.0 阶段。

该阶段也称为智能合约阶段。随着时间的推移，开发人员开始相信，区块链并非仅能简单地记录事务。例如，以太网的创始人认为，资产和信托协议也可以从区块链管理中获益。这样，以太网就代表了第二代区块链技术。由以太网带来的主要创新是智能合约的出现。通常，主流商业界的合同由两个不同的实体管理，有时还由协助监督进程的其他实体管理。而智能合约是指那些在区块链上自我管理的契约。它们是由事件本身触发的，例如一个出口日期或实现一个特定的价格目标；作为回应，智能合约自我管理，在需要时才做出调整，而不需要外部实体的投入。

目前，区块链技术的发展正处在这一阶段，现在还很难看到比较完整的应用。

（3）发展趋势：3.0 阶段。

随着技术的进一步发展，区块链“去中心化”特性及“数据防伪”功能在其他领域逐步受到重视。除金融领域外，区块链技术还可以扩展到任何有需求的领域。于是，区块链技术又陆续被应用到了公证、仲裁、审计、域名、物流、医疗、邮件、鉴证、投票等其他领域中，应用范围扩大到了整个社会。

在这一应用阶段，人们将试图用区块链来颠覆互联网的最底层协议，并试图将区块链技术运用到物联网中，让整个社会进入智能互联网时代，形成一个可编程的社会。

13.2.2　区块链技术在能源格局中的应用

13.2.2.1　区块链可解决分布式能源发展的诸多问题

区块链强大的分布式算法，能够保证能源互联网全网数据同步，通过功能维度、对象维度和属性维度来最大程度匹配能源互联网的特点。目前能源互联网在交易计价、风险测量和结算等方面存在严重的技术瓶颈，区块链将有望为这些问题的解决提供参考。

区块链可以保存分布式能源系统中重要参数的数据，如用电数据、调度数据、发电设备的运行情况等。区块链还能够保障分布式能源系统配电的分散化决策。分散化决策取决于能源互联网各个功能模块的互相协调，确保整个系统始终处于高效运转的水平，这被称为多模块协同自治。

当然，区块链最终能否取得成功，不仅取决于其相对能源领域整个系统的技术先进性，也取决于其对政府政策以及法律框架的适应、技术本身的可扩展能力和适应不同情况的能力以及盈利能力。

与金融领域不同，区块链在能源领域中应用时，其物理产品本身（如电能）需要纳入通盘考虑。区块链中的交易不仅包含价值和信息，还包括需要在电网或其他基础设施中输送的能源。

最关键的问题在于，我们必须有一个分布式的能源交易以及供给系统，这也是我们判断区块链是否在能源领域内有价值、有潜力的基础。从目前的趋势来看，区块链将有足够的能力来支撑整个分布式的能源交易、供给系统。如果我们将能源的生产者、消费者直接连接起来，使电力生产商、输电网运营商、配电网运营商以及能源供应商得以在多个层级上进行交易，将有可能从根本上简化今天能源系统中复杂的多层次结构。区块链将使我们对整个系统有新的控制并获得新的参与方式，从而更直接地发现市场中的新需求（见图 13–2）。

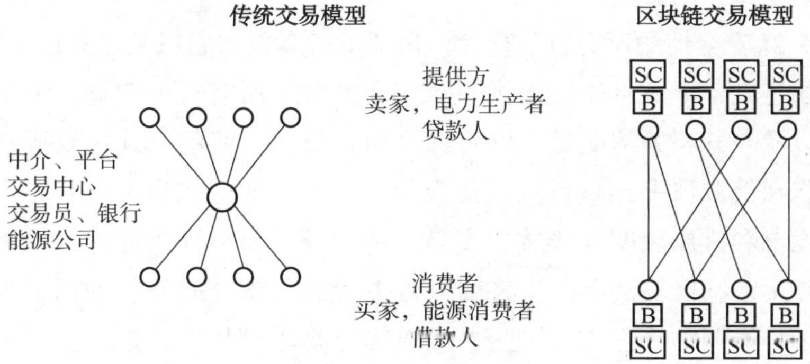

图 13–2 交易模式对比

资料来源：汾渭能源

13.2.2.2 区块链促进分布式交易模式的建立

在将来，很多的消费者也是生产者，这就是我们所谓的“产消者”。这些产消者不仅消费能源，还将拥有一定的分布式发电装机，例如光伏、小规模的风机或者热电联产机组。区块链将能够使他们将这些设备发出的电以点对点交易的形式直接卖给任何人，比如他们的邻居。区块链将所有的交易以防篡改的方式进行记录。所有的交易都是在一个点对点网络下，在两个独立个体之间直接进行的。区块链在能源领域应用的最终形态，主要体现在以下四个方面：

（1）区块链技术使得通过智能合约构建能源系统成为可能。

当有交易发生时，智能合约将会告知系统。这些都是基于事先定义好的规则进行的。这些规则将能够保证所有的能量以及储能容量都被自动控制，从而平衡供给和需求。例如，当电力的供给大于需求时，智能合约将用来保证多余的电力自动供给储能装置。相反，当电力的需求大于供给时，储能装置中储存的电能将会在智能合约的控制下去填补电力供给的空缺。通过这种方式，智能合约可以直接控制电网中电能的流向以及储能设备，还可以用来管理虚拟电厂。

(2) 去中心存储技术使分布式交易及保证安全的记账成为可能。

将交易数据在区块链上去中心存储，使得对于所有能源流以及相关商业活动，分布式并且保证安全的记账成为可能。所有的能源流以及交易都可以由智能合约进行驱动，都可以在区块链上以一个防篡改的方式进行记录。这一智能合约和分布式账本的结合，对于电网（或天然气管网等）以及储能设备都将产生直接的影响。

(3) 高安全性的所有权的存储，保证了所有权归属以及与其相关的交易。

区块链在未来还可通过提供一个安全的对于所有权的存储，来记录所有权归属以及与其相关的交易。以防篡改和分布式记账的方式记录所有的交易数据，将在能源证书领域得到广泛应用。最重要的应用有两个：一个是可再生能源发电和排放额度（排放权交易）的核查。每个证书的所有权历史可以被准确地记录在区块链上。这将为可再生能源和排放配额管理证书提供一种防篡改的、透明的管理方式。另一个应用与物联网相关，是建立一个基于区块链的注册记录，并对智能电表、网络和发电设备（例如光伏系统）等资产的所有权和当前状态（资产管理）进行管理。

(4) 消费者可以适用加密货币对能源进行支付。

如果将单独的区块链应用程序组合在一起，就可以为未来提供分散的能源交易和供应系统。在分布式发电设备中产生的电能将通过更小的网络传输到终端用户。智能电表将测量用户产生和消耗的能源量，而能源交易活动和加密货币支付将由智能合同控制，并通过区块链执行。

目前人们已经在这方面进行了尝试。将这些机制放到德国能源市场之后，人们发现没有交易员或能源公司的能源供应是可能的。因为在传统体制下，能源通过集中发电设施生产，通过能源公司运营的分销网络向工业和家庭用户提供，交易员在交易所买卖能源，银行充当支付服务提供者，处理相关各方的交易。而以区块链为基础的能源交易流程将不再需要能源公司、交易员或银行，取而代之的是一个分散的能源交易和供应系统，在这种情况下，基于区块链的智能合约应用程序将使消费者能够管理他们自己的电力供应合同和消费数据（见图 13-3）。

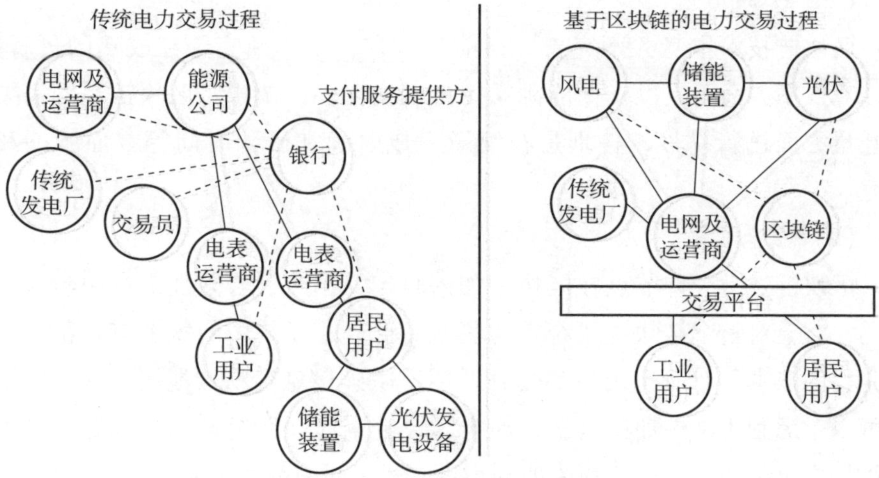

图 13-3　交易过程对比

资料来源：汾渭能源整理

13. 2. 2. 3　区块链技术在能源领域的应用推广

除了创建分散式交易模型之外，区块链技术还可以应用于能源领域的很多其他地方。举例如下：

区块链技术将带动智能设备的进步。随着智能设备之间相互通信以及未来的家庭、企业的各种设备之间的通信需求不断增多，将需要一种能够传输和存储相关信息和交易的通信媒介，而区块链是一个不错的选择。

区块链技术还可以用来创建所有电力交易账单数据的综合档案。随着智能电表的推广，区块链技术可以成为一种工具，使得消费者可以使用他们的智能电表来进行仪表读数和计费，从而获得对于他们的电力供应合同和消费数据的控制权。

未来，随着分布式能源配套的软硬件技术的逐渐成熟，系统搭建所需条件可获得性的增强，以及物联网技术、人工智能技术的进一步完善，区块链+分布式能源的市场优势有可能一夜之间为广大用户所接受。

13. 2. 3　区块链在能源方面的应用处于初级阶段

从目前进展看，能源方面区块链的技术和应用还处于初级阶段。一方面，区块链技术还不够成熟，计算能力和响应速度都存在瓶颈；另一方面，能源系统是个复杂的物理系统。目前，区块链技术存在效率问题、安全问题和政策问题等诸多问题。

（1）效率问题。

区块链技术本身并不完善，目前尚处在一个不断完善和成熟的过程中，在计算效率方面不足以支撑能源系统产销实时性的要求。区块链系统需要在吞吐量方面进行扩展，特别是在缩短生成时间和确认时间等方面开展相关研究。

（2）安全问题。

区块链技术允许节点在区块中加入自定义信息，若附加信息中包含恶意代码，将会对整个区块链系统产生影响。此外，系统中的每个节点都会有一份完整的账本，对所有用户都公开透明，敏感信息容易被泄露。这些安全风险可以考虑利用硬件加密措施、加大区块链审计（防篡改、可溯源是区块链的优势，也是数据话语权的体现）力度和进一步研究相关匿名算法来解决。

（3）政策问题。

能源行业是各个国家政府重点监管的基础性行业，对国家政策的依附性非常强。当前有很多应用虽然在技术上是可行的，但若无国家相关政策倾向，仍无法实现落地推广。

13.3 一个新的多元化能源保障系统的建立

13.3.1 可再生能源比重正在不断提高

与以化石能源为代表的传统能源相比，可再生能源的最大优势是地域分布比较均衡且资源总量巨大，同时具有可再生、无污染的特点，被认为是解决目前全球环境及能源危机问题的必然选择。

进入 21 世纪以来，不同国家对能源安全保障、生态环境保护、气候变化如何应对等问题日益重视，加快可再生能源利用已成为世界各国的普遍共识和一致行动。几乎所有发达国家和发展中国家都出台了支撑可再生能源发展的相关政策，重点发展太阳能等可再生能源，减少对化石能源的依赖。目前，全球可再生能源已经进入规模化利用的阶段。人类要实现全球能源脱碳目标，可再生能源必须占到一次能源总量的 2/3 以上。从能源类型看，未来电力需求的增长远高于其他能源类型，电力在能源系统中的地位越发凸显，而发电能源品种多元化更加突出，可再生能源对煤炭的代替十分明显，并且成为补充电力增长的主要力量。

随着能源获取、传输和储存技术的不断进步，限制可再生能源大规模利用的稳定性和经济性的问题将逐步得到解决。从实际情况看，近年来得到大力推广的风能及光伏成本出现了明显的下降，已经接近部分国家或地区的火电成本，未来可进一步降低；借助能源区块链的发展，稳定性难题亦可得到解决；随着转化效率的提高，人类能源转型目标必将实现。

13.3.2 能源区块链技术已经在快速发展

2016 年 4 月在纽约布鲁克林试运行的将区块链和分布式发电结合的项目，实行用户之间的点对点交易，这是区块链在能源领域的第一次应用。随后，各个跨国能源巨头投资于不同区块链项目，致力于将能源的产销一体者相互连接起来，或者将能源的生产者和消费者直接关联起来。

未来，区块链技术将在能源保障体系中扮演重要角色，它能完全记录整个能源生产、消费等过程。相较于现有的能源网络，区块链技术具有不可伪造、难以篡改的特点，能够有效地解决复杂系统中各主体间的信任问题，并且能在信息交互模式上进行改革，影响更多样的能源形式和更广泛的参与主体。总体而言，区块链技术将在能源网络的构建、发展与升级过程中发挥重要作用，使能源网络最大化地发挥效益。

在能源供给方面，分布式与集中式相结合是未来能源供给的典型模式，区块链“去中心化”特征与分布式能源系统之间的物理特性具有较强的耦合性，区块链技术的“实时更新”特性有助于实现集中式和分布式之间的实时信息共享，避免不同能源的重复投资建设。

在能源输送方面，能源输送的形式多样，不同形式之间存在一定竞争。区块链技术有助于实现不同形式之间的强制信任和交易的透明化，协调和优化不同形式之间的能源传输，提高能源保障系统的效率。

在能源分配方面，分布式能源的接入改变了集中式能源分配系统的拓扑结构，不同能源之间的交叉转化和时空耦合对能源系统的计量提出了更高的要求。基于区块链技术的自动执行和广泛共享将会显著提升能源分配的合理性。

在能源消费方面，得益于以分布式记账本和智能合约为基础的区块链技术的应用，能源系统将会极大地提升消费侧和供给侧等参与方之间的透明度，实现不同能源形式之间的合理利用和交互。

在能源交易方面，从目前发展轨迹看，区块链有望率先在能源交易领域得到应用，典型的场景包括：基于私有链的电费结算；基于联盟链的微电网中不同角色间的内部交易；基于公有链的分布式能源系统之间不同能源的交易；基于公有链的国家和地区之间的能源交易体系和商业模式等。

13.3.3 新的能源保障系统正在形成

为更好地理解新的能源保障体系的建立，我们先对未来全球能源需求量进行预判：随着世界经济规模的不断增大，世界能源消费量持续增长。但随着全球经济增长逐渐放缓，能源强度逐步下降，一次能源需求增速将逐步放缓，最终全球一次能源需求量将到达顶峰并长期维持在同一水平，全球能源供需呈现整体平衡的格局。IEA 预测，全球未来一次能源消费总量稳定在 300 亿吨标准煤左右。

未来，随着一次能源消费量的不断增长，面对现有能源体系存在的诸多问题，人类必须建立新的能源保障体系，来支撑人类文明的发展。我们可以畅想，随着一次能源结构中可再生能源比重的不断上升，叠加以区块链技术为代表的互联网技术与能源保障体系的深度融合，一个新的能源保障体系即将建立。

（1）可再生能源成为一次能源供应的主体。

未来，一次能源增量主要来源于太阳能、风能、生物质能、波浪能、潮汐能、海洋温差能等可再生能源的增长。最终，可再生能源将超过传统能源，成为一次能源供应的主体；而煤炭、石油、天然气等化石能源占终端用能的比重趋于下降，但并不会完全消失，可以在资源禀赋好的地区依靠清洁利用技术继续发挥其作用。

（2）人类能源保障体系走向多元化、分布式。

可再生能源的多类型决定人类能源保障体系将向多元化发展，而与以区块链为代表的互联网技术深度融合后，人类分布式能源保障体系最终将建立。其最大优势在于本土化资源优化配置：根据区域内资源可用性以及气候和地理条件，因地制宜，优化供应组合。将各种能源整合起来，最大限度地满足当地需求。同时，根据最终用户的地理位置，结合消费模式，降低成本，实现最优能源供给。

（3）“电为中心”的能源供应特征进一步凸显，分布式电网将成为人类能源供给的主要形式。

电力作为一次能源最主要的转化形式，未来将借助储能技术突破取得进一步发展。在分布式能源体系中，“电为中心”的能源供应特征进一步凸显，全球用能终端将由电力主导。

电力系统将是分布式能源体系中的最大受益者。自动化运行的分布式管理不仅将进一步降低输配电成本，还可凭借成熟的本地控制和分散式技术让电网管理系统更加稳定，分布式电网将成为人类能源供给的主要形式。

（4）储能技术获得突破，得到广泛应用。

未来，储能技术将获得突破，能量密度达到现有化石能源水平，在分布式能源系统中被广泛应用，有效地实现需求侧管理，减小负荷峰谷差，降低供电成本。同时，新能源交通工具走向成熟，完全取代内燃机，人类能源消费方式发生变革。

参考文献

[1] 严俊，赵立飞．储能技术在分布式发电中的应用［J］．华北电力技术，2006（10）．

[2] 汤必强，陈爱林，杨胜春．区块链技术及其在能源互联网的应用［N］．国家电网报，2018-06-12．

[3] 杨德昌，赵肖余，徐梓潇．区块链在能源互联网中应用现状分析和前景展望［J］．中国电机工程学报，2017（13）．

[4] 张蓓．能源互联网中的区块链技术应用维度和前景展望［J］．上海节能，2018（3）．

[5] 邱丽静．美国可再生能源发展现状和经验分析［J］．能源研究与利用，2019（1）．

第5部分

生物质能源将全面推动第四次产业革命

已经完成的第一次工业革命和第二次工业革命均以能源的发现和转型为基础，带来了生产力的飞跃发展，并完成了工业基础的规模化；正在发展的第三次产业革命充分利用了各种化石能源，科学技术获得了爆炸性的发展，人类的生存空间和生存规模以及对生存环境的改造能力均得到空前的增长，并借助于5G、人工智能等新技术不断放大其功能，人类已经开始有能力干预地球的自然循环规律了。

但是，我们是否对地球生态的循环规律进行过研究？人类目前的工业革命该顺应还是逆向于地球生态的发展规律？

如果我们的工业革命破坏并逆向于地球生态的发展规律，我们的能量越大，对地球的破坏也越大，最终将导致地球和人类的衰败和灭亡。 如果我们的工业革命利用并顺应了地球生态的发展规律，新的工业革命将在人与地球环境的互动中，再次迎来一个在人类参与调控下的繁荣富饶的地球新生态。

14 生物质将全面破解能源困境

14.1 化石能源继续利用的瓶颈

化石能源是地球历史时期的太阳能和碳的储备，是不可再生并会最终枯竭的。

使用化石能源利用了储备的太阳能，同时再次将 CO_2 释放到大气中，尽管今天的大气仍有接收空间，但如果持续地将化石能源的碳释放到大气中，大气环境及其匹配的生态环境将不适合今天的人类文明并给人类生存带来灾难。

今天科学家们为避免上述灾难所做的努力（如碳捕捉和碳封存）在光合作用面前都将劳而无功，而任何试图将 CO_2 重新还原成碳氢燃料的新技术和新工艺，其所消耗的能量都会大大高于其产品使用时产生的能量。

如果按照现在的发展模式，即使在充分使用传统新能源的情况下，地球温度也将不可逆转地持续上升，直至影响人类的生存与发展。

14.2 可再生能源的局限性

在可再生能源中，全球水电在经历大规模的开发后，未来增量有限，水电带来的一系列生态环境问题也将逐渐凸显；太阳能、风能、潮汐能均取决于太阳和天气，其共同特点是能量密度低、稳定性差、成本高，尽管已经做出了巨大的努力，消耗了太多的政府补贴和社会资源，其提供的能源还远没有达到5%；地热能具有区域的局限性，其本质是在冷却地球。

14.2.1 太阳能

从目前人类对太阳能的认知看，太阳能具有诸多的禀赋优势，如资源充足、分布广泛、安全、清洁等。经过多年的开发，太阳能发电也得到了长足的发展，但同时应该注意到，太阳能在有效利用方面存在以下不可避免的问题：

（1）能流密度低、分散性强。到达地球表面的太阳辐射的能量总量很大，但是能流密度低。在北回归线附近，在夏季天气较为晴朗的情况下，正午时太阳辐射的辐照度最大，在垂直于太阳光方向 $1m^2$ 面积上可以接收到的太阳能平均在1000W左右；按照太阳辐射能量在冬季大致只有一半、阴天时一般只有1/5左右计算，全年日夜平均 $1m^2$ 可以接收到的太阳能仅有200W左右。显而易见，这样的能流密度是很低的。当然，也正是这一分散性特征，形成了地球适合生物生存的基本条件。

（2）不稳定性。由于受到昼夜、四季、不同纬度和海拔高度等自然条件的影响及以及晴、阴、云、雨等随机气象因素的影响，到达某一地点的太阳辐照度既是极不稳定的，又是间断的，这给太阳能的规模化应用增加了难度，需要借助储能技术来维持其稳定性。所以，储能技术是否获得突破将决定太阳能发电在未来是否能获得发展。

（3）效率和成本。从现有发展轨迹看，未来太阳能的大规模利用方式仍是发电。利用太阳能发电的方式有多种，其中已进入应用阶段的技术包括光—热—电和光电两种方式。前者由于成本低的特点在过去获得了一定的发展，但效率低下的问题将最终导致其被后来居上的光电（光伏）技术所取代；后者也成为光伏发电技术的主体。在过去的40年里，太阳能光伏组件的成本下降了99%，但仍是煤电的3倍多（土地成本、政策成本均未考虑）。随着光伏技术趋向成熟，太阳能光伏发电成本仍有一定下降空间，但降幅有限；在转化效率方面，理论性仅为10%，在实际应用中将低于这个水平；在储能方面，电池技术仍是目前无法突破的难题。在未来较长时间内，以光伏发电为代表的太阳能利用成本仍将高于效益，难以实现经济性，叠加太阳能电池制造过程中带来的二次污染，在与常规化石能源的竞争中，太阳能仍将处于劣势。

14.2.2 风能

人类利用风能的历史较早，公元前后已有灌溉、磨面、帆船等机械能方面的应用，目前的利用方式主要为发电。从理论上讲，风能是空气流动所产生的动能，为太阳能的一种转化形式，具有可再生、分布广、无污染、资源充足的特点。但是，风能的发展存在天然劣势，集中表现在能量密度低、稳定性差、地区差异大三个方面：

（1）能量密度低。这是风能的一个重要缺陷。在各种能源中，风能的含能量是极低的，只有水力的1/816，给其利用带来了一定的困难。

（2）稳定性差。风能是一种随机性强能源，由于空气气流瞬息万变，所以风的脉动、日变化、季变化以至年际的变化都十分明显，波动很大，稳定性差。

（3）地区差异大。受不同地形的影响，风力在不同区域的差异非常明显。即使在邻近的区域，有利地形下的风力往往是不利地形下的几倍甚至几十倍。

上述三个劣势带来的最重要的问题是效率低背景下的经济性问题，目前风力发电设备工作原理下，能源转化效率不足30%；风力资源与电力需求的逆向分布，需通过长距离电网解决；而且，风能的利用在生态环境方面带来的一系列问题未来也将越发明显。

近年来，风电设备成本虽有所下降，但成本高、维修率高已是不争的事实，未来科技的进步或许会解决成本高、维修率高的问题，但稳定性差、地区差异大的局限性，导致风电未来不会得到大范围利用。目前普遍认为，只有把风能资源的不稳定性放到整个电力系统的背景下进行研究才有意义。

14.2.3 潮汐能

潮汐能作为可再生能源，具有体量大、无污染、不影响生态平衡的特点，普遍被认为是沿海地区重要的能源补充。目前潮汐能的主要利用形式是潮汐发电，与传统水力发电类似，具有一次投资大、发电成本低的特点，但也存在以下局限性：

（1）稳定性差。受天体引力影响，存在太阳日变化和月循环，稳定性差；保证出力、装机的年利用小时数也少。

（2）受地形限制。沿海地貌地形的差异性带来的经济性差异，导致潮汐发电项目并不能在沿海广泛推广。

（3）工程造价高。国外大型潮汐电站的投资为3000~4500美元/kW，比河川水电站的投资高2~7倍。而且因浸泡在海水中，海水、海生物对金属结构物和海工建筑物有腐蚀和沾污作用，故需做特殊的防腐和防海生物黏附处理。

14.2.4 地热能

地热能是人类很早以前就开始利用的一种形式，例如利用温泉沐浴、医疗，利用地下热水取暖、建造农作物温室、进行水产养殖及烘干谷物等。不过，大规模的开发利用却是始于20世纪中叶，地热发电效益显著提升。地热能的利用方式主要为发电和供暖，目前在全球范围内得到应用，但是，地热能的禀赋特征导致其无法被大范围推广：①高温地热资源的分布与地质构造有关，受地域限制很大，较好的地热能基本都分布于地震带；②地热开发的初始投资很高，包括前期勘探等成本费用，收益不确定性较高；③开采过程中要采取回灌措施，即将利用以后的地热流体回灌到地下储层之中，难度较大且耗资高；④如果开发利用不当，可能对周围环境造成损害。

14.3 生物质能源替代化石能源的必然性

生物质能是太阳能的一种表现形式，在工业革命以前，一直是支撑人类社会发展的主要能源。在现有工业体系下，一方面，资源和环境问题日益突出；另一方面，CO_2和温室效应导致的生态变化，正在促进生物质的再次繁荣。依托生物技术的发展和利用技术的提升，生物质能必取代化石能源，成为能源结构的主体。

14.3.1 生物质能具有禀赋优势

（1）生物质资源丰富、分布广泛。

地球上的生物质能资源较为丰富，而且是一种无害的能源。在现有生态下，地球每年经光合作用产生的生物质有170Gt，其中蕴含的能量相当于全世界能源消耗总量的10~20倍，利用率不足3%。在CO_2的推动下，地球生态中的生物质环境迅速改善，更多的沙漠、高寒地带将适合生物质的生长，人类可利用的生物质的形成量、保有量将快速增加，生物质能源的成本正在不断降低。

（2）应用技术相对成熟，与现有能源体系高度重合。

生物质燃料特性符合现有市场需求。现有工业体系下，热力、电力和交通动力三大能源终端市场，均可在不改变现有能源基础设施的情况下实现对化石能源的替代，其相对其他新能源品种经济性强。其中：供热是最大的能源消费领域，而生物质能作为唯一的可再生燃料，可储存、可运输，能够应对多样化的供热市场需求。在能量密度方面，目前生物质燃料发热量为3900~4800Kcal/kg，经碳化后发热量可达7000~8000Kcal/kg，已达到化石燃料的水平。借助于生物工程技术的发展，生物质燃料发热量未来还有进一步提升空间。在三大能源终端市场全面取代化石能源，这是生物质能源相较于其他可再生能源品种的明显优势。

（3）生物质能经济性优势明显。

在现有技术水平的基础上，生物质能与其他可再生能源相比具有一定的经济性优势。在美国，生物质型发电厂的规模一般较小，装机容量一般不到50MW，但是其发电成本已经接近化石能源的发电成本，低于其他新能源的发电成本；巴西的生物燃料成本已经可以与石油竞争，2005年美国取代巴西，一跃成为世界头号燃料乙醇生产国，乙醇生产工业为美国经济带来了丰厚利益。普遍认为，这主要得益于乙醇的新型生产技术以及纤维素转化技术的商业化应用。随后，美国在2007年出台能源安全与独立法，明确提出：2022年前国内汽车加入36G加仑的生物质燃料，以乙醇为主。

用玉米等生物质生产柴油等曾经在一些国家兴盛一时，后因造成了粮食价格上涨而停止发展。随着地球生态的改善、生物工程技术的发展、植被与可耕种面积的增加，生物质及其产品的成本在未来的几十年内将快速降低，并全面低于化石能源的开采和使用成本。

14.3.2 生物质的增长潜力极大

如果用今天的生物质保有量和再生能力来讨论生物质主导能源未来，将得出生物质的消耗将大于其产量，从而导致植被退化的结论，但是我们今天面对的是新型气候与碳环境下生物质增长的潜力与速度。

如果用50年前的农业效率讨论今天，地球将不能养活今天的人口；如果我们讨论50年以后的情景，则与今天将大为不同。

科学家预测，到22世纪中期，大气中的CO_2含量将较工业化前增加1倍，达到700ppm。全球生物质年再生总量将达到1万亿t以上，折合石油2460亿~5015亿t——生物质发热量范围为$(10.3\sim21)\times10^3$kJ/kg。而据专家预测，2050年后，全球能源需求将保持在181亿~210亿t石油，即每年的再生量是消耗量的13~23倍。届时，地球生物质将从解决食物问题到解决能源问题，最终发展到通过储炭，即吸收储存大气中过量的CO_2，解决威胁人类正常生活的、过量的CO_2问题。

14.3.3 生物质能源将全面破解能源困境

伴随着人类能源的发展，不论愿意与否，我们面临的困境和机会都是空前的。如果继续在现有的思路下，依靠人类自身的力量谋求发展，我们将不断陷入更深的困境之中；而如果能够使人类产业革命的动力与地球生态发展的客观规律产生互动，人类将迎来一个美好的未来。

生物质能源正是可以确定的使人类产业革命的动力与地球生态发展的客观规律产生互动的钥匙，它不仅实现了能源的环境友好、成本低廉、持续与可再生，而且有效地控制了由于 CO_2 持续排放导致的气候变化和过度的温室效应，实现了地球大气的碳平衡。人类面临的能源短缺、环境恶化的能源困境将被破解。

14.4 生物质及其能源体系将全面推动第四次产业革命

伴随着人类生产规模的不断扩大，产业革命的规模也在不断加大，已经完成的第一、第二次产业革命均给人类发展带来了革命性的影响，而正在进行中的第三次产业革命由于其基础规模更大，技术的多元化更丰富，因此给人类带来的影响也将更大。一些重大的技术进步如5G技术与机器人等，只能是其中的一部分，而不可能是一个新的产业革命的全部。也就是说，第三次产业革命还远未结束，更多的技术进步将继续推进第三次产业革命向更高阶段发展。

第四次产业革命必将是人类技术进步与地球环境和生态共同作用、互动发展的结果，即在碳平衡推动下生物质产业发展带来的涉及气候与生态、能源与环境、工业与材料体系、科学技术与人文体系等全方位的规模更大、意义更为深远的产业革命。

虽然第四次产业革命目前尚处于萌芽阶段，但是，其给我们带来的影响将是巨大和深远的，提前理解并充分准备将使我们少走很多弯路，并在其来临时夺取先机。

参考文献

[1] 陈俊．风光混合独立供电系统的研究［D］．内蒙古工业大学，2006.

[2] 周艳茹，陈惠芬．生物质能利用的国际经验借鉴［J］．产业与科技论坛，2011（20）．

[3] 洪浩．生物质能源产业的比较优势［J］．能源，2018（8）．

[4] 唐红英，胡延杰．国外生物质能源产业发展的经验及启示［J］．世界林业研究，2008（3）．

[5] 束传军．微生物导电菌毛的进化、结构和电子传递机制研究［D］．东南大学，2018.

15 农业革命与社会财富的再分配

第四次产业革命后，基于生物质原料生产的现代农业将成为全球第一大经济产业，而现代农业的生产者和生产资料的拥有者届时将拥有社会最大的财富。

15.1 基因工程推动下的生物质能源

15.1.1 转基因作物已经带来农业产品的20年快速增长

过去20年，基因技术在农业方面的应用取得了巨大成功，引领着现代农业科技的发展方向。在实现多种作物的产量大幅提升，生产成本大幅降低的过程中，基因工程技术取得了极大的进步，不断地拓展到新的领域。在第四次工业进程中，生物质能无疑是基因工程的突破方向。

1996年，转基因玉米开始在美国进入商业化种植阶段，转基因农作物获得批准进入田间试验，此后全球转基因作物研发和产业化迅猛发展。2017年，全球转基因作物种植面积达到190Mkm^2，同比1996年的1.7Mkm^2，增长了112倍（见图15-1）。转基因作物实现商业化种植以来，其种植面积、种植国家数量、作物种类、经济效益等方面呈现出迅速增长态势，创造了巨大的经济、社会和生态效益。

过去20年，基因工程主要针对农副产品开展，主要目的在于解决全球性的粮食安全问题。从全球转基因作物种植品种来看，以大豆、玉米、棉花、油菜四大作物为主，其中转基因大豆的种植面积最大，2017年达到9410万hm^2，尽管较2016年下降了3%，但仍占全球转基因作物总种植面积的一半；其次是转基因玉米，2017年种植面积为5970万hm^2，占全球转基因种植面积的30.51%；第三和第四分别为转基因棉花和转基因油菜，2017年种植面积分别为2421万hm^{2}和1020万hm^2，占全球转基因种植面积的比例分别为

12.76%和5.37%。2017年，四大转基因农作物种植面积合计占比达到了98.21%。除了大豆、玉米、棉花、油菜四大农作物外，2017年，上市的转基因农作物还有苜蓿、甜菜、木瓜、南瓜、茄子、马铃薯和苹果等，更多品类的转基因农作物上市，为全球消费者提供了更多选择。

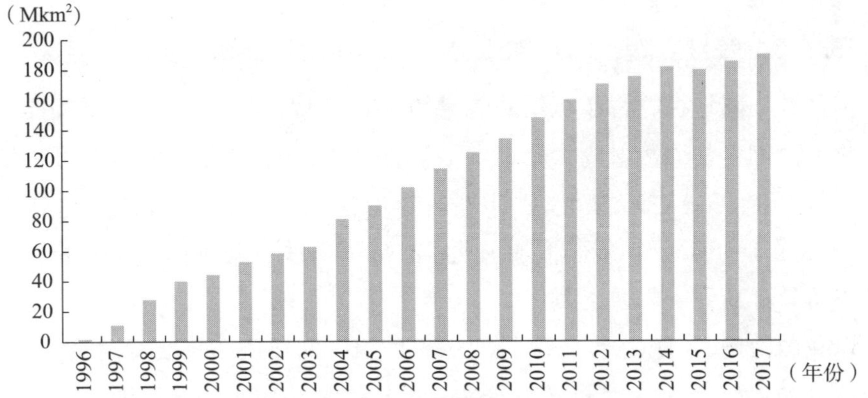

图 15-1　全球转基因作物种植面积变化

资料来源：Wind

自转基因技术诞生以来，抗虫和耐受除草剂一直是性状研发的主流。但是，观察这几年各国批准的转基因品种可以发现，其他的转基因性状正在逐渐增加，例如，马铃薯防挫伤、防褐变、丙烯酰胺含量低的性状，苹果的防褐变性状，大豆油酸/脂肪酸改良的性状，苜蓿调控木质素含量的性状以及玉米直链淀粉含量高的性状；等等。生物技术的应用目前还主要集中于农作物方面，相比较而言，生物质能源方面的技术仍然处于局部试验阶段，并未大面积推广，未来潜力巨大。

15.1.2　生物质能源是基因工程未来发展的主要领域

现在，转基因技术开辟了生物质能源研究的领域，即开发改造可用于生物燃料生产的生物质能源。许多转基因技术实力雄厚的大型跨国种业公司，如孟山都、先正达、杜邦等，都将目光转向了对生物燃料生产的原料的转基因改造。

转基因技术在生物质能源研发中的关键作用是对生物质原料基本生理生化过程的研究改造，包括植物细胞壁构成的调节、植物结构、细胞大小、营养分配、木质素形成、营养摄取、碳分配及温度和干旱所引起的反应等，以提高生物质原料的产率、产量及转化效率。目前，转基因技术已在玉米、甘蔗、杨树和藻类等生物燃料原料作物的改造过程中普遍使用。

生物工程技术用于生物质能源原料的研发具有明显的优势和巨大前景。如果生物工程技术在未来生物质能源产业发展中得到广泛研究和应用，必将成为生物质能源产业开疆拓土的生力军。因此，发达国家的科学家们都在加紧研究和攻关，一个巨大的产业和无穷的财富正在形成。

15.1.3 气候变暖，CO_2 和水分增加，生物质能源体量增加巨大

据估计，陆地植物每年积累的能量约 148 亿 kJ，相当于 36Gt 干物质，海洋植物大致固定相同数量的太阳能。如果按照 CO_2 倍增和水分增加可将植物的光合效率提高到估计的 5.2% 计算，陆地植物每年积累能量将达到 155 亿 kJ，相当于 38Gt 干物质。再加上戈壁、沙漠等改良新种的种植面积，几十年后将可累计新种干物质上万亿 t。

以我国为例，CO_2 浓度倍增与气候变暖的协同作用，将使 C_3 作物产量提高 30%左右，C_4 作物产量提高 10%左右，作物干物质平均产量增加 26%，且植株含碳量提高。

15.1.4 未来十年全球生物质能源产量将翻番

2013 年，经济合作与发展组织和联合国粮食及农业组织在京共同发布的《2013—2022 年农业展望》报告预测，全球生物柴油产量将比乙醇产量增长更为迅速，以平均每年 4.5%的速度增长，到 2022 年可达 41GL。但实际上，这个数字仍低于过去十年的增速。发展中国家的生物柴油总产量将于 2022 年达到 14GL。

尽管该报告的结论在当时显得很大胆，但是，今天我们用本书的观点重新审视就会发现，该报告由于没有考虑到碳环境的改变而远远低估了生物质的增长潜力及生物质能源的成长速度。事实上，我们将看到生物质能源的发展远远超过这个报告的预测。

15.2 生物质能源产业化即将来临

15.2.1 快速发展中的能源农业

15.2.1.1 已获推广的生物质能源农业作物

（1）种出来的汽车燃料——能源甘蔗（见图 15-2）。

甘蔗是国际上最重要的非粮能源作物，主要分布在北纬 33°至南纬 30°之

间，其中，南北回归线之间比较集中。生产甘蔗的主要国家有巴西、印度、澳大利亚、古巴、泰国、中国、美国、墨西哥、南非、印度尼西亚、巴基斯坦、菲律宾等。作为一种适应性、抗逆性强的经济作物，其适应边际性土地（山坡地、沙洲地和盐碱地）的生长条件，含糖量高，生长周期一般在7个月以上。

甘蔗能量效率最高，能量输出/输入的比值达到8.31，原因在于副产物糖蜜可再发酵生产乙醇，蔗渣可用于锅炉燃烧发电，而且蔗汁中的糖无须糖化过程就可直接发酵转化为乙醇，可最大限度地节约能量。部分国家的燃料乙醇原料成本见表15-1。

表15-1　部分国家的燃料乙醇原料成本

国家/地区	乙醇原料成本（美元/L）	国家/地区	乙醇原料成本（美元/L）
巴西	0.20（甘蔗汁或糖蜜）	欧盟	0.48（甜菜）、0.43（小麦）
美国	0.25（玉米）	泰国	0.24（木薯）
澳大利亚	0.3（C糖蜜）	—	—

资料来源：《新生态与新能源》

（2）生物质能源的最佳原料——甜高粱（见图15-2）。

图15-2　能源作物甘蔗（左）和甜高粱（右）

甜高粱也叫糖高粱，是粒用高粱的一个变种，是一种耐旱、耐涝、耐盐碱、耐瘠薄的经济作物，成熟期95~160天不等。其秸秆发酵蒸馏原酒出酒率可达8%~10%，籽粒出酒率可达70%，是目前最理想的能源植物。由于生产成本低、产量高，甜高粱的规模化种植可大大降低生产乙醇的成本。

（3）“非粮替代”的燃料作物——木薯（见图 15-3）。

图 15-3　能源作物木薯（左）和能源植物麻疯树（右）

木薯又称南洋薯、木番薯、树薯，是大戟科植物。原产于美洲热带地区的亚马孙河流域，是世界七大作物之一，与马铃薯、红薯并列为世界三大薯类作物。木薯几乎是生产碳水化合物（产量可达 90t/hm^2）和产生热能最高的作物，具有耐贫瘠、干旱、种植范围广的特性；管理粗放，种植成本低，是生产生物乙醇的良好原料。

（4）理想的生物质作物——麻疯树（见图 15-3）。

麻疯树，又名小桐子等。种子含油率达 40%左右，且油流动性好，其中，饱和脂肪酸中含棕榈酸 17.5%、硬脂酸 6.7%，不饱和脂肪酸中含油酸 43%、亚油酸 32.2%。用麻疯树的种子生产出来的油现已在农用柴油机上试用。麻疯树具有较强的耐干旱、抗瘠薄能力，可在干旱、贫瘠、退化的土地上栽种，不需要占用耕地，并且栽植简单、管理粗放、生长迅速。

（5）含烃类的草本能源植物——续随子（见图 15-4）。

续随子是大戟科大戟属植物，别名千金子、小巴豆等。续随子原产于欧洲，是目前发现的能源油料植物中产量和含油率均较高的优势油料植物之一，又是制备生物柴油的最佳原料。续随子的叶、茎、种子所产生的乳状汁液中含有 30%~40%类似石油的碳氢化合物，经处理后即可得到与石油成分相似的“油”。

诺贝尔奖获得者美国的卡尔文（M. Calvin）博士通过对续随子的遗传改良，培育出一年四季都可生产大量倍半萜烯的植株。这一成果在获得工业可行性成功后，在全球掀起了研发石油植物的浪潮。

图 15-4　能源植物续随子（左）和能源植物油莎豆（右）

（6）富含油脂的草本能源植物——油莎豆（见图 15-4）。

油莎豆为莎草科莎草属植物，又名油莎草、油莎果等。它是一种优质、高产、综合利用价值很高的油、粮多用新型作物。其干果产量在 $6000kg/hm^2$ 以上，含油量可达 20%~30%，出油率为 32.5%~38.7%，总体来说，是花生出油率的 2 倍，是油菜籽出油率的 4 倍，被称为油料作物之王。

（7）富含纤维素的草本能源植物——柳枝稷（见图 15-5）。

图 15-5　纤维能源植物——柳枝稷

柳枝稷是禾本科黍属多年生暖季型草本植物，原为北美的本土植物，在全球大部分地区均可种植。柳枝稷适应性强，具有较高的产量潜力和较强的耐旱耐瘠能力，对环境友好，能够用于生产能源，因此国内外许多学者认为柳枝稷是一种具有较大发展潜力的能源作物。柳枝稷木质纤维素含量极高，其乙醇转化率可达 57%，且火力发电废气排放量少，燃烧充分。柳枝稷既可作为饲草，也可作为水土保持和风障植物，还是很好的生物燃料和生产替代能源的原材料。

15.2.1.2　快速崛起的第二代能源作物——芒属

近年来，科研人员的目光已集中到产量大、来源广的纤维素类——第二代能源作物上。得益于产量高、利用效率高、生产成本低、生态适应性广的特点，多年生草本植物芒属被认为是开发潜力巨大的理想能源作物，是第二代能源作物中的佼佼者（见图 15-6）。

图 15-6 纤维能源植物——芒属

芒属植物是分类学上隶属于禾本科黍亚科须芒草族甘蔗亚族的一类多年生草本植物，俗称“芒草”。全球芒属植物有芒、五节芒、高山芒、少序芒、尼泊尔芒、双药芒、荻、短毛荻、南荻和红山茅等 14 个物种，主要分布在东亚、东南亚、太平洋群岛及非洲地区。

（1）芒属植物特性。

芒属植物目前有 14 种，其中荻、南荻、芒和五节芒等 4 种生态适应性强，分布广泛，资源丰富，且植株较高大，生物质产量高，是主要的能源植物（见表 15-2）；其他种类多属于稀有种，其分布区域较窄且生物质产量有限。

表 15-2 主要芒属能源植物特性比较

芒属种	株高（m）	茎粗（cm）	生物质产量（干重）（t/hm^2）	纤维素含量（%）	半纤维素含量（%）	木质素含量（%）	灰分含量（%）
南荻	4~7	1.5~3.0	10.5~33.0	32.5~53.9	18.2~40.9	9.6~18.4	1.9~6.1
荻	0.6~3.0	5~10	3.0~13.5	30.47~51.57	21.67~42.79	7.03~18.64	2.90~11.23
芒	0.7~4.0	3~10	5.10~23.55	26.38~47.00	25.12~43.38	4.90~15.48	2.12~12.69
五节芒	1.5~4.7	6~15	6.3~31.2	25.69~43.59	27.45~42.80	4.61~15.35	1.72~8.17

资料来源：《芒属植物能源潜力评价体系的构建》

基于耐旱、耐热、耐寒等优点，芒属植物具有较强的生存能力。从低海拔的沿海滩涂到干热河谷地，再到海拔 2000m 以上的山地草丛，芒草能适应多种土壤类型，常常是山地、丘陵、滩涂、林缘等草本群落的优势组分。

芒草的寿命一般为 18~20 年，最长可达 25 年以上；高度通常为 1~3m，在热带、亚热带可达 5m 以上；叶片扁平、窄长，长 10~80cm 不等。芒草具有较强的耐旱、耐热、耐寒等特点，繁殖能力强，既能有性生殖，也能无性繁殖。

（2）芒属植物的开发利用。

芒属植物可通过压缩成型、直接燃烧或与煤混燃、纤维素乙醇转化、沼气发酵等多种途径加以开发利用。目前，关于芒属植物的低成本原料生产的研究工作正在迅速开展（见图 15-7），体现在以下几个方面。

图 15-7　纤维植物发电新能源（左）和纤维植物粉碎压块作业现场（右）

芒属植物燃烧发电。芒属热值较高，据专家测定，经过改良的 2t 芒草秸秆的热值相当于 1t 标准煤，但由于所含灰分中 Si、K 含量高，灰分熔点较低，导致其在直接燃烧时，易形成污垢而使燃炉堵塞。因此，欧美国家一般采用将其与煤混燃的方法加以利用。丹麦已经成功地将芒草以 20%~50%的比例与煤混合发电；而英国目前在大规模种植芒草，为其 Elean 生物质发电厂提供燃料。

生物质沼气原料。目前，沼气发酵是芒草利用的一种较好方式，也是较为成熟的一种方式。其优势为：①将分散的芒草发酵成生物质天然气（沼气）进行“浓缩”，降低了原料规模化收集与运输的费用，并可形成二次能源——电力向外输送，非常适合分布式能源体系；②该过程是在常温、常压下，借助微生物的发酵作用完成的，具有成本低、产出率高的特点。按照现有的技术水平看，1500t 的芒草可以产生沼气约 0. 68Mm^3，可以产生电力 10MW · h；③发酵后的沼渣是优良的天然废料，可以减少芒属种植的施肥量，降低了原料生产成本。

燃料乙醇原料。芒属植物（干物）中 80%以上的成分为可降解的纤维素和半纤维素，被认为是理想的纤维素乙醇原料。据专家测算，种植 12Mhm^2（相当于美国作物面积的 9. 3%）芒草能够生产乙醇 133TL，可用于替代美国 20%左右的汽油消耗。在应用技术研发与推广方面，欧美国家和地区起步早，重视度高，无论是品种选育，还是产业化应用，都在迅速向前推进。

15. 2. 1. 3　呼之欲出的第三代生物燃料——藻类

目前，藻类生物质（见图 15-8）被认为是未来人类在生物质能源方面获得突破的一个重要研究对象，是生产生物燃料的稳定的、优良的原料，不仅可用藻类生产生物柴油、生物乙醇、生物丁醇、生物氢等生物燃料，而且可使用目前无利可图的土地、水体（海洋）和来自不同行业的废水生产藻类，既不会影响现有的粮食和燃料作物的用地和用水，也不会消耗人类的食物资源。

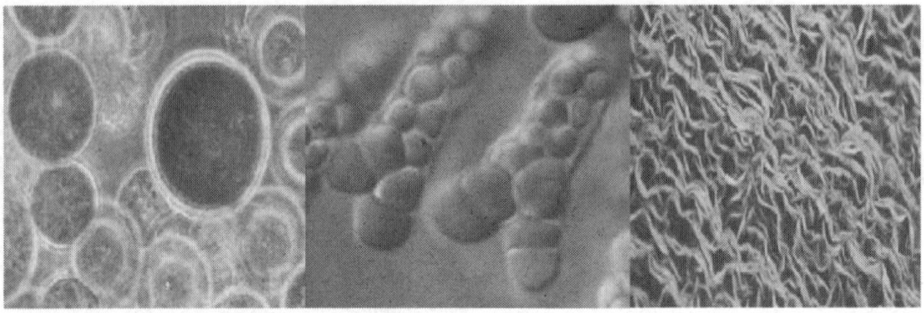

图 15-8　藻类

大部分藻类可通过光合作用将 CO_2 和水转化为 O_2 和大分子有机物，如碳水化合物和油脂。在某些胁迫条件下，如光照过高或营养不足，一些微藻可以大量积累油脂，主要是用于制备生物柴油的良好原料——三酰甘油酯（TAG），作为其主要的储碳化合物。某些微藻在自然条件下也可以大量积累 TAG（占藻细胞干重的 30%~60%）。从理论上讲，藻类在光合作用效率和油脂产率方面至少比陆地生物高出一个数量级。

藻类植物的种类繁多，目前已知的有 3 万种左右，其中很大一部分可以作为生产生物质燃料的原料，如盐藻。资料表明，目前地球上的生物每年通过光合作用生产的生物质中的 40% 属于藻类。

在这股藻类能源开发热潮中，美国走在了世界前列。2008 年 12 月，美国能源部能源效率与可再生能源办公室就生物质项目召开了国家藻类生物燃料技术路线图研讨会，会集美国国内 200 多名科学家、工程师、政府管理者、企业代表、律师和投资者，充分讨论并明确了现阶段限制藻类能源商业化的关键问题。在研讨会的基础上，美国能源部组织专家撰写了国家藻类生物燃料技术路线图，全面总结了藻类生物燃料在发展过程中所遇到的关键问题及未来的发展方向。

（1）微藻和蓝细菌。

微藻和蓝细菌的培养方式有很多种，但目前还不能确定封闭系统（如光生物反应器）、开放系统（如开放塘）和混合系统三者中哪一种方式最适用于工业化、规模化的微藻培养。因此，有专家将微藻培养的研发与技术经济分析（结合上下游处理工艺对培养系统进行综合评价）相结合，对不同培养方式进行了对比，如表 15-3 所示。不同藻属的油脂含量比较见表 15-4。

表 15-3　不同藻类培养方式的优缺点比较

培养方式		优点	缺点
光能自养培养	封闭式光生物反应器	与开放塘相比，水分损失少；可长期维持培养体系；较大的比表面积可支持高密度培养	难以扩大规模；由于没有蒸发降温，需要控制温度；由于生物膜的形成，需要定期清理；需要最大限度地利用光照
	开放塘	蒸发降温可以保持温度；成本较低	受每日及季节温度、湿度变化的影响；难以保持纯种培养；需要最大限度地利用光照
异养培养		易于维持最优化条件，利于生产并防止污染；可利用低成本的木质纤维素糖培养藻细胞；可获得高生物质浓度	存在适宜原料如木质纤维素糖的成本及可利用性问题；将与其他生物质能源技术争夺原料

资料来源：《微藻大规模自养和异养培养过程特点分析及国内外研究概况》

表 15-4　不同藻属的油脂含量比较

藻属	正常生长条件	胁迫条件（光胁迫、营养胁迫）
绿藻属（%）	22.5	45.7
硅藻属（%）	22.7	44.6
其他藻属（%）	27.1	44.6
蓝藻属（%）	9.8	—

资料来源：《藻类与新能源的关系》

（2）大型藻。

大型藻的培养与微藻存在较大差异。自 20 世纪 50 年代大型藻开始得到应用以来，现代大型藻培养技术主要利用人工种子作为繁殖体。通常，先在室温中将种子吸附在底物（通常为绳状基质）上生长，待长成小苗后，将其移植到沿海农田，等长到适宜的尺寸后再进行收货。

用于大型植物繁殖的现代技术发展迅速，因此可按照植物繁殖的方法将细胞和组织培养技术应用于大型藻的培养。大型藻可以在远海、近海或开放塘（见图 15-9）中培养，许多国家都非常重视近海环境的开发利用，如中国、日本和智利都建立了可行的大型藻水产养殖工业。此外，陆地上的塘系统也可用于大型藻培养，既可开发为单独培养大型藻的农田，也可开发为与长须鲸、软体动物共同培养的综合水产养殖系统。在综合水产养殖系统中，其他物种的排泄物恰可作为大型藻的营养源。

藻类的开放塘培养　　藻类的封闭式培养

图 15-9　藻类培养

（3）藻类生物燃料转化技术。

藻类可以被加工转化为多种生物燃料，既可以是氢气和甲烷等气态燃料，也可以是乙醇和生物质油等液态燃料，还可以是焦炭等固体燃料。其中，人类研究最多的是藻类向汽油、柴油和航空燃料等液态燃料的转化。

藻细胞生物质加工。将全部藻细胞生物质加工成生物燃料的技术主要有 5 类：热解、气化、液化、超临界加工和厌氧消化（见图 15-10）。

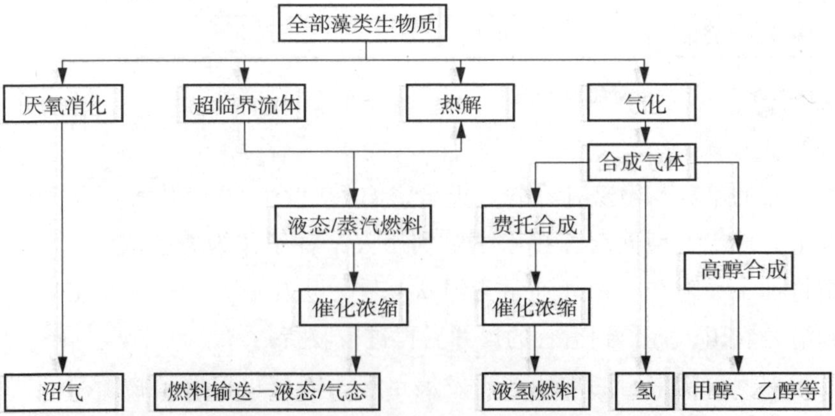

图 15-10　将全部藻细胞生物质转化为生物燃料的潜在途径

资料来源：汾渭能源

藻类提取物的转化。对藻类提取物进行转化是典型的藻类生物燃料生产模式。在目前的研究中，最常见的藻类提取物是脂类物质，如生物柴油的生产原料——三酰甘油酯。图 15-11 是将藻类提取物转化为生物燃料的不同途径。

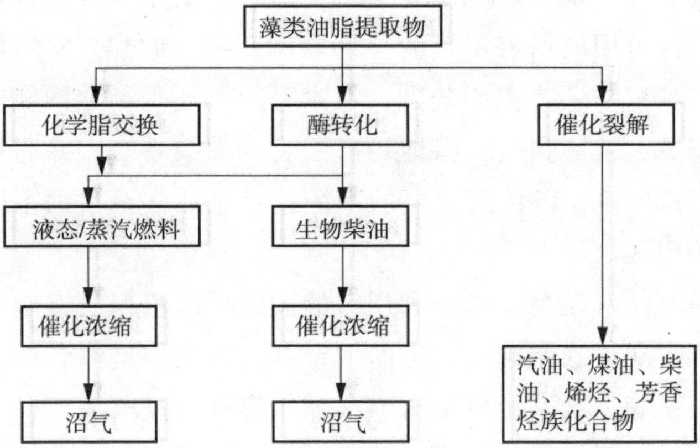

图 15-11　将藻类提取物转化为生物燃料的途径

资料来源：汾渭能源

15.2.2　生物质能源种植园

15.2.2.1　以色列沙漠种植园

以色列的沙漠种植园被认为是种植业最成功的案例。以色列地处全球最大的荒漠化地区，荒漠化面积占其国土总面积的 75%左右。为了提高种植园的产量，科技人员大力研究开发适合荒漠化地区种植的植物资源，同时高效利用紧缺的水力资源，成功在荒漠中开发出具有经济效益的种植园（见图 15-12）。目前，以色列的植物开发研究技术和产品种植均处于国际领先水平，优质化、多样化的农牧林产品既保证了本国的消费，又在欧洲占据了很大的市场份额，取得了高额经济回报。更为重要的是，荒漠化的治理与农业综合开发深度结合，使当地生态环境迈入了良性循环的发展轨道。

图 15-12　以色列在荒漠上建的种植园（左）和机械化灌溉设备（右）

（1）节水灌溉系统。

以色列地处沙漠边缘，降雨稀少，叠加地缘政治因素，全国每年可利用的水资源仅为2Tm^3，属于水资源严重缺乏地区。为解决缺水问题，以色列统一规划，将境内可用的所有水资源全部联网，统一调配，实施精细化节水灌溉。无论是在种植园还是街心公园，在家庭院落还是街道两侧，在现代化城市还是古老旧城，植被和人工绿地均有配套的灌溉系统，并通过计算网络系统动态管理。近年来，以色列主要的滴灌技术企业甚至占据了国际农业科技博览会的主要展区。

在利用灌溉技术提高水资源利用率的同时，以色列研发出了多样化的灌溉技术，精准实现了水肥配套、定时、定点及定量。具体看：①在大田多采用滚动式喷灌系统，该系统可根据空气温、湿度自动喷灌，自动调配水肥比例；②在花、果、蔬的种植过程中多采用滴灌系统，优点是可以实现定时、定量的自动化。

以色列将高科技的应用与实践相结合，经过持续的改进，探索出了世界上最先进的节水灌溉技术，并在干旱和沙漠地区取得了较大成功。

（2）以色列的造林工作。

近年来，以色列的造林工作主要在其南部更为干旱、缺水的地区开展，到目前，已建成了1.2万hm^{2}的沙漠绿化区，达全国造林总面积的50%，并以每年200~300hm^{2}的速度增加。

为提高树木的抗旱能力，以色列研究了一套抗旱造林技术。①进行了树种改良，选用地中海松、橡树、地中海柏、土耳其松、栎类等抗旱型树种；②广泛推广地表径流汇集抗旱造林技术，有效收集降水并引导到林木所处地下，增加树林下方含水量，形成局部友好土壤；③使用“套筒”保护技术，为幼苗生长提供庇护。

另外，以色列进行了分区规划，即根据土壤退化的程度确定相应的植树造林项目。具体做法是：①造林前必须由科技人员进行规划设计，计算出所需的集水汇流面积。②完全以水分平衡和“适地适树”原则来确定植树的多少和树种的搭配。③创新成果评定方法，根据立地条件、林种和树种来评定考核其可持续利用程度与综合效益。④后期保护，在造林的地方禁牧，加上树冠遮阴，促进林地植被恢复，保持水土。

以色列的造林项目主要是沿着山涧峡谷和河流进行的，主要目的是防止山谷和堤岸受到冲蚀，其次是稳定沙地，减少风蚀和扬尘。近年来，以色列政府不断加大对内盖夫沙漠的治理力度，大力开展稀疏草原化、径流造林，并获得了成功。而且，对沙漠进行分区管理，根据降水量划分出试验区、大规模造林区及开发区，目的是在不增加投入的前提下，治理荒漠，提高土地生产力和生物多样性，建立新的生态系统。

15.2.2.2 “石油植物”种植园

自1986年诺贝尔奖获得者、美国加州大学的化学家卡尔文在加利福尼亚州种植大面积的石油植物获得成功后，全球科技工作者广受鼓舞，大规模投入到石油植物的研发和改良过程中，到目前为止，共发现了40多种“石油植物”，这些植物主要集中于夹竹桃科、大戟科、萝藦科、菊科、桃金娘科以及豆科。

在巴西，野生的汉咖树体内含15%的酒精；粗大的常绿乔木香胶树一年能分泌40~60kg胶液，纯净的胶液可直接当柴油使用；有一种油棕榈树，栽培三年后开花结果，每公顷每年可产油1万kg；还有一种名叫“苦配巴”的乔木，只要在树干上钻一个直径5cm的孔洞，就能流出金黄色的油状树液，每株成年树每年能产油10~15kg，成分非常接近柴油。在澳大利亚，有一种古巴树，其成年树每棵每年可生产约25L燃料油，且这种油可直接用于柴油机；还有一种叫阔叶木棉的植物，能提取类似于重油的燃料油。在马来西亚，有一种叫银合欢树的豆科植物，其汁液含油量很高，被誉为“燃烧的木头”，燃烧能力可达到石油的2/3以上。在美国加利福尼亚州境内，广泛生长着一种野草，被当地人称为“黄鼠草”或“鼠忧草”，经过杂交人工种植后每公顷油料产量可高达6t，目前美国已开始大面积种植这种油料植物。在中国海南岛，有一种能产柴油的油楠树，成年大树可产柴油50L。另外，上述国家也在木棉和棕榈叶中提取出了类似油料的物质。

目前，在示范性项目的基础上，许多国家纷纷开始建立一种全新的石油生产基地——“石油植物园”，并获得了成功，未来这些石油种植园将成为人类获得稳定的新能源的来源之一。

15.2.3 新技术与规模化为生物质能源产业带来了契机

生物质能源新技术与规模化发展的结果是：工业生产成本不断降低，能源利用与转化效率不断提高，生物农业产品的需求量与盈利空间不断拓展。目前，固化成型生物质燃料在欧洲国家、美国、日本等发达国家和地区已实现商品化；生物柴油在欧美也已实现大规模工业化生产；巴西率先通过立法、制定标准及政策补贴等多种手段，推动以甘蔗为原料的乙醇工业化生产；美国通过立法和政策支持燃料乙醇的推广使用。

随着基因工程技术的进步和水利灌溉工程的建设，生物质能源原料的种植成本将大幅下降。目前，几乎所有的燃料乙醇都来自甘蔗和玉米粒中的糖和淀粉，因而用生物质来制造生物燃料一直过于昂贵。相较而言，未经处理的普通植物只有18%的纤维素可以被转换，而通过基因技术改造后，植物中80%的纤维素可以转化为糖。美国加州 Ceres 公司通过基因技术，将用生物质制造每加仑乙醇的成本降低 1 美元至 3~4 美元。另外，利用先进的生物纳米技术改进棕榈油生物柴油生产工艺，可从废弃副产物生产出环境友好的油品和润滑剂，使生物柴油生产成本降低 15%。

最近，科学家们对转基因藻类展开了研究，目的在于：①降低生产成本和能量需求，同时最大限度地提高油脂生产能力；②充分利用藻类的所有生物成分，提高生物质的价值。藻类因其分布广泛、油脂含量高、环境适应性强、生长周期短、产量高等特点，成为继纤维素乙醇之后又一受世界各国生物质能源研究的重点。

生物质燃料技术不断突破，具体如图 15-13 所示。

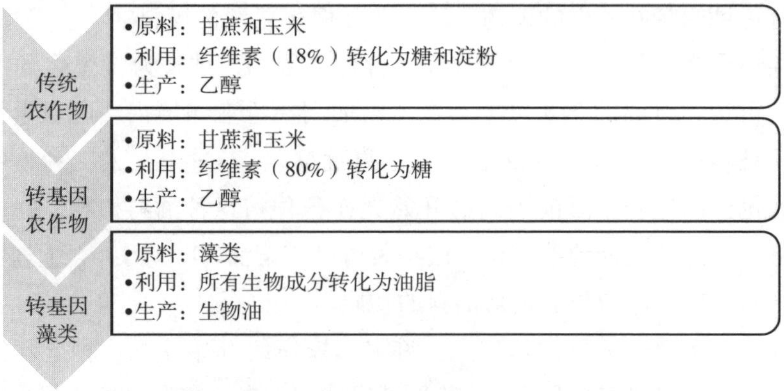

图 15-13　生物质燃料技术不断突破

从实质上看，生物质应用技术和生物质能源技术均以现有工业体系为基础，目前可实现产业化的技术都是现有技术的升级，目的在于获取能源；而现在处于理论和研究阶段的生物储能技术，才是未来人类能源供应的突破点，或许会成为把第四次产业革命推向高潮的关键。

适度的规模化经营可以使企业合理配置资源，降低生产成本，有利于产业的长远发展。研究表明，当生产规模在 0.02Mt/a 以上时，人员、设备都将具有较高效率，生物柴油的生产投入将会大幅度减少。目前，经济学专家对催化工艺进行经济评估，发现生产能力和生物柴油收支平衡价格之间有很大的关联，工厂产能为 7800t、10560t 和 100000t 时的生物柴油收支平衡价格分别为 763 美元/t、420 美元/t 和 340 美元/t。而通过超临界工艺技术生产的生物柴油，产能为 125000t、80000t 和 8000t 时，生物柴油的价格分别是 0.17 美元/L、0.24 美元/L 和 0.52 美元/L。可见，生物质能源产业规模化发展可显著降低其工业化成本。

很多国家和地区已经认识到，只有实现生物质能源新技术与规模化发展，工业生产成本才能不断降低；只有不断提高能源利用与转化效率，生物质产品的需求量与盈利空间才能不断拓展。技术的突破只是时间问题，生物质能源实现产业化是支撑第四次工业革命继续发展的前提。

15.3 向沙漠进军

15.3.1 沙漠气候的改善与灌溉技术的普及

近十年来，全球气候变化的特点是：气温升高，降水的变率加大。在系统研究地质史上的气象资料后，相关专家指出：气候变暖有其积极的一面——有利于逆沙漠化进程和全球植被的繁荣。前文指出，百年来全球平均气温已上升了 0.6℃，若按目前 CO_2 的增加速度测算，在未来的数十年间全球气温将上升 1~3℃，这将改善沙漠局部气候，有利于沙漠植被生长、裸露地表面积缩小。气象学家指出，在第四纪距今 8000 年和 13000 年这两个温暖期，沙漠仅分布于澳大利亚的狭小地区，全球其他大陆上则基本上没有沙漠的分布，而在气温相对较低的其他时期，沙漠面积则迅速扩大。从人类文明发展史来看，古印度、古中国、古埃及、古巴比伦等文明古国基本上都处于气温较高的热带或亚热带，其鼎盛时期，即经济繁荣期，与地球上曾出现过的较小幅度的气温上升期基本吻合。无独有偶，进入 20 世纪以来，特别是近几十年来的气候变暖期，也是全球经济增长带动人口增长较快的时期。在未来的几十年间，全球经济将进入跳跃式发展时期。气象学家认为，全球沙漠面积最小的时期、古代经济的繁荣期与地球上不同程度的气候暖期基本一致。

目前，得益于温室效应的影响，沙漠地区降雨量出现明显增加，沙漠局部气候有所改善，如中国西部荒漠化土地面积近年来持续缩小，已由 20 世纪

90 年代年均扩展 10400km^2 变为目前年均减少 7585km^2。世界上其他地区的沙漠面积也减少了 5%~10%。未来，通过在沙漠地区植树造林，应用生物工程技术改善树种，辅之水利灌溉工程的开发建设，将会进一步加快沙漠地区林业产业的发展。

15.3.2 沙漠生物品种的研发与普及

采用现代生物技术，形成多元化绿色植被，大面积发展生态环保产业，从根本上改变沙漠现有的生态环境是各国沙漠治理的主要方向。应加大力度研发沙漠生物品种，如速生杨树和转基因杨树等林木新品种的开发；研发适合荒漠化地区的抗逆性植被，丰富荒漠地区植被的品种；通过建立小型温室工程培育可在沙漠地区开花的转基因花卉品种；同时，将沙棘、红柳等适合沙漠生存的植物中的抗旱、抗寒基因转移到常规树草中，逐渐在沙漠地区普及和推广。

15.3.3 沙漠生物质能源的经济性与商业推广

在治理沙漠方面，早在 20 世纪 80 年代，我国著名科学家钱学森就曾首次提出沙产业和草产业理论，并预言未来知识密集型的沙产业和草产业将推动中国在 21 世纪出现第六次产业革命。如今，沙漠治理和全球变暖已经成为两个世界性难题，若把这两个难题放在一起来解决，将催生一种新的模式——生物质能源治沙模式。

鼓励、引导民间资本进入沙产业中，并通过政策扶持产生造血功能，在中国西部“含水沙漠”的可治理沙漠中建立生物质能源运作机制，将会实现中国治理沙漠的另一种盈利模式，而这种盈利模式无疑将成为全球独一无二的模式，且对缓解全球变暖，阻止沙漠化进程、改善沙漠周边农牧民的贫困问题有着极深的意义。“利用生物质电对于治沙将会成为：一把巨大的造林铲，一台高效的植树机；一只不停地为农牧民‘下金蛋的母鸡’；一个让牧民转业变成林工的‘魔术箱’；一块履行国家应对气候变化行动方案和节能减排的‘实验田’；一个实现区域循环经济发展，提供清洁电力的示范厂的新型产业模式”。而更为重大的意义在于，这有助于生物质能发电的实现。

资料显示，在内蒙古西部地区可进行治理的沙漠（林地）有 400000km^2 左右，通过营造沙生灌木能源林，在规模化有效治理荒沙的同时，利用灌木定期平茬抚育生物习性，每年或可获得约 0.5Gt 的生物质量，可为当地 2000 座装机容量为 3000kW 的生物质能发电厂持续提供燃料。早在 2005 年，内蒙古乌审旗就开始建立内蒙古毛乌素生物质发电公司，计划每年将平茬后的沙柳入炉发电；同时，生物质发电项目在鄂尔多斯得到了大力推广。生物质发电项目取得了良好的经济和社会效益，在给当地农牧民增加收益，提高农民的治沙积极性的同时，建立了新的产业链，将工业与生态、民生直接挂钩，实现了可持续发展之路。图 15-14 所示为沙漠绿洲。

图 15-14 沙漠绿洲

15.3.4 生物质能源在沙漠领域的无限前景

在治沙和减排双重利好的情况下，一方面，可利用生物技术发展沙漠地区林木资源；另一方面，可利用沙漠植被进行林木生物质能源发电，使沙漠林木资源转化为生物质能源。比如，在沙漠地区建立热电厂，以沙漠种植的沙柳为原料发电，不仅可以就地取材，而且可以减少运输成本，产生的经济效益和生态效益十分明显。治理 30 万亩沙地所产生的林木抚育剩余物就可以满足 30MW 装机容量的生物质发电燃料需求，中国有 6 亿亩可以治理的沙地，可新增 6000 万 kW 装机容量的生物质发电集群。目前我国已把小桐子、麻疯树、油桐、黄连木、文冠果、光皮树等树种作为生物质能源树种进行生物质能源林建设，数十年后，如果通过生物技术和水利灌溉工程将这些树种移植到沙漠地区，按照每年治理沙漠 500 万亩计算，50 年后将治理 2.5 亿亩。同时，可多产生 2.5 亿亩的森林、灌木和草本植被，按照 $1hm^2$ 阔叶林每天可吸收 1 吨 CO_2 计算，可吸收 $1.7GtCO_2$，同时可以储存能量 $1.65\times10^{17}kJ$，相当于 403.7Gt 干物质的规模。因此，利用生物质资源治理沙漠产生的经济与社会效益前景无限，无法估量。

15.4 农业重新回归第一大经济产业地位

由前文可知，在第四次工业革命背景下，生物工程技术及水利与灌溉工程的建设将改变传统农业的生产模式，不断提高农业生产能力，重新布局农业资源。利用生物工程技术和水利工程技术，不但可以改造荒山、盐碱地等边际性土地，使之适宜种植，而且开辟了沙漠地区作为生物质能源原料的种植区。以生物质能源农业为代表的现代农业正在重新回归第一大经济产业地位。

15.4.1 高科技指导下的新型农业

传统农业以种植业为基础，利用农作物的光合作用，将 CO_2、水等无机物合成为糖类、脂肪及蛋白质等有机物，为人类提供赖以生存的粮食。而今，随着生物工程技术的发展，人们正在用全新的眼光重新审视种植产业：传统农业中植物进行光合作用对太阳能的转化效率较低，但通过收集、筛选和培育高效优质的农作物品种，为植物生长创造良好的生产条件，可以大幅度提高植物固定太阳能的效率。

作为生物质能源的前端产业，种植业是生物质能源的原料来源。在生物工程技术指导下，能源农业的任务是以生物质能源为主要开发对象，利用生物质能源实现生化转化、物化转换，从而促使“黑色能源”向“绿色能源”转变。

目前，全球每年产生的生物质总量虽然巨大，但利用率还不到7%。要真正取代化石能源，还需要通过技术变革降低生产成本，推动能源农业发展。基于此，可利用土地面积在未来将成为发展能源农业的关键。

15.4.2 规模化与自动化

与传统农业单纯追求农产品的产量和使用价值不同，现代新型农业更注重追求综合性农业效益。在追求农产品使用价值的同时，还追求环境的保护、生态的和谐、良好的生态改造、农业生产的可持续性。科技指导下的现代新型农业将由单一经济效益转为综合社会效益，由弱质产业变为极具活力的优势产业。

随着生物技术的飞速发展，生物技术对于现代农业的支撑能力和潜力越来越大，有助于推广农业高科技园区，整合先进农业科技，形成高度密集型的农业科技孵化园，开发和普及先进的观念、品种、技术、装备、管理以及运作方式，实现自动化、自控化、专向化农业。同时，推进生物技术配套设施，如播种、灌溉、收割、加工等各阶段的机械化操作与控制的规模化和自动化，从而形成大规模工业化的新型农业体系。

由生物技术带动的现代农业将成为世界经济体系中最大的经济支柱产业。除了具有重大经济价值的转基因作物将得到更好更快的发展外，水利工程与灌溉工程（下章详述）也将进一步规模化和自动化，更高效地支持现代农业的发展，构建出现代科技指导下集约化、专业化、规模化、自动化、社会化相结合的新型农业经营体系。

15.4.3 现代农业、循环经济推动生物质能产业发展

现代农业的发展将提高农业生产的社会化程度，使农业企业的规模不断扩大，农业生产的职能与职务不断细化，传统“小而全”的自给自足式生产被高度集中化、专业化、商品化的流水线式生产所代替，农业生产过程与加工、销售及上游生产资料制造、供应相结合，逐步发展为农工商等上下游产业一体化。这对于生物质能产业发展有着强大的推动作用。

生物质能产业对农业、林业废弃物的开发利用符合现代循环经济中减量化、再利用、再循环的原则，是对现代农业发展循环经济的完美诠释。而且，生物质能源产业的兴起拓展了农、林资源的用途，为农业、林业的生产经营带来了新的机会，使之进入经济循环体中，推动未利用的土地投入生物质能源的原料生产（见图15-15）。

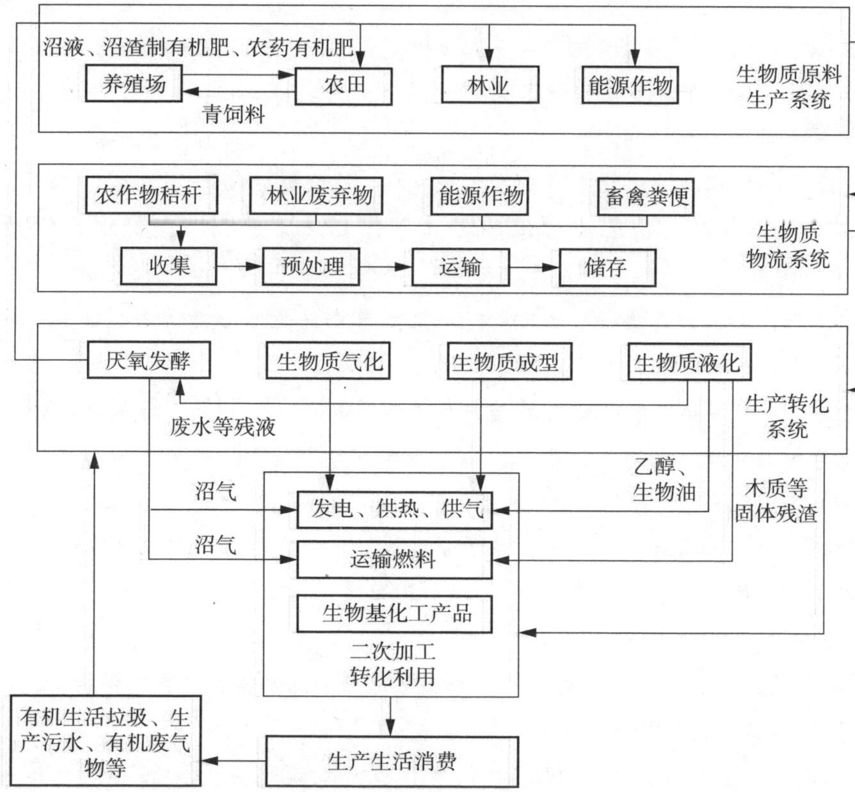

图15-15 生物质能产业符合现代农业、循环经济的发展方向

15.4.4 最大社会财富的生产者和拥有者

生物质能源产业发展前景广阔，目前生物质发电与生物燃料乙醇产业已有一定的产业规模，至于生物天然气、生物质固体燃料、能源植物的培育与种植等领域，发展潜力巨大。

因此，未来最大的财富是土地和生物质资源。分布式能源供应体系的建立，让生物质能源的就近加工与转化成为可能，生物质资源的拥有者也是生物质能源加工产业的拥有者和参与者。以生物农业为产业的新型农业企业或新型农民将成为最大的社会财富拥有者。这是因为，未来社会及工业体系中，不仅是能源，材料工业、化学工业甚至第三产业都将以生物质资源为基础。土地与生物质资源将成为最宝贵的资源，而生物质能源的拥有者与开发者将成为最大社会财富的拥有者。

参考文献

[1] 肖军．几种重要野生和半野生草本能源植物［J］．生物学教学，2011（36）．

[2] 李诺渝，周龙平．能源作物芒草的研究与发展战略［J］．农业工程技术（新能源产业），2012（4）．

[3] 未来十年全球生物质能源产量将翻番［J］．乙醛醋酸化工，2013（7）．

[4] 袁晓红．高产生物柴油微藻的筛选及优化培育研究［D］．中国石油大学，2012．

[5] 赵中华，石磊，刘珊珊．生物质能源发展及海洋生物质能源展望［J］．科学与管理，2008（28）．

[6] 李君．我国甘蔗燃料乙醇发展潜力与策略研究［D］．福建农林大学，2009．

[7] 王慧媛，刘晓，王玥．转基因技术与生物质能源［J］．生物产业技术，2012（2）．

[8] 易拓，黄娟，雷雅杰．木薯食品研究进展［J］．美食研究，2019（36）．

[9] 许世卫．经合组织—粮农组织 2013—2022 年农业展望［M］．北京：科学科技出版社，2015．

[10] 费世民，张旭东，杨灌英．国内外能源植物资源及其开发利用现状［J］．四川林业科技，2005（3）．

[11] 方峨天，王耀琳，杨自辉．以色列林业与荒漠化防治科研现状及其启示［J］．甘肃科技，2008（1）．

[12] 吉林省农委科教处．能源农业发展的前景［J］．吉林农业，2008（4）．
[13] 翟建华，邓一蕾，曹晓妹．生物质柴油的生产方法及筛选［J］．现代化工，2009（29）．
[14] 李松梧，李培科．以色列生态建设的经验值得借鉴［J］．中国水土保持，2008（11）．
[15] 赵硕．污泥厌氧发酵液培养产油微藻的研究［D］．苏州科技大学，2016.
[16] 李元广，沈国敏，王永红．微藻大规模自养和异养培养过程特点分析及国内外研究概况［C］．中国第五届海洋湖沼药物学术开发研讨会论文集，1998.
[17] 项伟，易自力，肖亮，等．芒属植物能源潜力评价体系的构建［J］．中国农业科学，2016（49）．
[18] 胡松梅，龚泽修，蒋道松．生物质能源植物柳枝稷简介［J］．草业科学，2008（25）．

16 水利与灌溉工程将成为最大的基础产业

16.1 重新定义水利与灌溉工程

传统意义的水利工程是以满足农业灌溉与防洪防涝为目的的，进入工业化以来，虽然一些以城市供水和发电为目的的大型工程时有建设，但远未达到成为公众投资产业的程度。伴随着大气 CO_2 快速增加以及生物工程技术的快速发展，植物的光合作用效率将成倍提高，产生单位生物质的耗水量将逐步减少，从而使水资源的单位应用效率成倍提高，水资源的需求量与战略意义快速提升。水利与灌溉工程的意义已不仅是满足人类粮食与蔬菜的需要，还要满足人类能源发展并使生物质能源最终取代化石能源的需要；根本改善地球生态，实现环境和谐可持续发展的需要；以及调节气候，抑制升温，实现 CO_2 动态平衡的需要。

16.2 转基因产品与碳环境的改善将使水利工程获得巨大的经济效益

16.2.1 生物技术将使相同耗水量下的生物质生产量成倍提高

植物的需水量是相当大的，一株玉米一天大约需消耗水 2kg，一生需要消耗的水超过 200kg。在夏季，一株树木一天的需水量约等于其全部鲜叶重的 5 倍。因此，缺水对植物的影响十分严重。在长期的进化过程中，植物通过体内水分平衡即根系吸收水和叶片蒸腾水之间的平衡适应周围的水环境。气孔能够自动开闭，当水分充足时，气孔张开以保证气体交换，当缺水干旱时，气孔关闭以减少水分的散失。植物表皮生有一层厚厚的蜡质，可减少水分的蒸发。有些植物的气孔深陷在叶内，有助于减少失水。生物技术将改变这一切，它可以提高植物的光合效率，同时大大降低植物的蒸腾作用，提高植物的水分利用率，使其抗旱能力更强大。

在 CO_2 足量的情况下，植物的气孔只需稍微张开就能吸收足够的 CO_2，所以植物通过蒸腾作用损失的水分大大减少。同时，利用生物工程技术可以提高植物的光合固碳效率，使得参与水分代谢的生理需水量增加，水的利用效率与价值增加，即在同样流水量灌溉时，植物生长得更快、更高大。

近期，研究人员通过转基因技术提高植物的光合作用能力，使植株的高度增加，CO_2 吸收能力得到提高。研究人员从海苔中分离出了陆生植物缺失的蛋白质基因，并将这种基因植入拟南芥体内，发现在同样培养条件下，转基因拟南芥植株高度是普通拟南芥的 1.3~1.5 倍，光合作用合成的淀粉量比普通拟南芥多 20%，CO_2 吸收量增加了 30%。

16.2.2 近 30 年来碳增长已使陆地植物增长迅速

CO_2 是植物进行光合作用的原料。CO_2 浓度的增加会加强植物的光合作用与生产力，等于给植物施加 CO_2 肥料，增加植物根部的碳量，提高根菌的活性，增强氮元素的固定，从而促进植物的生长。随着 CO_2 浓度的不断提高，许多植物的光合作用都会增加 50%~75%，农作物产量增加 30%~50%，平均净第一生产力增加 20%~26%。德国的一个研究小组经过多年对大麦、小麦和甜菜的研究，发现 CO_2 富集区的植物多生长了 10%~15%的物质，而且减少了5%~20%的需水量。

现在全球森林面积约为 48.9Mkm^2，比 30 年前提高了约 19.8%，约占陆地面积的 1/3。其中，欧洲地区的森林面积继续增加，1990—2005 年每年增加 7300km^2；亚洲地区的森林面积从减少转为增加，1990—2000 年每年约减少 7900km^2，但 2000—2005 年转变为每年约增加 10000km^2；东亚地区在 1990—2000 年每年增加 17500km^2，到 2000—2005 年每年猛增 38400km^2。气候变暖背景下的陆地植物生长正在不断提速。

16.3 新型节水灌溉技术对单位水资源应用效率与经济性的影响

当前，全球节水灌溉方式包括渠道防渗、低压管灌、喷灌、微灌等。节水灌溉有利于提高灌溉保证率，在使用水量下降的同时，有效促进粮食增产，这也是节水灌溉工程的主要意义。此外，节水灌溉还可以实现节水、节地、节电等其他效益。目前，喷灌技术、微灌技术、渠道防渗工程技术、管道输水灌溉技术等节水灌溉技术已经较为成熟，其中以喷灌、滴灌最为先进。

欧美发达国家的农业灌溉率达到70%以上，普遍采用喷灌、滴灌的灌溉方法，占其灌溉面积的60%~80%。《中国节水灌溉行业深度调研与投资战略规划分析报告前瞻》数据显示：目前，全世界的总耕地面积仅为15Mkm^2，其中有灌排设施的耕地面积仅占27%，却生产出全世界55%以上的粮食，若基因工程技术能获得推广，再辅之以高效率的灌溉措施，生物质的生长速度将进一步提高。

16.3.1 现代节水灌溉技术与传统渠灌应用效率比较

现代节水灌溉技术主要指喷灌和微灌（包括滴灌和微滴灌）。与传统渠灌方式相比，现代节水灌溉技术具有节水、节肥、省工、改善田间小气候、提高作物品质和产量等优势。一般而言，喷灌可节水30%~50%，微灌可节水45%~70%。与传统灌溉技术相比，滴灌灌水效率可提高40%~50%，即可节水40%~50%；氮肥利用率可高达70%，比传统施肥方法高30%~70%。从理论上讲，滴灌通过管道输水，管道通常埋在地下，不占用耕地；局部面积湿润，干燥区域杂草生长少；不易产生深层渗漏，化肥对地下水的污染少；采用滴灌后，土壤湿度小，保护地栽培时棚内湿度低，病虫害滋生少，农药用量小。

近30年来，代表着现代灌溉技术前端的微灌技术发展很快，采用微灌方式的耕地面积平均每年都以33%的速度增长，而发展中国家该技术应用的增长速度更是惊人。目前，全世界微灌面积目前已达380000km^2。

16.3.2 现代节水灌溉技术与传统渠灌技术经济性比较

16.3.2.1 喷灌技术

喷灌技术是利用封闭管道将有压水输送到需要灌溉的地段，利用喷头分散成细小的水滴，均匀地喷洒到田间（见图16-1）。该技术作为一种先进的、机械化的灌水方式，目前在很多发达国家已被广泛采用。

喷灌方式主要有以下优点：①节水效果显著，水的利用率可达80%。一般情况下，喷灌与传统灌溉方式相比，1m^{2}可以当2m^{2}水用。②作物增产幅度大，一般可达20%~40%。主要原因是：取消了农渠、毛渠、田间灌水沟及畦埂后，可种植面积增加了15%~20%；而且，在得到均匀灌水后，土壤不易板结，利于抢季节、保全苗，同时也改善了田间小气候和农业生态环境。③田间渠系建设及管理、维护和平整土地的工作量大大减少了。④农民投入的费用和劳动力明显减少了，灌溉成本下降增加了农民利润。⑤推进了农业生产的机械化、产业化、现代化。⑥避免由于过量灌溉造成土壤次生盐碱化等土壤退化。

图 16-1 喷灌系统

目前，常用的喷灌方式有移动管道式、固定管道式、中心支轴式与平移式、卷盘式和轻小型机组式等。

移动管道式喷灌：将输水干管固定埋设在地下，田间支管和喷头可拆装搬移、周转使用，因而降低了投资。移动式管道喷灌除了具有一般喷灌省水、增产、省工、减轻农民负担和有利于农业机械化、产业化、现代化等优点以外，还具有设备简单、操作简便、投资小、对田块大小和形状适应性强等优点，可适用于大田作物、蔬菜等，亩投资为 200~250 元。

固定管道式喷灌：将管道、喷头安装在田间固定不动，其灌溉效率高，管理简便，适用于蔬菜、果树以及经济作物灌溉，但是亩投资一般在 1000 元左右，投资较大，不利于机械化耕作。

中心支轴式与平移式大型喷灌：设备只能在预定范围内行走，行走区域内不能有高大障碍物，土地要求较平整。其机械化和自动化程度高，适用于大型农场或规模经营程度较高的农田。目前国产设备每亩投资成本为 300~400 元。

卷盘式喷灌：设备靠管内动水压力驱动行走作业，与中心支轴式及平移式的大型喷灌机相比，具有机动灵活、适应大小田块、亩设备投资小等优点。目前进口设备每亩投资为 50 元左右，可适用于大田作物、蔬菜等。卷盘式喷灌机有喷枪式和折架式两种，后者具有雾化好、耗能低的优点。

轻小型机组式喷灌：可以手抬或装在手推车或拖拉机上，具有机动灵活、适应性强、价格较低的优点，通常用于较小地块的抗旱喷灌。每亩投资为 100~200 元。

16.3.2.2 微灌技术

微灌技术是指通过低压管道系统与安装在末级管道上的特制的灌水器，将水分及养分以较小流量均匀准确地输送到作物根部附近的土壤表面或土层的灌水方法（见图 16-2）。

滴灌

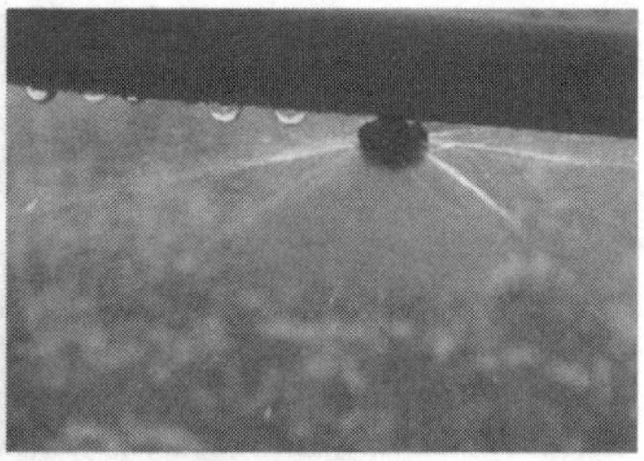
微喷灌

图 16-2　微灌系统

作为现代化、精细高效的节水灌溉技术，微灌方式具有省水、节能、适应性强的特点，灌水的同时可兼施肥，灌溉效率可达到 90%以上。目前，微灌技术应用领域已由果树、蔬菜等少数经济作物推广到大田间作物，如近年来新疆棉花滴灌发展迅速，取得了良好的节水增产效果。微灌的主要缺点是管道易于堵塞、投资较高。

微灌方式包括滴灌、微喷灌、雾灌等灌溉技术，具体如下：

（1）滴灌。

利用塑料管道将水通过直径约 10mm 毛管上的孔口或滴头送到作物根部进行局部灌溉。这是目前干旱缺水地区最有效的节水灌溉方式，水的利用率可达 95%，结合施肥，可提高肥效一倍以上。可适用于果树、蔬菜、经济作物以及温室大棚的灌溉，在干旱缺水的地方也可用于大田作物灌溉。

按照各级管道的固定程度，滴灌进一步分为固定式、半固定式和移动式三种类型。其中，固定式滴灌的各级管道和滴头的位置在灌溉季节是固定的。其优点是操作简便、省工、省时、灌水效果好。目前，国产设备亩投资为 700~1400 元。半固定式滴灌的干、支管固定，毛管由人工移动，亩投资为 500~700 元。移动式滴灌的干、支、毛管均由人工移动，设备简单，较半固定式滴灌节省投资，但用工较多，亩投资为 200~500 元。

（2）水窖滴灌。

通过雨水集流或引其他地表径流到微型蓄水工程内，再通过滴灌进行农田灌溉。这种方式具有结构简单、造价低、普及性强的特点，适用于干旱和缺水山区。

（3）地下滴灌。

把滴灌管埋入地下作物根系活动层内，灌溉水通过微孔渗入土壤供作物吸收，俗称“渗灌”。地下滴灌具有蒸发损失少、省水、省电、省肥、省工和增产效益显著的优点，在果树、棉花、粮食作物种植中均可采用。一般而言，其可实现节水50%~60%、省电40%~50%、增产30%左右。主要缺点在于，当管道间距较大时灌水不够均匀，在土壤渗透性很大或地面坡度较陡的地方不宜使用。亩投资为400~1000元。

（4）微喷灌技术。

该技术是通过低压管道系统以小的流量将水喷洒到土壤表面进行灌溉的灌水方法，是在喷灌和滴灌技术基础上逐步形成的一种新的灌水技术。与喷灌相比，工作压力要低50%，降低了管材要求和能源消耗，节省了运行费用，但对水质要求更高一些，需配置过滤器；与滴灌相比，其工作压力要高一些，微喷头的流道及出流孔口较大，故不易堵塞。微喷灌技术可在山区充分利用泵水、浅井水等小股水源。

（5）雾灌技术。

雾灌技术是雾化灌溉的简称，是近年来出现的一种新的灌溉技术，其原理是通过低压管网将首部加压的水输送到田间，再通过特别的雾化喷头将水喷洒成雾状进行灌溉。具有省水、调节作物株间小气候等优点。雾灌时作物处在云雾覆盖之中，水分能直接被叶片吸收，增强作物的抗逆性。

16.3.2.3　地下灌溉技术

地下灌溉是利用修筑在地下的管道将水引入田间耕作层，在毛细管作用下湿润作物根区附近的土壤的灌水方法（见图16-3）。地下灌溉包括地下水浸润灌溉和地下渗灌。

地下灌溉

管道输水

图16-3　灌溉系统

目前，渗灌技术建设投资大，施工技术复杂，尚不普及，是待研发推广的一种新灌溉技术，它具有许多优点：第一，不破坏土壤结构，上层土壤能保持良好的通气状态，具有自动调节能力，可实现均匀输送水分和养分，增产效果显著。第二，地表含水率较低，蒸发很少，输水基本无损失，水的利用率高，比喷灌节水 50% ~ 70%。第三，灌溉水只需低压输送，一般约 0. 2MPa 即可，且流量小，扬程低，减少了装机容量，节能效果好。第四，地表下 5~10cm 厚的土壤被控制在干燥条件下，不具备温湿环境，能减少病虫草害的发生，节少农药费用。

16. 3. 2. 4　管道输水

管道输水是利用管道将水直接送到田间灌溉的一种方式（见图 16-3），目的在于减少水在明渠输送过程中的渗漏和蒸发损失，目前已在发达国家的灌溉系统中得到普遍应用。管道输水在中国北方井灌区范围内推广应用较快。与渠道输水相比，管道输水具有输水迅速、节水、省地、增产等优点。具体看，水的利用系数可提高到 95%，节电效果达 20%~30%，节省耕地面积 2%~3%，增产幅度可达 10%。目前在国内，若采用低压塑料管道输水，亩投资为 100~150 元。

16. 4　水利工程将成为最大的基础产业

16. 4. 1　水利工程将由目前的公益行为转化为盈利性的商业工程

要发展生物质能源，水资源的开发利用必不可少，在全世界发展生物质能源风起云涌之时，与之相配套的水利灌溉工程应运而生，并逐渐发挥其在生物质能源产业中的关键作用。

开发生物质能源对水资源的需求主要是能源作物种植对水的需求。一方面，通过利用生物技术提高能源作物的光合效率和 CO_2 的利用率；另一方面，通过节水灌溉，特别是滴灌技术为能源植物的种植提供必要的用水。全球每年经光合作用产生的生物质约 1700Gt，其能量当量相当于世界主要燃料贡献的 10 倍。如果地球生物质在未来新的条件和环境下以每年 10%的速度增长，则每年需水量将以 6%的速度增长，每年增加耗水量 5000m^3，以生物质能源作为需求进行评价测算，每吨生物质可产生效益 500 元，则全球将产生 85 万亿元的经济规模。这就为水利工程建设提供了相当大的盈利空间。借助生物技术和节水滴灌技术，不仅能够避开与农争水的问题，还可大大提高能源植物的水分利用率，使传统水利工程由不盈利的公益行为转变为有巨大盈利空间的商业性投资项目。图 16-4 所示为三峡水利工程。

图 16-4 三峡水利工程

16.4.2 水力与灌溉工程建设将成为最大的基础产业

（1）房地产与人均 GDP 的贡献进入稳定期。

房地产行业的发展和各国的 GDP 增长有一定的关系，据世界银行的研究报告，一般在人均 GDP 为 300 美元时，房地产行业开始大力发展；到 1300 美元时，房地产行业进入稳定的快速增长期；到 1500 美元时，房地产行业达到增速的峰值；一直到 8000 美元时，房地产行业才进入平稳期；而超过 13000 美元时，房地产行业将开始衰退。中国人均 GDP 于 2001 年超过 1000 美元，开始带动一系列大宗商品的消费。2003 年，中国人均 GDP 为 1270 美元，住房消费增速超过 20%。自 2001 年起，中国房地产消费市场的兴旺拉开了中国进入消费升级周期的序幕。2013 年，中国人均 GDP 接近 6000 美元，预计 2020 年将达到 8000 美元，房地产业进入平稳期，到 2025 年时，中国房地产业将进入衰退期。

（2）道路交通与人均 GDP 在 2030 年达到饱和。

到 2020 年，我国人均 GDP 将达到 1.3 万美元。从世界上主要发达国家的历史规律看，当人均 GDP 从 1000 美元上升到 3000 美元时，居民消费结构将发生明显变化，在交通和通信消费支出的比重将稳步上升，从 8%~9%上升到 11%~12%。而人口的增长和城市化率的提高，会导致全社会客运需求迅速增长，将拉升交通消费支出比重。专家认为，到 2020 年后，人均 GDP 的增长和人口老龄化程度的加深将导致人口下降，而城市化建设基本达到饱和程度，对交通领域的投资比重将呈现下降的趋势。预计到 2030 年，交通设施将基本饱和，全社会对道路交通建设的投资将减少。

（3）水利与灌溉工程将成为数十年后新的经济发展引擎。

传统的水利工程大部分是非营利性的建设项目或具有社会服务功能的建

设项目，如水利、供水、防洪、生态、环保等。据估计，房地产业到2020年后将衰退，全球道路交通也将随着大规模建设的完成及人口老化、城市化完成等因素而达到饱和状态，因此对于房地产、道路交通建设的投资机会将越来越少，而随着生物质能源产业的崛起，对于生物质能源的投资会进一步扩大。发展生物质能源，一是需要生物工程技术，特别是基因工程技术；二是需要用于灌溉的水资源配套设施，无论是生物质能源原材料的种植，还是工业化，水都是必要的组成部分。这就为水利与灌溉工程建设提供了广阔的发展和投资空间。30~50年后，生物质能源产业带动下的农业种植规模将不断扩大，对于其配套的水利灌溉设施的投资也越来越有吸引力，水利与灌溉工程的发展将随着生物质能源发展的加速而加速，并成为最大规模和最安全的投资项目，成为数十年后新的经济发展引擎。

参考文献

[1] 刘宝亮，牟欣河，马清新．农业用水现状与节水工程分析——以寿光市为例[J]．山东省农业管理干部学院学报，2009（25）．

[2] 母龙广，崔龙，雷思佳．农业节水灌溉的管理措施［J］．吉林蔬菜，2012（10）．

[3] 侯永胜．多喷头轻小型移动式喷灌机组优化配套研究［D］．中国农业机械化科学研究院，2007.

[4] 席尚明．节水灌溉技术在农田水利工程中的应用［J］．当代农机，2019（6）．

[5] 李祥国．节水灌溉技术在农业高效设施栽培中的应用及效益分析［J］．农业开发与装备，2012（3）．

[6] 张芝亚．新疆兵团节水灌溉技术应用与推广［J］．中国水运（下半月），2011（11）．

[7] 刘霓红．华南地区设施农业的模式和装备技术特点［J］．农业技术与装备，2009（1）．

[8] 王昌林．对第三次工业革命几个问题的认识［J］．宏观经济管理，2013（6）．

[9] 沈蓓蓓，龙振华，程千．适合我国发展的节水灌溉技术工程模式研究［J］．农村经济与科技，2011（22）．

[10] 吕天群．浅谈农田节水灌溉技术及发展趋势［J］．科技创新导报，2011（25）．

17 新能源与新型工业体系的建立

250 年来，三次产业革命改变了人类创造价值的方式，也改变了整个世界的面貌。每一次工业革命中，技术、政治制度和社会制度同步演化，不仅改变了行业本身，而且改变了人们看待自身、相互联系以及与自然界相互作用的方式。

第一次产业革命和第二次产业革命均以能源转型为基础，第一次产业革命使人们开始使用蒸汽动力；第二次产业革命使电力得到广泛应用；在第三次产业革命中，计算机技术和生物工程大力发展。如今，第四次产业革命刚刚开始，可再生能源将逐渐取代化石能源，能源业面临又一次历史性转型，清洁能源技术和储能技术逐渐成熟，从实验室走向工厂和市场，各国纷纷投资可能改变历史的突破性能源。

和以往的工业革命不同，第四次产业革命将打破能源生产对化石燃料和温室气体排放的依赖。随着世界人口的不断增长，各经济体向工业化发展，对气候变化的影响日益严峻，50 年后全球能源需求将增长一倍，因此打破这种依赖将变得更加迫切。

17.1 能源体系的变革

如果说过去几次科技革命和产业革命大幅度提高了人类改造自然的能力，那么生物技术主导的第四次能源革命将引发生产力的飞跃。从经济社会发展需求看，生物质能源产业的发展将为解决工业化以来这 200 多年日趋紧迫的资源环境等全球性问题提供新的手段。生物技术发展（如原子能技术）在给人类社会发展带来巨大进步的同时，也会给人类能源产业带来根本性变革，随之而来的是绿色生物质能源应用与转化产业的悄然崛起。

据国际可再生能源机构（IRENA）发布的《可再生能源路线图 2030》预测，2030 年可再生能源在全球能源消费总量中的占比将达 36%，其中生物质能将占可再生能源的60%。当前，生物质能开发因受生态环境、粮食安全、技术进步、开发经济性等多重因素影响，在大规模化、经济成本等方面还未形成较大优势，未来，伴随着基因测序、蛋白质组学、再生医学等生命科学和技术发展的不断突破，生物质能终将成为人类的主导能源。

生物技术的大规模产业化估计会在30年后到来。近年来，基因测序、蛋白质组学、再生医学等生命科学和技术发展取得了一系列重大突破。生物技术在生物质能源产业应用上的一个重要作用就是增加可转化为能量的物质，即总体生物量（Biomass）。从生物质加工处理、生物质发电到生物质燃料的成型及应用，在石油枯竭时，将逐渐形成一套以生物质能源为主的新型能源工业体系。

17.1.1 电力供应与保障体系

电力作为一种由一次能源转化而来的二次能源，具有便捷、清洁等特征，成为应用最为广泛的能源，是人类能源供应的主要形式。《2018年能源转型展望》预测，世界电力需求（不包括能源行业内的使用量）将增加170%，由2016年的21PW·h/a增加到2050年的57PW·h/a（见图17-1）。

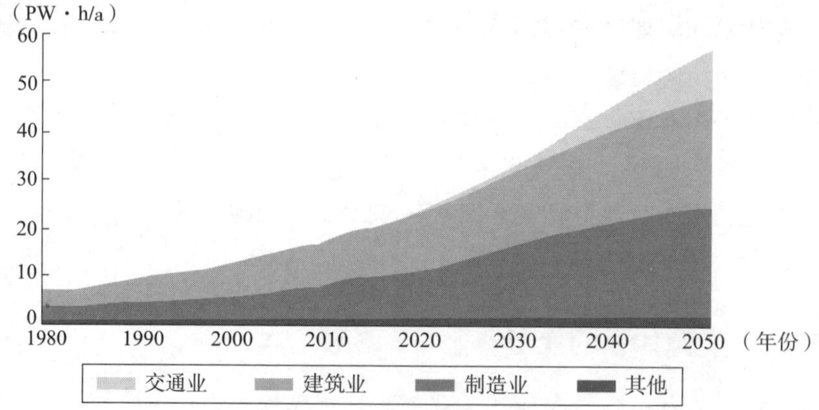

图17-1 世界分领域最终电力需求

资料来源：中电联《2018年能源转型展望》

能源需求增加和电气化规模扩大，世界电力需求大幅增加。考虑到输配电损耗以及发电机和储能的自耗，预计全球发电量将从25PW·h/a上升到2050年的66PW·h/a。虽然到2050年交通领域对电力的需求大幅增加，但与建筑和制造业等主要领域相比，其需求仍然相对较小。

在全球各国积极支持和推动生物质能发电项目的情况下，全球生物质能发电得到了有所未有的发展，随着生物质生产成本的降低，生物质发电将逐步获得经济性，并最终替代化石能源。随着新能源电力的规模化开发以及电网中新能源电力比重的增加，新能源电力系统的特征将日益凸显。实践表明，传统的理论方法与技术不能解决新能源电力系统所面临的问题，需要深入认知新能源电力系统的特性，创新理论方法与技术，在发展智能电网技术的基础上，从系统的整体性特征出发，构成以电源响应、电网需求侧响应为主体的新能源电力系统发展模式。

在发电供给侧加强电网友好型发电技术研究。新能源电力占比越高，给电力系统带来的影响就越大。实现电力系统供需平衡和安全稳定运行，需要发电供给侧提高响应电网调度的能力和灵活性。一方面，发展电网友好型新能源发电技术，提升功率输出的平稳性和可调度性；另一方面，发挥传统电源特别是火力发电的可调度性优势，平抑新能源电力的波动性与间歇性。

在电网输配侧加强电网基础设施建设，优化电网结构，增强资源配置能力。应进一步探索大电网之间的柔性互联，加强区域内省间电网互济能力，提高电网运行效率，确保电力系统安全稳定运行和电力可靠供应。同时，着力推动装备提升与科技创新，全面提高电力系统智能化水平，实现能源生产和消费综合调配，提高电网接纳和优化配置多种能源的能力；构建“互联网+”电力运营模式，全面推广智能调度控制系统，开展智能电网支撑智慧城市创新示范区建设。

在用户消费侧努力实现电网友好型智能用电。电力系统中存在大量可与电网友好合作的可调整负荷（如制冷、供热等）和可平移负荷（如洗衣机、消毒柜等），目前这些资源还没有得到充分利用。如果将这部分可平移负荷最大限度地平移到电网用电低谷，就可以大大降低用电高峰压力和电网安全运行风险，消纳更多新能源电力。同时，应不断提高电能在终端能源消费中的比重，降低化石能源直接消费的比重（如减少散煤燃烧、燃油汽车使用量等），努力形成绿色产能、绿色用能的能源生产、供给和消费格局。

17.1.2 生物燃料替代化石燃料

生物质能源燃料来源品类繁多，在实际应用中，各种原料因自身特性的不同而具有各自的特点。例如，目前常见的木材残余物在生活中极为常见，但发热量相对较低，粗放的利用方式使其在可再生性和环保性方面不如农业废弃物。从另一角度看，环保性能佳的农业废弃物，一般含水率较高。此外，在全球范围内，生物质能源的获取与各个区域内自身的资源结构以及应用技术水平之间存在很大的关系。

无论生物质原料以何种形式存在，最终均以生物制天然气、生物制氢、生物制柴油和生物燃料乙醇等形式存在，共同构成全球生物质能源。英国石油公司的长期监测数据显示，全球生物燃料产量整体保持持续增长的趋势。2018 年，世界生物燃料产量达到 9248. 6 万 toe，同比增长 9. 9%，增速虽然远低于近十年来的平均水平 11. 4%，但却是近三年增速最高的年份。

（1）燃料乙醇。燃料乙醇是目前全球范围内应用最广泛的、最具潜力替代汽油的生物燃料，已在美国、巴西等一些国家和地区得到广泛使用。目前，80%左右的乙醇是以淀粉质原料生产的，另有 10%的乙醇用废糖蜜生产，而以纤维素原料生产的乙醇仅占 2%左右。发展木质纤维素生产乙醇的综合利用技术，被认为是燃料乙醇获得突破式发展的关键。目前燃料乙醇的重要工业发展方向为开发利用纤维素、菊芋、木薯、玉米等多种原料生产乙醇工艺。

（2）生物柴油。生物柴油被公认为环境友好型燃料，具有高热值、无污染、成本可控的优势。更为重要的是，无须对现有柴油发动机进行任何改造即可使用，且对发动机具有一定的保护作用。目前，美国、加拿大、巴西、日本、澳大利亚及印度等国都在积极发展生物柴油产业。在原料方面，欧洲国家主要以油菜为主，其 2017 年生物柴油产量已超过 3000mL。

（3）生物制氢。生物质气化是所有生物质热化学加工中开发最早、最接近生产规模的技术，可替代煤炭气化制氢。理论上，目前全球较好的高纯度氢气技术利用 1kg 生物质可产生 165g 氢气。

（4）沼气开发。近年来，世界天然气应用发展迅速，但是地球天然气资源有限，最迟也会与石油同时枯竭，而沼气与天然气同根同源，只需略加改造即可与天然气无缝对接，直至完全取代。目前我国的沼气开发已经进入商业化应用阶段，可以在广大农村、农场等生物残渣丰富的地区大力推广，并改善当地生活环境和居住条件。

17. 1. 3　能源技术的变革

生物质能源的开发与生物技术、基因工程密不可分。科学家们已经开始进行转变农作物基因的研究，以期对农作物进行特殊的基因改变，使这些转基因作物能够专门用于生产燃料乙醇和其他生物燃料。在能源植物种植方面，利用植物基因工程技术，改善植物自身性状，包括减少植物自身细胞中木质素含量、在细胞中积累表达纤维素酶和木聚糖酶等方法，使植物产生的生物质更利于降解利用。目前，这种新的能源转基因植物已经得到了广泛种植。转基因技术在农业方面的应用取得了巨大成功，引领着现代农业科技的发展方向。同时转基因育种产业的发展已经使多种作物的产量实现大幅度提升，并且大幅降低了这些作物的种植成本。

以往科学家们对于生物质能源的关注主要集中在工业生产方面，通过改进工艺提高生物乙醇或生物柴油的产量。现在，科学家们逐渐认识到，要切实提高生物燃料产量，使生物质能源在整个能源消耗中占据重要地位，实现其对传统燃料的替代，必须着手生物质原料的研究，提高原料的燃料亩产量（生物燃料产量/亩生物质）。多年来，科学家们通过转基因技术切实提高农作物抵抗害虫和除草剂的能力。现在，开发改造可用于生物燃料生产的生物质资源成为转基因技术运用的新方向。

我们可以看到，互联网技术正不断与能源保障体系深度融合，例如区块链技术和人工智能技术。目前，智能电网、动态能源路线、电池驱动交通工具已经初具规模，分布式能源供应体系逐渐走向成熟。

可再生能源正在不断发展并迅速地覆盖更多行业。在高增长地区，国家和跨国组织不断进行长期投资。在部署开支的同时，可再生能源研发的投资在不断增加，储能技术取得连续性的进步。新能源技术正在探索中，包括生物质能、风能、太阳能及先进材料、纳米技术。这些技术提高了能源使用效率，减少了能源浪费。

我们可以畅想，在未来，大规模的煤矿及油田将被分散的人造林、生物质能源种植园所替代。生物质能源替代传统化石能源是正在发生的事情，它以生物技术为核心，以绿色生物质能源应用与转化为目的，牵涉每一个国家、每一个人，将引发一场新的能源产业革命。

17.2 化工与原材料

进入21世纪后，全球化学品与材料市场需求量呈持续扩张的趋势，全球原油供应趋于紧张的形势为生物质化学工业提供了非常巨大且快速发展的空间。由于原料化学性质相近，生物质化工将会在现有石化工业体系的基础上发展并可以很快地产生效益，在原油利用成本不断上升过程中与原有石化路线竞争，最终取而代之。这将有力地促进生物化学工业的技术进步与产业规模的提升。

与石油化学工业相对应，通过生物质炼制技术生产化学品与材料在未来将形成一个新的化学工业模式，我们称之为生物质化学工业。届时，大型炼油厂将能够利用微生物的催化特性实现可再生原料的生物提炼。同时，当前正有研究致力于无缝整合代谢工程学、合成生物学、系统生物学，开发微生物细胞工厂，从可再生的非食物生物量中生产不同化学物质和材料。我们不断创新方式，利用自然产生的多样性打造环保型生物产业。分子生物学、材料工程、计算方法、预测数学模型未来将深刻影响我们的社会发展、工业面貌和全球环境。

17.3 生物质建筑材料与应用

随着经济水平的提高，绿色环保已经成为全球共识。生物质建材的开发应用正符合人类追求健康积极向上的生活目标，绿色建材成为市场参与者能否持续发展的重要决定因素。生物质建材具有节约能源、无毒无害，化学稳定性和安全性高的特点；具有良好的环境效益，可以避免温室效应和臭氧层破坏；整个生命周期资源消耗低，利用率高；可循环重复利用、容易回收。生物质建材立足于可循环经济理论体系，符合可持续发展的远景规划，契合了生态环保的目的和要求，为未来建筑材料提出并建立了新的理念。生物质建材作为建材发展的新方向，必然逐步为人们所接受。

17.3.1 木质建筑材料

木质建筑材料是以木材（或其废料）为主要原料，经过机械加工和化学处理而得到的，具有木材基本特性及工程特性，并由工业化制造的材料，主要包括原始木材、胶合木、层积材、定向结构刨花板、平行条板等。建筑承重构件用材一般要求木材纹理顺直、耐腐朽、尺寸稳定性好、缺陷少、具有较好的力学性能、易于加工等，在实际使用中以针叶材为主。胶合木是将两层或两层以上的规格材叠层用防水结构胶黏接而成，用于制作梁、柱、拱等大型结构构件。随着胶黏剂与高分子材料的发展，除了用传统锯材黏结而成的结构胶合木外，出现了复合结构胶合木。如为了进一步提高构件的抗拉和抗压能力，在胶合木构件受力边缘采用单板层积材。单板层积材是由旋切单板以顺纹方向排列、堆积后胶合在一起的板材，具有强度高和尺寸稳定性好、易加工等优点。这些木质材料已广泛地应用在现代装配式建筑中，如爱丁堡的 Arcadia 幼儿园、多塞特郡的 Bryanston 学校、伦敦金丝雀码头地铁车站、

绵阳 $1200m^2$ 的木结构会所均采用了木结构建筑材料。

17.3.2 竹藤建筑材料

我国的竹材资源十分丰富，竹林面积居世界第二位，竹林产量居世界第一位。因此，我国对竹质建筑结构工程材料的研发和应用在全球处于领先水平。竹材从竹条、原竹等原材料的传统应用转变为使用相继开发出的竹帘胶合板、竹编胶合板、竹集成材、竹篾层积材、重组竹、竹材复合板等现代建筑结构工程和装饰工程用材料，其中竹胶合板是以竹子切片为原料，用胶黏合而成，防水性能好，广泛应用于建筑、装饰等方面，可用作房屋的内、外墙壁和天花板等装饰，并可代替普通的木质胶合板建造房屋。

17.3.3 秸秆建筑材料

随着我国木材行业的发展和木材成本的增加以及禁伐政策的发布，以农林废弃物为主要原料的新型人造板应运而生，其中，对农业剩余物秸秆的运用较为广泛和成熟。秸秆建筑材料中的板材不仅成本低廉，还具有节能、环保、保温隔热等多种功能。秸秆诸多的优良性能让其可以运用于各种不同的地方，例如，秸秆具有空心的特质，导热性不好，可以作为建筑保温隔热的填充材料；秸秆表面含硅的细胞膜具有一定的防水性，可以作为建筑临时的覆面材料使用；秸秆具有高度密集的纤维，可以作为黏土材料添加剂用于建筑墙体，形成复合材料，能够防止墙面开裂，并增加其结构强度。

17.4 新的工业体系的建立

在未来生物质能源工业体系中，以生物质为原料的多元化分布式应用将成为一个国家的核心竞争力。生物天然气和成型燃料将是生物质能的重要发展方向，生物天然气不断拓展车用燃气和天然气供应等市场领域，成型燃料在中、小城市和城镇的应用空间将不断扩大，与之配套的商业化模式将逐渐成熟；同时，生物质液体燃料将进入化工产业领域，非粮生物质资源的多元化生物炼制将成为最重要的研究方向，燃料乙醇、混合醇、生物柴油等丰富的化石能源替代产品将不断应用到航空燃料、化工基础原料等领域。同时，生物质转化及其配套设备、设施将催生新的机械加工和制造业，生物质产业将成为全球经济的基石。围绕生物质能产业发展的第三产业，诸如服务业、教育业等，将蓬勃发展。全球产业格局将全面围绕生物质产业发展，新的工业体系将建立起来（见表 17-1）。

表 17-1 生物质能源工业体系与传统能源工业体系

生物质能源工业体系	传统能源工业体系
能源农业、生物质能源原材料生产、生物材料、生物化工、生物制药、机械加工、节能环保、信息技术、第三产业、生物燃料、生物发电、服务业、新能源汽车等	石化、煤炭业、机械业、出口加工、钢铁、有色金属、水泥、化工、化学制药、初级原材料生产、传统PC行业、汽车业、服务业等

资料来源：汾渭能源

生物发电成为电力能源的主要来源。生物质能取代化石能源，成为全球一次能源供应的主体，电力仍是人类能源供应的主要形式。

生物燃料成为主要交通燃料、化工原料。生物质燃料取代现有化石能源成品油、气，有效支撑交通工具的发展；储能技术的提高，使新能源（电力）交通得到广泛普及。

生物质能源制造业成为第一大经济产业。在生物质能源原材料的生产、制造、加工、销售等能源供需链外，生物质转化及其配套设备、设施又催生了新的机械加工和制造业的发展，生物质产业成为全球经济的基石。

医疗与人类健康产业深入发展。除生物制药取代现有的化学制药外，生物技术有望推动医疗业改革的一大领域是精准医学，即针对每位患者而非某一类疾病制订治疗方案。基因组、转录组、蛋白质组、代谢组和微生物等可获得的综合数据使越来越多的精准医学获得发展。

第三产业与就业。就业人口大量从城市转移到分散的城镇，第三产业围绕生物质能产业蓬勃发展。如此一来，以生物质能源产业为主，新的能源工业体系在未来必将形成。

17.5 逆城市化与就业变革

17.5.1 逆城市化

根据西方考古学研究，城市出现在公元前3000—公元前4000年，并极大地推动了人类社会的发展，著名考古学者戈登·柴尔德将此视作人类发展史上的重要革命，称之为“城市革命”。但直到18世纪中叶工业革命前5000年的漫长岁月里，城市都只属于少部分人，人类世界的城市化率仅仅上升到3%。可以说，在既有技术条件下的“城市革命”推动了社会经济发展，但存在杰佛瑞·韦斯特所谓的约束性增长极限，新的增长需要新的范式。而“工业革命”带来的技术“大爆炸”，实现了“城市革命”向“城市化革命”发展的“第二次城市革命”，以至于“信息革命”后兴起了最新的回归大都市的“第三次城市革命”。这一次次的“范式转移”，都算得上是通过社会经济系统的重置实现新的经济增长。

从人类文明发展轨迹看，农业的发展、工业化和第三产业的发展是城市发展的动力机制。结构的转换和升级是在比较利益和制度变迁的推动作用下进行的。城市化发展到一定程度后出现城市群，在城市与城市之间的腹地形成磁场效应，从而使城市群区域实现了城市化；而城市群地区对非城市群地区的磁场效应将进一步影响区域间的城市化进程。城市化就是在动力机制、实现机制和推动机制的综合作用下不断推进的。

在第四次产业革命中，以农业为代表的第一产业将成为全球经济的主体；第三产业将围绕第一产业重新布局；作为工业革命产物的第二产业，将在未来的产业体系中围绕第一产业重新布局，现有的城市化发展趋势将出现逆转。受第一产业分散性的特点的引导，第二、第三产业最终将走向分散化，以适应分布式能源供应体系下的经济性。

逆城市化的现象在20世纪70年代首先在美国出现，然后在欧洲的发达国家出现。需要强调的是，逆城市化并不意味着国家城市化水平的下降，只是导致城市发展新的区域再分配，它是人们对居住环境偏好变化、交通通信高度发达、生产地理格局变化等因素综合作用的结果。相反，逆城市化正在推动城市化更广泛地传播。

17.5.2 就业变革

能源革命推动科技进步，引导产业结构调整，创造新的职业，同时导致一些职业消失。从前三次产业革命的发展历程看，产业革命创造了大量的就业机会，引导农村人口不断向城市集中；同时，产业革命带动了科技不断创新，新的科技又作用于工业生产，推动工业生产不断革新，导致下一次产业革命的诞生。

第一次产业革命形成了以蒸汽技术为主导的技术创新体系，工厂的出现提供了大量的、更好的就业机会，传统劳动群体大幅减少，以农民占主导的社会职业结构逐渐转变为以操作机器的低技能生产工人占主导的社会职业结构。第二次产业革命形成了以电气技术为主导的创新体系，规模集中化生产显著提升了企业技术能力，对技术工人的需求大大增加。而规模的扩大以及生产高度集中要求企业必须具有较强的资源动员能力，同时，要有人承担起企业内部的协调、管理等职能，由此出现了职业经理人这一新兴职业。第三次产业革命形成了以信息技术、自动化为主导的知识型技术创新体系，出现了大批研发设计、营销管理等高技能、高创造性的就业岗位，而低技能或以体力劳动为主的就业岗位大量减少。

从第四次产业革命的萌芽看，正是生物工程技术的不断发展、互联网技术与实体经济的不断融合为生物质能替代化石能源创造了可能。第四次产业革命背景下，产业结构的调整为生物工程和互联网技术的发展提供了更广阔的平台；同时，产业结构调整会带来新的职业，创造大量就业机会，也会导致大量工作岗位的消失。在第四次工业革命背景下，就业的职业结构、产业结构、区域结构都将发生明显的变化。

17.5.2.1 就业的职业结构变化

从目前的发展轨迹看，第四次产业革命将完成一次技术变革，它以生物技术和信息技术创新为基础，催生出由生物技术、云计算、物联网和人工智能等共同组成的技术创新群体。这次系统性的技术变革以及抽象的数据分析与推理工作，提高了劳动力设计与创新的价值，引发的结果就是高技能劳动力的增加和低技能劳动力的减少。在高端职业领域中，与人工智能相配套的创意、科技和战略合作等复杂度较高的职业将大量出现，如科学工作者、研发工程师、律师等。而目前占主体的标准化、程序化、流水线化的就业岗位将会逐步减少甚至消失，这些岗位上的人将被智能化程度较高的机器人所取代。诸如生产线加工装配工人、客户服务人员及电话销售等岗位将大量减少，甚至消失。现有的“金字塔型”职业结构将出现明显变化，职业结构进一步趋向高层次化。顶层就业量大幅增加，而底层逐渐空心化。

17.5.2.2 产业结构变化带动就业变化

在第四次产业革命的技术创新浪潮中，产业结构的调整将最终发生质变，实现产业结构转型升级。

首先，以种植为基础的农林业将成为全球最大的基础产业。得益于数字化信息技术在农林业中的广泛和多元化应用，农林业将进入集约化、规模化、智能化的发展阶段，生产效率将进一步提高；高度智能化的机器人等新技术的应用将推动农林业实现自动化，进而释放更多的劳动力。这一变革最终将引起人类农业劳动比重的下降，但同时，巨量的农林业产业在未来可提供更多的高端就业机会。

其次，在第四次产业革命背景下，为了支撑巨量的农林业，其上下游产业链也将不断进化。数字化、网络化及智能化发展将对传统制造业造成冲击，大量的智能工厂、智能产业机器人、智能化制造将得到迅速推广，并获得主体地位。重复性和可预测的工作任务将实现无人化，生产过程中的人力耗费将大幅下降。最终，工业生产的组织结构与人机关系从根本上得到改变，工业机器人与人类的协作变得更加高效、灵活，整个制造业生产率将获得质的飞跃。

参考文献

［1］杜传忠，许冰．第四次工业革命对就业结构的影响及中国的对策［J］．社会科学战线，2018（2）．

［2］姜岷，韦萍，卢定强．后化石经济时代工业生物技术发展的若干思考［J］．化工进展，2006（10）．

［3］高彪．现代生物技术生产生物质能源和基本化工原料之前景［J］．石油和化工设备，2011（14）．

［4］阚苏立，丁永山，陶志强．低碳经济与工业生物技术［J］．化工学报，2010（61）．

［5］王海波．"一带一路"背景下我国生物质能源发展的机遇与挑战［J］．林业调查规划，2017（42）．

［6］朱跃钊，卢定强，万红贵．工业生物技术的研究现状与发展趋势［J］．化工学报，2004（55）．

［7］井然．把握科学发展进程推动电力改革再深入——专访中国工程院院士、原华北电力大学校长刘吉臻［J］．中国电力企业管理，2018（19）．

［8］江幼默．我国城市化进程中的问题与对策［D］．南京大学，2012．

18 中国将全面引领第四次产业革命

18.1 生物质能源产业将在中国快速发展

18.1.1 中国是碳排放总量最大和绿化面积增长最快的国家

近30年来，中国宏观经济领跑全球，带动国内能源消费快速增长，以煤炭为主的资源禀赋特征和能源过度利用使中国成为全球污染率最高的地区，同时也是全球最大的碳排放国，每年碳排放量约占全球碳排放量的1/4。世界银行预测，未来50年全球一次能源需求量的增长主要来自亚太地区和非洲，而欧洲和北美地区一次能源需求将呈现下降的趋势。在能源消费强度方面，全球整体呈大幅下降趋势，其中，发展中国家的下降幅度大于发达国家，但仍显著高于后者。在能源转型过程中，中国碳排放量仍将持续增加。

由于中国是碳排放最集中的地区，因此也是CO_2增加对生态系统影响最显著的地区。当全世界都认为地球上污染率最高的地区应该是中国的时候，美国卫星却给出了最新的数据，称中国的植被不但没有退化，反而贡献了全球最多的绿化；英国专家对2000年至2017年的卫星图片进行分析发现，中国的绿化面积占该时间段全球绿化面积总和的25%；美国《自然》杂志公布的数据显示，中国的绿化增长率在5%以上。

18.1.2 丰富有效的土地资源为生物质能源产业发展提供了物质基础

中国正在进行土地政策的改革，其意义之重大，远远不止于农业的振兴，它将给中国经济的发展以及第四次产业革命带来重大影响。

土地的所有权、经营权、转让权的明晰，将使农村土地商品化，促使信息、技术、产品不断优化，盈利能力不断增强。

随着气候变暖和降雨量的增加，中国西部大面积的戈壁和沙漠将转化为可耕种土地，从而使中国用于发展生物质能源产业的土地资源快速增加。

中国的农民是世界上最勤奋、生存能力最强的。今天，他们的有效劳动力被迫挤进城市的狭小空间，从事艰苦行业的工作，而正在调整的土地政策及快速崛起的生物能源与新的产业革命将使他们重新回到自己的家乡和土地上。在那里，他们可以大有作为。

18.1.3 巨大的农业人口红利与就地产业化

中国有约6.7亿农业人口，加上他们已经城市化的子女，这一数字更为庞大。而中国农村除耕地之外，还有广阔的盐碱地、河滩地、山坡地和戈壁滩。

中国粮食产量已经连续十年累创新高，今后还将继续创新高，这主要是由于大气中 CO_2 浓度持续增加造成的，但是粮农并没有真正受益。如果我们能够适时发展生物质能源产业，配套以适当的政策支持，则事情将会发生根本性的变化。当人们发现生物质能源的种植成本低于部分煤炭能源的生产成本时，生物质能源应用产业将快速发展，生物质能源种植的盈利也将快速增长。

农业工业化后，产业链的配套与延伸将带来更大的经济效益，并将吸引更多的资本投入新型工业体系的建设中。与此同时，互联网也将进一步推动生物质能源产业健康、持续、高效地发展，并在改造产业的同时改造我们的生活，最终形成新的产业、经济、文化、生态格局。中国农民将有机会赶上时代发展的大潮，中国农民勤劳向上、锲而不舍、勇于创新的精神也将在自己的土地上找到价值。

18.1.4 现有产业布局有利于生物质能源产业的发展

从我国产业布局看，目前化石能源生产的区域主要集中在经济和自然条件相对较差的中部和西北地区。这些地区目前土地利用率较低，戈壁化和荒漠化十分普遍，同时具有日照时间长、土地成本低、产业链相对落后的特点。借助生物技术和水利灌溉技术，可以大规模推广生物质能源作物种植，在保障能源供应的同时，改善当地生态环境；有效推进国家西部大开发战略，平稳推动上述地区产业转型升级。而且，生物质能源产业化也将带动人口向西部以分布式的城镇为单位的产业点转移，借助物联网、区块链等技术整合，形成完整的生物质能源体系链。

18.1.5 生物质能源技术需要政策大力倾斜

尽管我国在可再生能源领域投入很多，补贴金额巨大，但主要集中在光伏、风能、新能源汽车等不可能对未来能源发展起重大作用的领域，而将对未来产生革命性影响的生物质能源领域却没有受到应有的重视，与发达国家对生物能源领域的重视程度和投入相比差距甚远，因此，在生物质能源发展过程中，国家在政策方面应大力倾斜，及早实现生物质能源的产业化、规模化。建设如下：

（1）健全政府机构，在政府层面成立促进生物产业发展的协调决策机构，统筹协调生物质能源产业体制改革，引导生物技术研究开发，规范生物产品安全监管，引导树立集中发展生物质能源产业的意识并形成共识。

（2）加强产学研结合，提高自主创新能力，逐步形成以市场为导向，以企业为主体，以高校和科研院所为支撑的产业创新体系。

（3）制定相关的税收优惠政策，鼓励创新，缓解现代生物企业的资金短缺压力。

（4）培育和规范生物产品市场，建立政府收购、采购制度和购买国外生物产品的审核制度。

（5）培养、引进、用好人才，为生物产业快速发展提供人才保障。

（6）加强知识产权制度建设。

18.2 互联网等新技术体系将全面推动生物质能源产业的发展

生物质能源及其相关产业必须借助互联网等新技术体系的发展，才能全面推动新的产业革命的发展。中国是互联网等新技术体系发展最快和最全面的国家，从互联网的普及程度、5G 技术、区块链、人工智能到新一代通信技术，再到量子通信，中国完成了从互联网改变中国到中国改变互联网的过渡。

18.2.1 人工智能

中国在人工智能领域已经处于世界第一阵营。有数据显示，世界上关于人工智能的论文中有 43%是中国公民和外籍华人写的，可见中国人对这一领域的热情和中国人工智能在世界上的领先地位。中国政府在 2017 年将人工智能升级为国家级战略，表现出了对人工智能的重视。人工智能在中国将迎来爆发式发展。

人工智能带来的将是一个全新的时代，一场前所未有的变革，将改变人们生活的方方面面。目前中国企业纷纷布局人工智能领域，致力于在交通出行、医疗、金融、城市治理和环境治理等方面让生活变得更加高效，让世界变得更加智能。中国是世界上最大的市场，规模效应将会带动中国企业发展提升得更快。因此，未来中国必将在人工智能领域占据世界主导地位。

18.2.2 新一代通信技术

目前，新一代通信技术（5G）的发展热火朝天，世界先进国家竞相角逐。这一技术将开启一个万物互联的时代，从1G到4G完成的是人与人、少数机器与机器的连接，而5G将要完成的是人与机器、一切机器之间的连接，即万物互联。5G将开启一个前所未有的时代，改变社会和生活的方方面面。中国已经走在了世界的前列，华为5G已经成为这一代通信技术的世界标准。2018年，北京、上海、广州、苏州、宁波五个城市开始试点5G；2020年，中国将成为世界上第一个大规模商用5G的国家，各大运营商将投资1800亿美元誓建世界最庞大的5G网络。在这一变革性的技术上，中国走在了世界的前列，并且引领着世界走向万物互联的时代。

18.2.3 量子通信

在商业保密和军事方面，量子技术是世界上公认的最安全的通信技术，是传统通信技术不可比拟的。中国在2016年发射了全球第一颗量子卫星，并且在2017年建设了世界上第一条量子通信干线——“京沪干线”，研制出了世界上第一台光量子计算机。在量子通信技术上，中国已经领先全球。

18.2.4 能源替代

传统的化石能源体系是建立在规模化和集中化的电厂和石油加工厂基础上的充分依靠传统物流的能源保障体系，而生物质能源产业体系则是建立在非规模化和分散化基础上的充分依靠分布式能源保障体系、互联网与区块链技术的能源保障体系。

尽管在生物质能源技术研发领域，中国的研发投入与西方国家差距较大，生物质能源的应用开发也比不上光伏、风电、煤转化、核能等方面的投资规模与力度，但是中国在生物质能源开发应用方面的实际水平与其他国家差距并不是很大，一些关键技术甚至处于世界先进水平。而在互联网等新技术体系方面，中国处于世界先进行列，并且正在以前所未有的速度快速发展，特别是在普及应用领域，中国将超越所有的经济体。

由于生物质能源产业在中国快速发展的诸多条件和互联网等新技术体系的领先并快速发展，中国必将成为生物质能源产业革命的发源地并由此全面推动第四次产业革命的到来。

18.3 巨大的产业与市场优势

18.3.1 巨大的市场与阶梯化发展

历次工业革命已经证明，在工业革命改变市场结构的同时，市场也将推动工业革命的发展。欧美发达国家实现工业化后，产业结构已经出现明显的变化，第三产业成为经济的主体，而以中国为代表的发展中国家由于起步晚，目前仍处于工业化阶段，对能源的需求较强。世界银行预测，未来 50 年全球一次能源需求量的增长主要来自亚太地区和非洲，而欧洲和北美地区一次能源需求呈现下降的趋势。未来 50 年内，中国在能源需求方面将继续领跑全球。

欧美专家认为，目前中国呈现第二次产业革命和第三次产业革命共存的局面，一线城市已经在第三次产业革命中大踏步发展，而二三线城市仍然处于第二次产业革命阶段。借助一线城市的成果，二三线城市将直接进入第四次产业革命，并具有自己鲜明的特点。

升级和转型都意味着巨大需求的诞生，这包括各个方面，从能源供应到产业服务，从人口增长到环境保护。中国具有巨大的市场潜力，市场将反过来影响第四次产业革命进程，激发出新的技术，实现第四次产业革命的不断升级，迎接发展高潮的到来。

18.3.2 中国是当今世界上内生创新活力最大的国家

中国国家行政学院专家指出：按照国际流行的创新标准看，中国不是世界排名靠前的创新性国家。因为国际流行的创新评价标准主要基于创新结果进行。从创新制度看，中国没有发达国家完善的创新制度；从创新结果的全要素生产率看，中国的全要素生产率还很低。但是，从创新动力的社会系统和潜在创新力看，中国是当今世界创新活力最强的国家，这种创新活力在中国走向新能源革命新时代已经开始显现。

今天的中国有三种独特的力量，必然推动中国走上创新之路：一是能源环境危机压力，是推动中国必须创新的时代大势形成的压力；二是中国正处于产业结构的重大转型时期，转型压力迫使中国许多企业纷纷转向新能源和新兴产业寻找出路；三是中国具有西方发达国家没有的追赶动力。

在世界新能源革命来临的时代背景下，中国已经将追赶西方工业化的生命活力转到应对新能源革命的创新上。以光伏为例，据相关机构统计，2017

年，中国多晶硅产量24.2万t，同比增长24.7%；硅片产量87GW，同比增长34.3%；电池片产量68GW，同比增长33.3%；组件产量76GW，同比增长31.7%；产业链各环节生产规模全球占比均超过50%，继续保持全球首位。

18.3.3 中国具备发达国家没有的发展新能源的市场优势

与已经实现工业化的欧美国家相比，中国由于起步晚，基础薄弱，是一个至今尚未完成工业化的国家。按照西方国家的发展模式，中国还有必要继续追赶。但进入21世纪以来，基于生物质能源发展的新的生态文明时代的来临，恰好成为中国发展新能源的新优势。2000年后，西方发达国家人均能源消耗与排放达到峰值，进入零增长阶段。据BP预测，中国将在2030年达到电力需求峰值，中国社会用电量峰值将达11000TW·h左右。未来中国电力市场的增量空间还有4600TW·h，而发达国家市场接近饱和，因此发达国家发展新能源的替代机会成本比中国要大得多。表18-1为各机构对中国全社会用电量的预测。

表18-1 各机构对中国全社会用电量的预测 单位：TW·h

年份	2020	2030	2050
国家能源局	6800~7200	—	—
中国能源研究会	6800	8500	—
国家电力研究中心	6800~7200	10000~11000	12000~15000
国网能源研究院	7000~7600	9100~11000	—

资料来源：公开资料、汾渭能源

18.3.4 中国具备走向新能源创新的低成本优势

中国在制造业的各个领域均具有明显的成本优势，特别是在高端产业和技术创新成本上的优势逐渐凸显。无论中国经济转型发展选择哪个方向，都需要中国从过去劳动密集型产业中的人力成本竞争优势转到科技密集型产业中的高端人才竞争优势上来。目前，中国知识和科技创新领域的人力资本的成本要大幅低于西方发达国家。根据相关统计，中国最低薪资水平为2.6美元/小时，与发达国家差距较大。利用低成本人力资本优势推动中国在科技领域持续创新是中国未来发展新能源的一大竞争优势，也是中国经济社会成功转型、跨入第四次产业革命的关键。

18.4 中国将全面引领第四次产业革命

18.4.1 第四次产业革命迫在眉睫

世界上的每次产业革命，都是新的信息技术与新型能源共同作用的结果。但是，以往的产业革命从未像今天这样特征明显，来势凶猛。

互联网已经将触角伸到了地球的每个角落，并提供了均等的信息资源，以及不断完善的生产、物流、交易、结算等服务，对第三次产业革命形成了严重的威胁。而污染问题、化石能源枯竭问题，以及大规模的物流、人流造成的资源消耗问题，已经严重威胁到人类的生存与发展，对新的清洁能源的研发已成为人类的头等大事。在这关键的十字路口，人们发现生物质能源已经插上了基因工程技术成功应用和 CO_2 增加带来植物快速增长这两个巨大的翅膀。

互联网与生物质能源的结合，将彻底改变今天的社会与经济格局：大规模的煤矿及油田将被分散的人造林、生物质能源种植园所替代；经济的发展将由以中心城市及工业基地为主的集中式转向以中小城镇及生物种植园区为主的扁平式；人口将由城市向农村回流，更多的年轻人将在自己的家乡实现创业梦想，并借助新型工业化的强劲东风，展现自己绚丽多彩的人生。

18.4.2 中国是第四次产业革命条件最充分的经济体

第四次产业革命与前三次产业革命重要的不同之处在于，其形成的动力是自然、人文与经济共同作用的结果，包括地球环境、自然地理、人类文明与生活方式以及资源禀赋与工业基础等，因此其发展与推动条件与以往大不相同。那些沿海国家、热带和亚热带国家，无论多么发达，都只能是第四次产业革命的被动接受者；而那些具备成熟完备工业体系的富裕的老牌发达国家已经度过了化石能源消费的高峰期，只会要求发展中国家减排 CO_2。

中国符合本书所论述的第四次产业革命发展的充分条件，在各个领域均处于最佳状态，如果我们能够对第四次产业革命特别是生物质能源达成共识，将经济、技术及新能源的发展重点集中到生物质能源领域，并充分利用碳减排机制，以及相关组织的专项基金及其给予项目开发、税收、融资等方面的适当政策优惠，中国将迎来一个迅速崛起并引领世界潮流的重大历史机遇。

18.4.3 中国将全面引领第四次产业革命

中国曾经引领世界上千年，只是在过去的二三百年错过了前两次产业革命的机会和第三次产业革命的前半场。在后半场我们开始奋起直追，今天我们已经跟上了时代的步伐。

18世纪60年代，第一次产业革命爆发。以煤炭为基础的蒸汽机时代在英国拉开序幕，人类社会文明从农耕文明走向工业文明，英国开始傲凌全球，殖民世界。中国一度因为拒绝接受、故步自封而落后。

19世纪六七十年代，第二次产业革命爆发。以石油为基础的电气化时代在欧美拉开序幕，资本主义经济欣欣向荣。而此时的中国因为缺乏科学基础、产业基础和政治基础，只能错失良机，望洋兴叹。

20世纪四五十年代至今，第三次产业革命爆发。在能源的多元化和信息技术的推动下，人类开始进入丰富多彩的信息技术时代。借助科技、工业与互联网的飞速发展，人类不仅可以改变自身的生活和生存条件，而且可以改变地球环境。中国积极参与第三次产业革命，在各个领域紧跟时代步伐，并且在一些领域进入先进行列。

在地球环境、能源保障、文明发展等关乎人类前途命运的问题面前，人类一定能够达成共识。而在此之前，相信中国能够充分发挥和利用自身优势，全面引领第四次产业革命的发展，并在这一过程中实现中华民族的伟大复兴。

参考文献

[1] 杜传忠，许冰．第四次工业革命对就业结构的影响及中国的对策［J］．社会科学战线，2018（2）．

[2] 张孝德．“十三五”经济转型升级新思维：新能源革命引领战略［J］．国家行政学院学报，2015（2）．

[3] 綦成元，王昌林，任志武．促进生物产业发展的政策研究［J］．高科技与产业化，2007（12）．

[4] 李明思，张娜．央企：新一轮能源革命的引领者［J］．现代国企研究，2015（23）．